P. F. G. LACURIA

LES

HARMONIES DE L'ÊTRE

EXPRIMÉES PAR LES NOMBRES

ÉDITION NOUVELLE

PUBLIÉE PAR LES SOINS DE RENÉ PHILIPON

TOME PREMIER

PARIS
BIBLIOTHÈQUE CHACORNAC
11, QUAI SAINT-MICHEL, 11

1899

LACURIA (P. F. G.).

Les Harmonies de l'Etre, exprimées par les nombres. Deux volumes in-8 avec 2 planches (1899). Prix 15 fr.

Cette édition nouvelle, d'un ouvrage que l'auteur a mis près de 40 ans à refondre entièrement, a été publiée par les soins de *René Philippon*. Cette œuvre est une synthèse philosophique chrétienne d'une densité, d'une puissance et d'une profondeur immense. Elle va de l'algèbre à la théologie ; et ce qu'on appelle l'harmonie universelle, la recherche des nombres qui l'expriment et la méthode analogique qui y conduit, sont traitées de main de Maître.

LES HARMONIES DE L'ÊTRE

P.-F.-G. LACURIA

LES HARMONIES DE L'ÊTRE

EXPRIMÉES PAR LES NOMBRES

ÉDITION NOUVELLE

PUBLIÉE PAR LES SOINS DE RENÉ PHILIPON

TOME PREMIER

PARIS

BIBLIOTHÈQUE CHACORNAC

11, QUAI SAINT-MICHEL, 11

1899

Planche 2

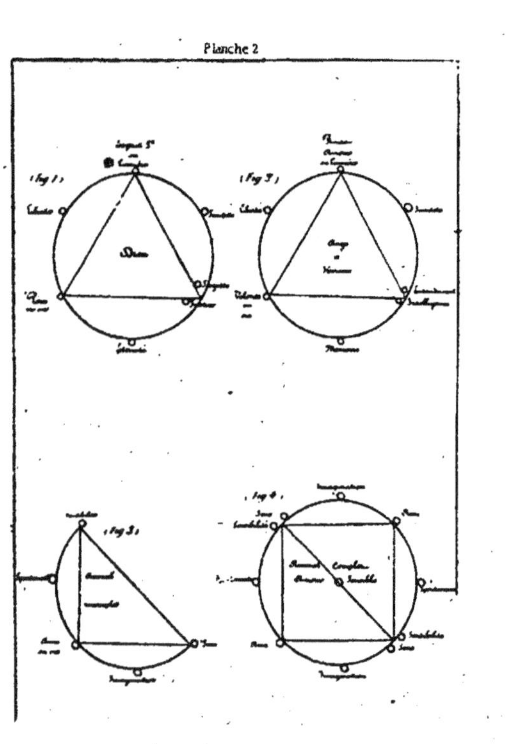

Planche I

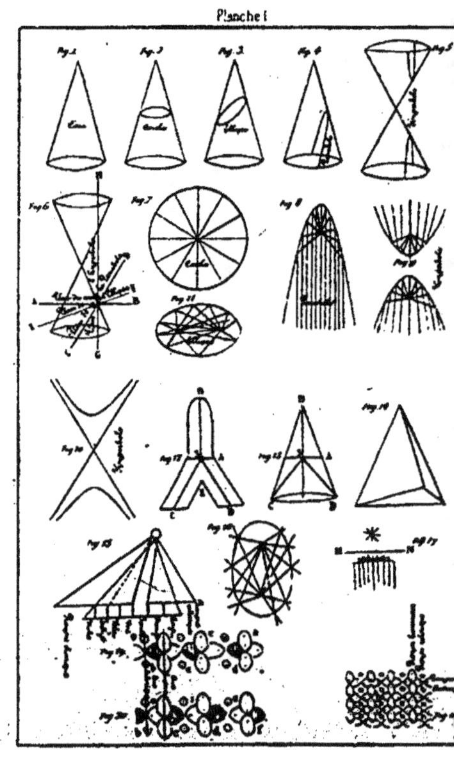

PRÉFACE

Felix qui potuit cognoscere causas. Cette parole de Virgile surgissant de la société matérialiste et corrompue des Romains est le cri d'une âme qui se dégage de cette corruption.

Felix! heureux! voilà le mot suprême. Le bonheur est la grande question, il est le but et la fin de tout être vivant. « La volonté, dit Pascal, ne fait jamais aucune démarche que vers cet objet; c'est le motif de toutes les actions de tous les hommes jusqu'à ceux qui se pendent. »

Tous cherchent le bonheur; peu le trouvent, parce qu'on le cherche mal. Tandis que l'immense multitude ne le cherchait que dans les jouissances matérielles, Virgile déclare heureux celui qui connaît les causes, c'est-à-dire la vérité.

En effet la vérité seule peut conduire au bonheur. Comment arriver à la cité, terme du voyage, si l'on ne connaît le *vrai* chemin qui y mène? Comment atteindre le but si l'on ne sait pas sa *vraie* place? Comment achever une œuvre si l'on ignore les *vrais* moyens de l'accomplir? Le mensonge ne mène à rien qu'au malheur; il ne peut qu'égarer et éloigner du but.

Felix qui potuit cognoscere causas.

Mais qu'est-ce que la vérité? Grande question que faisait, sans daigner attendre la réponse, le barbare Pilate qui n'a que trop d'imitateurs.

Peu savent répondre à cette grande question. La science matérialiste dit qu'il n'y a de vérité que dans les faits. C'est une erreur. Les faits ne sont pas plus la vérité qu'un bloc de marbre ou sa poussière n'est la Vénus de Milo. L'ordre et la proportion que l'artiste a su mettre entre les différentes parties du marbre, ont fait du bloc informe un chef-d'œuvre admirable.

C'est l'unité résultant de l'ordre, de la liaison, des rapports des faits entre eux, qui constitue la vérité. La vérité est l'harmonie des faits. Sans cette harmonie, les faits ne sont qu'un corps sans âme, une poussière informe. Or c'est l'enchaînement des causes et des effets qui unit et coordonne les faits et leur fait exprimer la vérité, c'est pourquoi Virgile dit heureux ceux qui connaissent les causes. Celui-là peut voir et contempler la vérité, tandis que la science exclusive des faits ne fait que brasser la poussière de la vérité. La recherche et l'étude des causes fait remonter logiquement à une première cause qui existe par elle-même, qui est la cause des causes, dont la pensée est la vérité même, source de toutes les vérités. C'est à cette source qu'il faut puiser pour avoir la pure vérité. Or, la vérité est l'aliment de l'âme, et ici se présente une parole plus haute que Virgile : *L'homme ne vit pas seulement de pain, mais de toute parole qui sort de la bouche de Dieu.*

La vraie philosophie ne consiste pas à crier la vérité qui est éternelle, mais à aller à sa rencontre et à la trouver ; mais pour la trouver, il faut la chercher où elle est. Or il y a une fausse philosophie qui, refusant de la chercher où elle est, s'efforce inutilement de la chercher ailleurs. C'est ce que la suite fera mieux comprendre.

Les faits qui sont à la connaissance de l'homme sont de deux sortes. Les uns sont l'objet d'une observation directe : ce sont les faits physiques et ceux de la conscience ; les autres ne pouvant être observés directement sont admis par la confiance à un témoignage étranger, ce sont les faits historiques et ceux qui nous sont donnés par la révélation, les premiers faits sont vus, les seconds sont crus. Les uns et les autres peuvent se vérifier rigoureusement ; les premiers par l'observation, les seconds par l'examen attentif des motifs de crédibilité ; les seconds sont d'une importance beaucoup plus haute et même, pour le grand nombre, beaucoup plus nombreux; car même les faits scientifiques, vus par un petit nombre de savants, ne sont que crus par la multitude.

La foi et la science sont donc les deux instruments que l'homme possède pour atteindre la vérité ; elles sont pour lui comme les deux jambes qui le font arriver, comme deux ailes avec lesquelles il s'élève jusqu'à la lumière, et il n'a pas trop de toutes les deux et de tous ses efforts pour arriver à la vérité et par la vérité au bonheur.

C'est ainsi qu'entendaient la philosophie les sages de l'antiquité ; ils se servaient à la fois de ce qu'ils voyaient et de ce qu'ils croyaient, et tout en observant, ils recherchaient et étudiaient les traditions. Il est vrai que de leur temps les traditions étaient mêlées d'erreurs si grossières qu'ils étaient obligés d'en élaguer une grande partie, mais cela ne dérogeait pas au principe, et Platon voyant la tradition si altérée, loin de conclure qu'elle était inutile, disait qu'il fallait qu'un Dieu vint rendre pleinement aux hommes ce côté important de la vérité qu'ils n'avaient pas su conserver. Le christianisme est venu réaliser le vœu de Platon, et depuis ce temps tous les plus grands Génies dont s'honore l'humanité, profitant de ce secours, ont repris l'œuvre des anciens philosophes, l'ont rectifiée, et l'ont élevée à une grande hauteur.

Mais le rationalisme moderne s'est posé un nouveau problème philosophique savoir : abstraction faite de la foi, jusqu'où la raison pure peut aller dans le domaine de la vérité. Ce problème est aussi puéril et aussi inutile que celui de savoir jusqu'où pourrait aller un homme en sautant sur une seule jambe, et à quelle hauteur s'élèverait une hirondelle à laquelle on aurait coupé une aile.

L'impiété stimulée par les passions a saisi avec empressement cette espérance de pouvoir se passer de Dieu qu'elle redoute, et a proclamé à grand bruit que le rationalisme était la seule vraie philosophie.

Le résultat a été digne de l'entreprise ; au lieu de la vérité on n'a trouvé que le doute, on a eu de plus en plus le vide dans la pensée, le vide dans le cœur, le vide dans la vertu, et aussi le vide dans le bonheur.

Notre entreprise est grande et difficile, c'est de trouver le chemin de tout le bonheur possible, en trouvant toute la vérité possible ; et il nous semble que nous n'avons pas trop de toutes nos richesses, de tous nos moyens, de tous nos organes. Gardons-nous donc de rien retrancher, de rien exclure, mais au contraire, rassemblons toutes nos forces et toutes nos ressources, pour mieux atteindre notre but.

Or, voici la difficulté qui se présente dans le problème posé par la vraie philosophie, la philosophie complète.

Par la foi et la science nous tenons dans les mains, comme l'a déjà dit Bossuet, les deux extrémités d'une chaîne immense, mais le milieu de cette chaîne plonge dans un abîme si profond que nos regards ne peuvent le suivre, et nous ignorons par quels anneaux le commencement se rattache à la fin.

Ainsi d'un côté, nous voyons des phénomènes physiques se passer sous nos yeux et nous remontons un certain nombre de degrés dans l'échelle des causes; nous voyons, par exemple, un morceau de bois brûler, s'évanouir en partie et ne laisser après lui qu'un peu de cendre. Nous demandons à la science pourquoi cela? — Parce que le bois s'est décomposé. — Pourquoi s'est-il décomposé? — Parce que l'oxygène s'est emparé du carbone qu'il contenait, a mis l'hydrogène et l'azote en liberté, et s'est envolé lui-même sous forme d'acide carbonique. — Mais pourquoi cela? — Parce que l'oxygène a une grande affinité pour le carbone? — Mais d'où vient cette affinité? — De ce que l'oxygène est très négatif, relativement au carbone, et que les corps positifs et négatifs ont une affinité mutuelle. — Mais qui rend les corps positifs et négatifs? — C'est l'électricité qui, de sa nature, est double, positive et négative et peut communiquer au corps plus ou moins l'un ou l'autre de ces caractères. — Mais enfin, pourquoi l'électricité est-elle ainsi constituée? Ici la science s'arrête et la chaîne cesse d'être visible.

A l'autre bout, nous avons le principe et la raison de toute chose dans la connaissance de Dieu créateur. Au bout de toute série de questions, lorsque la science s'arrête, nous pouvons répondre : parce que Dieu l'a voulu ainsi. Mais cette réponse, quoique sans réplique, ne nous satisfait pas entièrement, et laisse un vide pénible dans notre intelligence ; nous aimerions à entrer un peu dans le secret de Dieu, à savoir quelle raison, quel motif spécial il a eu de faire les choses de telle ou telle manière, et si la philosophie pouvait répondre quelquefois à cette question, il est certain qu'elle comblerait une grande lacune dans la pensée humaine.

Essayer de répondre à cette question, non pas complètement, mais en quelques points est tout le but de ce livre.

Il faut faire connaître maintenant notre point de départ et notre méthode.

La foi nous enseigne que Dieu, l'être absolu et infini, a créé, c'est-à-dire, a tiré du néant un certain nombre de créatures auxquelles il a communiqué l'être à divers degrés.

Or Dieu, étant l'être tout entier, étant, selon l'expression de Fénelon, tout ce qu'il y a de réel et de positif dans les êtres qui existent. Dieu qui, au moment de la création, n'avait d'autre type et d'autre modèle que lui-même, n'a pu mettre autre chose dans les créatures que ce qui était en lui, sauf la limite.

Dieu n'a pu faire autre chose dans la création que traduire sa pensée, or sa pensée éternelle et immuable n'était autre chose que la contemplation de lui-même, il n'a pu faire, à différents degrés, que son image visible de la nature invisible, c'est ce que dit saint Paul, (Rom. I. 20), les choses invisibles de Dieu, depuis la création du monde, sont vues et comprises par les choses qu'il a faites. *Invisibilia enim ipsius, a creatura mundi, per ea quæ facta sunt, intellecta conspiciuntur.*

Saint Irénée dit que Dieu a tiré de lui-même l'exemple et la figure des choses qui ont été faites et Saint Denis : « ce qui est dans un être inférieur se trouve d'une manière plus parfaite dans l'être supérieur. »

Nous pouvons donc conclure *a priori* que toutes les qualités des créatures, sauf la limite, ont leur type en Dieu, et ne sont dans la nature que parce que Dieu en a trouvé le modèle en lui-même.

Si donc nous pouvions voir comment les qualités des créatures sont en Dieu, en revoyant le modèle, nous aurions la raison de la copie et le motif du créateur, et nous pourrions répondre à cette question : Pourquoi Dieu a-t-il fait cette créature telle qu'elle est?

Ainsi étudier Dieu à la lumière de la foi, étudier la créature à la lumière de la science, comparer ces deux notions, saisir les traits de ressemblance, et trouver dans l'un des termes la raison de l'autre, voilà notre méthode qui est surtout l'analogie. Et comme nous venons de le voir, l'analogie, quand elle descend du créateur à la créature se trouve la vraie et la plus haute raison des choses.

Il y a plus : cette comparaison des deux ordres de notre connaissance peut amener la lumière des deux parts, car ce que nous savons de Dieu, par la foi, étant certain et immuable, peut servir, lorsque l'analogie y conduit, à fixer l'hésitation des conjectures scientifiques ; et ce que la science nous donne, étant clair et distinct, peut servir à discerner plus nettement ce que nous connaissons en Dieu d'une manière confuse.

Lorsque la pensée s'élève à la contemplation de l'Être Divin, la première idée qui se présente est celle de l'unité. l'unité est le caractère spécial de Dieu. Dieu seul est un ; c'est par l'unité qu'il se distingue de la création qui est toute entière fondée sur la division et le nombre; mais cette idée de l'unité qui est le fond de la raison humaine et qui est implicitement l'idée de l'infini, au lieu de nous faire concevoir des rapports entre Dieu et la création ne nous fait sentir que la différence absolue qui existe entre ces deux termes infiniment éloignés l'un de l'autre, et creuse entre Dieu et nous un abîme infranchissable. Si Dieu n'était qu'unité et ne pouvait être saisi sous aucune notion, il faudrait renoncer à notre œuvre, nous perdre dans le sentiment de notre propre néant et, comme les quiétistes, anéantir notre intelligence dans l'immobilité.

Mais lorsque la révélation nous annonce trois personnes dans l'unité de l'essence divine, elle délivre notre pensée de l'éternelle prison où la tenait renfermée l'idée de l'unité ; elle ouvre toutes les issues, dévoile tous les horizons, elle brise l'œuf mystérieux que la théogonie égyptienne met dans la bouche de Phta. Une fois l'unité ouverte, tous les nombres s'en échappent, et avec les nombres, Dieu et la création se rattachent dans la pensée, tous les rapports s'établissent et toutes les harmonies deviennent possibles. C'est pourquoi j'ai intitulé ce livre : *Les harmonies de l'être exprimées par les nombres.*

Entrons donc dans la voie que nous ouvre la parole de Dieu. Étudions d'abord avec soin ce précieux mystère de la trinité, qui est la plus grande richesse de notre pensée. Puis nous chercherons les reflets de cette trinité dans la création. Car, comme dit saint Augustin (*de Trinitate*), toutes les créatures offrent des vestiges de la trinité. Les créatures, à leur tour, nous aiderons à mieux connaître la trinité elle-même. « Nous nous servons, dit Saint Thomas, (P. I. Q. 39. A. 7) de la ressemblance que les créatures nous offrent de la trinité, ressemblance soit de vestige, soit d'image, pour rendre les personnes divines plus accessibles à l'esprit. »

PREMIÈRE PARTIE

CHAPITRE PREMIER

DE LA TRINITÉ

On ne saurait trop le dire : Dieu est avant tout UNITÉ, et seul il est l'unité absolue. Cette idée de l'unité, qui est implicitement l'idée de l'infini, est la lumière de l'âme, mais c'est une lumière qui nous éblouit plus qu'elle ne nous éclaire. Devant elle notre intelligence se voile comme l'œil se couvre de sa paupière devant le Soleil, comme le Séraphin se voile de ses ailes devant Dieu.

Notre intelligence se perd dans son immensité, nous la touchons par tous les points de notre être sans pouvoir la saisir et la comprendre, nous sommes en elle plutôt qu'elle est en nous, et c'est d'elle que nous pouvons dire avec saint Paul, *in ipso vivimus, movemur et sumus*, en elle nous sommes, nous vivons et nous nous mouvons.

Loin d'exciter notre curiosité, elle accable notre intelligence de son poids, et la tient immobile et muette d'adoration.

Mais lorsque le Verbe éternel fit entendre aux hommes cette parole : « Allez enseigner toutes les nations, au nom du Père, du Fils et du Saint-Esprit »; il donna à l'intelligence la clef du ciel, il ouvrit la porte par où devaient passer toutes les vérités et tous les mystères; le rayon de Soleil que l'œil ne pouvait fixer, brisé par le prisme divin, montra au regard enchanté les trois belles couleurs; l'homme qui jusque là n'avait pu qu'adorer dans l'éblouissement put lever les yeux et contempler; Dieu qui s'était révélé au cœur, entrait en communication avec l'intelligence, cette intelligence qui est la mesure de la personnalité humaine entrait aussi dans la joie du Seigneur, et Dieu pouvait dire à l'homme : « je ne vous appellerai plus serviteurs, car le serviteur ne sait ce que fait le maître, mais je vous appellerai mes amis parce que je vous ai fait connaître ce que j'ai appris de mon Père. »

Jam non dicam vos servos; quia servus nescit quid faciat dominus ejus; vos autem dixi amicos quia omnia quæcumque audivi a patre meo nota feci vobis (Joann. 15-15).

Le dogme de la Trinité, dit saint Basile, est notre doctrine capitale, celle qui nous sépare d'un côté du paganisme, de l'autre du judaïsme et nous élève au-dessus de tous les deux.

Le mystère de la Trinité est le foyer de toute la lumière que l'Eglise a répandue sur le monde, et nous verrons plus tard quels reflets brillants il peut projeter sur la science.

Mais pour bien asseoir cette pierre angulaire de notre édifice, commençons par poser ce que l'Eglise enseigne formellement sur ce dogme fondamental.

Saint Athanase ayant résumé dans le symbole qui lui est attribué, tout ce que l'Eglise avait enseigné sur la Trinité, nous allons le citer tout entier.

« La foi catholique est telle : adorer un seul Dieu dans la Trinité, et la Trinité dans l'unité; ne confondant pas les personnes et ne séparant point la substance.

« Car autre est la personne du Père, autre celle du Fils, autre celle de l'Esprit-Saint. Mais au Père, au Fils et à l'Esprit-Saint, la divinité est une, la gloire égale, la majesté co-éternelle.

« Tel est le Père, tel est le Fils, tel est le Saint-Esprit ; le Père est incréé, le Fils incréé, le Saint-Esprit incréé ; le Père est immense, le Fils immense, le Saint-Esprit immense.

« Le Père est éternel, le Fils éternel, le Saint-Esprit éternel.

« Et cependant il n'y a pas trois éternels, mais un seul éternel comme il n'y a pas trois incréés, ni trois immenses, mais un seul incréé et un seul immense.

« Pareillement le Père est tout puissant, le Fils tout puissant, le Saint-Esprit tout puissant ; et cependant il n'y a pas trois tout puissants, mais un seul tout puissant.

« De même, le Père est Dieu, le Fils est Dieu, le Saint-Esprit est Dieu et cependant il n'y a pas trois Dieux, mais un seul Dieu.

« De même encore le Père est Seigneur, le Fils est Seigneur, le Saint-Esprit est Seigneur; et cependant il n'y a pas trois Seigneurs, mais un seul Seigneur.

« Parce que la foi chrétienne et catholique qui nous ordonne de regarder chaque personne en particulier comme Dieu et Seigneur, nous défend d'admettre trois Dieu ou trois Seigneurs.

« Le Père n'a n'a été fait par personne, il n'est ni créé, ni engendré.

« Le Fils vient du Père seul, il n'est ni fait, ni créé, il est engendré.

« Le Saint-Esprit vient du Père et du Fils, il n'est ni fait, ni créé, ni engendré ; il procède.

« Donc un seul est Père et les trois ne sont pas pères ; un seul est Fils et les trois ne sont pas fils ; un seul est Esprit-Saint, et les trois ne sont pas esprits-saints.

« Et dans cette Trinité, rien n'est antérieur, rien n'est postérieur, rien n'est plus grand, rien n'est plus petit ; mais toutes les trois personnes sont égales entre elles et éternelles, de telle sorte qu'en tout, et partout, comme il a déjà été dit : on doit adorer l'Unité dans la Trinité et la Trinité dans l'Unité. »

Tel est le dogme que l'Eglise propose à notre foi. Nous voyons en résumé qu'aux trois personnes toutes choses sont égales, si ce n'est les relations qui constituent et différentient les personnalités, c'est-à-dire : la paternité, la filiation et la procession.

Le Père est principe seul sans principe, le Fils seul engendré, le Saint-Esprit seul procède.

Ce que désire notre intelligence dans la contemplation de la Trinité, c'est de trouver d'autres termes qui conviennent sinon exclusivement du moins spécialement à chacune des personnes divines, et tel est le but de notre recherche actuelle.

L'Evangile lui-même nous offre une nouvelle lumière à ce sujet.

Quelques temps après Jésus-Christ, l'hérésie commençait à ramener les ténèbres, et il ne restait plus qu'un seul des apôtres. L'Eglise effrayée sentant le besoin d'une nouvelle lumière, conjura le disciple bien aimé de rendre un témoignage éclatant à la vérité. L'apôtre se mit en prière il fut ravi dans le sein de Dieu, et en redescendant de sa vision il écrivit cette première page du quatrième évangile, que tous les grands génies regardent comme le point le plus élevé de la révélation, page que l'Eglise tient toujours sur son autel comme un saint talisman.

Or l'aigle des évangélistes, a-t-il pu fixer le soleil de la nature divine sans y voir la Trinité ? et ne devait-il pas à l'Eglise quelque nouvelle lumière sur le mystère qui est le fondement de sa foi ?

En relisant cette page sublime nous remarquons trois mots caractéristiques : vie, verbe, lumière, *vita, verbum, lux.*

Ces trois mots semblent devoirs s'appliquer aux personnalités divines, car l'un d'eux, *Verbum*, est reconnu par l'Eglise comme le nom propre du Fils. Le Saint-Esprit s'est manifesté lui-même comme lumière en descendant sur les apôtres en langues de feu. Reste la vie pour caractériser le Père, et cette dénomination lui convient de toute manière. Dans la nature la vie est le principe qui produit, c'est elle qui achève l'être qui n'est qu'en germe, tout ce qui vit se dilate, croît et se développe, la vie seule engendre, ce qui ne vit pas reste improductif et n'est jamais père.

Voyons maintenant les lumières que peut nous donner la tradition sur ce mystère de la Trinité qui a été la préoccupation de tous les grands génies du Christianisme.

Voici ce que dit saint Augustin :

L'unité est dans le Père, l'égalité dans le Fils, l'harmonie de l'unité et de l'égalité dans le Saint-Esprit. Ces trois choses sont *un* à cause du Père, égales à cause du Fils, connexes à cause du Saint-Esprit.

Et voici comment saint Thomas commente cette parole :

« L'unité se trouve d'abord dans le Père, tellement qu'elle continuerait d'exister quand, par impossible, on écarterait le Fils du Saint-Esprit, d'où il suit que les deux dernières personnes ont l'unité par le Père. Au contraire, les autres personnes écartées, l'égalité ne se trouverait plus dans le Père, mais posé le Fils, elle reparait à l'instant. C'est pourquoi saint Augustin dit que toutes les choses sont égales à cause du Fils ; non pas que le Fils soit le principe de l'égalité du Père, mais parce que le Père ne serait pas égal si le Fils ne l'était pas ; car son égalité se rapporte d'abord au Fils, et c'est par le Fils que le Saint-Esprit lui est égal. Enfin, le Saint-Esprit écarté, comme il est le nœud du Père et du Fils, ces deux personnes n'auraient plus l'unité de connexion. Et voilà pourquoi l'on dit que toutes choses sont connexes à cause du Saint-Esprit, car il est la raison de toute connexion dans la Trinité, en lui le Père et le Fils peuvent être dits *unis.* »

Voici encore une parole de saint Augustin citée par saint Thomas :

Les créatures retracent à nos yeux la Trinité en ce qu'elles forment un être *un* renfermant une *forme* spécifique et présentant un certain *ordre*. Ces trois mots prononcés par le Saint-Esprit (Sap. V. 24), le nombre, le poids et la mesure ont le même sens, car la mesure indique la substance limitée par ses principes ; le nombre correspond à l'espèce, et le poids se rapporte à l'ordre ; c'est encore ce que saint Augustin exprime par cette formule : « Ce qui *constitue*, ce qui *distingue* et ce qui *coordonne ;* car les choses sont constituées par la substance, distinguées par la forme, et coordonnées par l'ordre. »

Si nous rassemblons en un faisceau toutes les lumières de la révélation et du génie, nous verrons d'abord que le Père est l'être en lui-même, l'unité radicale, le principe de tout, principe vivant qui est la vie dans sa source ; et dans la création, le reflet, l'image, l'ombre de ce principe est la chose indéfinissable qui constitue les êtres et qu'on appelle souvent du nom de substance.

L'intelligence qui comprend bien la synonymie ou le rapport de tous ces termes, est très-élevée ; elle voit de haut et peut voir loin.

Mais ce qu'il importe le plus de comprendre c'est le sens profond de l'unité. L'unité dans son sens absolu, est l'indivisibilité, et l'indivisibilité c'est l'infini ; car le fini est toujours divisible, puisqu'il y a toujours en lui, des limites qui le séparent de ce qui n'est pas lui, et un commencement, un milieu, une fin qui le partagent. L'infini seul est et peut être positivement indivisible. L'indivisibilité de l'infini est la clef de la métaphysique et de l'ontologie.

Il suit de là que l'unité est de tous les attributs divins le plus inimitable. Le fini pur est le contraire de l'unité par son essence même qui est la divisibilité, il ne peut donc représenter, ni symboliser directement l'unité radicale.

Tout au contraire, l'égalité et l'harmonie, qui caractérisent le Fils et le Saint-Esprit et qui expriment, non la substance, mais des rapports, peuvent se réaliser dans les conditions du Fini, et être des images ou des symboles directs de ces deux personnes. Tandis que les symboles du Père dans la création ne peuvent être de lui que des images négatives, qui le représentent par le contraire de ce qu'il est, comme le moule représente en vide tout ce que la statue possède en plein.

Ainsi dans les trois mots du texte sacré : nombre, poids et mesure, saint Augustin donne la mesure qui est aussi l'étendue, et qu'il définit : la substance limitée par ses principes, comme symbole du Père. Or, le Père est la substance sans limite, il est aussi l'immensité qui est indivisible. La substance limitée et l'étendue divisible sont tout le contraire ; ils sont la négation ou si l'on veut la traduction négative et indirecte de ce qu'ils symbolisent.

De même l'être du Père, qui est la vie, est immuable dans son essence et sans succession dans son indivisible éternité. Tout au contraire, la vie des êtres finis ne se manifeste que par le mouvement successif et semble presque s'identifier avec lui. Saint Thomas note la synonymie des deux mots ; être et vie. *Vivere dicunt esse viventium*. Puis il ajoute, vivre n'est autre chose que d'exister dans une nature qui possède en elle-même le principe du mouvement, et ailleurs le nom de vie implique l'idée de mouvement ; c'est aussi ce que dit saint Denis l'Aréopagite.

Ainsi, il y a deux manières de symboliser : directement et indirectement ; positivement et négativement, par ressemblance et par contraste.

Le Fini peut symboliser et imiter directement quoiqu'imparfaitement les actes divins qui constituent des rapports, car il peut y avoir entre les actes finis des rapports analogues à ceux qui existent entre les actes infinis, mais le Fini qui est essentiellement divisible ne peut exprimer directement le principe de l'être ou d'essence divine qui est indivisible dans son unité. Il ne peut donc que la symboliser négativement, et néanmoins ce symbole a un sens vrai ; c'est pourquoi, bien que peu d'intelligence en pénètre la raison, le sentiment a été forcé d'admirer ces deux vers si connus :

Le temps cette image mobile
De l'immobile éternité.

Néanmoins, l'expansion qui résume tout le mouvement de la vie, exprime directement en un sens la vie infinie; car l'expansion qui a pour but et pour effet de reculer incessament la limite, est un effort pour se rapprocher de l'infini son principe. L'expansion est l'infini en tendance et en puissance et, en cela, il se rapporte à l'infini réel. Ce mouvement qui tend au but sans jamais l'atteindre, rappelle à la pensée ce même but qui, en Dieu, est éternellement atteint.

Dieu en créant s'est donc exprimé lui-même comme il était possible dans ces images négatives, et comme le dit Fénelon : « L'immense borne et arrange tout, l'immobile meut tout, celui qui est sans mesure fait que chaque chose est avec mesure pour l'étendue et la durée ».

Si nous réunissons maintenant les caractères qui ont été attribués au Fils, nous verrons qu'il n'est point le principe mais plutôt la conséquence de l'être, qu'il est engendré par le Père dont il est l'image, la forme et la mesure; qu'il est le Verbe ou la Parole que le Père se dit éternellement à lui-même; que ce Verbe est égal au Père et que de lui découle dans la création, toute égalité, toute proportion, tout ce qui distingue, tout ce qui est nombre.

Parmi ces caractères, il en est quelques-uns qui, au premier abord, semblent peu compatibles avec l'infinité qui est commune au Père et au Fils; ce sont les dénominations d'image, de figure de forme, et de mesure, qui réveillent dans l'esprit l'idée de limite et qui paraîtraient téméraires si elles n'étaient autorisées par l'écriture et la tradition.

L'Eglise reconnaît la seconde personne dans la Sagesse que la Bible appelle : Miroir sans tache de la majesté de Dieu, et image de sa bonté. Saint Paul appelle le Fils : Splendeur de la gloire de Dieu, et figure de sa substance. Saint Grégoire de Nazianze : La détermination du Père. Saint Irénée dit que le Père immense est mesuré dans le Fils; car le Fils est la mesure du Père puisqu'il le comprend : *Quoniam et capit eum*.

Et saint Augustin : le Verbe de Dieu qui est Dieu est une certaine forme qui n'a pas été formée, et qui est la forme de toutes les formes. Et saint Thomas : le Verbe est la forme exemplaire des créatures.

La forme, dit M. de Lamennais, n'est en Dieu que l'intelligence sous un autre nom. Qu'est-ce en effet que la forme selon son essence ? Ce qui détermine l'être et par conséquent, une condition indispensable de son existence, car l'indéterminé n'est pas et ne peut pas être.

Tout être impliquant donc une forme qui le détermine et dans laquelle il ne serait pas, ne peut dès lors être conçu que par sa forme et dans sa forme; en d'autres termes: la forme seule rend l'être intelligible. L'intelligence dans l'être absolu est donc la connaissance qu'il a de lui-même, en tant que doué de forme. Mais à cause de son unité radicale infinie, ce qui connaît en lui est identique avec ce qui est connu. La forme qui le rend intelligible est la connaissance même qu'il a de soi ; la même nécessité intrinsèque le rend à la fois intelligible sans quoi il ne serait pas intelligent ; intelligent sans quoi il ne serait pas intelligible. L'intelligence et la forme ne sont donc en lui qu'une seule et même chose considérée sous deux aspects divers par notre esprit. »

Ainsi, le Père est être et substance, le Fils forme et figure, le Père est l'unité radicale, le Fils introduisant un nouveau terme manifeste le nombre deux, et le nombre deux ouvre la porte à tous les autres ; et comme tout se distingue par la forme et le nombre, le Fils est en résumé la distinction.

Comment l'unité et la distinction peuvent-elles subsister ensemble sans se détruire ? Tel est le problème que résout le Saint-Esprit. Car en rassemblant les caractères qui lui ont été donnés nous voyons qu'il procède du Père et du Fils, qu'il est le lien qui les rattache l'un à l'autre, l'amour qui les unit, l'harmonie qui les accorde, l'ordre qui les pacifie, la lumière qui fait resplendir leur beauté. C'est pourquoi son reflet dans la création est, avant tout, la lumière qui manifeste le beau, l'harmonie qui unit, l'ordre qui fait la Société, la pesanteur, effet de l'attraction, qui tient lieu d'amour à la matière.

Tous ces caractères et tous ces symboles se résument en un seul mot : amour ou harmonie.

La convenance de tous ces termes avec l'Esprit Saint ressort de ce qui a été dit. Un seul soulève une question et a besoin d'être expliqué, c'est la lumière.

La lumière est-elle harmonie ? et comment est-elle harmonie ? La Science nous montre la lumière la plus pure et la plus belle résultant de l'union, de l'harmonie des deux électricités.

Point de lumière sans combinaison chimique, point de combinaison sans l'intervention des deux électricités, la lumière matérielle est donc harmonie.

La lumière intellectuelle ne résulte jamais d'un seul terme, mais de plusieurs dont l'intelligence saisit le rapport.

Le désordre est obscur, c'est la nuit de la pensée. L'ordre est clair et lumineux. Vous appelez claire une démonstration où tous les mots, enchaînés les uns aux autres par le lien de la logique, viennent se résumer dans la conclusion qui les ramène tous à l'unité.

Déranger l'ordre et l'enchaînement de cette page qui vous a paru si lumineuse, vous n'y comprendrez plus rien et vous la trouverez obscure et inintelligible.

Nous avons dit que le Père est être ou vie, le Fils forme ou intelligence. La vie seule sans l'intelligence serait-elle lumière ? Évidemment non. L'intelligence est comme un miroir qui reproduit l'objet qui est devant lui. Mais le miroir sans objet ne reproduit rien, de même si l'intelligence pouvait exister sans la vie qui est son principe et son premier objet, elle serait nulle, et ne serait plus la lumière intellectuelle.

La lumière est donc harmonie puisqu'elle résulte toujours de l'union de deux termes; et que, si ces termes étaient séparés, elle disparaîtrait aussitôt.

Le Saint-Esprit est donc harmonie et lumière ; l'harmonie est une unité dans un sens, le Saint-Esprit est donc aussi unité, mais autrement que le Père. Le Père est l'unité radicale, le Saint-Esprit l'unité finale. Dans le Père les trois sont un, dans le Saint-Esprit les trois sont unis. Le rôle que la révélation fait jouer aux trois personnes dans la création et la rédemption est conforme à tout ce qui vient d'être dit.

Ordinairement on attribue spécialement au Père l'acte premier de la création, celui par lequel l'être et la vie sont donnés au néant ; acte qui est raconté dans la première ligne de la genèse : au commencement Dieu créa le ciel et la terre.

Alors on fait intervenir le Verbe, pour tout distinguer et tout classer, tout formuler. Rien n'a été fait sans lui, dit saint Jean. Cette action qui met partout la forme et le nombre est parfaitement exprimée dans les proverbes où la Sagesse parle ainsi : « le Seigneur m'a possédée dès le commencement de ses voies, avant ses œuvres j'étais... Quand il préparait les Cieux j'étais là ; quand il donnait aux abîmes une loi et une limite, quand il établissait le firmament et qu'il distribuait avec mesure les sources des eaux, quand il mettait un frein à la mer et posait une loi aux flots..., j'étais avec lui, arrangeant toutes choses. » (cap. 8.) C'est le Verbe qui a formulé l'ancienne loi sur le Sinaï, c'est lui qui s'est incarné pour formuler la nouvelle loi de l'Evangile et son dernier acte dans le temps sera la grande distinction du bien et du mal, et la séparation des bons et des méchants au jugement dernier.

Quand Jésus-Christ a tout fondé, tout établi, tout formulé ; quand il a dit toute vérité à ses apôtres et qu'il s'agit de jeter la lumière sur son admirable construction afin d'en faire saisir l'ensemble, il se recule et laisse ce soin au Saint Esprit : lorsque l'esprit sera venu, dit-il à ses apôtres, il vous fera tout comprendre. *Ille vos docebit omnia.*

Les disciples étaient comme des hommes qu'on amène pendant la nuit devant un édifice où l'art et la magnificence ont épuisé leurs efforts, ils comprennent imparfaitement la description verbale qu'on de soleil ils poussent un cri d'admiration : je vois maintenant, disent-ils; un seul rayon de la lumière leur en a plus appris que toutes les paroles de la nuit; quoi qu'au fond ils ne voient rien que ce qui était contenu dans ces paroles. Ainsi l'Esprit Saint fait comprendre Jésus-Christ, la lumière éclaire la forme; car l'illumination de l'esprit est à l'intelligence comme la vue, sens de l'ensemble, est au tact, sens du détail.

Voilà donc ce que nous savons de la trinité.

Le père est principe unique, unité radicale, vie et immensité.

Le fils engendré du père et égal à lui, est verbe, forme, intelligence et distinction. Le Saint Esprit procédant de l'un et de l'autre est lien, amour, lumière et harmonie.

Et ces trois personnes ne sont qu'un seul Dieu.

Malgré toutes ces lumières il faut reconnaître que jusque-là, la pensée humaine a tourné autour du mystère sans pouvoir l'entamer. Tous ces caractères que nous attribuons à l'une des personnes ne lui convient pas exclusivement, chaque personne communiquant aux autres ces mêmes caractères. Le père est *un*, mais en lui le fils et le Saint Esprit sont uns, le fils communique son égalité au père et au saint esprit, et par le saint esprit qui est union, le père et le fils sont unis. Si le fils est forme, c'est qu'il est forme du père et du saint esprit, et la lumière de l'esprit est la lumière de tous. Comme le dit Saint Athanase, le père seul est père, le fils seul est fils, l'esprit saint seul est esprit saint; mais au père, au fils et à l'esprit saint, la divinité est une, la gloire égale et la majesté coéternelle; les trois sont incréés, immenses, éternels, tous puissants Dieux et Seigneurs.

Du reste il en doit être ainsi, toutes les fois qu'on applique à Dieu un attribut substantiel, car chaque personne est infinie, et elle ne le serait pas s'il lui manquait un attribut essentiel.

Il ne nous reste donc pour les séparer que les noms qui n'expriment qu'une relation. Père n'exprime rien de substantiel mais un simple rapport; le même homme qui est père relativement à un homme, est fils relativement à un autre.

C'est pourquoi en résumé le Père seul est père et principe, le Fils seul est fils et engendré, le Saint Esprit seul est esprit saint et procède. Voilà tout, et nous n'avons pas encore trouvé dans le langage philosophique trois termes synonimes qui expriment ces relations d'une manière plus accessible à notre intelligence.

CHAPITRE II

DE LA DISTINCTION ET DU NOMBRE 2

Le bien est contraire au mal, la vie à la mort et le pêcheur au juste. *Considère toutes les œuvres du Très-haut elles sont ainsi deux à deux et l'une opposée à l'autre* (Ecl. 33-15). Cette parole qui a pour elle l'autorité de l'écriture sainte renferme des conséquences de la plus haute importance qu'il faut étudier avec soin.

Regarde toutes les œuvres du Très-haut : il ne s'agit pas, ici d'une observation de détails, mais d'une loi générale et sans exception, elles sont ainsi deux à deux et l'une opposée à l'autre. La création tout entière est fondée sur la dualité, et cette dualité n'est pas seulement une distinction numérique mais une opposition ou au moins un contraste, et selon l'expression usitée, maintenant une antinomie; tout être est double pour ainsi dire, de sorte que la création est comme une immense balance où tout être a son contre poids dans le bassin opposé.

Cette opposition loin d'être toujours hostile est souvent complémentaire, alors les deux éléments peuvent se ramener à l'harmonie comme nous le verrons. Ces oppositions citées par le texte sacré ne sont pas les seules, elles ne sont qu'un exemple entre mille, et puisque la loi est universelle, l'énumération des détails serait interminable. Parmi les plus connues se trouvent l'esprit et la matière, la lumière et les ténèbres, le froid et le chaud, le bruit et le silence, la force et la faiblesse, en un mot, le oui et le non les renferme toutes.

Dieu aurait-il imposé à la création ce caractère fondamental de dualité, s'il n'en n'avait trouvé en lui même le type et le modèle? Je sais que la division n'est que l'inévitable imperfection du fini devant l'unité de l'infini, mais ici il n'y a pas seulement division, mais contraste proportionné, corrélation, et possibilité d'harmonie. Il semble impossible au premier abord de trouver dans l'indivisible unité de la nature divine, l'origine et la raison de cette universelle antinomie, cependant cette raison ne peut se trouver qu'en Dieu même et c'est là qu'il faut la chercher. Ce problème est le plus important de tous, il est la porte d'entrée de l'édifice philosophique. Si cette porte ne s'ouvrait pas, toutes les autres resteraient fermées et il serait impossible d'aller plus loin. Essayons donc.

Nous savons que Dieu est intelligent, qu'il se connait lui-même, et qu'il a une idée de lui-même claire, parfaite et complète. Voilà le point de départ.

Examinons d'abord ce qu'est l'intelligence.

Si nous analysons notre propre pensée nous verrons que toute idée est double, c'est-à-dire qu'elle n'est claire et parfaite que lorsqu'elle se complique de deux termes opposés ou complémentaires, qui ne peuvent se concevoir l'un sans l'autre, je parle ici des idées et non des images matérielles qui peuplent l'imagination.

Ainsi il nous est impossible, d'avoir l'idée de vrai sans celle de faux, de bonté sans celle de malice, de beauté sans celle de laideur, de justice sans celle d'injustice, de grandeur sans celle de petitesse, de mâle sans celle de femelle, de père sans celle de fils, etc., il faudrait épuiser le dictionnaire. Toute idée a son contraste, sa négation, son ombre, et c'est par ce contraste qu'elle devient claire et distincte. Ses impressions même des sens ne deviennent idées que lorsqu'un contraste attire notre attention. Si la lumière était immuable et uniforme, personne ne l'aurait remarquée, personne ne lui aurait donné un nom ; pour faire naître l'idée de la lumière il fallait que les ténèbres nous fissent sentir la différence qui existe entre elle et son contraire. Cette loi de l'intelligence est universelle et sans exception, elle a été reconnue de tout temps. Anaxagore, dit Aristote, regarde la distinction (*ségregationem*) comme l'acte de l'intelligence. L'idée de division, dit Saint-Thomas, n'arrive à la pensée que par la négation même de l'être. *Sed diviso cadit in intellectu ex ipsa negatione entis.*

On ne conçoit la faiblesse, dit Fénelon, qu'en représentant la force comme un avantage réel que cet homme n'a pas. On ne connait les ténèbres qui ne sont rien de positif qu'en niant et par conséquent en concevant la lumière du jour. Pour que je pense le moi, dit Fichte, il faut que je l'oppose au non moi. Ainsi l'dée la plus intime, celle du moi, n'échappe pas à la loi générale, nulle idée ne peut subsister sans son ombre ou sans sa négation. Le oui et le non forment dans nos pensées deux immenses échelles qui ne peuvent se tenir qu'appuyées l'une sur l'autre : et si l'unité est le caractère essentiel de la vie, la dualité est le cachet de l'intelligence. Or nous l'avons dit : Dieu est intelligent, il se connait, il a de lui-même une idée complète et claire, et, comme il est l'être, cette idée est l'idée de l'être, mais pour que cette idée soit complète, il faut qu'elle s'appuie sur son contraste, et qu'elle se détache sur son ombre ; pour que Dieu se voie clairement, il faut qu'il se distingue, c'est-à-dire qu'il se sépare en esprit de ce qui n'est pas lui. Mais de quoi se distinguera-t-il? de quoi se séparera-t-il lui qui est *tout l'être*? Ce sera de son contraire ; or le contraire de l'être c'est le non être, et le contraire de tout est rien. L'idée de l'être appelle nécessairement l'idée du non être, et l'idée de tout, l'idée de rien ou de néant.

L'idée par laquelle Dieu se connait est éternelle comme lui ; nous trouvons donc en Dieu même, non pas dans la substance qui est unité indivisible, mais dans son intelligence, cette dualité fondamentale et éternelle qui est la cause, le type premier, la raison, et la source de toutes les dualités et par là même de tous les nombres.

Quelqu'un dira peut-être : peut-on conclure de notre intelligence imparfaite à l'intelligence divine qui dépasse infiniment la nôtre ?

Il est vrai qu'il faut se garder d'attribuer à Dieu nos imperfections, mais quand il s'agit d'une perfection qui est dans l'homme, on peut dire qu'elle est en Dieu à plus forte raison. Or la distinction, loin d'être un défaut de l'intelligence, est une perfection. D'ailleurs c'est un fait que nous avons l'idée de l'être et celle du non être, oserait-on dire que nous avons une idée que Dieu n'a pas? Ainsi donc Dieu a en même temps l'idée de l'être et celle du non être; il les a d'une manière infiniment plus parfaite que nous, et ces deux idées forment en lui l'éternel contraste qui est la source des nombres.

On objecte encore : ce qui n'est d'aucune manière, c'est-à-dire le néant, peut-il être l'objet de l'idée ?

Saint Thomas répond : « (P. L. Q. 16. A. 3.) le non être n'est pas connaissable en lui-même ; c'est l'intelligence qui le rend tel en en faisant un être de raison, le vrai n'embrasse donc le non être que comme être. »

Il faut bien remarquer que l'idée du non être n'est qu'une négation, or une négation a tout son fondement dans la réalité qu'elle nie. L'idée du non être n'est pour ainsi dire que l'idée de l'être retournée. De même pour voir un objet matériel complètement, nous sommes obligés de le retourner pour le voir sous toutes ses faces ; de même une idée abstraite ne peut subsister sans être accompagnée de l'idée de son contraire qu'elle suppose toujours implicitement.

Ainsi ce n'est que par l'affirmation que toute négation est intelligible. Dieu dit saint Thomas connait le mal par le bien de la même manière que l'on connait les ténèbres par la lumière ; c'est ainsi que l'aréopage le dit : Dieu a la vision des ténèbres par lui-même puisqu'il les voit dans la lumière »

Enfin, dit-on, l'essence de Dieu étant l'unité, peut-on admettre une division même dans sa pensée ?

A cela je réponds avec Aristote : « Les idées des contraires ne sont pas contraires mais elles se font connaître les unes les autres ; c'est pour cela que leur connaissance est une » et avec saint Thomas : « Il est vrai que l'être, et le non être quand on les considère dans les choses, sont contradictoires ; parceque l'un est être et l'autre pur non être ; mais quand on les prend dans les actes de l'esprit, le second comme le premier implique un certain être. Les entités contraires en elles-mêmes ne le sont pas dans l'esprit parcequ'elles se connaissent les unes par les autres. »

Ainsi la dualité de l'objet ne divise pas la pensée divine, cette pensée reste une et également infinie sous ses deux faces, également belle et du coté de la lumière et du côté de l'ombre, mais une de ces deux faces est positive et l'autre négative.

Or l'idée positive de l'être, qui est aussi l'idée de l'unité, est essentiellement indivisible, ce qui est le caractère de l'infini, elle est donc rigoureusement infinie ; mais l'idée négative du non être, qui implique l'idée de limite, n'est indivisée et infinie que par sa corrélation avec l'idée positive de l'être ; si on la considère abstraitement en elle-même elle devient divisible à l'infini, et pourrait peut-être alors prendre le nom d'indéfini. C'est en cet état qu'elle est exprimée par la série indéfinie des nombres.

L'idée du non être renferme implicitement l'idée du moindre être ou du fini. Dieu ne peut concevoir la distance qui sépare le néant de l'être sans voir en même temps les degrés intermédiaires ; après avoir conçu l'être et le non être comme absolument opposés et séparés par une distance infinie, il les conçoit comme se rencontrant sur tous les points de cette distance. De là la variété infinie dans l'intelligence divine.

C'est de cette variété que se compose la possibilité toute entière, et dans cette possibilité je trouve renfermé le plan de la création et le type de toutes les créatures existantes et possibles.

La pensée de la création est donc éternelle en Dieu, elle fait partie comme contraste de la connaissance que Dieu a de lui-même : mais cette multiplicité incalculable, tant qu'elle est demeurée à l'état de possibilité, est restée scellée sous le sceau de l'unité qui émane de l'idée de l'être : dans la pensée divine elle était divisibilité et non division ; quelqu'imparfaite que soit la comparaison, elle était semblable aux dessins sans nombre que peut accumuler le crayon sur une feuille de papier blanc sans déchirer la feuille ; par la création, la possibilité est devenue réalité, la divisibilité division, les dessins ont été découpés, les innombrables degrés du non être sont devenus des êtres distincts de Dieu et séparés entre eux.

Dans le verbe de Dieu, dit saint Augustin, sont toutes les œuvres de Dieu, car tout ce que Dieu devait réaliser dans la création, était déjà dans le verbe et n'aurait jamais été dans les choses si elles n'avaient été dans le verbe, de même que la chose que fabrique notre main ne serait pas si elle n'avait été auparavant dans nôtre pensée. C'est pourquoi il est dit dans l'évangile : « tout ce qui a été fait était vie en lui ; ce qui a été fait était donc déjà, mais il était dans le verbe. Là étaient déjà toutes les œuvres de Dieu, mais elles n'étaient pas encore des œuvres. »

Nous pouvons ajouter : *Quod factum est in ipso vita erat*, ce qui a été fait était vie dans le verbe divin, parce qu'il n'était pas sorti de l'unité qui est la vie; mais séparés du verbe, les êtres ne sont plus vie mais seulement vivants, parce qu'ils ne possèdent pas la vie, mais y participent comme nous l'expliquerons plus tard.

Ici l'on peut voir comment les grandes erreurs sont souvent à côté des grandes vérités.

Saint Augustin vient de nous montrer l'idée de la création éternelle dans le verbe de Dieu, elle fait partie de la connaissance que Dieu a de lui-même, puisqu'elle est implicitement renfermée dans l'idée du non être par laquelle Dieu se distingue, mais ce n'est qu'à l'état de possibilité que l'idée de la création est contenue dans l'idée que Dieu a de lui-même, et qu'elle est éternelle.

Il suffit de confondre la possibilité de la création avec sa réalisation pour voir se dérouler les monstrueuses absurdités du panthéisme allemand. En effet si la réalisation de la création est la même chose que la possibilité, c'est par la création même que Dieu se distingue et prend conscience de lui-même. La possibilité est une idée unique, éternelle, et sans changement. La réalisation au contraire est nécessairement successive, dans un mouvement continuel. De là Hégel conclut que la conscience de Dieu ne sera complète que lorsque le cycle de la création sera terminé, et qu'ainsi Dieu n'est pas, mais se fait.

Nous avons vu encore que la pensée divine, une dans son acte, était distincte dans son double objet qui est l'être et le non être. Hégel ne distingue pas l'acte de l'objet et confond tout dans une monstrueuse identité, de sorte que la dernière conclusion de tout le système est que le oui et le non sont la même chose.

C'est ainsi qu'une ligne d'écartement suffit pour faire dérailler une machine quoique puissante, et l'envoyer aux abîmes.

Revenons à la vérité.

C'est, si l'on peut parler ainsi, par la combinaison des deux notions de l'être et du non être qu'ont été formés les types de toutes les créatures possibles. Le degré auquel chacune de ces notions est entré dans la combinaison, constitue la forme, l'individualité, la différence, la limite de chaque créature. Ce degré auquel viennent s'arrêter l'être d'un côté, le non être de l'autre, renferme la double notion par laquelle un être quelconque est intelligible, car la connaissance d'un être implique toujours une double notion, ce qu'il est et ce qu'il n'est pas, le côté positif et le côté négatif, la substance et la limite.

Mais pour connaître une créature quelconque complètement, il faudrait comprendre ce qu'elle a de l'être et ce qu'elle en exclut, c'est-à dire qu'il faudrait connaître l'être tout entier, et par conséquent avoir une intelligence infinie. Il suit de là qu'aucun être n'est parfaitement connu que par Dieu seul, et, comme dit l'adage, que nous ne savons le fond de rien.

Lorsqu'on nous présente le fragment d'un objet, nous l'apprécions d'abord dans le rapport où il est avec nos sens, mais nous ignorons ce qu'il est en lui-même comme fragment. Si nous ne connaissons pas l'objet d'où il est détaché, de même une fraction n'est intelligible comme fraction que si l'on connaît à la fois son numérateur et son dénominateur; et même un quart ou un tiers ne nous présente qu'un sens indéterminé si nous ne savons pas de quelle nature est l'unité qui a été divisée en trois ou en quatre. Si nous ignorons si le quart dont on nous parle est le quart d'un monde, ou d'un grain de sable.

Ainsi l'idée que Dieu a de chaque créature est infinie parce qu'il la voit dans son rapport avec l'infini, rapport qui nous est à jamais insaisissable.

Ce degré de combinaison d'être et de non être qui caractérise chaque créature n'est le même dans aucune, car il n'y a pas deux êtres absolument semblables, et ces degrés de tous les êtres possibles forment une série indéfinie qui n'a de correspondante que la série indéfinie des nombres.

En réalité tous ces degrés ayant un ordre dans la pensée divine, ont nécessairement un nombre qui les classe. Ainsi toute créature soit existante, soit possible doit être si l'on peut s'exprimer ainsi, numérotée dans l'intelligence de Dieu et ce nombre doit signifier pour lui, la nature, la destinée et toutes les propriétés de cette créature.

L'idée de l'unité est l'idée même de l'être, l'idée du zéro, l'idée du non être, et l'idée de chaque nombre, l'idée d'un moindre être, et comme Dieu, ainsi que nous l'avons dit, voit toute créature non seulement en elle-même, mais dans son rapport avec le tout ou l'infini, on peut se représenter chaque être comme une fraction, dont l'unité ou l'invariable numérateur est l'infini ou le tout; et le dénominateur un des termes de la série sans limite des nombres. La série des nombres, y compris l'unité et le zéro, représente donc en un sens la pensée de Dieu sur la création, et peut être considérée comme l'expression de la Science infinie.

Pour les mathématiciens les nombres n'ont aucun sens, ils ne sont que la multiplication ou la division d'une unité de convention qu'ils adoptent selon les circonstances.

Ils ont la science des chiffres, ils ne soupçonnent même pas celle des nombres.

Les philosophes, dès la plus haute antiquité, ont soupçonné quelque chose de cette science. Les idées de Pythagore sur les nombres qui, malheureusement, ne nous sont pas parvenues, ont été célèbres chez les Grecs. Le nom même que la langue hébraïque donne aux nombres a un sens philosophique, l'Ecriture sainte ne donne pas les nombres au hasard et semble quelque fois y attacher une grande importance ; saint Augustin et saint Thomas et d'autres encore donnent un sens à certains nombres, et de Maistre nous a dit que le nombre était le miroir de l'intelligence.

Tous ces grands esprits touchaient le seuil d'une science prodigieuse et immense, puisqu'elle les contient toutes. Si, en effet, nous connaissions quel nombre correspond à chaque degré d'être dans la pensée créatrice, et dans quel rapport ces degrés sont entre eux, nous saurions tout ce que peut savoir l'intelligence, nous aurions une science que Dieu seul possède pleinement.

De même que dans le langage ordinaire beaucoup de mots ont plusieurs sens; de même qu'en arithmétique le même chiffre peut être considéré en lui-même, ou dans son rapport avec d'autres c'est-à-dire, comme somme, différence, multiple, quotient, facteur ou fraction, de même philosophiquement, chaque nombre peut avoir outre son sens principal, un grand nombre de sens dérivés, c'est pourquoi le même nombre se représente plusieurs fois, soit dans l'ordre naturel, soit dans l'ordre mystique, et n'est point monopolisé par un seul être.

Mais de tous ces nombres, celui qui se répète le plus est le nombre deux, qui a pour origine et pour type, le grand contraste de l'idée de l'être et de l'idée du non être dans l'intelligence divine. Ce nombre étant le premier qui rompt l'unité, et rend possible la pluralité des êtres, se trouve comme un sceau inévitable sur toutes les créatures pour les distinguer de Dieu dont l'unité absolue est exclusivement l'essence.

Tout est double dans les choses, et généralement tout peut se classer sous la dénomination de positif ou de négatif, mais il y a une observation à faire. La dualité se reproduit en se subdivisant indéfiniment de sorte qu'une unité positive ou négative relativement à une autre, se partage elle-même en deux autres unités positive et négative relativement entre elles.

La création dans son ensemble est négative relativement à Dieu, elle est comme un arbre immense qui sort de terre et se distingue d'elle par son tronc; mais bientôt le tronc de cet arbre se partage en deux branches, l'une à droite, l'autre à gauche, et la droite peut être regardée comme positive relativement à la gauche, chacune de ces deux branches se partage à son tour, et peu à peu les ramifications deviennent innombrables.

La création présente, dès le principe, deux termes opposés qui la renferment toute, l'esprit et la matière. L'esprit est à la fois sentiment et connaissance, le sentiment se partage en amour et haine; la connaissance en foi et science, la science en synthèse et analyse, etc.

La matière est animée ou inanimée, la nature vivante est raisonnable ou purement sensible, enfin les embranchements de la nature vivante viennent se terminer par un couple qui est mâle et femelle.

Remarquons-le bien, ce qui est reflété par la dualité dans toute la création, ce n'est point directement l'être et le non être, mais l'idée que Dieu en a. Le non être n'étant rien ne peut avoir de reflet, et comme nous l'a dit saint Thomas, il n'est pas même connaissable en lui-même, mais seulement dans l'être qu'il nie, et c'est l'intelligence qui le rend connaissable en en faisant un être de raison; c'est cet être de raison formé par l'intelligence divine qui répand son reflet dans la création sur tout ce que l'on appelle passif et négatif.

Si l'on considère ces deux idées de l'être et du non être dans leur objet, il est clair que l'idée de l'être est supérieure, puisque l'être est infiniment au-dessus du non être; mais si l'on considère ces deux idées dans leur sujet, c'est-à-dire comme connaissance en Dieu, elles ne sont pas moins grandes et pas moins belles l'une que l'autre, mais leur beauté a un caractère différent, et ce n'est qu'en réunissant ces deux beautés qu'on a la beauté complète, la beauté sous toutes ses formes. Parmi les oppositions citées précédemment, il en est dont le terme négatif est mauvais à tous les degrés, ce sont le bien et le mal, et leurs conséquences: la vie et la mort, l'amour et la haine, le bonheur et le malheur. Ces oppositions ne sont que le reflet de la double idée de l'être et du non être; nous ne pourrons comprendre leur vrai sens qu'après avoir étudié la question du bien et du mal.

D'autres oppositions semblent refléter l'être et le non être lui-même plutôt que leur idée; ce sont ceux dont le terme négatif poussé à l'absolu, arrive à n'être rien. Tels sont la lumière et les ténèbres, le chaud et le froid, la science et l'ignorance, la force et la faiblesse, la grandeur et la petitesse, etc. En effet les ténèbres absolus, ainsi que le froid, l'ignorance, la faiblesse et la petitesse, portés à l'absolu ne sont plus rien, ils sont le néant même, mais lorsqu'ils participent à l'être dans une certaine mesure, ils se déguisent sous d'autres noms et manifestent alors quelques-unes des beautés de l'idée négative.

Ainsi les ténèbres horribles en elles-mêmes présentent une idée douce et gracieuse lorsqu'elles prennent le nom d'ombre. Protégez-moi à l'ombre de vos ailes; réfugions-nous à l'ombre du bosquet. De même l'ignorance a son charme quand elle peut s'appeler naïveté, la faiblesse plaît quand elle est délicatesse, et ce qui est petit devient aimable en s'appelant mignon.

Mais c'est dans le couple mâle et femelle, raisonnable surtout, que les beautés de la double idée divine se traduisent le plus fidèlement, et luttent à armes égales, quoique différentes en tout point. On peut voir d'un côté, la force, la grandeur, la puissance, le courage, la vaste intelligence, l'amour ardent et généreux. De l'autre, la grâce, la délicatesse, la douceur, la finesse, la sensibilité et la tendresse dévouée.

Et de même que les deux idées en Dieu produisent par leur union les types de toutes les créatures. Dieu a attaché la fécondité à l'union de ces deux êtres qui en sont la plus fidèle image (1).

Résumons en peu de mots cet important chapitre.

De même que l'unité est l'essence de l'être et de la vie, de même la dualité est l'essence de l'intelligence.

L'idée confuse est imparfaite, l'idée n'est parfaite que lorsqu'elle est claire et distincte; il ne suffit pas de voir il faut distinguer. Distinguer un être c'est le séparer par la pensée de ce qui n'est pas lui; c'est comprendre non seulement ce qu'il est, mais encore ce qu'il n'est pas; de là nécessairement une double face dans toute idée parfaite, une face positive qui montre ce qu'est l'objet de l'idée, une face négative qui indique ce qu'il n'est pas.

Voilà l'origine du nombre deux qui ouvre l'unité et lui fait enfanter tous les nombres.

Cette origine se trouve avant tout en Dieu même dans l'intelligence divine.

En effet, Dieu a l'idée de lui-même, et cette idée est parfaite par conséquent distincte; c'est-à-dire, que Dieu se voit et se distingue, mais de quoi peut-il se distinguer éternellement puisque rien n'existe éternellement hors de lui, le mot s'est présenté de lui-même : rien ou le néant. L'idée de l'être par laquelle Dieu se voit appelle donc nécessairement l'idée du néant ou du non être par laquelle il se distingue, ces deux idées sont indispensables l'une à l'autre, et ne peuvent subsister l'une sans l'autre; elles sont infinies l'une et l'autre et l'une par l'autre, car la différence entre deux termes ne peut être appréciée sans la connaissance exacte de chacun d'eux. C'est par la

(1) Ce qui précède nous permet de justifier le rire qui a été calomnié parce qu'on a confondu ce qui lui est essentiel et ce qui lui est accidentel.

L'idée de l'être est l'extase de l'être, mais l'idée du non être peut être regardée comme la création joyeuse comme le sourire éternel de l'Infini.

différence avec le néant que Dieu mesure l'infinie grandeur de son être, et l'infinie nullité du néant ne peut être appréciée que par son opposition à l'infinie réalité de l'être. De même l'idée de l'infini qui veut dire sans limites est inséparable de l'idée de limite, et c'est l'idée de l'infini qui fait concevoir le nombre des limites comme interminable.

C'est pourquoi ces deux idées complémentaires, et inséparables, qui ne vivent que l'une par l'autre ne sont au fond qu'une seule lumière et une seule connaissance qui est la pensée divine.

Si l'on considère ces deux idées dans leur objet, l'une est supérieure à l'autre, car l'être est infiniment supérieur au néant; mais si on les considère subjectivement, c'est-à-dire comme pensées de Dieu, elles sont également parfaites, belles et infinies.

L idée du non être renferme implicitement, l'idée du fini, c'est-à-dire du moindre être et de tous ses degrés, et tous ces degrés forment une série indéfinie qui a pour correspondance et pour expression la série indéfinie des nombres; et comme chaque degré du moindre être est le type d'une créature, le nombre qui lui correspond est dans l'intelligence divine, le nom même qui caractérise et définit cette créature, de sorte que selon la profonde parole de Pythagore, *tous les êtres subsistent en imitation des nombres.*

C'est l'idée du non être qui s'échappant de l'unité par le nombre deux, produit tous les nombres qui sont les types des créatures et rend la création possible. C'est pourquoi Dieu en créant a imprimé avant tout à la création ce nombre deux, comme insigne qui la distingue à jamais de l'unité indivisible qui n'appartient qu'à lui.

La création ne se compose que de dualités, mais les unes semblent plutôt refléter l'opposition objective des deux termes positif et négatif, comme la lumière et les ténèbres, les autres plutôt le contraste complémentaire des deux idées comme le mâle et la femelle. Mais tout être est double, composé d'un positif et d'un négatif, et tout positif a son ombre ou son miroir; son ombre, si le couple exprime l'opposition objective, son miroir, s'il exprime la beauté complémentaire des deux idées.

Ces deux idées divines de l'être et du non être, qui sont miroirs l'une à l'autre, qui ont une beauté égale quoique d'un caractère différent, qui s'attirent invinciblement, et restent inséparables, qui par leur union ont produit toutes les créatures, ont déposé leur plus fidèle image dans le couple humain, dans la beauté mâle et puissante de l'homme, dans la grâce douce et ravissante de la femme, dans l'attrait qui les entraîne l'un vers l'autre et dans la fécondité qui résulte de leur union.

La grande vérité que nous venons de sonder est trop importante et trop fondamentale pour que le monde ait jamais pu s'en passer.

Aussi, nous la retrouvons plus ou moins clairement formulée, plus ou moins mêlée d'erreurs dans toutes les théogonies de l'Orient, qui sont les plus anciennes traces de la pensée humaine.

Au commencement, disent les Vedas, livre sacré de l'Inde, était Brahm, l'être, l'infini, l'unique. Maya, l'illusion qui n'a point d'être réel, qui est à la fois sa fille, sa sœur et son épouse, se présente devant lui avec les mille séductions de la variété, de leur union naissent tous les êtres qui comme leur mère ne sont qu'illusion.

Selon les chinois, l'être premier est Fao ou la raison. Fao engendre un double être Yang et Yu, le principe positif et le principe négatif, le oui et le non, leur union produit l'univers.

Selon les Perses, l'éternel enfante deux principes : d'abord Ormuzd le principe du bien ou du positif, ensuite Ahriman, le principe du mal ou du négatif. Ces deux principes, dans une lutte continuelle, travaillent concurremment à la création ; l'un produit l'esprit, l'autre la matière ; l'un la lumière, l'autre les ténèbres ; ainsi de suite.

Chez les Egyptiens, les émanations de l'être primitif procèdent toutes par syzigies, c'est-à-dire par couples, dont les deux termes sont, ou opposés ou complémentaires.

La plus célèbre de ces syzigies est celle qui est composée d'Osiris et d'Isis « Osiris (1) est le principe lumineux et actif dans la nature, Isis le principe passif, ténébreux et matériel. Osiris est revêtu d'une robe de lumière sans mélanges de couleurs ; la robe d'Isis est teinte de toutes les nuances variées qui se déploient dans l'univers... Osiris est le père des êtres, Isis en est la mère ; elle a tous les attributs de la maternité. Tout ce qui est, tout ce qui respire est produit par le mariage d'Osiris et d'Isis. »

La doctrine secrète et traditionnelle des Juifs, renfermée dans la kabbale, exprime cette vérité d'une manière bien plus parfaite ; la voici telle qu'elle est exposée par M. Franck :

« Du sein de l'unité absolue, mais distinguée de la variété et de toute unité relative, sortent parallèlement deux principes opposés en apparence, mais en réalité inséparables. L'un, mâle et actif, s'appelle la sagesse ; l'autre, passif ou femelle, est désigné par un mot qu'on a coutume de traduire par celui d'intelligence.

« Tout ce qui existe, dit le texte, tout ce qui a été formé par l'Ancien, dont le nom soit sanctifié, ne peut subsister que par un mâle et par une femelle. La sagesse est aussi nommée le père, car elle a, dit-on, engendré toutes choses ; l'intelligence, c'est la mère, ainsi qu'il est écrit : « Tu appelleras l'intelligence du nom de mère. »

Ainsi, en remontant le cours des traditions antiques, mêlées de tant d'erreurs, nous voyons partout surnager, comme l'arche sur les eaux

(1) *Précis de l'Histoire de la Philosophie*, par Salinis, page 80.

du déluge, la vérité fondamentale qui nous montre, dans la dualité première, l'origine et le type de tous les êtres créés.

LE POINT.

Ce sujet est plus sérieux qu'on ne pense.

Le point est un mystère qui éblouit et défie l'intelligence humaine.

Le vrai point, le point géométrique, renferme dans sa définition deux conditions inconciliables : il est indivisible pour être exact, et doit être localisé pour être point de départ. Or s'il est indivisible il n'est point matériel et ne peut-être dans un lieu s'il occupe un lieu il n'est plus indivisible, il n'est plus le vrai point géométrique.

Par quel bout prendrons-nous cet insaisissable Protée ? Dirons-nous qu'il est infiniment petit ? mais l'infiniment petit, n'est plus matière et n'est qu'une idée. Il n'y a que deux indivisibles : l'infini et le néant. S'il n'est pas l'infini il faut qu'il soit le néant ; il n'existe donc pas matériellement mais reste une pure idée. Mais quelle est cette idée ? Ceci nous fait remonter bien haut.

De tous les noms de Dieu un seul est substantif et principe de tout ce que Dieu dit de lui-même. L'Etre, QUI EST, celui qui est. Les autres attributs sont des manières d'être. Dieu en créant la matière a réalisé et objectivé autant que possible le contraire de tous ces attributs. Le contraire de l'unité par la divisibilité ; le contraire de la liberté active dans l'inertie, le contraire de l'éternité dans la mutabilité, le contraire de l'amour dans l'impénétrabilité, le contraire de l'infini dans la limite et tous les termes qu'elle produit.

Toutes ces négations sont renfermées implicitement dans l'idée générale du *non être*, mais le contraire de l'idée pure du *non être* qui est le néant ne peut être ni exprimée ni objectivée que par Lui-même. La matière ne peut donc traduire l'idée pure du non être que par le néant, et c'est ce qu'elle fait autant que possible par le point, qui ne peut exister matériellement et reste pure idée.

Cette idée du néant qui est indivisible est accompagnée dans la pensée de Dieu de l'idée de toutes les formes possibles qui résultent de la limite, et qui toutes rattachées à l'idée centrale du néant par des lois rigoureusement exactes forment une géométrie divine, parfaite et sans exception. Mais lorsque l'homme veut faire de la géométrie pratique, toujours il localise le point en le matérialisant ; alors il perd son essence qui est l'indivisibilité, il n'est plus qu'un point approximatif, que le point de départ de toute une géométrie approximative où rien n'est exact, ni point, ni lignes, ni angles, ni courbes.

Néanmoins dans la théorie qui exprime les rapports des figures entre elles, l'homme conserve les lois de la géométrie divine, qui repose sur l'indivisibilité du point et il arrive par là à des résultats exacts soit dans la mécanique soit dans la physique.

Ainsi la géométrie que plusieurs estiment la science la plus matérielle, n'a pour fondément qu'une idée pure celle du point; toute sa théorie ne s'exerce que sur des figures idéales dont elle n'a pas la possession matérielle.

Lorsque le point se matérialise, il prend les trois dimensions qui constituent la matière longueur, largeur et profondeur. Mais alors il perd sa propriété immatérielle d'indivisibilité, alors il se localise, mais dans quel lieu est-il? Dans le sien. Car il est lui-même le premier lieu auquel se rapporte tous les autres, c'est la dilatation de ce point qui produit l'Espace, et c'est le mouvement dans l'espace qui fait le Temps.

NOTE SUR LE ZÉRO ET LA DOUBLE SÉRIE DES NOMBRES

Le nombre, dans son ensemble, est, comme nous l'avons vu, négatif relativement à l'unité première, mais les nombres se subdivisent en deux séries, positive et négative l'une vis-à-vis de l'autre. Les mathématiciens l'écrivent ainsi :

$$-9-8-7-6-5-4-3-2-1.0.+1+2+3+4+5+6+7+8+9, \text{ etc.}$$

Dans cette double série ainsi étalée, zéro semble un terme moyen entre -1 et $+1$. On est tenté de lui attribuer le sens d'une valeur intermédiaire, ce qui serait philosophiquement faux. Le calcul lui-même l'indique. 1 peut s'additionner, se soustraire, multiplier et diviser; le zéro ne peut rien de tout cela; éternellement muet, il n'a jamais donné aucune réponse; en lui, point de vie. Dans l'expression -1 le nom de l'unité reparaît, et avec le nom revient la vie ou au moins l'image de la vie.

Tout mot, dans une langue quelconque, a un sens; le mot néant lui-même, qui est le même que *non ens* ou non être, rappelle l'idée de l'être et renferme, sous sa forme négative, quelque chose de vivant. Zéro, comme mot, a un sens; il nomme un signe dont on est convenu, mais le signe lui-même est vide de tout sens; il est le chef-d'œuvre de la non expression.

Les géomètres supposent, au bout de la ligne, un point indivisible qui la termine et n'est déjà plus elle; de même le zéro est le bout, le pôle inférieur de la pensée, et déjà n'est plus idée; il est le point où la pensée s'arrête frissonnant au contact du néant.

Le zéro, ce n'est point l'idée du non être, telle qu'elle est en Dieu ni même telle qu'elle est dans l'homme, car cette idée, en niant l'être, en rappelle l'idée et lui emprunte une lumière.

Le zéro n'affirme pas, ne nie pas, ne rappelle rien; il n'a absolument aucun sens; sourd et muet à toute question, il est mort; il sert dans le calcul à indiquer que là il y a une place vide de nombre, mais lui-même n'est pas un nombre et ne remplit aucune fonction de nombre.

Au pôle supérieur de la pensée, se trouve l'idée de l'unité, mais lorsque cette idée est isolée et abstraite de toute autre, elle cesse aussi d'être un nombre, et la pensée qui la contemple à cet état semble aussi s'évanouir, non plus par le vide, mais par l'éblouissement de la lumière sans ombre; elle est alors l'idée de l'être abstraite de l'idée de non être et par conséquent sans distinction.

Saint Thomas (P. I Q. II A. I) se plaint que « certains philosophes confondent deux choses distinctes : le *un* qui correspond à l'être et le *un* qui forme le nombre »; puis, définissant le premier, il dit : « L'unité n'ajoute à l'être aucune réalité, seulement elle en exclut l'idée de division. »

Excluant l'idée de division elle exclut le nombre, à cet état l'idée de l'unité est l'idée même de l'être, et de l'Infini; idée que la pensée ne peut contempler en face sans s'éblouir, elle est alors le contraire absolu de zéro, elle forme avec lui une série à part, qui, sans être nombre, renferme les nombres, mais les dépasse comme pôles infiniment éloignés l'un de l'autre.

Le *un* principe des nombres, est le reflet de cette même unité dans l'idée négative du non être, et comme cette idée négative est indéfiniment divisible, l'idée de l'unité ou de l'être sur laquelle elle s'appuie, sert de point de départ, de règle et de lumière à toute cette ombre de la division qui se déroule à l'Infini.

Le nombre se présente donc à l'origine, comme une division sans fin de l'unité première qui est le reflet de l'être. Chaque nombre est pour ainsi dire, une division, un degré de l'être, et peut être conçu sous la forme d'une fraction dont la grande unité est le constant numérateur.

Mais l'idée complète d'une fraction renferme trois aspects, le numérateur, la division qu'indique le dénominateur, et le complément de la valeur indiquée avec l'unité totale.

Ainsi $\frac{1}{9}$, un neuvième, qui exprime une partie de l'unité divisée en neuf, rappelle les huit autres parties qui ne sont pas exprimées par la fraction. C'est ainsi qu'en chaque nombre Dieu voit tous les autres nombres avec leur valeur relative et absolue, tout cela dans la grande unité que seul il connaît parfaitement.

Cette grande unité est l'unité abstraite. Nous en connaissons l'existence, mais notre pensée ne peut en concevoir la mesure, et pour faire descendre le nombre à notre usage, nous prenons une des infinies fractions de l'unité première, qui tombe sous notre sens pour en faire une unité de convention. Nous supposons à cette unité factice qu'on appelle ordinairement l'unité concrète, toutes les propriétés de simplicité, de fixité et de permanence qui n'appartiennent qu'à l'unité première et infinie, et nous construisons nos calculs.

L'Infini ne pouvant se multiplier, tous les nombres n'étaient d'abord que des divisions de l'unité première et se trouvaient renfermés en elle; mais l'unité factice et finie des hommes, loin de contenir les nombres, est contenue en eux et se laisse multiplier par eux.

Si nous restons dans l'abstraction, toute la pensée se trouve renfermée dans ces deux termes, + 1 — 1, qui sont infinis tous les deux; c'est l'idée de l'être en face de celle du non être, mais si nous descendons dans les réalités du fini, où l'unité peut se multiplier, nous formons dans notre esprit une série croissante que nous appelons positive et qui commence par l'unité : + 1 + 2 + 3, etc., mais comme toute idée a son contraste, il se forme en même temps une série décroissante que nous appelons négative et dans laquelle à chaque nombre marqué du signe plus répond un pareil nombre marqué du signe moins : — 1 — 2 — 3, etc.

Si vous appliquez contre un miroir le bout d'un mètre gradué, l'image du mètre se reproduit dans la glace en sens inverse avec les mêmes degrés.

Mais au bout du mètre qui touche la glace se trouve un point qui n'est plus le mètre et qui n'est pas encore son image, ce point ne peut avoir de nom puisqu'il n'est rien, ni réalité, ni image, ni positif, ni négatif, ni oui, ni non, un seul signe convient à ce point qui exclut toute idée, c'est le zéro, qui n'a point de sens, c'est pourquoi on a mis le zéro pour séparer les deux séries des nombres positive et négative. Les deux séries ont un sens, le même en sens inverse, le zéro n'en a point, il ne dit rien, il sépare. Des deux côtés de ce point nul s'élancent les deux séries comme les deux côtés d'un angle immense qui peuvent se prolonger à l'infini.

La ressemblance des deux séries, sauf le signe, est parfaite et universelle; tout ce que dit le positif en plus, le négatif le dit en moins. Lorsque vous découpez avec des ciseaux une forme dans une feuille de papier, la même forme se reproduit, et la même pensée s'exprime des deux côtés de la découpure d'un côté par le plein, de l'autre par le vide.

La création semble reproduire cette double forme qui représente la double série, et dès le commencement l'œuvre se montre double. « Dès l'origine, dit le concile de Latran, Dieu a fait de rien l'une et l'autre nature, la spirituelle et la corporelle. » La nature spirituelle peut se regarder comme positive, relativement à la matérielle ; mais, tout ce que l'une dit positivement, peut se traduire négativement par l'autre. Seulement, l'esprit est le type, la matière n'est que l'image et la traduction ; de sorte que s'ils sont formels tous les deux, l'un peut se dire forme informante, l'autre forme limitante. C'est dans le premier sens que saint Thomas et le concile disent que l'âme est la forme du corps, et dans le second qu'on peut dire le corps humain est la forme de l'être raisonnable. Mais, comme dit Horace :

Si voluerit usus
Quem penes arbitrium est jus et norma loquendi.

L'usage est l'arbitre, le maître, le législateur du langage.

Cette vérité devient embarrassante lorsque l'usage a modifié le sens des termes employés dans les vérités traditionnelles. Cela a lieu pour le mot forme. Saint Thomas et le Concile déclarent que l'âme est la forme du corps ; c'est-à-dire que l'âme, réalisation d'une pensée divine, est le type sur lequel le corps est formé, la cause qui a déterminé la matière du corps à avoir telle ou telle forme, elle est le cachet dont le corps est l'empreinte, en un mot elle est la forme informante. Mais dans le langage usuel on prend rarement le mot forme dans ce sens ; mais quand on dit forme, on veut dire configuration extérieure d'un objet, c'est-à-dire la forme limitante, en ce sens c'est le corps qui est la limite ou la forme de l'âme ; c'est donc dans ce sens usuel que nous sommes obligés d'entendre le mot forme quand nous le donnons sans explication.

CHAPITRE III

DE LA COMMUNICATION DES PROPRIÉTÉS

Nous l'avons déjà dit : seules les propriétés purement relatives, telles que la paternité, la filiation et la procession sont incommunicables et ne peuvent se dire que de l'une des trois personnes. Mais toutes les autres propriétés qui expriment une perfection, peuvent s'affirmer de chacune des trois personnes ; la raison en est évidente, car la personne à laquelle il manquerait une perfection ne serait plus infinie.

Aussi l'Écriture Sainte dont l'autorité est irrécusable affirme les mêmes propriétés, tantôt de Dieu tout entier, tantôt de l'une ou de l'autre personne. Le Verbe dans l'Évangile est appelé vie et lumière, on lit : le Père des lumières, l'esprit de vie et d'intelligence.

Est-ce donc inutilement et sans raison, que nous avons cherché à caractériser les trois personnes, par une de ces propriétés communes, et que nous avons appelé le Père, être et vie ; le Fils, forme et intelligence ; le Saint-Esprit, lumière et amour ?

Nous pouvons nous justifier, car si nous examinons attentivement, nous verrons que ces grands mots qui expriment les perfections divines, ont un triple sens dont chacun convient spécialement à une des personnes ; mais que le sens principal convenait à la personne à laquelle nous l'avons attribué.

Commençons par la première des idées, celle qui les renferme toutes, l'idée de l'être ; l'idée de l'être présente trois nuances, et l'être ne peut se concevoir que sous trois conditions, c'est ce qu'explique M. Lamennais.

« L'être absolu, dit-il, est un et puisqu'il est, il renferme en soi ce par quoi il peut être ; donc sa notion implique celle d'une énergie, d'une force interne, d'une puissance sans laquelle il serait impossible de le concevoir existant.

« Mais l'idée d'existence renferme encore celle de détermination, la substance ne peut donc être conçue comme existante, à moins qu'on ne la conçoive comme déterminée ou douée de forme.

Sa notion implique donc celle de forme aussi nécessairement que celle de puissance.

« La substance est : la substance est déterminée, sans quoi elle ne serait pas : la substance est une.

« Mais pour qu'elle soit une, il faut encore qu'elle renferme en soi une troisième énergie qui accomplisse cette unité qu'implique sa notion. Or ce qui produit l'union selon le sens le plus étendu et plus général, est ce que dans toutes les langues humaines on appelle amour ».

L'être est donc à la fois vie, forme et unité.

Mais si nous voulons voir cette idée de l'être se manifester elle-même sous ses trois faces, allons au pied du mont Horeb, devant le buisson ardent et écoutons avec Moïse cette célèbre réponse où Dieu se définit lui-même.

Il est difficile de traduire exactement, cette parole qui renferme à la fois la pensée divine et humaine; cependant, je crois qu'on pourrait la rendre ainsi : *Je suis l'être.*

Qu'est-ce que ce *je ?* un pronom. Quel nom remplace-t-il ? La phrase le dit : ce *je* est l'être. Substituons donc le nom au pronom et nous aurons : *l'être est l'être.* Nous voyons donc ce même mot *être*, répété trois fois, sous trois formes différentes : la première fois comme substantif; la seconde comme verbe; la troisième comme adjectif ou ce qui revient au même comme déterminatif.

Le substantif représente l'être en lui-même, comme substance, c'est la face première, l'idée primitive; l'adjectif manifeste le substantif en le déterminant, en lui donnant une forme ; l'idée de forme est la seconde ; mais l'adjectif ne peut déterminer le substantif qu'autant qu'il lui est appliqué, qu'il est enchaîné avec lui par le verbe, et cette idée d'union est la troisième. Dieu se résume ensuite, et réunissant en un seul mot les trois formes de l'être qu'il vient de manifester à son prophète : « Va, dit-il, dis à Israël : l'être m'envoie vers vous ».

Ici se manifeste la profonde philosophie du langage, son principe et son symbolisme.

Il est impossible d'exprimer une pensée sans former ce que les grammairiens appellent une proposition. Or, une proposition se forme nécessairement de trois termes : le substantif, le verbe et l'attribut ou l'adjectif, trois termes qui, comme nous venons de le voir, se rapportent aux trois personnes de la Trinité.

Le substantif exprime l'être, la substance comme son nom même l'indique. Au fond, il n'y a qu'un seul vrai substantif, c'est le mot être. Tous les autres noms n'ont que la forme substantive, et en réalité, ils ne sont que des adjectifs ou des modifications renfermant ou sous-entendant le substantif être. Dans cette phrase : le juste vivra, le sujet juste est évidemment un adjectif qui joue le rôle de substantif, parce qu'il a sous-entendu derrière lui le substantif *homme*, dont il est une modification ; mais l'homme lui-même est-il autre chose qu'une modification de l'être ? Il n'y a donc que le mot être qui se tient par lui-même, c'est par sa vertu que tous les autres noms se tiennent comme substantifs : l'homme c'est l'être homme ; le soleil l'être soleil, et ainsi des autres.

Les grammairiens disent aussi qu'il n'y a qu'un seul verbe, le verbe *être*. Tous les autres ont le sens d'un adjectif joint au verbe ; j'aime, pour je suis aimant, etc. Tout au contraire, l'adjectif a une variété indéfinie.

Ainsi, le langage nous présente trois choses : substantif unique qui soutient tous les sujets ; verbe unique, lien universel ; adjectif infiniment varié représentant toutes les modifications de l'être.

N'est-ce pas la trinité avec toutes ses œuvres ? Car en Dieu nous voyons une substance une et immense, un lien unique et universel, et une forme infinie qui renferme en elle toutes les formes possibles, c'est-à-dire une variété infinie. Le langage manifeste donc Dieu : par le substantif il manifeste le Père, par l'adjectif le Fils, par le verbe le Saint-Esprit. (1)

C'est pourquoi Dieu voulant faire l'homme capable de le connaître lui-même, capable par conséquent de comprendre et d'expliquer toute créature, lui a révélé son nom, et ce nom mystérieux et puissant, ce mot *être* manifestant la triple idée qu'il renferme, s'est montré à la fois substantif, verbe et adjectif : alors toute intelligence a été éclairée, alors un horizon sans borne s'est ouvert devant l'homme, alors, a été posé le fondement de tout développement et de tout progrès, car Dieu s'était donné lui-même à l'homme par *la parole*.

On peut dire à peu près de la vie ce que nous avons dit de l'être. La vie est avant tout une énergie intime, une force d'expansion, mais cette énergie ne peut se réaliser que par la forme, et ne peut subsister que par l'unité. Même dans l'être inférieur qui est la plante la vie présente trois aspects : premièrement une force d'expansion qui développe le germe, secondement un instinct, qui repousse ce qui est nuisible et attire ce qui est utile, c'est la distinction ; enfin un principe d'assimilation qui ramène à l'unité la variété des substances absorbées par la plante. Mais l'idée fondamentale est la force d'expansion qui produit tout le reste, c'est pourquoi nous avons assigné

(1) Le nom de Verbe qu'on donne au fils de Dieu n'infirme pas ce que nous disons ici, car, comme on le sait le mot latin *verbum* d'où on a fait le mot *Verbe*, veut dire parole en général, et ne s'applique spécialement à aucune partie du discours, *Verbum* c'est le langage.

la vie spécialement au Père qui est la source de la vie et qui, communiquant cette vie au Fils et au Saint-Esprit, est à la fois la vie des trois personnes qui sont vie en lui.

Les trois personnes sont certainement intelligentes, et l'intelligence est une propriété qui convient à toutes, mais l'essence de l'intelligence étant la dualité, elle convient par là spécialement à la seconde personne. C'est le même acte qui rend Dieu intelligent et intelligible, qui le détermine, et lui donne la forme. Or, l'intelligence se complète en trois points, l'idée de l'être, l'idée du non être, l'unité de ces deux idées. L'idée de l'être est la forme du Père, l'idée du non être distingue et informe le Fils, l'unité de ces deux idées produit la lumière, forme du Saint-Esprit.

L'amour est beaucoup pour l'homme, il remplit presque sa pensée et sa vie. Il est tout pour Dieu, car Saint-Jean en fait l'essence même de Dieu : Dieu est amour, *Deus charitas est*. L'amour est encore un de ces mots à trois faces, de nuances différentes. Il y a trois amours ou plutôt l'amour à trois caractères bien marqués, qui se développent dans un ordre constant.

Quel est le premier symptôme de l'amour dans tous les êtres, depuis la plante jusqu'à l'homme? N'est-ce pas un débordement de vie? entendez au printemps ce murmure confus et universel de la nature; entendez les forêts retentir de mille chants, de mille cris. Les feuilles s'étendent, les fleurs ouvrent leurs corolles éblouissantes de fraîcheur et de beauté ; l'oiseau ranime l'éclat de son plumage, le coursier porte sa tête plus fière, le taureau ses cornes plus menaçantes; la vie circule à flots dans l'univers, elle déborde, elle menace ; on dirait l'approche d'un orage, on sent que quelque chose de grand et de puissant se remue dans le sein de la nature.

Mais tout celà n'est rien auprès de la tempête qui gronde dans le cœur du jeune homme; c'est dans l'âme intelligente et immortelle que la vie se manifeste dans toute sa puissance et sa grandeur.

« La solitude, dit René, le type de cette première phase de l'amour, le spectacle de la nature me plongèrent bientôt dans un état presqu'impossible à décrire; sans parents, sans amis, pour ainsi dire seul sur la terre, n'ayant point encore aimé, j'étais accablé d'une surabondance de vie. Quelquefois je rougissais subitement, et je sentais couler dans mon cœur comme des ruisseaux d'une lave ardente; quelquefois je poussais des cris involontaires, et la nuit était également troublée de mes songes et de mes veilles ; il me manquait quelque chose pour remplir l'abîme de mon existence ; je descendais dans la vallée, je m'élevais sur la montagne, appelant de toutes mes forces l'idéal objet d'une flamme future ; je l'embrassais dans les vents, je croyais l'entendre dans les gémissements du fleuve; tout était ce fantôme imaginaire, et les astres dans les cieux, et le principe même de vie, dans l'univers. La nuit, lorsque l'aquilon ébranlait ma chaumière, que les pluies tombaient en torrents sur mon toit, qu'à travers ma fenêtre je voyais la lune sillonner les nuages amoncelés, comme un pâle vaisseau qui laboure les vagues, il me semblait que la vie redoublait au fond de mon cœur et que j'aurais eu la puissance de créer des mondes. Ah? si j'avais pu faire partager à un autre les transports que j'éprouvais ».

Qu'est-ce que cet amour sinon la vie trop pleine ? René n'aime aucun objet distinct, cet amour n'a sa source et son motif nulle part que dans lui-même, il est à lui-même son propre principe, il s'échappe par sa seule force interne ; il déborde et menace de remplir l'immensité, et dans son développement il se montre terrible et revêt tous les caractères de la puissance. Pourquoi souffre-il ? parce qu'il ne peut se répandre, que toute la nature qui est devant lui est incapable de le contenir, et qu'il lui faudrait un autre lui-même, une autre vie intelligente pour comprendre et accepter la sienne.

Ainsi l'amour se manifeste d'abord comme vie, et dans cet état il ne peut subsister seul, il appelle la diversité : « Ah ! Si j'avais pu faire partager à un autre les transports que j'éprouvais ! »

C'est avec ces caractères que l'amour se manifeste dans la première personne de la trinité. Le Père se donne, c'est une vie immense, qui non épuisée par l'engendrement du verbe éternel, déborde dans toutes les vies créées qui ne doivent leur puissance, leur développement, leur multiplication sans limites assignables, qu'à une participation a la vie infinie, dont l'expansion ne connait pas de repos : *Ex quo ommis paternitas et in cœlo et in terra*, dit Saint Paul, *de qui vient toute paternité dans le ciel et sur la terre*.

Le don de l'être que nous avons reçu de lui est le principe de tous les autres et en cela il est inappréciable. C'est de lui que vient tout don parfait : *Omne datum optimum, et omne datum perfectum de sursum est descendens a patre luminum* (Jac. I. 17) il nous a donné son fils et avec lui toutes choses ; selon l'expression de Saint Paul il nous donne aussi son Esprit Saint par la grâce : *Spiritus Sanctus quem mittet Pater* » (Joan. 14, 26).

Aussi en même temps que l'on attribue la création au Père, on dit que l'amour en a été la cause, c'est que le père est l'amour qui donne.

Ce besoin de se donner, ou si l'on veut cette propension à se donner qui est le premier caractère de l'amour est irréalisable sans un second terme qui puisse recevoir le don.

L'homme cherche une autre vie toute faite où il puisse répandre la sienne. Le père produit cette vie et engendre le Verbo, et il dit : celui-ci est mon fils bien-aimé en qui j'ai mis toutes mes complaisances : *Hic est filius meus dilectus in quo mihi benè complacui* (Mat. 17.5).

Ici l'amour se transforme.

La vie s'épanouit et se donne, l'intelligence se nourrit, absorbe et s'assimile. L'amour se répandait et se donnait, maintenant il veut posséder et attire.

L'amour humain offre aussi ces deux aspects, il veut bien se donner, mais il veut aussi posséder. C'est dans cette seconde phase que se manifeste la variété. Une fois le choix fait, une fois le second terme trouvé et distingué entre tous, commencent les mille soins pour plaire et attirer, les efforts pour vaincre les obstacles, les ruses pour parvenir, les sacrifices, les dévouements, en un mot tous les accidents de l'amour dont les nuances varient à l'infini, et qui remplissent les poëmes.

Le premier état de l'amour a été décrit par Chateaubriand. Il ne sera pas décrit une seconde fois, ou l'on retombera dans les mêmes termes. Mais les détails de la seconde phase sont inépuisables. Depuis que le monde existe, ils alimentent la poésie, et il en sera de même jusqu'à la fin.

Lorsqu'après toutes les péripéties l'amour arrive à son terme qui est l'union, toute variété cesse inévitablement, le roman finit là.

Cette seconde phase de l'amour, le choix et la distinction, n'est pas moins belle que les autres ; elle renferme d'intimes jouissances. Être tout l'un pour l'autre est un des plus grands charmes de l'amour.

Ce même caractère de l'amour se montre dans les rapports de la seconde personne de la trinité avec l'homme.

Le verbe a eu une grande part dans la création : *Sine ipso factum est nihil*, rien n'a été fait sans lui. C'est Dieu le père qui a créé par son Verbe disent les théologiens, c'est à dire que l'être vient du père, et la forme de l'être vient du fils. C'est donc lui qui a distribué à tous les êtres leurs propriétés que varient des nuances sans nombre.

Dans cette distribution il a montré un grand amour pour l'homme qu'il a placé au premier rang, auquel il a donné la plus parfaite des formes, en le faisant à son image et ressemblance, qu'il a établi roi et prêtre de la création.

Sa bonté attentive n'a donné le sentiment du rang qu'elle occupe qu'à celle qui est au premier, les autres ne connaissent point leur place inférieure, et vivent heureuses, dans leur ignorance, du bonheur que comporte leur nature.

Mais l'homme ! il connait sa supériorité, il sait que toute la nature est faite pour lui. Oh ! comme il dut bien voir celà dans le paradis de délices, lorsqu'il sortit des mains de Dieu, rayonnant d'intelligence et de beauté ! comme il dut comprendre tout l'amour qu'il y avait pour lui dans cette lumiere qui baignait son œil, dans cette riche broderie que la prairie étendait sous ses pieds, dans ces voûtes de verdure qui s'inclinaient sur sa tête, dans ces mille grâces qu'étalaient les fleurs, dans le murmure de l'eau, dans ces chants dont l'oiseau remplissait l'air, dans tous ces bruits de la nature qu'il comprenait alors si bien ; enfin dans cette compagne, cette variété de lui-même, où venaient se résumer, d'une manière ineffable, toutes les graces et tout les charmes répandus dans le reste de la nature. Oh ! comme son âme dut vibrer, comme il dut rendre amour pour amour, comme il dut être beau l'hymne qui s'échappa de son cœur et qui fut le premier hommage de la création à Dieu.

Mais l'homme a péché, et par là il a bouleversé tous les rapports qui l'unissaient soit avec Dieu, soit avec la nature, soit avec lui-même.

Le verbe vient au secours de l'homme, et là commence une suite de combats, de travaux, de prodiges, qui dépassent la pensée humaine. Le Verbe entreprend de se faire notre frère et de nous rendre comme des Dieux, nous, pauvres condamnés par la justice divine. Que d'inventions incroyables ! que de transformations pour gagner notre amour ! Il se montre à nous, tantôt comme un doux enfant pleurant dans un berceau, tantôt entraînant la multitude par le charme et l'autorité de sa parole, enfin mourant sur le calvaire pour tous et pour chacun. On le voit, pleurant avec ses amis attendant la pauvre pécheresse vers le puits de Jacob, doux et humble lorsqu'il bénit les petits enfants, éblouissant de lumière lorsqu'il se transfigure sur le Thabor. Son amour sait prendre toutes les nuances, distinguer tous les mérites, et approprier ses dons aux convenances, il choisit une famille d'amis, c'est celle de Lazare, il élève au dessus de tous douze apôtres et parmi eux il distingue un ami de cœur, un disciple auquel reste le nom de bien-aimé, il sait aimer d'une manière différente sa mère, ses apôtres, ses disciples, ses amis, Magdeleine et les saintes femmes ; tout ce qu'il y a de convenance et de poésie dans l'amour trouve en lui son modèle, et je doute qu'il y ait jamais eu un spectacle plus touchant que cette dernière cène, avec ses tendres reproches, ses suaves paroles, ses adieux attendrissants, ses sublimes prières, et le don qu'il fait de lui-même à chacun, tandis que son bien-aimé repose sur son sein. Enfin l'amour tend à un but qui est sa perfection, après les péripéties, les luttes et les triomphes, il arrive au terme, terme toujours le même, mais toujours beau et ravissant dans son identité. Ce terme c'est l'union, troisième caractère de l'amour.

Cette troisième phase ne se raconte pas, elle n'est pas l'objet direct de la parole ; on en jouit avec recueillement, car elle est ou du moins elle devrait être le bonheur. Mais si dans l'homme dechu, elle ne remplit pas les promesses des deux autres, en Dieu elle a sa réalisation infinie, qui est la béatitude dans toute sa perfection.

C'est là qu'il serait ravissant de pouvoir la contempler, mais elle est elle-même la lumière inaccessible. Dans Dieu elle est trop haute pour nos regards, dans l'homme elle avorte et fait défaut.

Cependant nous ferons remarquer un des caractères de cette troisième phase qui est la tendance à l'universalité.

L'union en effet amène la fécondité, et la fécondité dilate le cercle de l'amour, qui renferme d'abord la famille, puis la tribu, la patrie et pourrait embrasser toute l'humanité. Mais un des principaux effets de la déchéance humaine a été d'éteindre en grande partie ce feu de l'amour qui devait s'étendre partout. Çà et là dans la société quelques tisons fument encore, mais tout le reste est mort et froid. Cependant une fois dans l'histoire de l'humanité ce feu a brillé d'un grand éclat, c'est dans la société des premiers chrétiens dont on a pu dire : Ils n'avaient qu'un cœur et qu'une âme. Dans l'Esprit Saint ce caractère d'universalité se montre absolu ; l'Esprit Saint qui est l'amour mutuel du père et du fils étant une personne, est en même temps l'amour qu'il a pour le père, le fils, et lui-même, tout cela ramène à une parfaite unité. Du reste par là même que Dieu est infini, son amour ne peut être qu'universel, car Dieu étant tout l'être, en s'aimant lui-même, il aime tout. L'amour qu'il a pour les créatures ne change rien à celà, car c'est en lui-même avant tout qu'il les aime. Toutes les créatures sont éternellement dans la pensée du verbe, c'est là d'abord que Dieu les voit; c'est comme pensée du verbe qu'il les aime éternellement, et l'amour qui se manifeste dans le temps n'est qu'un reflet de cet amour éternel. C'est ce que dit St-Thomas :

« Comme donc le père se dit lui-même à lui-même et à toute créature dans le Verbe qu'il engendre, en tant que le Verbe représente toute créature ; et le Père pareillement il s'aime et toute créature dans le St-Esprit, parce que l'Esprit-Saint procède comme amour de la bonté première, par laquelle le père s'aime et toute créature. On voit donc que le Verbe et l'amour impliquent secondairement rapport aux créatures; car ils sont, comme vérité et bonté divine, le principe de la connaissance infinie et de l'amour immense qui embrasse tous les êtres. »

Le rayonnement de l'amour humain trouve de tous côtés des bornes qui l'arrêtent, et il s'éteint de lui-même dans l'obscurité de l'inconnu. Mais lorsque le St-Esprit descend dans une âme par la grâce, et y établit la charité, l'amour du cœur humain devient universel comme celui de Dieu, ou plûtot l'amour de Dieu même, c'est-à-dire l'Esprit-Saint qui est en lui, *propter inhabitantem spiritum ejus in vobis* (Rom. 8, 11). C'est pourquoi cet amour qu'on appelle charité, dépassant non-seulement la famille et la patrie, mais la terre elle-même, descend jusqu'au purgatoire chercher les âmes souffrantes, monte jusqu'au ciel participer à la communion des Saints, et en aimant Dieu par dessus tout, embrasse l'infini.

Ainsi l'amour est en même temps la vie qui se donne, le choix qui prend possession, l'union qui ramène tout à l'unité, et bien que tout cela soit le même amour, par chacune de ces nuances, il semble se rapporter spécialement à l'une des trois personnes divines.

L'unité est encore un de ces noms divins au triple sens qui manifestent la trinité toute entière.

L'étude de cette idée de l'unité remplit presque tout un volume d'un ouvrage remarquable (1). L'auteur a vu que l'unité devait renfermer un principe de triple égalité, autrement qu'elle devait être trois fois égale à elle-même, sans quoi tout raisonnement serait impossible en mathématiques ; de même que si le mot être ne se développait en trois termes (comme nous l'avons vu) le langage n'aurait jamais existé. Nous ajouterons ici que les trois sens qu'on peut donner au mot unité caractérisent chacun une des personnes divines.

L'unité se présente d'abord comme principe engendrant les nombres. « L'unité, dit le dictionnaire de l'académie, est le principe des nombres.

« Ainsi, dit l'auteur dont nous venons de parler, les nombres dans leur immensité, ne sont que des modes, ou des manières d'exister de l'unité même ; et par conséquent ils en sont le développement naturel et nécessaire. Donc l'unité engendre nécessairement les nombres, car supprimer cette idée primordiale qui leur sert constamment de soutien et d'appui,.. ils sont anéantis à l'instant et il devient impossible de les concevoir, d'où il suit qu'il est tout aussi impossible d'avoir l'idée de pluralité indépendament de celle d'unité. »

Deux, trois, quatre, etc., ne sont que deux fois *un*, trois fois *un*, etc. de sorte que les nombres n'ayant aucun sens sans l'idée de l'unité on peut dire que l'unité est la vie des nombres. L'unité se présente en second lieu comme distinction universelle. En effet, nul être ne peut se distinguer d'un autre sans l'adjectif *un*, et tant que cet adjectif ne lui est pas appliqué, cet être reste confus et n'est pas un être à part. L'acte de la distinction consiste à separer en esprit un objet de tout ce qui n'est pas lui; mais comment cela se fait-il? je me trouve subitement en face d'une foule, au premier instant, je n'ai qu'une vue confuse, c'est à dire que je ne distingue aucun objet particulier. Je ne ne vois qu'une foule, mais mon attention se fixe sur un point, alors je vois *un* homme, puis considérant cet homme plus attentivement, je remarque en lui *une* chevelure abondante, *un* œil fier, *une*

(1) *De l'Unité* par Etchegoyen.

barbe noire; à chacun de ces adjectifs *un*, une idée distincte naît dans mon esprit, se dégageant de la confusion primitive.

L'unité comme distinction est multiple et innombrable, et toute la variété des êtres ne l'épuise pas.

Enfin l'unité se présente comme résumant les nombres et les ramenant à leur principe.

Quand nous faisons tomber d'une main dans l'autre et pièce à pièce un rouleau d'écus, nous les voyons tous passer devant nos yeux, et à mesure qu'ils passent nous appliquons à chacun d'eux dans notre esprit l'adjectif distinctif *un*. Notre conception, au sujet de ces écus, est-elle complète ? pas encore. Qu'y manque-t-il? la lumière ou la troisième unité.

Il faut donc après avoir compté ces écus par un, réunir toutes ces unités en un seul terme : *un cent*. Alors seulement nous aurons une idée arithmétique complète de ces écus. C'est une masse confuse d'écus, qui se distingue en vingt pièces de cinq francs et forment un total de cent francs. Qu'est-ce que ce mot cent, sinon une troisième idée complétant les deux autres. C'est à dire : premièrement l'unité point de départ et principe; secondement un développement quelconque, troisièmement ce développement ramené en même temps à une seule idée et à un seul terme. Nous avons d'abord concentré notre pensée sur ce rouleau comme s'il n'était qu'un être sans division. Puis nous avons distingué toutes ses divisions, puis nous avons compris que ce rouleau renfermait dans son unité, toutes les divisions que nous avons observées. C'est l'unité divisée par cent dont on prend cent parties; ou cent centièmes égalant *un* $\frac{100}{100} = \text{I}$. Cette dernière unité n'est plus l'unité principe, elle n'est pas la distinction qui a suivi, mais elle est le lien qui rattache la distinction, à l'unité première, le numérateur, au dénominateur et donne le sens complet de la fraction, c'est l'unité lumière.

Tout nombre n'exprime qu'un développement limité, et l'unité a par sa nature une fécondité infinie. Pour exprimer l'unité dans toute sa plénitude telle qu'elle est dans la pensée divine, il faut, dépassant, tous les nombres, arriver à l'expression *infini*, alors on a pour fraction l'unité divisée par l'infini, mais comme l'unité est infinie, le numérateur et le dénominateur étant égaux, la fraction égale l'unité. On peut donc écrire indifféremment $\frac{1}{\infty} = \text{I}$, ou oo. $\frac{\infty}{\infty} = \text{I}$, ou $\infty \frac{1}{1} = \text{I}$.

Il est évident que l'unité vient de nous présenter dans sa triple acceptation les caractères qui distinguent les trois personnes divines. L'unité engendrant par sa propre fécondité tous les nombres, représente le père, l'unité distinction universelle a le caractère du fils, enfin l'unité ramenant tous les nombres à leur principe se rapporte à l'Esprit-Saint.

St-Thomas (PI. Q 39. a 8) exprime la même pensée en ces termes : « Si nous considérons l'unité en Dieu, il faut se rappeler les paroles de Saint Augustin, appropriant l'unité au Père, l'égalité au fils, et la concorde ou connexion au Saint-Esprit. On voit tout d'abord ces trois choses impliquer l'unité mais différemment. L'unité entité absolue n'en suppose aucune autre. Nous devons donc l'approprier au Père qui ne présuppose pas d'autre personne, puisqu'il est sans principe.

« L'égalité implique l'unité à l'égard d'un autre, car égal suppose une même quantité avec un autre. L'égalité donc s'approprie au fils qui est principe découlant d'un principe. Enfin, la connexion implique l'unité de deux choses; elle s'approprie au Saint-Esprit, en tant qu'il est du Père et de fils ».

En dehors des mathématiques, c'est presque toujours dans le dernier sens que le langage emploie le mot unité : Unité de sentiment, unité d'action, unité de volontés, etc.

Ces trois idées s'engendrent et ne se séparent plus dans la pensée. L'unité dans le dernier sens que nous lui avons donné suppose nécessairement une variété qu'elle ramène, et un principe auquel elle ramène.

C'est pourquoi l'unité dans son sens complet, l'unité absolue, c'est Dieu, Dieu tout entier.

CHAPITRE IV

DU BEAU

Il serait trop long d'analyser comme nous l'avons fait pour quelques uns, tous les attributs essentiels qui peuvent convenir à Dieu ; mais il en est un qui nous intéresse à un trop haut degré, pour ne pas mériter de notre part une étude spéciale : c'est le beau. Le beau ! quel mot magique ! comme il fait tressaillir le cœur de l'homme ! comme il le soulève avec puissance !

L'homme a été condamné à manger son pain à la sueur de son front ; il travaille donc pour se procurer l'utile, avec patience, constance et résignation. Mais quand il travaille pour le beau c'est avec enthousiasme, il ne sent plus la peine et se croit porté sur les ailes du Génie. Pour l'utile il dépense, mais il calcule ses dépenses ; pour le beau il fait des folies et se ruine avec joie. C'est qu'il pressent que la question du beau touche à celle du bonheur.

Tous les hommes sont attirés par le beau comme le papillon par la lumière, mais il est plus aisé de sentir son attrait que de comprendre sa nature, et peu ont osé le définir. Nous n'avons du beau que deux définitions célèbres, et elles sont dues aux deux plus belles intelligences qu'aient produit l'antiquité et le christianisme ; Platon et Saint-Augustin.

Platon définit le beau : *la splendeur du vrai.*

Que faut-il entendre par le vrai, et comment le vrai acquiert-il sa splendeur ? c'est ce qu'il faudra chercher.

Saint-Augustin définit le beau : *l'unité.* Je citerai tout entier le beau passage où se trouve cette définition.

Augustin à Célestin..... « Puisque je te connais, écoute en peu de mots une grande chose : il est une nature que les lieux et les temps peuvent changer : tel est le corps, il est une nature que le lieu ne peut atteindre mais que le temps modifie : telle est l'âme, il est aussi une nature que ni le temps ni l'espace ne peuvent atteindre et c'est Dieu. Ce qui peut changer de quelque manière que ce soit s'appelle créature, mais ce qui est immuable s'appelle créateur, mais comme ce que nous disons *être*, nous ne le disons tel qu'autant qu'il est permanent et autant qu'il est *un*; l'unité sera donc la forme de toute beauté. *Omnis Porrò pulchritudinis forma unitas sit.*

Considère maintenant dans cette distribution des natures, ce qui est le sommet de l'être, ce qui en est le dernier degré, et qui est cependant, et ce qui est au milieu, plus grand que le dernier degré, moindre que le sommet. Ce sommet est la béatitude elle-même; le dernier degré n'est capable ni de bonheur ni de malheur; ce qui est au milieu vit malheureux lorsqu'il s'incline vers le bas, heureux lorsqu'il se tourne en haut. Celui qui croit en Jésus-Christ, ne s'attache point à ce qui est en bas, ne s'enorgueillit pas dans le milieu qu'il occupe, et devient digne par là de s'unir au souverain bien et voilà toute la morale. » (St Aug. littér. 18). Saint Augustin définit le beau : l'unité; mais nous avons vu que le mot unité avait trois sens. Auquel de ces sens faut-il joindre l'idée du beau?

Depuis saint Augustin, des volumes entiers ont été consacrés à l'étude du beau, et leur conclusion est que la variété est aussi un élément du beau qui est par conséquent l'unité jointe à la variété. Rappelons ce que nous avons dit des trois unités : l'unité première et radicale ne peut subsister seule, elle engendre nécessairement la seconde unité qui est distinction, forme et variété; mais nécessairement aussi, elles s'unissent, et par là produisent la troisième unité qui est connexion et harmonie, qui suppose et renferme les deux autres.

L'unité radicale est principe et élément du beau mais seule elle n'est point encore le beau, et sa pensée fait craindre l'ennui. La variété sans unité n'est que le désordre; non seulement elle n'est pas le beau, mais peut devenir le laid, la troisième unité qui suppose, contient et unit l'unité radicale et la variété que nous avons appelé unité distinction remplit donc seule les conditions demandées pour le beau. Elle est par elle-même le beau, et dans elle et par elle, l'unité pure et la variété sont belles aussi, mais à la condition de lui être inséparablement unies. Toute division détruit le beau qui suppose les trois unités, et qui est, comme dit saint Augustin, l'unité, mais l'unité toute entière, l'unité parfaite et finale.

Le beau est donc comme l'harmonie ou l'accord qui est produit par la vibration simultanée de deux notes, ni l'une ni l'autre note n'est seule l'accord, bien que l'accord résulte des deux également; et les deux notes qui produisent l'harmonie, ne sont harmonie que par l'accord et dans l'accord qui est autre chose que chacune des deux.

Bien que dans l'accord il y ait toujours les deux notes, il se peut que l'une des deux sonne plus fortement, domine l'autre et attire spécialement l'attention de l'auditeur, alors l'accord prend un caractère différent selon la note qui domine, mais c'est lorsque la sonorité est égale que l'accord est plus doux et plus agréable à l'oreille.

De même, bien que le beau ne puisse subsister sans les trois unités, il se peut que l'une de ces unités domine les autres, alors le beau change de caractère et présente aussi trois aspects. Nous pouvons remarquer ces trois aspects dans la contemplation des beautés de la nature.

Mettez-vous en face de l'océan lorsqu'il est sans soleil, sans vagues, et sans vaisseaux, vous êtes saisis et vous vous écriez : Que c'est beau ! Qu'avez-vous vu cependant, une seule idée, une seule forme, une seule couleur, mais tout cela immense à droite à gauche, devant vous, aussi loin que le regard peut s'étendre, toujours le même abîme bleu. Tout est sans mesure, l'espace paraît sans limite, la profondeur incalculable, l'obstacle infranchissable, le sentiment qui s'empare de vous est un saisissement qui ressemble à la peur, vous vous sentez petit et sans défense contre cette grandeur; vous vous humiliez parce que l'unité vous fait sentir sa puissance. Mais peu à peu votre attention émousse sa pointe et le vague succède à l'effroi, l'uniformité étend son voile sur votre pensée pour l'endormir, une douce rêverie dont les formes deviennent de plus en plus effacées s'empare de vous, un calme immense comme celui de l'océan se répand dans votre âme et vous fait entrevoir un repos éternel.

Voyagez, au contraire, dans le terrain accidenté d'une vallée des Alpes : mille objets se disputent votre admiration et l'éparpillent. Les fleurs sont sans nombre, les plantes et les arbres se succèdent sous toutes les formes; à chaque moment vous rencontrez des accidents imprévus de terrains, de rochers, de chutes d'eau; à chaque pas l'horizon change et fait apparaître quelque cime éloignée qui se dessine sur le ciel bleu. Vous éprouvez alors une jouissance qui parcourt toutes les parties de votre être et qui porte à la gaité et à la dissipation : c'est la variété qui vous charme. La variété délasse, dit-on communément; c'est bien là son premier effet, devant elle point d'effort pour diriger et concentrer l'attention. L'attention n'a qu'à se laisser aller, elle est prise par la main, tirée de tous les côtés; on jouit beaucoup mais sans recueillement, on est comme dans un tourbillon; c'est ce qu'on appelle : s'amuser. C'est le seul genre de jouissance que recherchent ceux qui ont besoin d'être distraits et de s'oublier eux-mêmes; c'est presque le seul dont soient capables les enfants.

Mais le cœur n'est point encore satisfait, cette dissipation lui laisse un vide à remplir; il vient un moment où vous sentez le besoin de vous recueillir, et de réunir s'il est possible, en un seul faisceau, la multitude dispersée de vos joies.

Allez jusqu'à un de ces sommets que vous avez vu dominer à l'horizon. Lorsque par la longueur de la marche vous aurez apprécié la grandeur du colosse que vous gravissez ; lorsque vous aurez vu passer devant vos yeux, une variété incalculable d'objets, arbres verts, plantes aux mille formes, fleurs pleines de grâces, ruisseaux sillonnant les prairies, et que chacun de ces objets vous aura donné en passant un plaisir, retournez-vous ; voyez d'un seul regard toute la vallée déployant devant vous ses immenses replis de verdure qui semblent vouloir pénétrer dans la masse des monts, voyez le lac réfléchir le ciel azuré et les forêts qui l'environnent, voyez d'un côté la ceinture de glaciers aux fiers sommets qui arrêtent la vallée, de l'autre la plaine qui fuit jusqu'à l'horizon bleu. Aussitôt un ravissement inexprimable s'empare de vous, une joie au-dessus de toutes les joies précédentes se répand dans votre âme, vous restez muet d'étonnement et d'admiration ; c'est la troisième unité qui élève la jouissance à sa perfection.

Examinons maintenant la définition de Platon :

Le beau est la splendeur du vrai.

D'abord qu'est-ce que le vrai? le vrai et le beau forment avec le bon une trilogie que l'on peut appliquer et qu'on a déjà appliquée à la Trinité.

Le bon n'est pas la même chose que la bonté, la bonté se manifeste par un rapport avec quelqu'un, le bon signifie l'excellence et la valeur intrinsèque. Il est évident que le bon est l'être même qui seul ne doit son excellence qu'à lui-même et qui est le principe d'où découle toute excellence.

Le bon dans ce sens absolu se rapporte spécialement au Père ; c'est ce que semble indiquer J. C. lorsqu'il dit aux juifs pourquoi m'appelez-vous bon? Dieu seul est bon. *Quid me dicis bonum, nemo bonus nisi solus Deus.* Or, comme on le sait, par Dieu les juifs à qui J. C. parlait entendaient le père.

Le vrai, selon Malebranche, c'est ce qui est : c'est-à-dire l'être même, mais à vrai dire, l'être ne prend le nom de vrai que lorsqu'il est reconnu par l'intelligence.

C'est pourquoi saint Thomas dit avec justesse (P I, Q 16, A I) « la vérité est primitivement dans l'intelligence.» Et ailleurs : «(A. 3) la vérité intellectuelle est la conformité de l'intelligence avec son principe... la vérité divine n'admet pas le mot principe dans sa définition à moins qu'on ne l'approprie au fils qui a le père pour principe ».

L'être est donc plutôt l'objet du vrai que le vrai lui-même qui est la conformité de l'intelligence avec l'être son principe. Ainsi, le vrai se rapporte spécialement à la seconde personne de la sainte trinité qui est l'intelligence. Il est un mot qui est presque synonyme de vrai, c'est le mot juste. On dit indifféremment d'une idée qu'on approuve ; c'est vrai ou c'est juste. Cependant, ces deux mots ont un sens différent, mais ils sont étroitement liés parce qu'ils expriment les deux faces positive et négative de la pensée qui sont inséparables. Le vrai a pour objet ce qui est renfermé dans l'idée et le juste : la limite où elle s'arrête. Une idée est vraie parce qu'elle exprime ce qui est, elle est juste parce qu'elle ne dit que ce qui est.

Aussi, le mot vrai ne se dit pas de la matière qui n'est que limitée, mais le mot juste lui convient souvent. On dit une mesure juste, un vêtement juste.

L'intelligence divine est à la fois le vrai et le juste.

Mais comment la splendeur s'ajoutera-t-elle au vrai sinon par la lumière ?

Or, en parlant de la trinité nous avons dit : la vie seule ne serait pas lumière, elle ne s'éclaire que par l'intelligence qu'elle enfante, et l'intelligence ne brille qu'en reflétant la vie sans laquelle elle ne serait même pas ; mais l'union de la vie qui caractérise le père, et de l'intelligence qui caractérise le fils, produit la lumière qui caractérise l'Esprit-Saint. Nous avons encore vu que l'idée de l'être serait confuse si elle ne se complétait par l'idée du non-être qui la distingue et la rend claire.

Ainsi, le beau c'est la vie animant l'intelligence, et l'intelligence éclairant la vie, c'est l'idée de l'être se complétant par l'idée du non-être, c'est le bon, le vrai et le juste qui s'embrassent, et de ce baiser jaillit la lumière de l'Esprit-Saint, qui est la splendeur du vrai, le beau par excellence, dans lequel et par lequel le père et le fils sont également beaux d'une beauté infinie. Et cette beauté, comme le dit saint Augustin, est la béatitude elle-même. *Summum illud est ipsa beatitas.*

Nous pouvons donc maintenant comprendre toute la beauté de la définition de Platon, plus belle encore qu'il n'a pu la comprendre lui-même.

La parole de saint Augustin que nous venons de citer : *ce sommet est la béatitude elle-même*, mérite d'arrêter notre attention, car elle identifie la question du beau à celle du bonheur qui est la fin de l'être.

Il ne faut pas confondre le bien-être et le bonheur. Le bien-être purement négatif n'est que l'absence du mal, il consiste à se préserver de la maladie, du froid, du chaud, de la faim et de la soif, en un mot, de toute souffrance. Le bonheur est plus que cela, il consiste dans l'enthousiasme de l'admiration, et la joie de l'amour dont le but est l'union, et s'il est possible, l'identification avec ce que l'on aime.

Or, c'est le beau qui excite l'admiration et qui fait naître l'amour, c'est donc l'objet de la béatitude.

Il suit de là que la question du beau est de la plus haute importance, et que l'illusion sur le beau, est un immense danger puisqu'elle fait manquer à l'homme sa destinée qui est la réalisation du bonheur. Il lui faut donc absolument savoir où est le vrai beau. La première impression de l'homme est de voir le beau dans la matière. Cependant, si les définitions que nous avons données sont vraies, il faut conclure que la matière ne peut aucunement être le beau.

Le beau, avons-nous dit, est la variété ramenée à l'unité. Or, la matière possède, il est vrai, la variété, mais elle est complètement dépourvue et incapable d'unité. Elle n'a ni l'unité radicale à laquelle doit être ramenée la variété, puisque son essence est la division et la divisibilité; ni l'unité finale qui réunit et identifie la variété, car la matière étant impénétrable, deux matières sont essentiellement différentes et le seront toujours. La matière qui s'efforce d'exprimer le beau est obligée de remplacer l'unité radicale par l'uniformité, et l'union par la symétrie, l'ordre et la ressemblance, dans les arts plastiques, et le rapport des nombres dans la musique.

Pourquoi donc la matière nous paraît-elle si belle? parce que n'ayant pas la beauté en elle-même, elle reflète une beauté réelle qui est celle de l'esprit. Pourquoi l'uniformité réveille-t-elle en nous le sentiment de l'unité? parce qu'elle nous indique l'unité d'une idée toujours la même et exprimée partout de la même manière. Pourquoi la symétrie nous fait-elle penser à l'harmonie? parce que la ressemblance de deux objets qui restent matériellement séparés nous révèle l'unité de la pensée de l'architecte qui a coordonné les diverses parties de son édifice.

Ce qui le prouve, c'est que les animaux qui voient l'objet comme nous mais non la pensée, n'éprouvent aucun plaisir, et ne manifestent aucune joie, devant les chefs-d'œuvre de l'art.

La matière n'a qu'une beauté négative et de reflet; elle est comme l'empreinte que le cachet laisse sur la cire, comme l'image que le miroir reproduit de la beauté de l'homme; ne serait-il pas fâcheux dans ce dernier cas de prendre l'image pour la réalité et de donner son affection au miroir au lieu de la donner à l'homme? Or toute beauté matérielle n'est qu'une image; si donc le vrai beau est la source de notre bonheur, aucune beauté matérielle ne peut nous rendre heureux et ne mérite notre amour. Les admirer et les aimer en elles-mêmes c'est agir avec la même illusion que l'enfant qui embrasse tendrement sa poupée se figurant qu'elle est vivante et qu'elle est sensible.

Toutes les beautés de la nature ne sont que l'image et le reflet de la pensée divine qui les a créées. En les admirant, nous admirons sans le savoir la pensée divine qui se manifeste par elles, mais notre intelligence est dans l'illusion et l'erreur si elle ne le comprend pas ; et si ces beautés émeuvent notre cœur, ce n'est point à elles que notre amour doit s'arrêter, mais il doit remonter jusqu'à leur auteur ; autrement notre volonté dévie du droit chemin de la vérité et de la justice, et par là même de celui du bonheur.

L'âme humaine a une beauté réelle. Premièrement son essence spirituelle est indivisible, elle est vivante et une par sa participation à l'unité radicale. Secondement son intelligence participe aussi à l'unité par l'idée même de l'unité qui est en elle, et en outre elle possède une réelle variété par la diversité de ses pensées qui subsistent dans la mémoire, et cette variété est indéfinie, puisqu'elle a la connaissance des nombres dont la série est indéfinie, il faut remarquer ici que la variété que nous avons accordée à la matière n'est pas réelle ni subsistante, et ne lui appartient pas. A vrai dire la matière ne possède pas la variété, elle n'est que variable, et ne prend une forme qu'en perdant celle qu'elle avait ; mais elle n'en a aucune par elle-même, toutes les formes qu'elle revêt et que nous admirons sont une empreinte de l'esprit, soit de Dieu, soit de l'homme.

Mais par là même qu'elle se prête passivement à l'action de l'esprit, la variété de formes qu'elle peut revêtir est indéfinie comme la variété même de l'esprit.

De là vient qu'à mesure qu'elle passe d'une main intelligente dans une autre main plus intelligente elle acquiert un nouveau degré de beauté, et dans les mains de l'intelligence infinie elle peut arriver à une perfection dont nous n'avons pas l'idée.

Jusqu'à présent le chef-d'œuvre matériel qui est l'œuvre de Dieu est la face humaine. Aucune autre matière ne renferme dans un espace aussi limité, une aussi grande variété de formes et de couleurs, et à cette variété prodigieuse la pensée divine a imprimé un tel caractère d'unité, que la figure humaine se saisit et se comprend d'un seul regard, et s'imprime dans la mémoire avec une telle netteté, qu'on reconnait souvent après plusieurs années une figure qu'on n'a vue qu'une seconde. Aussi la plus grande difficulté et le sommet de l'art a toujours été de traduire le chef-d'œuvre du divin opérateur qui a dit en le façonnant : « faisons l'homme à notre image. »

Dans la variété et l'unité de la figure humaine il y a des mystères de proportion qui dépassent notre intelligence ; mais ce qui étonne, ce qui soulève de formidables questions ; c'est que cette même figure par le changement de proportions peut arriver à une laideur effrayante. La beauté humaine est le cachet de l'esprit de Dieu, la laideur est aussi un cachet qui suppose un autre esprit dont le cachet efface le cachet divin.

Le moment n'est pas venu d'approfondir cela. Revenons à l'âme humaine. Non seulement cette âme a l'unité vivante et la variété intelligente, mais elle peut aussi réaliser en elle-même la troisième unité qui est le beau proprement dit.

Car premièrement, toute sa vie, toutes ses pensées, toutes ses volontés, tous ses souvenirs se résument dans la conscience qu'elle a d'elle-même et sont parfaitement unies dans le sentiment du MOI. Mais cela ne suffit pas pour parfaire la beauté de l'âme ; chez elle les proportions ne jouent pas un rôle moins important que dans la figure corporelle, mais ici le mystère est plus transparent et l'on peut voir que la beauté des proportions est toujours l'unité ; il faut donc que dans l'âme l'unité soit partout. Si son intelligence est obscurcie par le doute, paralysée par l'incertitude, divisée par la contradiction ; si sa volonté est arrêtée par l'hésitation, agitée par les passions, si elle se trouve en contradiction avec sa conscience, elle n'est plus belle, toutes ces divisions sont des taches qui la souillent et la défigurent et sa laideur peut devenir horrible. Mais si l'âme est en paix avec elle même, possédant la vérité, jouissant de la certitude, sûre dans la voie, ferme dans son espérance, marchant sans hésitation et avec amour vers sa destinée finale, alors sa beauté est ravissante et l'on peut dire que la plus grande joie humaine est de lire dans une belle âme. Telle était la joie des disciples de Socrate dont quelques-uns risquaient leur vie pour venir l'entendre.

Malheureusement, il ne nous est pas donné de voir cette âme à nu d'une seule intuition. Elle n'a pour se manifester à nous que le langage et les actes, et tout cela est divisé et successif, et ce n'est pour ainsi dire que goutte à goutte qu'elle peut nous communiquer ses richesses. Pour la bien comprendre nous sommes obligés de résumer tout ce que nous savons d'elle et de reconstituer dans notre pensée l'unité qui a été brisée, par les moyens de communication.

Cependant il est des circonstances où un mot, un geste, un regard résument toute une vie, toute une individualité, et peuvent à un moment donné rendre l'âme qui se manifeste ainsi plus resplendissante que le soleil.

Lorsque J. C. après sa résurrection, dit à Magdeleine en pleurs ce simple mot : *Marie,* il y avait tant de choses dans ce mot qu'elle dût en être éblouie.

En effet dans ce seul mot J. C. lui disait : vous êtes Marie, cette même Marie dont j'ai chassé sept démons, dont j'ai guéri l'âme malade, à qui j'ai beaucoup pardonné parcequ'elle a beaucoup aimé, cette Marie qui m'a tant aimé, qui a bravé toutes les railleries pour verser du parfum sur ma tête et mes pieds, et que j'ai justifiée devant tous les accusateurs. Eh ! bien moi aussi je suis le même puisque je vous appelle par votre nom. Je suis ressuscité.

La mort n'a donc point séparé nos deux âmes, vous êtes toujours Marie pour moi, et puisque je suis entré dans la vie immuable et sans fin, ma reconnaissance est éternelle aussi et éternellement vous êtes Marie. Et si nous avions pu voir le geste et le regard radieux qui accompagna cette parole! Si nous avions pu entendre le son de voix et l'accent avec lesquels elle fut dite! Sa beauté nous apparaîtrait bien plus grande encore.

Mais d'un autre côté, qui pourrait redire, le geste, le regard, la vibration de la voix de Marie lorsqu'elle lui répondit: Rabboni: Maître: grande parole dans laquelle elle se résumait à son tour. Oui Maître! vous avez été pendant votre vie, mon sauveur, mon guide, ma lumière, mon modèle et ma force, et maintenant que malgré votre gloire vous me reconnaissez et m'appelez, oh oui! plus que jamais vous êtes mon maître, maître de mon âme, de mon cœur, et de mes pensées, le maître à qui j'appartiens et à qui j'appartiendrai toujours.

Malgré tout, l'âme ne peut encore nous donner la beauté parfaite. Si elle brûle un instant d'un vif éclat, elle ne peut le soutenir, elle se lasse et pâlit. Quoi quelle fasse, elle ne peut résumer toutes ses pensées dans un mot, et quand elle le ferait ses pensées sont toujours finies et imparfaites.

Cependant l'amour a une ambition sans mesure, il voudrait trouver la perfection, et il ne se donne jamais entièrement et sans arrière pensée à la beauté morale ou physique, que lorsqu'il est dans l'illusion si fréquente d'avoir trouvé la plus belle.

Il lui faut donc absolument savoir où est la perfection. Or, d'après ce que nous avons vu, plus l'unité première est absolue, plus la variété est grande et plus l'harmonie qui est le retour à l'unité est complète, plus la beauté est parfaite. Mais puisque nous avons l'idée de l'infini, tant que nous restons dans le fini nous concevons quelque chose de plus; il faut donc arriver à une unité absolue, à une variété infinie, et à une harmonie parfaite, et nous avons vu que la Trinité seule remplissait ces trois conditions, la beauté de la Trinité est donc la beauté des beautés, la beauté au-dessus de toutes les beautés, la beauté seule parfaite, c'est pourquoi notre cœur ne peut trouver qu'en elle un parfait repos. O beauté toujours ancienne et toujours nouvelle, s'écrie saint Augustin, vous nous avez faits pour vous, et notre cœur est inquiet jusqu'à ce qu'il se repose en vous. C'est pourquoi, comme il le dit encore, cette beauté est la béatitude elle même. *Summum illud est ipsa Beatitas.*

O Trinité, beauté divine, vos œuvres sont belles, mais vous êtes vous même infiniment plus belle encore. Vous êtes le beau même, l'unité absolue, la splendeur de la vérité qui contient toutes les vérités, la lumière sans tâche.

Belles sont les fleurs, belles les nuances de la lumière créée, beau le regard du génie, très beau le sourire de l'amour; mais tout cela n'est qu'un pâle reflet de vous-mêmes que vous avez répandu sur nos œuvres, et si une de ces beautés finies suffit pour faire bondir notre cœur, et nous enivrer de joie, que serait-ce si un rayon de votre lumière venait jusqu'à moi, que sera-ce quand je vous verrai face à face dans l'éternité. Je serai rassasié Seigneur quand votre gloire m'apparaîtra. *Satiabar Domine cum apparuerit gloria tua* (P. S.)

CHAPITRE V

DES TROIS FLUIDES IMPONDÉRABLES

Le nombre fondamental et distinctif de la création est, comme nous l'avons vu, le nombre deux. Mais sur ce fond Dieu a dessiné d'autres nombres, comme on brode des ornements sur un vêtement qu'on veut embellir.

Il y a dans la nature plusieurs manifestations du nombre trois, et ces manifestations sont comme un hymne de louange que la nature chante à sa manière à la trinité. Une des plus belles et des plus grandioses manifestations de Dieu dans la nature, me semble être les trois fluides impondérables, le fluide calorique, le fluide électrique et le fluide lumineux. La science a constaté leur présence et leur action sans pouvoir pénétrer leur nature. Ils paraissent appartenir à la matière, et cependant ils agissent presque à la manière des esprits ; actifs, impondérables, insaisissables, ils pénètrent partout, la présence d'un corps n'est pas pour eux un obstacle, ils s'accumulent dans l'espace déjà occupé par un autre corps, sans rien changer ni à son poids ni à sa nature. Immenses, ils semblent remplir tout l'espace, ils sont partout, et partout tous les trois tellement inséparables, que plusieurs ont pensé qu'ils n'étaient au fond, qu'un seul et même fluide se manifestant par trois actions distinctes. Où trouverait-on une image plus frappante d'un Dieu immense, un dans sa nature, triple dans ses personnes ?

Au reste tout n'est pas dit sur eux ; à mesure que nous étudions leurs effets ; leur rôle dans la nature grandit à nos yeux, ils sont l'âme et la vie de toute matière, et de grands secrets sont cachés dans leur sein. Tels sont, je le crois, le principe et la raison de tout phénomène, et du jour où l'on connaîtrait à fond leur essence, il n'y aurait plus de secret dans la nature.

Voyons si, dans ce que nous fait connaître la science à leur sujet, nous ne distinguerons pas les caractères qui spécialisent les trois personnes divines ?

Le Père est, nous l'avons dit, la vie. Or la vie et la chaleur sont presque synonymes : la chaleur est le symptôme de l'abondance de la vie ; on dit, au contraire, froid comme la mort. C'est la chaleur du soleil qui développe la vie des plantes, celle des oiseaux qui fait éclore les œufs, partout la chaleur accompagne la vie, elles s'accroissent et décroissent en même temps, elles s'éteignent ensemble.

Le père est l'expansion ; or la grande propriété du calorique, c'est l'expansion ; il dilate tous les corps dont il s'empare, il sépare les unes des autres les molécules les plus tenaces, et met le corps en fusion ; continuant à les écarter il réduit le corps en gaz, qu'il raréfie de plus en plus, tant qu'on peut augmenter son action.

Le père est encore puissance ; que l'homme dise s'il a trouvé quelque chose de plus puissant que le calorique, et si le jour où il a trouvé le moyen d'employer et de diriger son action, il n'a pas trouvé le secret de toute puissance matérielle.

Les lois de la mécanique, toutes fondées sur l'équilibre, forment un admirable système de compensation, où l'homme multipliant une petite force par le temps, la rend équivalente à une grande force divisée par ce même temps ; elle a tiré admirablement parti de celle qu'il avait déjà : voilà tout. Le principe même de la force, celle qui n'exige point de compensation, et agit immédiatement par elle-même, c'est dans le calorique que l'homme l'a trouvée ; c'est par la poudre et la vapeur qu'il a pu la maîtriser et en faire son esclave. Trouvera-t-il d'autre moyen de s'en rendre maître ? je ne sais, mais jamais il ne trouvera de moteur plus puissant que le calorique, parce que le calorique est dans la création le symbole et le représentant de la vie, de l'expansion et de la toute puissance du Père.

Qui représentera le fils ou l'intelligence ? Qu'on se rappelle ce que nous avons dit de la double idée de l'être et du non être, et le symbolisme de l'électricité deviendra clair comme le jour.

En effet le phénomène qui domine et renferme tous les autres phénomènes de l'électricité, c'est la double polarité. Ce fluide se compose de deux électricités que les savants appellent fort à propos, positive et négative. Ces deux électricités s'attirent, se cherchent, se complètent, comme les deux faces de la pensée divine. C'est l'action de ces deux électricités, se distinguant et se réunissant tour à tour qui produit toutes les compositions et décompositions de la chimie ; à mesure que l'observation se perfectionne, l'action de ces deux électricités nous apparaît plus féconde et plus universelle, et l'on peut conclure d'après la théorie, que, de même que la double idée qui caractérise l'intelligence divine est la source de toute variété et renferme le type de tous les êtres, de même toutes les modifications et variations de la matière doivent avoir pour principe, pour cause et pour agent, le mouvement même de l'électricité.

Le nom même du fluide lumineux accuse son symbolisme puisque nous avons dit que le Saint-Esprit dans la trinité était spécialement la lumière. Mais nous avons vu qu'en Dieu lumière, unité et amour étaient identiques. Il en doit être de même dans les symboles que dans le type. L'unité est lumière, cela est incontestable. Pour l'intelligence humaine, lorsque plusieurs idées se présentent à notre esprit, nous ne les trouvons claires ou lumineuses que lorsque nous en avons saisi l'unité. Lorsque l'unité de ces idées nous apparaît, nous éprouvons le même sentiment que nos yeux à l'apparition d'une belle clarté, et nous appelons le rapprochement de ces idées, un trait de lumière. L'unité matérielle semble produire aussi l'effet de la lumière. L'harmonie des formes les rend intelligibles, et même une belle forme paraît toujours plus lumineuse qu'une autre. Lorsque la beauté s'élève à un haut degré, il semble qu'elle rayonne, une belle figure paraît comme entourée d'une auréole lumineuse, et l'on dit : une beauté éblouissante. Mais pour qu'une beauté devienne vraiment éblouissante, il faut qu'elle emprunte une autre lumière, c'est celle de l'amour, qui est lumière aussi. Ceux qui s'aiment ne sont-ils pas comme enveloppés dans une sphère lumineuse où ils brillent mutuellement ? La personne qu'on aime ne semble-t-elle pas un point éclatant qui obscurcit le reste ? On est inondé de ses rayons comme la terre de ceux du soleil, tandis que les autres étoiles font de vains efforts pour se faire remarquer ; mais que l'amour s'éteigne dans notre cœur, toute cette lumière disparaît ; nous ne pouvons en croire nos yeux : vous avez devant vous cette personne que vous avez tant aimée, et vous ne pouvez comprendre comment vous l'avez vue si différente de ce qu'elle nous paraît maintenant. Dans l'ordre intellectuel, la lumière de l'amour est plus frappante encore ; l'amour illumine l'âme tout entière comme dit l'Apologue: les dieux ayant offert chacun une leçon spéciale au fils de Jupiter, l'amour vint à son tour : il dit qu'il lui montrerait tout,

L'amour avait raison.

L'amour comprend par une espèce de divination, qui franchit des abîmes, et mène droit au but, et il est heureux pour la société que l'amour vienne souvent au secours de l'intelligence. Mais c'est dans l'ordre surnaturel que le rôle de l'amour comme lumière atteint toute sa grandeur. Le grand nombre des chrétiens croit plus encore par le cœur que par l'esprit. C'est l'amour qui les éclaire, et sa lumière est bien réelle, car elle se manifeste au dehors lorsque le cœur d'une personne sainte s'échappe par ses lèvres. On est alors étonné de la clarté et de la puissance de cette parole. Oui, elle est puissante la parole de celui qui aime, c'est elle qui a éclairé et charmé le monde, et elle est souvent plus efficace pour convertir un savant que tous les raisonnements. Les dogmes du christianisme renferment de hauts mystères qui font pâlir les savants qui veulent les sonder avec leur seule intelligence, parce qu'ils dépassent toute intelligence ; malheur donc à eux si l'amour les abandonne, ils trébucheront inévitablement, toute hérésie est venue ainsi ; l'amour s'est retiré, avec lui la lumière ; alors le savant ne comprend pas ce que comprennent une simple femme et un enfant. Que ceux donc qui sont dans les ténèbres du doute au lieu de s'obstiner et torturer leur intelligence, invoquent aussi l'amour et il les éclairera.

Toute la beauté matérielle est forme et couleur. C'est la lumière qui nous fait voir et comprendre les formes, et les couleurs que nous admirons ne sont que des reflets d'elle-même qu'elle prête aux objets ; elle est donc reine dans le domaine du beau, et de toute manière elle est dans la création le symbole de l'Esprit saint, lumière et beauté divine.

Ainsi donc dans la nature nous voyons trois forces et trois actions : une d'expansion qui dilate tout ; une autre qui unit, harmonise et embellit tout ; et avec ces deux actions simples nous en voyons une troisième compliquée, multiple, qui varie son action à l'infini, compose, décompose, dessine et efface tour à tour toutes les formes, en un mot qui opère toutes les modifications et réalise la variété dans la matière. A ces trois caractères nous reconnaissons les symboles des trois personnes de la Trinité.

C'est par cette première manifestation de lui-même que Dieu a commencé la création : *fiat lux*, que la lumière soit, et cette brillante lumière du jour qui entretient notre vie et charme nos regards contient étroitement liés les trois fluides ; les rayons que nous envoie le soleil sont en même temps caloriques, électriques et lumineux.

Quoique les trois fluides représentent les trois personnes, ils ont une qualité commune, c'est de paraître avoir la vie en eux, de donner à tout le mouvement sans le recevoir de personne. Par ce caractère commun, il représente spécialement la vie divine ou le Père principe de tout être, de toute vie, et lui-même sans principe.

CHAPITRE VI

DES TROIS COULEURS PRIMITIVES

L'analogie des trois fluides en entraîne une autre, c'est celle des trois couleurs primitives, qui sont le rouge, le bleu et le jaune.

En effet, en étudiant le phénomène du spectre solaire, les physiciens ont remarqué que l'action du calorique était plus portée du côté qui se termine par le rouge ; que le maximum de la lumière était au centre vers le jaune, enfin que l'intensité des effets chimiques ou électriques était beaucoup plus grande du côté où domine le bleu, il y a donc solidarité entre le fluide calorique et la couleur rouge, entre le fluide électrique et la couleur bleue, entre le fluide lumineux et la couleur jaune ; ils doivent avoir la même signification, par conséquent le rouge doit symboliser le père, le bleu, le fils, et le jaune, le Saint-Esprit. Voyons si nous trouverons dans ces couleurs des caractères qui justifient ces analogies.

Et d'abord le rouge n'est-il pas la couleur la plus vivante, la couleur même de la vie ? Le sang qui alimente la vie est rouge, l'abondance de la vie vient se peindre en rouge sur la figure. Les parties du corps qui sont le canal de la vie, celles qui en sont comme le grand ressort, la bouche et le cœur sont rouges ; le feu est rouge. Tous les hommes en qui l'intelligence peu développée laisse dominer la vie, préfèrent la couleur rouge à toutes les autres ; on sait qu'on obtient tout d'un sauvage pour un lambeau d'étoffe rouge ; tandis que chez les personnes rêveuses et réfléchies, la préférence du bleu est presque générale. Le rouge a été regardé de tout temps comme le moteur qui convenait le mieux pour orner la puissance ; revêtir la pourpre est devenu synonyme de revêtir la puissance. Si donc le rouge est un symbole, il l'est de la vie et de la puissance et par conséquent du Père.

Pour être symbole du Verbe, le bleu doit être la couleur de la forme et de la distribution. Or, c'est précisément ce qu'il est par rapport aux deux autres couleurs primitives. Nous avons déjà dit que l'ombre était nécessaire pour dessiner et distinguer les objets ; le moment où l'on jouit le mieux d'un paysage, c'est le matin ou le soir, lorsque l'ombre dessine toutes les formes ; le moment où l'on en jouit le moins, c'est au milieu du jour où les objets n'ont point d'ombre ; on dit alors que la lumière écrase le paysage. Eh ! bien, mettez sur la palette d'un peintre les couleurs primitives seulement, le bleu sera la seule ressource pour faire les ombres et modeler les formes.

Le jaune est la couleur propre de la lumière ou plutôt du fluide lumineux.

La lumière du soleil, la plus brillante et la plus intense qui soit dans la nature, paraît plutôt blanche ; mais comme nous l'avons dit, le rayon solaire est à la fois calorique, électrique et lumineux. La lumière blanche du soleil est donc le symbole de Dieu tout entier, de la Trinité dans l'Eternité. C'est la plénitude de l'être, la gloire dans tout son éclat, la béatitude rayonnante.

Mais lorsque le prisme distingue et étudie les sept couleurs, les trois fluides aussi se montrent séparés en partie les uns des autres. Le calorique, comme nous l'avons dit, se porte vers le rouge et prolonge même son action au-delà de la couleur ; l'électricité, au contraire, s'étend de l'autre côté du spectre bien au-delà du bleu et du violet, et le fluide lumineux reste isolé au milieu et conserve sa plus grande pureté et son plus grand éclat vers les confins du jaune et du vert. Ce beau jaune doré et brillant de l'arc-en-ciel est donc la couleur spéciale du fluide lumineux lorsqu'il s'écarte autant que possible des deux autres fluides : et il se montre par là, parmi les couleurs, le symbole de l'Esprit-Saint, contemplé spécialement dans sa personnalité propre.

Les sentiments que réveillent ces trois couleurs sont analogues à leur symbolisme. Le rouge provoque la vie, le mouvement et l'expansion ; il met en fureur certains animaux.

Le jaune, c'est la sérénité, la joie, la paix, le rayonnement ; il calme le taureau que le rouge a excité. Le bleu est la couleur de la méditation et de la rêverie, tantôt il dessine les horizons lointains, tantôt il s'étend sur l'Océan immense, ou attire nos regards sur le ciel profond.

Le jaune s'unit au bleu pour former la verdure de la terre qui repose si doucement nos regards, et produit en même temps dans nos âmes le recueillement et la joie.

Le rouge qui vient au printemps prêter ses teintes à la rose et aux autres fleurs, appelle les plaisirs, les jeux, les éclats de joie, et fait déborder la vie. Quelquefois le soleil vainqueur de l'espace, se revêt avant de nous quitter d'un riche manteau de pourpre comme symbole de puissance et de majesté ; mais la nature revêt le front pur et serein de l'enfant d'une blonde auréole, qui réjouit nos regards, épanouit notre sourire et apprête nos caresses.

Outre les couleurs de l'arc-en-ciel, le peintre a sur sa palette du blanc et du noir. Qu'est-ce que le blanc? Qu'est-ce que le noir? Le noir est regardé comme l'absence et la négation de toutes les couleurs. Le noir des peintres n'est pas encore le vrai noir, puisqu'on le voit. Le vrai noir est pour l'aveugle qui ne voit rien. Alors il est vraiment la négation de la couleur et l'expression du néant. Mais dès qu'il existe une sensation dans l'œil, il est mêlé de lumière, il n'est plus qu'un gris plus ou moins foncé ; il exprime l'idée en même temps que le néant, c'est-à-dire l'idée du non être, isolée autant que possible de sa brillante et vivante compagne l'idée de l'être.

Le noir exprime autant que possible la négation, la mort, le deuil, le sombre désespoir et même le mal. Il n'a point de part à la lumière dans laquelle nous avons vu le blanc régner au milieu des couleurs.

Les couleurs matérielles, qui ne sont qu'un reflet, sont bien loin de la beauté des couleurs vivantes de la lumière, néanmoins à cet état inférieur, elles conservent le même sens symbolique. Le blanc seul fait exception; il nous faut en chercher la cause.

Le blanc lumineux exprime, comme nous l'avons vu, la plénitude de l'être, de la lumière intellectuelle, et de la béatitude. Le blanc mat de la matière, dont le type est la neige, le blanc du lait, du lys et du jasmin, a au contraire un aspect calme et froid. Il symbolise l'innocence négative de l'enfant, c'est-à-dire une vie close encore, et qui n'a pas son plein développement. Le blanc partage avec le noir le triste honneur d'habiller le deuil, et Dieu lui-même en a fait le froid vêtement de la nature morte pendant l'hiver.

Faut-il appeler aussi ce blanc la réunion de toutes les couleurs? Une expérience de physique semble le conseiller. Puisque l'on fait tourner avec une grande rapidité un disque où sont étalées soit les sept couleurs du spectre, soit les trois couleurs primitives, le disque paraît, à la vue, d'un blanc mat et pâle, d'où l'on conclut que la réunion des couleurs reproduit le blanc.

Mais examinons bien. Pourquoi le disque paraît-il tout blanc? Est-ce parce qu'on voit simultanément toutes les couleurs? Non. Mais parce que la rapidité du mouvement empêche de les distinguer l'une de l'autre, ici n'est donc pas l'unité mais la confusion des couleurs. Ainsi la blancheur de la lumière vivante est la coïncidence des trois rayons, l'union réelle et intime des couleurs, l'unité véritable de la lumière ; c'est pourquoi elle exprime la plénitude de l'être, de la vie, de l'intelligence et de l'amour.

Mais le blanc de la matière, qui n'est que la confusion des couleurs, exprime l'idée de l'être à l'état confus où elle se trouve dans la pensée de l'enfant et où elle reste plus ou moins dans l'intelligence humaine sur la terre. C'est l'unité si l'on veut, mais qui manque de distinction ; c'est l'idée de l'être, abstraite de sa subtile compagne, l'idée du non être. C'est l'unité qui n'a encore produit aucun nombre et qui n'est pas sortie de sa confusion native. C'est la vie en germe et en puissance, mais qui n'est pas encore réalisée. C'est bien aussi un reflet de la lumière vivante du jour, mais un reflet qui n'est pas vivant lui-même.

Voilà pourquoi le blanc mat des corps est calme et froid, et a un symbolisme tout différent de celui de la lumière vive du soleil.

Malgré leurs variétés, les couleurs appartiennent toutes à la lumière et sous ce point de vue général, elles correspondent à l'Esprit-Saint qui est lumière et amour. C'est pourquoi les couleurs ont de secrètes influences sur le cœur, et la sensibilité. Il est peu de personnes, surtout si elles aiment, qui n'aient une couleur chérie, dont elles revêtent leurs rêves.

CHAPITRE VII

DES SECTIONS CONIQUES

Nous avons vu dans les fluides, expression générale de la vie, une triple expression manifestant admirablement la Trinité ; nous avons vu dans les couleurs, expression générale de la lumière ou de l'amour, trois couleurs principales reflétant les trois personnes divines. Peut-être dans la forme, expression générale de l'intelligence, nous trouverons aussi quelque belle manifestation du grand mystère de l'être.

Il est une figure pleine de mystères et admirable dans ses propriétés, qui est le centre et l'unité de toute la géométrie, car elle donne l'origine à toutes les grandes et importantes figures géométriques, et elle les renferme toutes en elle-même ; cette figure c'est le cône. Donnez-lui une base, et son profil nous donne le triangle : nous trouvons le point à son sommet, la ligne dans ses côtés ; coupez-le horizontalement, il nous montrera le cercle, coupez-le obliquement, nous verrons l'ellipse ; coupez-le parallèlement à un de ses côtés, ce sera la parabole ; coupez-le verticalement, apparaîtra l'hyperbole avec ses étranges propriétés. Enfin le cône tronqué nous offre encore dans le trapèze un type des quadrilatères ; ainsi nous aurons eu toutes les figures et tous les nombres fondamentaux.

Le cône est donc un symbole frappant de la nature divine considérée dans son unité, unité féconde, de laquelle jaillit, comme d'une source inépuisable, l'être avec toutes ses propriétés.

Au reste, en disant ceci, je n'innove point ; je ne fais que traduire une des plus anciennes traditions du genre humain ; car lorsqu'on veut nous représenter la majesté divine, on nous montre environné de gloire ce triangle mystérieux proposé dès le commencement aux hommes comme l'énigme de la Divinité.

Admirable et profond symbole en effet ! Car, que voyons-nous dans le triangle ? un point générateur qui engendre deux lignes ou un angle, puis une ligne qui unit les deux côtés de cet angle et les ramène avec le point à l'unité d'une figure.

Mais le triangle et le cône ne sont qu'une seule et même chose ; le triangle c'est le profil du cône, le cône est produit par le triangle tournant sur lui-même, le cône c'est le triangle dans tout son développement, de même que le triangle n'est que le cône élémentaire ; ne nous contentons pas d'étudier la Trinité dans le triangle, interrogeons le triangle développé ou le cône, cherchons à découvrir encore quelqu'autre merveille.

Les figures appelées sections coniques, parce qu'on les obtient en coupant un cône par un plan en différents sens, sont au nombre de quatre en y comprenant le cercle. Dans les livres de mathématiques on traite le cercle à part, à cause de son importance, mais en réalité il est une section conique et la première qui se présente ; la seconde c'est l'ellipse ; la troisième, la parabole ; la quatrième, l'hyperbole. Découvrons leur rapport avec les personnes divines.

Cependant, avant d'entrer en explication, il faut prévenir une difficulté. On me dira : Le vrai symbole du Père ou principe premier de toutes choses ne peut être que le point, car c'est le point qui engendre les deux lignes de l'angle et le triangle tout entier, puis par le triangle le cône, et par le cône tout le reste.

Pour lever cette difficulté il suffit de faire une remarque importante consignée dans tous les livres de mathématiques ; les sections coniques sont supposées faites par un plan qui rencontre le cône ou horizontalement, ou obliquement, ou parallèlement à un des côtés, ou dans une ligne quelconque hors de la parallèle ; mais on peut faire reculer ce plan parallèlement à lui-même jusqu'à ce qu'il atteigne le sommet du cône, alors qu'arrivera-t-il ? Le cercle et l'ellipse deviendront un point, la parabole deviendra une ligne, l'hyperbole deux lignes croisées ou deux cônes opposées par le sommet ; c'est ce qui a fait considérer par les mathématiciens le point comme une espèce d'ellipse dont les axes sont nuls, et on peut en dire autant du cercle, la ligne comme une espèce de parabole, deux droites croisées comme une sorte d'hyperbole.

Le symbole du Père ne peut donc être que dans le cercle ou l'ellipse, puisque seules ces deux figures peuvent se ramener au point, mais il est évident que ce sera dans le cercle et son développement, la sphère, qui est formée par le cercle tournant sur lui-même.

« On a vu, dit Lamennais (1), que la force essentiellement expan-
« sive et privée par elle-même de toute direction déterminée, recevait
« cette direction de la forme qui spécifie chaque être. La forme donc
« sous laquelle la force se manifeste le plus selon sa nature est la forme
« sphérique, qui implique un développement égal en tous sens. La
« substance représente le point non étendu, la sphère est le déve-

(1) Esquisse d'une philosophie, tome I, page 101.

« loppement du point, et dès lors la forme première, la forme géné-
« ratrice. »

La vie étant une expansion infinie, la figure qui la représente doit se développer autant que possible, c'est-à-dire, partout également. Lorsque l'imagination s'efforce de se représenter l'immensité de Dieu, elle fait dans notre pensée une sphère indéfinie qu'elle dilate jusqu'à ce que ses forces s'épuisent.

La sphère est la forme la moins limitée qui existe; on sait que c'est elle qui renferme le plus grand espace sous le moindre périmètre.

(*Fig.* 7). Dans le cercle, chaque rayon frappant la courbe suivant les lois de l'élasticité, devrait revenir sur le centre; mais si l'on suppose une force rayonnante au centre, ce retour devient impossible, car le rayon ne peut retourner au centre sans revenir sur lui-même, et il trouve alors pour obstacle sa propre force; le rayon du cercle ne revient donc pas sur lui-même, mais il reste épanoui à la surface, tendant toujours à continuer son mouvement et à dilater le cercle.

L'unité et l'expansion du premier principe de l'être trouve donc un symbolisme parfait dans le point et ses développements, le cercle et la sphère.

Dans le triangle, le point du sommet engendre deux lignes; or, nous avons vu l'identité de la ligne et de la parabole; la ligne et la parabole seront donc un symbole du Verbe. D'abord le symbolisme de la ligne est frappant, la ligne est dans l'espace la limite universelle, elle est la cause et le moyen de toute forme et de toute distinction matérielle.

(*Fig.* 8.) La parabole se présente d'abord comme un miroir et le plus puissant de tous, cette figure a un point qu'on appelle foyer, tous les rayons qui partent de ce point, après avoir frappé la courbe, se projettent en lignes droites, parallèles au grand axe; de même tous les rayons, venant du dehors parallèlement à ce grand axe, viennent par l'angle d'incidence retomber sur le foyer; si donc on place au foyer une lumière, ses rayons seront projetés au dehors avec le plus de force possible; si on expose une paraboloïde au soleil, ses rayons seront recueillis au foyer avec le plus d'intensité possible. Or, on sait que la pensée est un réflecteur et un miroir, et que le Verbe est appelé miroir sans tache de la majesté de Dieu et image de sa bonté, *speculum sine maculâ Dei majestatis et imago bonitatis illius*. (*Sap.* VII, 26).

La parabole n'est point une figure fermée comme le cercle, elle a un de ses côtés ouverts, on dirait une bouche qui attend sa nourriture; si donc on suppose des rayons venant du dehors, on verra la parabole les absorber et les réunir tous à son foyer; considérée ainsi, elle représente un des caractères de l'intelligence qui est la faculté d'intus-susception de l'être spirituel, le moyen par lequel les autres êtres peuvent pénétrer jusqu'à lui. Si maintenant on suppose les rayons partant du foyer, on les verra dirigés par l'angle de réflexion s'élancer par l'ouverture de la courbe comme s'ils voulaient en sortir. Considérée ainsi, la parabole exprime un autre caractère de l'intelligence que l'être sort de lui-même pour atteindre ce qui n'est pas lui et communiquer avec les autres êtres. Ceci nous fait comprendre pourquoi c'est la seconde personne de la Sainte-Trinité qui est notre médiateur et non la troisième.

Fourier a déjà fait remarquer l'analogie de l'ellipse avec l'amour. (*Fig.* 11.) On sait, en effet, que l'ellipse a deux foyers et que la forme de la courbe est telle que tous les rayons qui partent d'un foyer retombent, après l'avoir frappée, directement sur l'autre foyer. Quelle image plus belle de deux vies, qui sont unies dans le même cercle d'amitié, de deux amours qui rayonnent l'un vers l'autre, de deux intelligences qui se contemplent sans qu'une seule pensée s'égare hors du but! De même donc que l'ellipse ramène par sa courbe à l'unité d'une figure deux foyers ou deux centres qui n'ont de rayons que l'un pour l'autre, de même l'Esprit divin ramène à l'unité le Père et le Fils qui s'aiment d'un amour infini.

(*Fig.* 16.) Supposez deux points rayonnants en tous sens et se rapprochant l'un de l'autre pour s'unir, leurs rayons se croiseront en une infinité de points, les deux rayons qui partent des deux points, s'unissant au point où ils se croisent, peuvent être regardés comme un seul rayon. Eh bien! chaque série de rayons de la même longueur formera, par les angles de leurs sommets, une courbe elliptique plus ou moins allongée; l'ellipse, dans ce cas, ne sera que la forme résultant de l'union de deux foyers, l'expression de leur amour, cet amour même manifesté; comme le Saint-Esprit est à la fois le résultat de l'union du Père et du Fils, et l'amour même qui les unit.

Nous avons déjà fait l'identité de l'ellipse et du point, mais il faut faire ici une remarque importante; le développement naturel du point c'est le cercle; jamais le point abandonné à son expansion ne produira une ellipse, mais se développant en tout sens, il produira nécessairement et toujours une sphère. Comment donc expliquer l'identité de l'ellipse et du point? Voici comment; ce n'est pas le point qui devient l'ellipse, mais c'est l'ellipse qui vient se confondre dans le point; prenez le sommet du cône qui est un point et laissez-le partir, il deviendra toujours cercle et jamais ellipse; mais faites remonter une ellipse au sommet, elle deviendra point. Ainsi donc, le cercle et l'ellipse sont identiques au point de deux manières opposées, le cercle parce qu'il en sort, l'ellipse parce qu'elle y rentre; l'un exprime l'unité principe, dont tout émane, l'autre l'unité d'amour qui ramène l'être tout entier représenté par le cône à son principe qui est le point.

Jusqu'ici nous n'avons pas interrogé l'hyperbole, cette étrange figure dont les propriétés sont singulières ; le fait même de son existence est une chose remarquable, car elle suppose deux cônes en sens contraire et diamétralement opposés par le sommet. C'est la force même du calcul qui amène à supposer ce second cône ; en effet, l'équation de l'hyperbole renferme deux valeurs, l'une positive, l'autre négative, exprimant deux courbes qui sont par conséquent en sens opposé, car en géométrie ce qui est en sens inverse est considéré comme relativement négatif et positif ; mais puisque l'hyperbole est une section conique, il faut bien que sa branche négative ait un cône à couper dans le même sens qu'elle et par conséquent dans un sens négatif aussi. Si l'on appuie la pointe d'un cône sur un miroir, on croit en voir deux, mais un seul et réel ; figurons-nous ainsi le double (*fig.* 5) cône, et alors il nous exprimera une grande vérité ; les figures géométriques dans leur ensemble et par conséquent le cône qui en est, comme nous l'avons vu, l'unité et la somme, sont l'expression de l'intelligence divine ; or, ce double cône exprime admirablement l'être et le non-être, le positif et le négatif, la double pensée de Dieu.

Ceci posé, examinons les propriétés de l'hyperbole ; lorsqu'on veut calculer cette courbe en la rapportant à un centre, on ne trouve point ce centre dans la courbe elle-même, mais en dehors, dans un point qui a une relation avec le sommet du cône.

Ce seul trait nous montre un symbolisme frappant entre l'hyperbole et la créature qui n'a pas son centre en elle-même, mais en Dieu. Les autres propriétés confirmeront-elles cette analogie ?

Lorsqu'on inscrit l'hyperbole dans un cône dont l'angle (*fig.* 10.) est au même degré, on a une courbe enfermée entre deux lignes droites ; le calcul démontre que la courbe, à mesure qu'elle se prolonge, se rapproche de plus en plus des lignes droites ; mais quand elle se prolongerait indéfiniment, elle ne les atteindrait jamais, car son rapprochement est exprimé par une fraction continue. Qui ne voit là le magnifique symbole de la création dont la destinée est de se dilater toujours dans le sein de l'infini sans pouvoir jamais l'atteindre ?

(*fig.* 9.) Les rayons qui partent du foyer de l'hyperbole n'ont pas des directions semblables ; après avoir frappé la courbe, ils s'élancent par l'ouverture, en s'écartant un peu du grand axe, c'est-à-dire de la ligne qui passe à la fois par le sommet et le foyer ; plus le rayon frappe loin du foyer, plus il s'écarte sans jamais dépasser les limites de la courbe, qui elle-même est circonscrite par le cône. Cet écartement progressif a paru à Fourier une image de l'ambition : ne représente-t-il pas mieux un système de progrès indéfini ? On croit voir un être qui s'efforce de sortir de lui-même, qui cherche un être hors de lui, et qui redouble ses efforts à mesure qu'il en approche ; c'est l'ambition, si l'on veut, mais la belle et noble ambition de l'infini ; c'est l'état de l'homme par rapport à Dieu ; les désirs de s'approcher de Dieu augmentent avec la proximité où l'on est de lui, et avec ces désirs la rapidité avec laquelle on s'en rapproche : la vie des saints en est un exemple; mais cependant ce progrès est toujours fini, le cône, ou l'infini, nous circonscrit toujours et nous est toujours intangible.

Remarquons une chose ; parmi tous ces rayons de l'hyperbole, il en est un qui seul ne se rapproche pas du cône : ce rayon, c'est le premier qui part du foyer ; c'est celui qui, frappant le sommet, revient passer par le foyer, et que nous avons appelé grand axe. Ceci nous prouve que le premier mouvement de l'homme est indifférent au progrès ou au bien, que le progrès est inconciliable avec l'égoïsme, si bien représenté par ce rayon qui, parti du foyer, repasse par lui-même ; enfin que le progrès n'est point dans le fond même de la nature créée, puisqu'à son point de départ elle en est incapable.

L'hyperbole est double et a toujours une partie d'elle-même dans le cône négatif qui représente le non-être ; ainsi la créature est toujours entachée de néant, elle présente toujours une face au non-être ; elle ne peut s'exprimer que par un double terme qui dit l'être qu'elle a et celui qu'elle n'a pas. Supposez que le plan(*fig.* 6) indéfini *e f*, qui forme la parabole, puisse tourner sur un axe transversal, placé vis-à-vis le sommet du cône, dès que le plan commençant à tourner s'écartera de la ligne parallèle au côté du cône, il atteindra par l'autre extrémité la base du cône négatif, et formera une hyperbole ; mais cette première hyperbole enfermera dans une de ses branches le cône positif presque entier, et par l'autre il ne fera qu'effleurer le cône négatif à sa base ; mais à mesure que le plan continuera de tourner, il entrera de plus en plus dans le cône négatif et quittera de plus en plus le positif, formant une infinité d'hyperboles différentes. Ainsi la série complète de ces hyperboles représenterait toutes les proportions combinées de l'être et du non être, et par conséquent les types de toutes les créatures.

Si on fait reculer le plan qui forme l'hyperbole jusqu'au sommet du cône, l'hyperbole devient deux lignes droites croisées, c'est-à-dire le double cône : ceci nous montre que l'intelligence créée, portée à l'infini, perdrait son être propre, cesserait d'être elle-même, et se confondrait en Dieu. Mais l'hyperbole peut devenir le cône, et la créature ne peut devenir Dieu ; il faut donc que l'hyperbole signifie autre chose que la créature. Que signifiera-t-elle donc? Il est facile de le comprendre : l'hyperbole est une figure ouverte, et nous avons vu que cette circonstance était le symbole de l'intelligence, donc l'hyperbole exprime avant tout une pensée ; mais les créatures, quant à leur forme du moins, n'ont longtemps existé que dans la pensée de Dieu : les hyperboles représenteront l'infinie variété de la pensée de Dieu, qui renferme en elle les types de toutes les créatures ; cette pensée divine n'est point limitée comme la créature, elle comprend non-seulement le fini, mais encore l'infini ; dépassant toute créature, elle s'élève comme l'hyperbole jusqu'au double cône, c'est-à-dire à l'idée que Dieu a de lui même, idée qui comprend en elle toutes les idées, grande distinction de l'être et du non-être, qui renferme et dépasse toutes les distinctions, comme le double cône circonscrit toutes les hyperboles. Remarquons qu'arrivée à ce point, l'hyperbole perd toutes les propriétés qui en faisaient le symbole du fini ; elle cesse d'avoir son centre hors d'elle-même, puisque ses foyers et son centre viennent se confondre avec le sommet du cône, et elle n'est plus circonscrite par l'infini, puisqu'elle est devenue elle-même l'infinie ou le cône.

Ceci prévient une difficulté, et complète notre intelligence du cône. On pouvait demander pourquoi le cône que nous regardons comme exprimant Dieu tout entier, était une figure différente des autres, comme si la nature divine dans son ensemble était autre chose que les personnes qui la composent. Nous voyons maintenant qu'il n'est point une figure à part, qu'il n'est qu'une des branches de l'hyperbole, et que pour être complet, il doit être double ; nous voyons encore que le cône, non seulement ne représente pas l'être lui-même de Dieu, mais ne peut pas le représenter ; car d'abord, complet ou double, il représente à la fois l'être et le non-être ; or l'être et le non-être substantiellement inconciliables ne subsistent que dans la pensée de Dieu ; ensuite le cône, par là même qu'il est ouvert, ne peut représenter que la pensée.

Le double cône est donc le symbole du Verbe ou de la pensée de Dieu tout entière ; le profil du double cône, si son ouverture forme un angle droit, nous présentera une croix. La croix est donc le symbole naturel du verbe : c'est pour cela qu'il l'a choisi lui-même, c'est pour cela qu'en invoquant sur nous la Trinité, objet éternel de la pensée divine, nous traçons sur notre front la croix, symbole de cette pensée (1).

(*fi.* 6.) Le plan *ab* qui forme le cercle, et le plan *cd* qui forme l'ellipse, ne rencontrent jamais le cône négatif, lors même qu'on les

(1) La croix n'est pas seulement un supplice inventé par hasard pour des esclaves, elle doit briller éternellement dans les cieux ; sa forme a donc dû être tirée de la forme première et élémentaire de la double pensée divine, c'est-à dire du doubl cône. Au reste la croix a été faite sur le modèle de l'homme qu'on y devait attacher, et l'homme lui-même a été fait à l'image de Dieu.

fait remonter au sommet; mais le plan *ef* de la parabole, arrivé au sommet, touche un des côtés du cône opposé, et le plan *gh* de l'hyperbole, touchent toujours les deux cônes et les réalise tous deux en arrivant au sommet. Ceci veut dire que l'être de Dieu est infiniment éloigné du non-être, que son amour ne peut l'atteindre, mais que son intelligence le comprend.

Tout ceci nous prouve que la forme n'a pas été moins fertile en enseignements que les fluides et les couleurs, car en interrogeant le cône, nous avons vu qu'en l'unité de Dieu il y avait trois personnes, et la possibilité d'une infinité de créatures; que le Père était le principe d'où tout émane, que le Fils était le miroir de la substance de son Père, qu'il était l'intelligence, qu'il renfermait deux formes, l'une positive, l'autre négative, et que par elles il était la source de toute variété et de toute distinction; que le Saint-Esprit était le principe qui ramenait tout à l'unité, que la créature était à la fois être et néant, qu'elle n'avait point son centre en elle même, qu'elle tendait à se rapprocher de l'infini sans pouvoir l'atteindre, que plus elle approchait de lui, plus elle désirait s'en rapprocher encore; qu'elle ne pouvait y arriver sans se détruire elle-même, que Dieu comprenait le non-être dans sa pensée, mais que sa substance et son amour l'excluaient et le repoussaient; enfin que la croix était le symbole du Verbe ou de la pensée divine.

Examinons les sections coniques à un autre point de vue.

On peut les supposer comme formées par l'action de points rayonnants agissant de diverses manières.

Nous avons déjà vu que le point par son expansion naturelle produirait un cercle ou une sphère. Nous avons considéré l'ellipse comme formée par deux points rayonnants et s'unissant par l'extrémité de leurs rayons. On peut encore se figurer la parabole et l'hyperbole comme des points rayonnants repoussés. Supposons d'abord un point engendrant un autre point et le projetant hors de lui. Ce point projeté tracera une ligne droite, et nous savons que la ligne droite est une des formes de la parabole.

Mais supposons que le point projeté s'arrête et rayonne s'il éprouve une résistance à son rayonnement soit par une répulsion soit par une attraction, quelle figure produiront ses rayons lorsque leur force expansive sera surmontée par la force opposante? Il est évident qu'elle ressemblera beaucoup à une parabole, c'est la figure que produit en retombant l'eau d'un jet d'eau, lorsque sa force d'ascension cède à l'attraction de la terre. Une répulsion par en haut produirait le même résultat que l'attraction de la terre par en bas.

Par les mêmes raisons on peut considérer l'hyperbole comme deux points qui se repoussent mutuellement.

Ainsi le cercle est le point rayonnant sans obstacles. L'ellipse est l'union de deux points rayonnants qui s'attirent mutuellement. L'hyperbole de deux points rayonnants qui se repoussent, et la parabole un point rayonnant repoussé.

Comme nous l'avons vu, le cercle symbolise la vie, l'ellipse l'amour, l'hyperbole la double idée de l'être et du non être en tant qu'opposées et distinctes, et la parabole l'idée du non être ou du fini seule. Ceci posé il faut remarquer que les points repoussés ne se trouvent que dans les figures ouvertes, et les points qui s'unissent dans les figures fermées. Or les figures ouvertes expriment l'intelligence, et les figures fermées la réalité substantielle de l'être. Les sections coniques nous apprennent donc encore que, dans la nature divine, tout est vie et amour, et rien ne rompt l'unité, et que toutes les distinctions et oppositions dont nous avons parlé jusqu'ici ne sont que des abstractions de l'intelligence. Dieu l'éternel géomètre semble avoir voulu imprimer son cachet à la création, en écrivant en traits de feu dans le ciel les principales sections coniques. Les astres par leur forme ronde nous montrent le cercle. Les planètes décrivent autour du soleil l'orbite elliptique de l'amour.

Quelques astronomes ont cru voir des paraboles dans la marche de certaines comètes. On regrette de n'y pas voir le cône lui-même générateur, et sommaire de toutes ces courses. Mais peut-être le découvrira-t-on un jour, qu'on me permette d'émettre ici une conjecture fondée sur des observations astronomiques.

« Les phénomènes que nous venons de citer, dit Sir John Herschel, s'accordent avec la supposition que les étoiles de notre firmament, au lieu d'être semées indistinctement en toute direction dans l'espace, forment une couche dont l'épaisseur est petite en comparaison de sa longueur et de sa largeur, dans laquelle la terre est vers le milieu de l'épaisseur et près de ce point, où elle se divise en deux lames principales inclinées l'une à l'autre suivant un petit angle. Il est certain en effet, que pour un œil ainsi placé, la densité apparente des étoiles, en les supposant presqu'également réparties dans tout l'espace qu'elles occupent, sera la moindre dans la direction d'un rayon visuel *s.a.* (fig. 12) perpendiculaire à ces lames et la plus grande dans l'une des branches *sb*, *sc*, *sd*., s'accroissant rapidement en partant de l'une à l'autre direction, juste comme on voit une faible brume dans l'atmosphère s'épaissir en un banc nébuleux très décidé près l'horizon, par l'accroissement rapide de la simple longueur du rayon visuel. Telle est l'idée prise du firmament étoilé par Sir William Herschel ».

On voit donc que l'astronomie refuse la forme sphérique à l'ensemble de la création ; et en effet l'inégale épaisseur des étoiles semble justifier ce refus. Mais à des distances si incommensurables, l'observation a bien moins d'autorité quand elle veut spécifier la figure formée par le chœur des étoiles. Cette figure n'est pas très éloignée du cône, la moindre épaisseur et la plus grande longueur dans le cône tracé (fig. 13) à côté de celle donnée par Herschel se trouvent précisément dans les mêmes directions. N'est-il pas plus croyable que Dieu aura donné à l'ensemble de la création la figure d'un cône, forme la plus générale de toutes, forme qui résume et renferme toutes les autres, forme qui est celle même de son intelligence créatrice et ordonnatrice? Il serait beau alors de se représenter au sommet de cet immense cône, une véritable étoile polaire, pôle de tous les mondes, première et plus brillante des manifestations de Dieu, point central et générateur et Dieu irradiant d'en haut la lumière et la faisant tomber de monde en monde, Dieu dilatant la création dans l'immensité, selon la forme qui est son symbole à lui l'Eternel, et décrivant dans l'espace, en l'agrandissant toujours, son mystérieux triangle de lumière.

CHAPITRE VIII

DE LA PERSONNALITÉ EN DIEU

La question de la personnalité est de la plus haute importance.

Non seulement nous ne pouvons, sans la résoudre, nous rendre compte de nous-mêmes, et avoir une idée claire du moi humain; mais encore il est évident que cette question est le nœud du mystère de la Trinité qui a fait jusqu'à présent le principal objet de notre étude.

L'unité de Dieu est invinciblement démontrée par la raison : il ne peut y avoir deux infinis. Nous concevons encore dans ce Dieu unique, divers aspects, divers attributs, car nous sentons cette même diversité dans l'unité de notre nature. Mais comme chez nous toute personne est un être différent, nous ne pouvons concevoir qu'une triple personnalité puisse subsister dans l'unité d'un même être. Celà est possible cependant puisque celà est, comme la foi nous l'apprend; et si nous avions une idée bien précise de ce qui constitue la personnalité, peut être entreverrions-nous cette possibilité.

Les anciens n'ont pas songé à définir rigoureusement la personnalité. C'est le dogme chrétien de la Trinité qui a stimulé l'esprit humain et a dirigé son attention sur ce difficile problème. Voyons donc si en recueillant et en complétant ce qui a été dit, nous arriverons à défaire, dénouer ou au moins à desserrer un peu le nœud formidable.

Quelques-uns crieront peut-être à la présomption et à la témérité, disant qu'il est défendu à l'homme de sonder les mystères. Où ont-ils vu cette défense? Il est défendu à l'homme de sonder les mystères de même qu'il lui est défendu de se promener dans les nuages comme les oiseaux. Cependant on a essayé et, qui plus est, on a à peu près réussi.

Tout dépend de l'intention.

Subordonner la foi à la Science, discuter les mystères révélés avec la volonté de n'admettre que ce que l'on comprendra, voilà un grand mal. C'est un péché contre le St-Esprit : mais une fois le mystère admis par la foi comme incontestable, chercher à le comprendre autant que possible, cela, loin d'être un mal, est le plus bel usage qu'on puisse faire de la raison. C'est ce qu'ont fait tous les grands esprits du christianisme : St-Irenée, St-Anselme, St-Augustin, St-Thomas, St-Hilaire, Bossuet, Fénelon, etc.

St-Augustin dit de lui-même (*contra Academ.* 15 *cap.* 20). « Ce que je possède dans mon intelligence sous la forme de la foi, je ne puis m'empêcher de vouloir le posséder aussi sous la forme de la science. »

Nous sentons et voulons comme saint Augustin ; marchons donc sans crainte à sa suite. Comme lui nous posons la foi en principe. Le mystère est là devant nous comme une montagne inébranlable, dont le sommet se perd dans les nuages.

Essayons de monter ; nous irons jusqu'où nous pourrons. La grandeur de la vue dont nous jouirons dependra de la hauteur à laquelle nous serons parvenus, et la beauté de cette vue sera la récompense de nos efforts.

Boëce dans le livre Des deux Natures définit la personne : *une substance individuelle de nature raisonnable.*

St-Thomas admet cette définition et la commente ainsi : « Les individus de nature raisonnable ont parmi les substances un nom qui les distingue : ce nom est celui de personne. Ainsi nous disons dans notre définition que la personne est une substance individuelle pour marquer qu'elle est un individu dans le genre de la substance ; et nous ajoutons qu'elle est de nature raisonnable pour placer son individualité dans l'ordre des substances intelligentes. »

Ainsi il y a plusieurs ordres d'individualités, mais qu'est-ce que l'individualité ? « L'individu, dit St-Thomas (1) sans distinction réelle en lui-même, se distingue de tous les autres. »

Le mot indique son propre sens, individu, indivisé, c'est-à-dire que l'individu est une unité indivisible, c'est-à-dire encore que c'est un vivant, car sans la vie rien n'est indivisible.

L'individu peut posséder des organes, une tête, des bras, des jambes, cependant, quoique tout cela compose l'individu, ce n'est pas en cela que consiste l'individualité. Vous pouvez couper à un animal tous les membres, il reste lui-même dans la partie qui vit, et ce qui ne vit plus n'est plus lui. C'est donc dans ce centre indivisible de la vie que gît l'individualité qui trouve sa perfection dans le sentiment que cette vie a d'elle-même. L'animal se sent vivre. L'individualité parfaite est le sentiment du moi vivant, mais si au sentiment vous ajoutez l'intelligence et la raison, si non seulement l'être sent son moi, mais le pense, il est personne. D'où il suit en résumé que la personnalité est la conscience intelligente du moi. Cherchons le complément de cette idée à d'autres sources. Le psychologisme moderne a fait promener la pensée en tout sens dans le moi humain, bien qu'il ait

(1) P I Q 29. A. 4.

émis de fausses théories, comme nous l'avons déjà remarqué, cela n'empêche pas qu'on ne puisse tirer utilité de l'analyse minutieuse des faits à laquelle il s'est livré, comme nous l'avons exposé dans le chapitre du nombre deux. Nulle idée ne peut subsister sans celle de son contraire. Cette loi générale d'antinomie a frappé beaucoup d'esprits depuis un certain temps. C'est pourquoi Fichte étudiant le fait de la conscience a reconnu que l'idée du moi était inséparable de celle du non moi, et que la conscience ne pouvait résulter que du choc de ces deux idées, comme l'étincelle se forme du choc de deux pierres, comme le son s'échappe de la cloche frappée par le marteau.

Voici en quels termes M. Cousin résume le travail de Fichte.

« La réflexion, au milieu de ce monde de forces qui la combattent « et qui l'entraînent, s'arrête et, selon une expression célèbre, se pose « elle-même. La réflexion ou le moi libre est un point d'arrêt dans « l'infini. Fichte l'appelle un choc contre l'activité infinie.

« Le moi, dit-il, se pose lui-même dans une détermination libre, *la « détermination qui accompagne et caractérise la réflexion est une « détermination précédée ou mêlée de négation.*

« Pour que je pose le moi, comme dit Fichte, il faut que je le « distingue explicitement du non moi : or toute distinction implique « une négation. »

« Et ailleurs : la réflexion est la pensée libre suspendant le mou- « vement naturel qui la développe pour ainsi dire en ligne droite et « se repliant sur elle-même dans l'intérieur même de la pensée « qu'elle aperçoit nettement parce qu'elle la considère distinctement, « c'est-à-dire dérivée en deux parties, savoir : la pensée en tant « qu'elle se replie sur elle-même et se contemple, et la pensée en « tant qu'elle est contemplée.

« La pensée qui contemple est le sujet de la réflexion; la pensée « contemplée en est l'objet.

« Dans la réflexion le sujet et l'objet sont distincts l'un de l'autre, « parce qu'ils sont opposés l'un à l'autre.

« Le sujet ne se distingue de l'objet qu'en se l'opposant, c'est-à-dire « qu'en s'affirmant et se niant à la fois.

« Le sujet s'affirme, se pose lui-même et dit : *je* ou *moi*, mais en « même temps qu'il se pose, il s'oppose l'objet lequel dans son oppo- « sition au sujet *moi* est appelé *non moi*. Ce sujet ne se pose donc « qu'en s'opposant quelque chose, et il ne s'oppose quelque chose « qu'en se posant.

« Le *moi* se nie en affirmant le *non moi*, il nie le *non moi* en s'affir- « mant lui-même, et c'est à cette négation réciproque qu'est due la « *lumière* qui éclaire l'acte réfléchi. »

Ajoutons ici une observation.

Il suit de ce qui précède que la conscience résulte de l'opposition, du choc, de la comparaison de deux idées.

Remarquons bien que tant que deux idées restent successives, toute comparaison, tout choc, toute opposition sont impossibles. Pour que je compare deux idées, il faut que je les aie à la fois, il faut qu'elles arrivent à une simultanéité absolue, qu'elles se rencontrent en un point indivisible, en un mot qu'elles rentrent dans l'unité et deviennent rigoureusement une seule idée saisie par un seul acte de mon intelligence.

Il n'y a donc point de lumière tant que la troisième unité qui suppose la distinction et la ramène à son principe n'est pas absolue. Mais sitôt que l'unité est parfaite, apparaît la lumière intellectuelle, et si les deux idées qui s'unissent sont celles du moi et du non moi, cette lumière devient la conscience ou la personnalité.

Nous voyons par ce qui précède que la personnalité est le couronnement et la perfection de l'être.

Cela est évident pour l'homme. Quel est en effet son point de départ et sa marche ascensionnelle. Il est d'abord un embryon dans lequel entre la vie, cette vie agissant par ses organes vient heurter le non moi matériel et acquiert ainsi la sensation de sa propre individualité. Enfin lorsque l'intelligence heurte le non moi spirituel, lorsque l'homme se spécialise, se distingue et se sépare en esprit de l'universel, alors il devient créature raisonnable et homme parfait, l'œuvre est achevée, il a posé le moi humain.

Il semble au premier abord que ces considérations n'auront aucune application lorsqu'il s'agira de Dieu. Car en Dieu il n'y a ni premier ni dernier, ni avant ni après, puisqu'en lui tout est éternel et simultané.

Cependant on admet en Dieu des priorités de raison, puisqu'on affirme que le Père est le principe du Fils et que le Saint-Esprit procède de l'un et de l'autre. L'ordre successif que Dieu a mis dans l'être fini sujet au temps, n'est autre chose que la traduction en mode fini de l'ordre logique qui est éternel dans la pensée divine. Les priorités réelles qui sont dans l'homme peuvent donc légitimement nous servir d'indication pour découvrir les priorités de raison qui sont en Dieu.

Transportons donc sans crainte ces considérations en Dieu, et cherchons à nous représenter la scène sublime qui s'accomplit dans l'éternité.

Dieu est, et il a conscience de lui-même donc il s'affirme, ou selon l'expression citée il se pose, il se pose par l'idée de l'être. Mais il ne peut se poser sans s'opposer quelque chose. Or comme il est seul, comme il est tout, il ne peut que s'opposer à lui-même en se niant (1); ou, si l'on veut, en se considérant négativement. Cette immense négation c'est l'idée du non être, car il est l'être.

L'unité, le point indivisible où se manifestent l'une par l'autre cette affirmation et cette négation c'est la conscience divine ou la lumière infinie. Dieu par l'idée de l'être se voit, par l'idée du non être il se distingue, et par la lumière qui résulte des deux il se comprend. Dieu a posé le moi divin et la personnalité infinie couronne l'être.

Avant de continuer jetons un regard derrière nous et examinons à cette nouvelle lumière les idées par lesquelles nous avons passé.

Nous avons vu en Dieu, d'abord une énergie radicale que nous avons appelée être et vie, et cette vie nous paraissait être le père. Mais le père est une personne et il n'y a point de personne avant la conscience, la vie n'est point encore le père.

Puis nous considérions la vie produisant la forme, l'intelligence ou la distinction, et la distinction nous apparaissait comme le fils éternel de l'être, mais la distinction seule n'est point encore la conscience parfaite, la distinction n'est pas encore le Fils.

Enfin de l'union de la vie et de la distinction qui nous semblaient le Père et le Fils, nous avons vu jaillir une lumière et nous avons appelé le Saint-Esprit lumière, mais le Saint-Esprit n'est point seul la lumière, car c'est dans la lumière ou la conscience que gît toute la personnalité, celle du Père et du Fils aussi bien que celle du Saint-Esprit. C'est donc dans la conscience que nous devons trouver la triplicité des personnes. Cherchons.

La conscience divine est la lumière qui résulte du rapport et de l'unité qui existent entre l'idée de l'être par laquelle Dieu pose le moi et l'idée du non être par laquelle il pose le non moi. Mais tout rapport ne renferme-t-il pas nécessairement une triple notion? Puis-je com-

(1) Je demande pardon au lecteur de cette expression, qui prise en un certain sens ferait de Dieu un Athée, mais il serait impossible d'exprimer ma pensée sans une longue périphrase dont le retour serait fastidieux. Cette pensée du reste a été suffisamment expliquée dans les chapitres précédents, il suffit de rappeler ce qui a été dit.

Dieu se distingue ou se différencie. Se différencier, c'est poser en face de soi par la pensée ce qu'on n'est pas, et poser ainsi ce qu'on n'est pas c'est, en un sens, se nier, non dans sa croyance ou sa volonté ou son cœur, mais seulement dans l'expression et la forme de la pensée.

Nous ne sommes pas athées chaque fois que nous prononçons le mot néant; et cependant prononcer ou penser ce mot c'est en un sens nier Dieu; c'est poser et exprimer son contraire. Néanmoins le mot même de néant *non ens* contient et suppose l'idée de l'être ou de Dieu. Penser le mot néant, c'est donc toujours considérer Dieu, mais si l'on peut parler ainsi, en sens inverse ou négativement comme calculer la quantité — 1, c'est toujours calculer l'unité mais avec un signe négatif. — 1 est une expression qui nie l'unité dans la forme mais suppose l'unité dans la pensée de celui qui se sert de cette expression.

Cela suffit pour faire comprendre ce que je veux dire quand je dis que Dieu se nie.

parer deux objets sans avoir en même temps trois idées, celles de chacun de ces deux objets pris à part et celle de ces deux objets réunis ou plutôt de leur rapport? Et si ces trois idées sont parfaites, si je vois clairement par le moi ce que je suis, par le non moi ce que je ne suis pas, et si, par la comparaison de ces idées, j'ai une vue complète et parfaitement exacte de moi-même, n'ai-je pas triplement conscience de moi-même sous trois points de vues différents qui subsistent sans se confondre dans leur harmonie?

Ainsi la personnalité telle qu'elle résulte des définitions que nous avons citées se présente naturellement comme triple, et comme en Dieu tout est dans la plus grande perfection, il doit réaliser cette triplicité qui est dans la nature même de la personnalité.

Mais alors pourquoi l'homme n'a-t-il qu'une personne? Ce n'est plus la Trinité, c'est l'homme qui maintenant devient le mystère.

Nous verrons plus loin pourquoi la personnalité dans l'homme est unique. Sans entrer ici dans le détail, on peut concevoir facilement que l'imperfection des éléments qui produisent la conscience humaine peut faire avorter le développement naturel de la personnalité et n'en laisser éclore qu'une seule.

Mais nous voyons qu'en Dieu la personnalité du Père est la conscience que Dieu a de lui-même par l'idée de l'être, la personnalité du Fils, la conscience qu'il a de lui-même par l'idée du non être, et la personnalité du Saint-Esprit, la conscience qu'il a de lui-même par l'union ou l'unité de ces deux idées.

Nous nous étions donc trompés, en un sens seulement comme on se trompe le plus souvent en contemplant une vérité incomplète.

Nous appelions le Saint-Esprit, lumière : le Saint-Esprit n'est pas seul lumière. Cependant, c'est à lui spécialement que se rapporte la lumière, puisqu'il est la conscience du rapport des deux idées par lequel se produit la lumière, car l'idée de l'être et celle du non être ne seraient point proprement idée, ni lumière si elles étaient séparées l'une de l'autre. L'idée de l'être seule privée de forme serait indistincte, confuse, obscure par conséquent, et ne serait pas lumière. L'idée du non être seule et privée de toute unité serait un dédale inextricable et complètement inintelligible, elle ne serait pas lumière. Mais lorsque ces deux idées s'unissent, l'une donne à l'autre l'unité qui lui manque et l'autre lui rend la distinction dont elle a besoin pour se manifester et par cet échange elles produisent une lumière dans laquelle elles sont elles-mêmes toutes deux lumière ou vraie idée, ce n'est qu'en s'unissant ainsi que ces deux idées deviennent conscience ou personnalité, c'est en constituant entre elles un rapport qu'elles deviennent consciences mutuelles d'elles-mêmes et du rapport qui les unit et par conséquent triplement lumière.

Ainsi le fluide lumineux, l'éllipse et la couleur jaune ne sont pas le symbole direct du S. Esprit parce qu'ils ne peuvent exprimer la conscience elle-même; cependant elles en sont le symbole indirect parce qu'elles expriment l'objet de la conscience qui est l'union des deux idées et la clarté qui en résulte.

Nous pensions que la distinction était le fils; c'était une vérité incomplète. Le fils n'est pas la distinction même, mais la conscience que Dieu a de lui-même comme être distinct en voyant par l'idée du non-être ce qu'il n'est pas.

Le fluide électrique, la parabole, l'hyperbole et la couleur bleue sont donc aussi le symbole indirect du fils, c'est-à-dire qu'ils expriment non la personnalité même, mais l'objet dont la conscience est la personnalité.

Nous pensions enfin que le père était l'être même et la vie, et le père est la conscience que Dieu a de lui-même, comme être par l'idée de l'être. Le calorique, le cercle et la couleur rouge sont donc aussi de vrais symboles du père, mais comme les précédents, des symboles indirects.

Après avoir contemplé la triplicité de la conscience divine nous pourrons en admirer sous un autre rapport l'indissoluble unité.

En effet, la conscience par laquelle Dieu voit le triple rapport se fait par la comparaison, le contact, le choc de deux idées. Ces deux idées ne sont pas conscience avant ce choc et ce choc est un acte unique et indivisible. Par cet acte, les trois lumières brillent simultanément, et ces trois lumières se complètent et brillent les unes par les autres. Rien dans l'une qui ne soit étranger aux autres, chacune possède tout ce que possèdent les autres; elles sont trois consciences infinies et toutes les trois ne sont que la conscience infinie dans son acte et triple dans sa forme ou son objet.

Dieu peut dire de lui tout entier, Moi ou je suis celui qui est, *ego sum qui sum*, et si une personne semble se séparer de l'autre en s'appliquant le moi, comme lorque J.-C. dit : moi et le père, *Ego et Pater*, il peut ajouter immédiatement *unum sumus*; nous ne sommes qu'un.

Ceci semblerait indiquer que le moi est plutôt la conscience dans sa forme ou dans son objet.

Ceci nous offre incidemment une nouvelle démonstration de l'unité de Dieu.

Ce qui est le plus incommuniquable, ce qui distingue le plus invinciblement les êtres intelligents c'est la conscience qui constitue le moi, d'où il suit qu'il ne peut y avoir deux consciences identiques car elles se résoudraient dans le même moi.

Deux hommes qui auraient la conscience pareille seraient deux hommes qui auraient conscience d'être nés de la même mère, en même temps, dans le même espace, dans les mêmes circonstances, d'avoir les mêmes pensées et exécuté les mêmes actes toujours dans le même temps et le même espace, il est évident que ces deux hommes sont le même homme et n'ont qu'un même moi.

Or, s'il peut y avoir plusieurs consciences finies parce qu'elles peuvent avoir des objets différents, il est évident que deux consciences infinies renfermant tout, soit dans l'immensité, soit dans l'éternité auraient le même objet, seraient la même conscience, et appartiendraient au même moi. La triple conscience de la trinité n'a qu'un objet: l'être infini, mais considéré sous trois points de vue différents, c'est pourquoi elle n'est qu'un seul Dieu.

Il n'y a donc, il ne peut y avoir qu'un seul Dieu, et dans l'unité de son être il peut dire je ou moi, et cependant la conscience infinie forme trois personnes qui ne peuvent se confondre parce que les points de vue de chacune sont caractérisés par trois termes qui bien que complémentaires sont irréductibles entre eux.

Le père est la conscience que Dieu a de lui-même par l'idée du non-être ; par l'idée de l'être Dieu s'affirme. Le père est donc la conscience positive.

Le fils est la conscience que Dieu a de lui-même par l'idée du non-être ; par l'idée du non-être Dieu s'oppose à lui-même ou se considère négativement. Le fils est donc la conscience négative (1).

Le St-Esprit est la conscience que Dieu a de lui-même par la comparaison et l'union des deux idées, par cette comparaison Dieu ramène à l'harmonie et à l'unité ces deux idées, qui semblaient opposées par leur nature. Le St-Esprit est donc la conscience harmonique.

En un mot, le père est le positif de la conscience, le fils le négatif le St-Esprit l'harmonie.

Or, ces trois mots : positif, négatif et harmonique étant irréductibles entre eux, la personnalité reste triple, mais l'infinité de l'être étant commune aux trois personnes, c'est sur l'être un et infini que fleurit la triple personnalité.

Il faut noter ici une importante conséquence de ce qui précède.

La personnalité est moins l'être qu'une manière d'être.

La personnalité, fleur de la conscience qui n'apparaît qu'avec elle, suppose l'être comme le fondement sur lequel elle repose.

(1) Ce mot négatif appliqué au fils peut, au premier abord, effaroucher certains esprits; mais qu'ils veuillent bien considérer que ce mot ne tombe nullement sur la personne mais seulement sur l'objet de la pensée.

Un homme qui réfléchit sur le néant cesse-t-il pour cela d'être une personne réelle, vivante ? Quand Dieu se distingue par l'idée du non-être, la personne qui résulte de cette contemplation n'est pas moins réelle, vivante et infinie en toutes sortes de perfections que les autres.

L'être principe de tout a une priorité de raison sur tout le reste, il est l'unité fondamentale, et quel que soit le développement de la personnalité qui peut être triple et des attributs qui sont multiples il ne sort pas de l'unité et reste invariablement UN.

Ceci est en tout conforme à la doctrine du quatrième concile de Latran qui s'exprime ainsi :

« Nous croyons et confessons qu'il y a une chose souveraine, incompréhensible et ineffable, qui est vraiment Père, Fils et Saint-Esprit, les trois personnes ensemble et chacune d'elles. Ainsi en Dieu il n'y a que trinité et non quaternité, parce que chacune des trois personnes est cette chose, c'est-à-dire la substance, l'essence, ou la nature divine, qui seule est le principe de tout. Et cette chose ni n'engendre ni n'est engendrée, ni ne procède ; mais c'est le Père qui engendre, le Fils qui est engendré, le Saint-Esprit qui procède, en sorte que les distinctions soient dans les personnes et l'unité dans la nature. Encore donc que le Père soit un autre, un autre le Fils, un autre le Saint-Esprit, ils ne sont cependant pas autre chose, mais ce qu'est le Père, le Fils l'est, ainsi que le Saint-Esprit, en sorte que, suivant la foi orthodoxe et catholique, ils soient crus consubstantiels ».

Les paroles du concile justifient donc l'ordre logique que nous avons suivi en exposant le développement de l'être et la priorité de raison que nous avons donnée à l'être même sur la personnalité qui résulte de la conscience que l'être prend de lui-même.

Mais il ne faut jamais oublier qu'en Dieu dans la réalité tout est éternel et simultané.

Nous avons caractérisé les trois personnes par ces trois mots : positif, négatif et harmonique.

Ce résultat est capital.

Jusqu'ici nous avions fait de vains efforts pour trouver une notion précise autre que celle qui nous avait été donnée des trois personnes.

Nous avions beau chercher d'autres mots que ceux de Père, Fils et Esprit, ces mots convenaient toujours à tous les trois, c'était des noms d'attributs et point des noms personnels.

Le Fils et le Saint-Esprit étaient être et vie comme le Père, le Père et le Saint-Esprit étaient forme et intelligence comme le Fils, le Père et le Fils étaient conscience et lumière comme le Saint-Esprit.

Mais voilà que nous avons trouvé trois termes distinctifs, car le Père seul est positif, le Fils seul est négatif, le Saint-Esprit est harmonique.

Et en trouvant ces trois termes nous avons formulé la loi fondamentale et universelle de l'être.

Le positif et le négatif produisent l'harmonie. Qu'on parcoure le ciel et la terre, on ne verra partout autre chose que cette grande loi. Toute réalisation, toute beauté résulte de l'union du positif et du négatif, et partout le positif symbolise le Père, le négatif le Fils et l'harmonie le Saint-Esprit.

C'est en Dieu même, comme nous l'avons déjà vu, que se trouve le type éternel de cette grande loi dont la formule n'est que la définition même de la Trinité.

Le Père, par un mouvement direct ou positif, s'épanouit à l'infini dans l'idée de l'être ; le Fils revient vers son père par un mouvement reflexe ou négatif, annulant pour ainsi dire toute cette expansion par l'immense négation renfermée dans l'idée du non être ; ce double mouvement de l'être produit l'harmonie ; cette vaste respiration de l'infini produit le souffle divin *Spiritum Sanctum.*

La parole humaine ne peut exprimer la loi telle qu'elle existe dans le type éternel, mais seulement telle qu'elle se traduit dans l'espace et le temps. Cette vaste respiration n'est pas alternative comme celle des poumons. En Dieu, comme nous l'avons dit souvent, tout est simultané et éternel, mais tout néanmoins est dans un ordre de raison qui est le type, la raison et le modèle de l'ordre successif qui se réalise dans la créature.

Descendons maintenant des hauteurs divines dans la création.

Deux forces régissent les mondes : une force positive, celle qui les lance dans l'espace ; une force négative, l'attraction qui tend à détruire la première et à tout ramener au repos, la combinaison de ces deux forces réalise l'harmonie et fait décrire aux astres l'ellipse, la courbe symbolique de l'esprit d'amour.

Tout ce que nous voyons, nous le voyons sous l'influence d'une grande dualité : la lumière et l'ombre. L'ombre seule cache tout, la lumière seule éblouit et ne laisse saisir aucune forme, mais dans la nature c'est le mélange de la lumière et de l'ombre qui dessine toutes les formes, nuance toutes les couleurs et manifeste toutes les beautés de la matière.

Le silence ne s'entend pas, le bruit absolu ne s'entend plus, mais leur combinaison produit l'harmonie des sons et les rend agréables à l'oreille.

Le mouvement excessivement rapide ne se voit plus et produit la même sensation que l'immobilité ; mais leurs diverses proportions produisent toutes les grâces du mouvement.

Le chaud et le froid portés à l'extrême ne se sentent plus, mais leur harmonie produit le bien-être.

La force seule et absolue briserait tout ce qu'elle toucherait, la faiblesse ou sensibilité absolue aussi ne peut mouvoir un atome, mais une juste proportion entre la force et la sensibilité produit l'adresse.

La vie physique dans l'homme commence par le cœur qui produit le mouvement du sang artériel direct, mais ce mouvement ne suffit pas à sa vie, il faut un mouvement reflexe, celui du sang veineux. La circulation que produisent ces deux mouvements produit et entretient la vie. Chose singulière, le sang dont le mouvement est direct est rouge, couleur symbolique du Père, et le sang dont le mouvement est reflèxe se rapproche du bleu, couleur symbolique du Fils.

Nous connaissons l'électricité positive et l'électricité négative dont l'union produit la lumière.

Nous avons vu aussi que le beau était l'harmonie de deux termes, l'un positif qui est l'unité, l'autre négatif qui est la variété.

Pour l'ordre spirituel, les deux pôles de la pensée sont la foi et la science : la foi est le principe positif, la science le principe négatif, leur union seule peut réaliser la lumière complète de la pensée, c'est-à-dire la vraie philosophie. Il faut remarquer une grande différence entre l'ordre spirituel et l'ordre matériel. Dans la matière dont l'essence est la division, l'un des deux éléments ne peut s'avancer sans que l'autre ne recule, l'un se développer sans que l'autre ne diminue, de sorte que l'harmonie matérielle n'est qu'un mutuel sacrifice, une double négation.

Pour l'ordre spirituel, au contraire, comme dans l'infini, les principes de noms opposés doivent se développer sans se nuire, se pénétrer sans se détruire. Ainsi dans Dieu l'idée de l'être n'est point détruite ni effacée par l'idée du non être, mais toutes les deux subsistent infinies en face l'une de l'autre et ne sont qu'une dans la lumière. De même la foi et la science ne doivent pas se détruire ou se diminuer l'une l'autre. Mais elles grandissent en s'embrassant dans l'esprit de l'homme lorsqu'il est dans la vraie voie.

Il en devrait être de même dans la société pour l'autorité qui est le principe positif, et la liberté qui est le principe négatif. Le problème social ne sera jamais résolu, tant qu'on n'aura pas trouvé le moyen de faire subsister ensemble l'autorité entière et la liberté entière, et l'une aussi entière que l'autre.

Au ciel dans la communion des Saints qui est l'idéal de toute société, l'autorité de Dieu qui règne et la liberté des Saints sont également sans limites. Hélas ! Quand la société humaine pourra-t-elle au moins se rapprocher du modèle ?

Dans la matière, il faut que les deux termes se détruisent mutuellement jusqu'à un certain degré comme le chaud et le froid, le bruit et le silence, la force et la faiblesse, la lumière et l'ombre, ou bien qu'ils agissent l'un après l'autre comme dans le mouvement alternatif des poumons.

Ce mouvement de va-et-vient qui semble continuellement se détruire lui-même et qui décrit dans l'espace deux lignes en sens inverse que les géomètres appellent pour cela positives et négatives, est le grand réalisateur de l'industrie, c'est l'esprit de la force, il n'est point de métier dont il ne soit le fondement. Regardez autour de vous, tous les hommes qui agissent partout, vous verrez cet éternel va-et-vient, sans lequel rien ne se fait, vous le verrez dans les jambes qui marchent, dans les mâchoires qui mâchent, dans le bras qui frappe, dans le pendule qui se balance. Il faut y avoir recours quoique vous veuillez faire : scier, limer, coudre, piler, bêcher, moissonner, forger, souffler, jouer du violon, lancer la paume, jeter des pierres, ramer, pomper, brasser, vous n'y échapperez pas. La poudre comme force, n'a pu jusqu'à présent que détruire, parce qu'on n'a su lui donner qu'un mouvement direct; mais depuis que la vapeur a été élevée jusqu'au mouvement alternatif, elle peut réaliser toutes les merveilles de l'industrie.

Je m'arrête dans un développement qui pourrait se prolonger sans mesure.

Concluons, ai-je prétendu dans ce chapitre, nier ou faire disparaître les mystères? Loin de là, je reconnais que tout est plein de mystères, même ce que l'homme se vante de connaître.

Malgré ce que nous avions dit, la Trinité présente une foule de mystères, nous avons il est vrai montré rationnellement la possibilité de la triplicité personnelle, mais il nous reste à comprendre comment cette triplicité peut constituer une société qui réalise tous les rapports mutuels de connaissance et d'amour; comment ces trois personnes peuvent avoir une action spéciale, soit dans la création, la rédemption ou la sanctification, etc., etc.

Mais voici : les incrédules prétendent que l'énoncé dogmatique du mystère, un seul Dieu en trois personnes renferme une absurdité qui contredit toutes les données de la raison. Eh bien! je leur ai arraché ce prétexte d'incrédulité ; car, ayant adopté les définitions de la personnalité, tirées de leurs propres philosophes, il s'est trouvé que les conclusions logiques de ces définitions amenaient, naturellement la triplicité personnelle, et qu'il était plus difficile d'expliquer l'unité de personne dans l'homme, que la triplicité en Dieu.

Je n'ai pas prétendu autre chose et je crois l'avoir prouvé.

Ainsi en résumé, la trinité, que la raison orgueilleuse voudrait écarter, poursuit partout la pensée humaine, partout elle a laissé d'elle-même des traces ineffaçables, tout est fait sur son modèle, toute créature l'imite autant qu'elle en est capable dans sa nature inférieure. Elle se trouve la raison suprême de toute chose, la raison universelle qui règle tout.

Quand la raison veut remonter jusqu'aux lois générales, elle est obligée de rentrer dans les termes qui l'expriment et sa définition reste forcément la formule qui résume toutes les sciences, tous les arts, toutes les industries, toutes les réalisations.

Elle reste un mystère, mais un mystère qui explique tout ; elle est une obscurité qui éclaire toute chose, sans elle rien ne s'explique, rien ne peut trouver sa raison d'être. Par elle, tout se comprend plus ou moins; elle est la clef de tous les secrets pour l'intelligence qui sait s'en servir; elle est la plus grande richesse, la plus éclatante lumière, l'inépuisable trésor de la pensée humaine.

Gloire soit au Père, au Fils et au Saint-Esprit, maintenant et toujours dans les siècles des siècles.

Gloria Patri et Filio et Spiritu Sancto nunc et semper et in secula seculorum. Amen.

CHAPITRE IX

PLAN GÉNÉRAL DE LA CRÉATION

Jusqu'ici, en étudiant la nature divine, nous avons pu compter au plus quatre termes : 1° l'être ; 2° l'idée de l'être ; 3° l'idée du non être ; 4° la lumière ou l'harmonie.

Mais d'un autre côté tout est renfermé en trois termes : le positif, le négatif et l'harmonie.

Le positif contient les deux premiers termes de la série quaternaire : l'être et l'idée de l'être.

En Dieu, tous ces termes sont indéfinis. L'être est infini, l'idée de l'être est infinie, l'idée du non être est infinie, l'harmonie infinie aussi. Et cependant tout cela ne forme pas quatre infinis, mais un seul infini, un et indivisible en lui-même.

Car il faut le répéter ici une fois pour toute, en Dieu, à cause de la simplicité de son être, tout revient toujours à l'unité et selon les expressions multipliées de Saint Thomas : « Dieu est son être.... L'être de Dieu est son essence... Son être n'est pas une chose et son essence une autre... Dieu est sa divinité, sa vie, et tout ce qu'on peut affirmer de lui... L'intelligence, l'espèce compréhensible, la chose connue et le savoir sont une seule et même chose en Dieu... l'être de Dieu est son essence et il a seul ce privilège. »

Il n'y a donc qu'un seul infini, un et indivisible, et cependant si nous considérons les trois termes et les quatre, nous voyons que chacun considéré en lui-même est infini. Il y a plus, retrancher un seul de tous ces termes, il n'y a plus d'infini, l'infini subsiste indivisiblement de tous ces termes infinis dont aucun, seul et séparé des autres, n'est l'infini. Enfin, ici trois est autant que quatre et quatre n'est pas plus que trois.

Il semblera, peut être, au lecteur que je m'éblouis dans des hauteurs vertigineuses, et que j'accumule des termes inconciliables ? Eh bien ! descendons, descendons du sommet de l'être jusqu'à l'autre extrémité et nous allons voir de nos yeux cette même terminologie qui nous étonne, dans un atome, dans un grain de sable (1).

Si nous réduisons par la pensée la molécule élémentaire, ce moindre être possible, à sa plus simple expression, nous verrons qu'il faudra toujours qu'elle ait trois dimensions et qu'il est impossible de lui supposer moins de quatre côtés. Les trois dimensions, comme tout le monde le sait, sont la longueur, la largeur et la profondeur, qui supporte les deux autres, et les quatre côtés sont ceux de la pyramide triangulaire qui est de tous les solides possibles celui renferme le moins de volume sous un périmètre donné.

Si nous demandons : la longueur est-elle matérielle ? il faudra répondre : Oui ! car l'esprit pur n'a point de dimension, et partout où il y a dimension il y a matière, par la même raison la largeur et la profondeur sont matérielles. Cependant, aucune de ces dimensions séparée des autres n'est matière, pour qu'il y ait matière il faut absolument longueur, largeur et profondeur ; ôter un peu de ces termes, la matière disparait, il ne reste plus qu'une idée abstraite sans réalité, de sorte qu'on pourrait donner deux des dimensions sans pour cela donner la matérialité. De même encore les trois dimensions, les quatre côtés au moins existent en même temps, sont inséparables, et les trois ne sont ni plus ni moins que les quatre.

Ne retrouvons-nous pas dans ce grain de sable toute la terminologie que nous avons employée en parlant de la nature divine ? N'est-ce pas d'un côté comme de l'autre, trois et quatre termes qui expriment une même chose inséparablement ?

Nous avons d'un côté longueur, largeur et profondeur, et les quatre côtés d'une pyramide triangulaire, une des dimensions renfermant nécessairement deux côtés. Et nous ne pouvons retrancher ni une dimension ni un côté sans détruire la matérialité.

De l'autre, nous avons dans l'infini, pour ainsi dire, trois dimensions : le positif, le négatif et l'harmonie, et quatre côtés. L'être, l'idée de l'être, l'idée du non être et la lumière, une dimension, la positive renfermant deux côtés, d'être et l'idée de l'être, et l'on ne

(1) L'idée du non être est pour ainsi dire l'ombre de Dieu, elle doit reproduire négativement tout ce qui est en Dieu, comme la silhouette reproduit par l'ombre le profil de la figure qui est dans la lumière.

L'idée du non être renferme, outre l'idée du néant, l'idée de tous les individus, être dont la variété est infinie, mais l'idée du néant est la négation qui renferme toutes les négations et qui est le fond de l'idée du non être.

Dieu n'a pas pu par la création exprimer le néant qui n'est pas, mais seulement l'idée qu'il en a qui est éternelle et il n'a pu l'exprimer que par le moindre être possible, ce moindre être possible est la matière, et dans la matière la molécule élémentaire, qui traduit autant que possible l'infinie négation de l'idée du non être, et qui est tout ce qu'il y a plus éloigné de l'être de Dieu, l'extrémité de la chaine des êtres dont Dieu est le sommet.

peut dans cet infini retrancher ni une dimension ni un côté sans détruire l'infinité.

En un mot, d'un côté l'affirmation de l'être par trois ou quatre infinis, de l'autre la négation de l'être par trois ou quatre limites opposées à ces quatre infinis.

Voici encore. Demander à un géomètre si on peut supposer une ligne infinie ? il vous répondra : Oui ! nous la supposons telle dans plusieurs de nos calculs ; il nous dira aussi qu'on peut supposer cette ligne infinie en trois sens différents, en longueur, en largeur et en profondeur, la conception de l'infini en géométrie implique donc trois dimensions.

A parler rigoureusement, l'infini exclut toute dimension. La longueur, la largeur, la profondeur peuvent se subdiviser en parties, et ce qui a des parties ne peut être l'infini qui est essentiellement un et indivisible. Néanmoins, l'espace comme la molécule est l'expression négative de l'infini. L'espace qui a fatalement une limite, réveille l'idée de l'infini par la possibilité infinie de reculer cette limite ; il est l'infini en puissance, bien que cette puissance ne fut jamais réduite à l'acte.

L'espace n'est au fond que la négation de l'immensité, comme le temps est la négation de l'éternité. Néanmoins, Dieu en créant le temps et l'espace a eu l'intention d'exprimer, autant que possible, l'éternité et l'immensité. Mais le fini, réalisation du non être, ne peut traduire que négativement l'infini. C'est pourquoi le temps et l'espace, tout en étant la négation de l'éternité et de l'immensité, en sont l'image dans la création et de même qu'on a dit :

> Le temps cette image mobile
> De l'immobile éternité

on pourrait dire :

> L'espace, une image finie
> De l'infinie immensité.

L'espace a trois dimensions : la longueur, la largeur et la profondeur. Le temps a trois aspects : le passé, le présent et le futur.

Et si ces deux images, ces deux ombres, ces deux négations de l'infini, offrent un triple aspect, c'est que le modèle infini que Dieu a voulu représenter avait aussi un triple aspect, et de même que l'ombre nous indique la forme de l'objet qui est dans la lumière, de même les propriétés de l'image créée par Dieu peuvent nous donner des indications sur le modèle que Dieu a traduit.

Nous dirons donc, en résumé, que l'infini a, pour ainsi dire, trois dimensions : le positif, le négatif, l'harmonique, et quatre côtés ou aspects : l'être, l'idée de l'être, l'idée du non être et la lumière ou l'harmonie, que, bien que chacune de ces dimensions et chacun de ces aspects soit infini, dès que l'un de ces termes est supprimé, l'infini ne peut subsister et disparaît, et par conséquent l'infini consiste indivisiblement dans ces trois dimensions et ces quatre aspects. (1)

Ces considérations vont éclairer d'une nouvelle lumière de hautes questions.

Qu'est-ce que la création?

La création est avant tout un fait qu'il est impossible de nier. Mais quand l'intelligence veut se rendre compte de ce fait, elle se heurte à de telles difficultés qu'elle se trouble et hésite.

Dieu est l'être infini, on ne peut donc rien lui ajouter; alors comment peut-il y avoir des êtres autres que lui? Les philosophes indiens le jugeant impossible, disaient que la création n'était qu'une apparence sans réalité, qu'elle n'était qu'un rêve de Brahma.

Mais Dieu nous a appris par la révélation que, au commencement, il avait créé, c'est-à-dire tiré du néant, le ciel et la terre. Cependant, il reste que la création n'a pu avoir lieu qu'à la condition de ne rien ajouter à l'être de Dieu. Tous les théologiens en conviennent.

Or, voici: Dieu, comme nous l'avons dit, voit par l'idée de l'être ce qu'il est, et par l'idée du non être ce qu'il n'est pas; il ne pouvait refaire ce qu'il est, il ne pouvait que réaliser ce qu'il n'est pas.

Or Dieu est l'être, il n'est pas le non être ou le néant; il est l'infini, il n'est pas le fini ou la limite, il est l'unité, il n'est pas la division ou la divisibilité.

Le non être sous la triple forme que nous venons de lui donner n'a, par lui-même, aucune réalité objective, il est le néant. Néanmoins, ce néant étant conçu par la pensée divine, il a éternellement dans cette pensée vivante une réalité vivante et subjective. Dans la pensée divine, l'idée du non être, qui n'est que l'ombre qu'engendre l'idée de l'être, est comme l'idée de l'être, infinie, une et indivisible. Ainsi en Dieu, l'idée du non être est vivante, l'idée de la divisibilité est une et indivisible, l'idée de la limite est sans limite ou infinie. Néanmoins, Dieu voit que si l'idée du non être était hors de lui, elle deviendrait une pure négation sans vie, que l'idée de la divisibilité deviendrait divisible indéfiniment, que l'idée de limite deviendrait finie et multiple.

Dieu, par la création, a voulu réaliser hors de lui cette triple notion du non être, de la limite et de la divisibilité.

Comment a-t-il pu donner à ces abstractions de son intelligence,

(1) Nous parlerons souvent des trois dimensions et des quatre aspects de l'infini. D'après ce qui précède, le lecteur comprendra ce que nous voulons dire. Ces expressions négatives caractéristiques de la matière sont fausses appliquées à l'infini. Au lieu de dire trois dimensions et quatre aspects, il faudrait dire : trois incommensurables et quatre incompréhensibles. Mais ces termes abstraits éblouiraient et fatigueraient l'attention, et les termes négatifs et analogiques, une fois expliqués, rendront le langage plus facilement intelligible.

une réalité objective ; c'est là le mystère de la création, mais c'en est aussi le secret, car ce mystère rend raison de tout le reste ou du moins ouvre une porte par laquelle tout le reste peut passer ; et d'abord, il n'enfreint pas la condition indispensable de la création. Réaliser le non être n'ajoute rien à l'être, réaliser la limite n'ajoute rien à l'infini, réaliser la divisibilité n'ajoute rien à l'unité.

Or, la réalisation de l'être négatif, de la divisibilité et de la limite, c'est la création de la matière, par laquelle, selon Moïse, Dieu a commencé. Au commencement, Dieu créa le ciel et la terre.

Avant d'aller plus loin, il faut s'arrêter ici et définir les termes, car la notion des mots, esprit, matière et corps, a été, et est encore très vague dans la plupart des intelligences, et leur sens a subi bien des modifications. Les hommes ont d'abord appris tout ce qui échappait au sens du toucher et de la vue. Aussi en latin le même mot *spiritus* signifie vent et esprit. Saint Thomas, plus avancé, s'efforce de prouver que l'air est un corps qui peut se condenser et devenir solide, mais il déclare que la lumière n'est pas un corps.

Ce n'est que dans les métaphysiciens qu'on trouve des notions rigoureuses de l'esprit et de la matière qui ne peuvent se définir l'un sans l'autre, car où l'un commence, l'autre finit.

L'essence de la matière consiste dans les trois dimensions qui supposent la limite dans l'espace et la divisibilité.

L'esprit pur, au contraire, n'a point de dimension, ni longueur, ni largeur, ni profondeur, par conséquent, il n'est pas sujet au lieu, il est indivisible et sans limite dans l'espace, car ce qui est, et n'est pas dans un lieu, est nécessairement partout. Le pur esprit possède donc l'indivisibilité qui est l'unité, et l'ubiquité qui est l'immensité. C'est pourquoi plusieurs saints pères affirment, avec raison, que Dieu seul est pur esprit.

Nous voyons par là l'étendue du mot matière.

Dès qu'il y a dimension, limite et indivisibilité, il y a matière. Tout ce qui est sujet au lieu, tout ce qui peut se mouvoir et changer de place est matière. La matière n'est donc pas seulement ce qui se résiste au toucher, mais tout ce qui se mesure, se pèse et se compte, tout ce que la sagesse divine a disposé en nombre, poids et mesure, *in numero pondere et mensurâ.*

Jusqu'ici, nous connaissons la matière à quatre états différents ; à l'état solide comme la pierre et le bois, à l'état liquide comme l'eau, à l'état gazeux comme l'air, et à l'état que faute de mieux on a appelé fluide, ce sont les trois fluides impondérables, le calorique, l'électricité et la lumière, des savants soupçonnent encore une matière plus subtile, qu'ils appellent : Ether. Mais on ne peut s'arrêter là, entre l'Ether et l'esprit pur ; il y a encore un nombre indéfini de degrés à parcourir, et tant qu'on ne sera pas arrivé à la spiritualité pure, il y aura toujours matière. Le vrai nombre de la matière est la limite; elle est la limite dans l'espace, et c'est le mouvement de la matière qui mesure le temps; limite dans la durée.

La matière n'est par elle-même que la négation de l'être. Mais, dira-t-on, la négation de l'être ou le néant qui n'est absolument rien peut-il être exprimé d'une manière quelconque? Aussi la matière pure, ce que les scholastiques appellent la matière première, ne peut pas exister par elle-même. Comme le dit Saint-Thomas, elle n'est qu'en puissance, et c'est la forme qui lui donne l'être et l'a réduite en acte, c'est-à-dire qu'elle n'est qu'une possibilité qui ne peut se réaliser que par le secours d'un autre élément qui est la forme. Et en effet on ne peut supposer les trois dimensions qui sont l'essence de la matière sans une forme quelconque. Mais qu'est-ce que la forme? Toute forme exprime une idée. La forme est le cachet que l'esprit imprime sur la matière, c'est cette idée qui rend la matière exprimable, de sorte que la matière inséparablement liée à une forme est l'expression non du néant mais de l'idée que Dieu en a.

La forme, sceau de l'esprit sur la matière, se présente à la pensée sous deux aspects. Vue de la matière, elle est la limite qui la circonscrit dans l'espace; vue de l'esprit, elle est l'idée même qui est exprimée par la forme.

Toute idée de limite ou de forme est la possibilité d'une créature, et lorsqu'elle se réalise, donnant l'être à la matière, elle devient cette créature.

Les formes ou limites possibles sont en nombre indéfini, et correspondent dans la pensée de Dieu à la série indéfinie des nombres. C'est pourquoi toute créature a sa forme qui la limite dans l'espace et son nombre qui la nomme et la classe dans l'échelle des êtres.

Tout nombre peut s'associer à une matière limitée par une forme. L'Unité seule, qui est par elle-même indivisible et sans limite, est incompatible avec la matière qui est essentiellement limite divisible.

C'est pourquoi si les nombres sont l'idée que Dieu a des créatures l'unité est l'idée qu'il a de lui-même, et dans le sens le plus élevé, l'unité peut être dite la forme de Dieu, forme sans forme indescriptible et incommensurable.

Toute créature se distingue des autres créatures et de Dieu par sa forme matérielle par conséquent. Comme le dit Saint-Thomas, c'est la matière qui individualise. Dieu se distingue des créatures par cela même que sa forme ne peut être matérielle, étant indivisible et sans limite.

L'on verra la même idée dans le passage suivant de Saint-Thomas si l'on se souvient que par forme il entend l'idée même qui est exprimée par la forme.

« Les formes qui peuvent être reçues dans la matière, sont individualisées par elle ; quant à la forme qui ne peut être reçue dans la matière, mais qui subsiste en elle-même, elle est individualisée par là même qu'elle ne peut avoir de sujet. Or cette forme est Dieu. » (1ª Q 3 A R H 3.)

La création n'est-elle donc que matière? Loin de là, la matière n'est que le canevas de l'œuvre divine. Elle est devant Dieu, comme la toile de vil prix devant Raphaël Sanzio qui doit la couvrir d'un chef-d'œuvre plus précieux que l'or. Dieu n'a réalisé en dehors de lui ce qu'il n'était pas, qu'afin de manifester dans ce néant les richesses infinies de son être, et faire par là une œuvre digne de lui.

Mais voici, Dieu a pu en réalisant la limite divisible à l'infini qui était dans l'idée du non être et la dimension négative, partager indéfiniment cette limite et faire de chacune de ces parcelles, la forme ou le plan d'une créature, et comme un cadre prêt à recevoir son œuvre.

Mais ce que Dieu est en lui-même les dimensions et côtés positifs sont infinis et indivisibles. Comme infinis ils ne peuvent appartenir à une créature finie, comme indivisibles ils ne peuvent se partager; comment donc Dieu pourrait-il les manifester? Le moyen qu'a indiqué la sagesse divine est la Participation. Par la participation la forme créée entre en contact avec l'attribut divin, s'en imprègne et le reflète pour ainsi dire sans être cet attribut, ni le posséder, ni le contenir.

Si une comparaison peut donner l'idée des choses, on peut comparer Dieu au soleil. Etendez votre vue sur la terre par un jour sans nuage, vous voyez une infinité d'objets de toute forme et de toute couleur. Tous ces objets que vous voyez sont éclairés et lumineux, mais ils ne sont pas la lumière, ils y participent seulement, le soleil seul est la lumière.

Dieu donc fait participer un certain nombre de formes créées à la vie, un des côtés de la dimension positive, et alors apparaît dans la création toute la série des êtres vivants, les plantes et les animaux.

Il fait ensuite participer un certain nombre de formes vivantes, non plus seulement à l'être mais à l'idée de l'être, second côté de la dimension positive, alors étincellent comme les étoiles tous ces êtres intelligents, les anges et l'homme. Il ne reste plus que la dimension harmonique qui est la divinité même et l'infini, la création proprement dite est terminée, et Dieu se repose.

La participation n'est pas la possession ni l'essence; les plantes et les animaux sont, et sont vivants, mais ils ne sont ni l'être ni la vie, et ni l'être ni la vie ne sont leur propriété.

Les anges et les hommes sont raisonnables et sages, ils voient et proclament la vérité, mais ils ne sont ni la raison, ni la sagesse, ni la vérité, ni la lumière. Dieu seul est la raison, la sagesse, la vérité et la vraie lumière qui illumine tout l'homme venant en ce monde.

Les attributs de Dieu restent infinis, mais la participation de la créature ne l'est pas, de sorte que partout dans la création l'infini se manifeste d'une manière finie.

Chaque créature participe selon sa forme et sa limite. Cette participation peut être immense comme elle peut être imperceptible, nous ne connaissons les limites ni de la vie ni de l'intelligence.

Plus la forme est parfaite, plus aussi la participation ; mais la perfection de la forme ne consiste pas dans sa grandeur matérielle mais dans la grandeur et la beauté de l'idée qu'elle exprime, la forme d'un germe vivant est incomparablement plus parfaite que celle d'un rocher qui se perd dans les mers.

Mais quelque grande que soit la participation, nous ne sommes nullement l'infini auquel nous participons, nous ne sommes que la limite et forme qui participe, et de plus cette forme n'est point notre œuvre, elle nous a été donnée par le créateur, de sorte qu'il ne nous reste aucun sujet de nous glorifier. Comme le dit saint Paul : « qu'avons nous que nous n'ayons reçu, estimant l'avoir reçu, pourquoi nous glorifierions-nous comme si nous ne l'avions pas reçu ?

Néanmoins cette participation n'est pas un accident, un état transitoire qui peut cesser, elle n'est pas comme les couleurs des objets terrestres qui pâlissent et s'effacent quand le soleil éternel ne se couche pas ; cette participation est un don irrévocable du créateur, elle fait partie de la définition : l'homme est un animal raisonnable, elle est un sceau divin que rien ne peut effacer, selon cette parole du psaume. O Dieu ! la lumière de votre face s'est imprimée comme un sceau sur notre front. *Signatum est super nos lumem vultus tui Domine.*

L'homme ne peut cesser d'être homme, il ne deviendra jamais un animal pur, il peut paraître momentanément tout à fait enseveli sous la matière. Mais l'homme reste, et lorsque la mort aura déblayé le terrain, on le retrouvera intact sous les débris.

Enfin ces participations à divers côtés de l'infini mettent entre une série et l'autre des différences absolues ou infinies de telle sorte que toutes les propriétés de la matière sont incapables par elle-mêmes de produire la moindre vie, et toutes les facultés de l'âme animale au plus haut degré de perfection n'ariveraient jamais à l'intelligence, et toutes ces intelligences finies développées et exaltées n'atteindront jamais la lumière divine.

Ces quatre grandes séries ; la matière, la vie, l'intelligence et la divinité qui correspondent aux quatre côtés de l'infini, forment la division générale des êtres existants et possibles, elles renferment tout dans leurs cadres immenses, et loin d'elles rien n'existe et rien n'est possible.

Ce mode de participation est affirmé par toute la tradition chrétienne; mais comme les hommes semblent généralement l'avoir oublié, ou même l'ignorer, il sera bon de nous arrêter un instant pour constater l'unanimité de cette tradition.

St-Thomas qui résume tout ce qui l'a précédé s'exprime ainsi: « Nous avons prouvé que Dieu est l'être subsistant par lui-même... et nous avons vu que l'être qui subsiste par lui-même ne peut se concevoir qu'autant qu'il est un... il faut donc que tous les êtres qui ne sont pas Dieu ne subsistent pas par eux-mêmes et qu'ils reçoivent ce qu'ils possèdent d'être par participation, et il est nécessaire que tous ces êtres qui sont plus ou moins parfaits en raison de la mesure de cette participation, aient pour cause un être premier qui soit souverainement parfait. »

Et ailleurs: « la vie ou ce qu'on voudra nommer tel, doit être regardé comme une participation de l'être comme le dit saint Denis (Des Noms Divins). Or l'être qui se communique se trouve terminé par la capacité de l'être participant.

Avant saint Thomas, saint Denis l'aréopagite avait dit : (Des Noms Divins) « Dieu est l'être de tout ce qui est comment que ce soit. »

Saint Augustin (Confessions) : « Dieu seul est véritablement, on ne peut dire du reste, ni qu'il est, ni qu'il n'est pas, mais qu'il paraît être. »

Saint Bernard (De Consider) : « Dieu en quelque sorte est seul, puisqu'il est à la fois son propre être et celui de tous. »

Après saint Thomas Fénelon (Traité de l'Existence de Dieu) :

« Dieu est tout ce qu'il y a de réel et de positif dans les êtres qui existent; tout ce qu'il y a de positif dans les essences de toutes les autres créatures possibles dont je n'ai point l'idée ; il a tout l'être de chacune de ses créatures, mais en retranchant la borne et les imperfections, qui le restreignent et le rendent imparfait.

M. Ollier (Introduction à la vie et aux vertus chrétiennes) : « La vérité apprendra à l'homme qu'il est néant, et qu'il est par lui-même, ce qu'il était il y a cent ans, et ce qu'il serait si Dieu avait retiré l'être qui environne son néant, cet être est la participation de l'être même de Dieu, c'est son être en quelque manière rendu sensible à l'homme : car toutes les créatures ne sont autre chose, s'il faut ainsi parler, que Dieu même rendu visible, elles sont comme des sacrements, ou comme des écorces visibles de l'être invisible, caché sous elles ; elles sont des notions de Dieu, qui expriment diversement ce qu'il est en lui-même.

En un mot tout ce qui est au monde, est une dilatation et une expression de Dieu qui sont hors de Dieu même ; c'est un écoulement de Dieu qui exprime en sa sortie ce que Dieu est en lui-même. »

Tout ce qui se dit de l'être et de la vie se dit aussi de l'idée de l'être et de l'unité ou de l'infini, qui sont le fondement de la raison et de l'intelligence.

Dieu seul parle de cette idée et la comprend, nous ne faisons qu'y participer, nous la touchons sans la comprendre, et c'est parce que nous ne la comprenons pas, que plusieurs ont douté que nous en ayons réellement l'idée ; cependant nous l'avons réellement puisque, comme dit Fénelon : « il en affirme tout ce qui lui convient et il en nie tout ce qui ne lui convient pas. » Bien que cette idée nous soit inhérente et que nous soyons pleins d'elle nous ne la comprenons pas, elle nous dépasse et nous domine, nous ne sommes pas elle, elle est autre chose que nous, il est moins vrai de dire que cette idée est en nous que nous sommes en elle, et on peut lui appliquer ce que saint Paul dit de Dieu : en lui nous avons l'être le mouvement et la vie, *in ipso vivimus, movemur et sumus*, c'est ce qu'affirment en d'autres termes les textes suivants.

St-Thomas : « La lumière intellectuelle qui est en nous n'est autre chose qu'une participation et une image de la lumière increée, où sont renfermées les raisons éternelles ; voilà pourquoi le psalmiste s'écrie : « Seigneur la lumière de votre face a mis son sceau sur nous : « *Signatum est super nos lumen vultus tui Domine.* »

Ailleurs (Q S 4. A I) à cette question l'intelligence de l'ange est-elle son essence ? il répond : « l'action d'un être diffère plus de sa substance que son être même. Or il n'y a pas de créature dont l'être soit sa substance, Dieu seul a cette prérogative. Donc ni l'action de l'ange ni celle d'aucune créature n'est sa substance. »

St-Augustin dit dans ses confessions (12-21) : « Nous voyons l'un et l'autre que ce que tu affirmes est vrai. Où donc je vous prie le voyons-nous ? Certes je ne le vois pas en toi ; tu ne le vois pas en moi, mais nous le voyons tous les deux dans la même vérité immuable, laquelle est placée au-dessus de nos âmes ».

Fénelon intitule un chapitre : La raison supérieure qui est dans l'homme est Dieu même. Voici comment il justifie cet intitulé.

« On ne peut point dire que l'homme se donne à lui-même les pensées qu'il n'avait pas. On peut encore moins dire qu'il les reçoit des autres hommes, puisqu'il est certain qu'il n'admet et ne peut rien admettre du dehors, sans le trouver aussi dans son propre fond, en consultant au dedans de lui les principes de la raison, pour savoir si ce qu'on lui dit y répugne. Il y a donc une école intérieure, où

7

l'homme reçoit ce qu'il ne peut ni se donner, ni attendre des autres hommes qui vivent d'emprunt comme lui.

Voilà donc deux raisons que je trouve en moi. L'une est moi-même l'autre au-dessus de moi. Celle qui est moi est très-imparfaite, prévenue, précipitée, sujette à s'égarer, changeante, opiniâtre et bornée; enfin elle ne possède jamais rien que d'emprunt. L'autre est commune à tous les hommes, supérieure à eux. Elle est parfaite, éternelle, immuable, toujours prête à se communiquer en tous lieux, et à redresser tous les esprits qui se trompent, enfin incapable d'être jamais, ni épuisée, ni partagée, quoiqu'elle se donne à tous ceux qui la veulent. Où est-elle cette raison parfaite, qui est si près de moi, et si différente de moi ? Où est-elle ? Il faut qu'elle soit quelque chose de réel, car le néant ne peut être parfait, ni perfectionner des natures imparfaites. Où est-elle cette raison supérieure ? N'est-elle pas le Dieu que je cherche ? »

Fénelon fait dans le chapitre suivant, un raisonnement semblable sur l'idée de l'unité. Ce chapitre peut se résumer ainsi :

« Nous connaissons infailliblement les rapports des nombres entre eux. Or ces rapports ne se connaissent que par l'idée préalable de l'unité. Mais rien dans la nature n'a pu nous donner l'idée de l'unité puisque la matière n'est que division. L'idée de l'unité est donc au fond de nous-mêmes, immuable, inflexible, universelle, dominant également toute intelligence. Elle est aussi Dieu en nous. »

Le sentiment qui ne raisonne pas, accepte sans commentaires le don infini de la vie, et en jouit paisiblement. Mais l'intelligence qui réfléchit et se voit, éprouve au contact de l'idée de l'infini des éblouissements qui la troublent, et elle s'étonne d'elle-même.

« Je ne puis comprendre, dit Fénelon, qu'un infini réel, hors de moi ait pu imprimer en moi qui suis borné, une image semblable à la nature infinie. Il faut donc que l'idée de l'infini me soit venue d'ailleurs, et je suis même étonné qu'elle ait pu y entrer. Voilà le prodige que je porte toujours au dedans de moi : je suis un prodige moi-même. N'étant rien, du moins n'étant qu'un être emprunté, borné, passager, je tiens de l'infini et de l'immuable que je conçois. Par là je ne puis me comprendre moi-même : j'embrasse tout et ne suis rien ; je suis un rien qui connait l'infini. Les paroles me manquent pour m'admirer et me mépriser tout ensemble. »

Mais quelque soit l'étonnement de la pensée humaine, elle ne peut ni éviter, ni effacer cette idée de l'être, de l'unité et de l'infini, qui est le sceau indélébile que le créateur a imprimé sur nous, et qui nous rattache irrévocablement à la série intelligente.

St-Denis résume toute cette question dans le texte suivant : (Hiérarchie céleste chap. 4). « Ainsi au total : ce qui ne vit pas, participe à son être (1) (Dieu) car la divinité, au-dessus de l'être, est l'être de tout; ce qui vit participe à sa puissance vivifiante à elle, au-dessus de toute vie; ce qui est doué de raison et d'intelligence participe à sa sagesse essentiellement parfaite et premièrement parfaite à elle, au-dessus de toute raison et de toute intelligence. »

D'où il résulte que ces substances l'avoisinent plus, qui participent à elle en plus de manières.

Il est important de remarquer que, bien que nous ayons inscrit dans la même série l'ange et l'homme, ils n'ont pas dans la création le même sens ni le même rôle à remplir; autrement le créateur aurait fait double emploi.

C'est l'ange qui forme spécialement la série intelligente et la caractérise. L'homme, créé le dernier, ne forme pas une série nouvelle, mais il est un résumé de toutes les séries et les réunit toutes en lui-même. On peut appliquer à la création de l'homme ce texte des psaumes : *memoriam fecit mirabilium suorum*, il a fait un résumé de ses merveilles. L'homme en effet possède en même temps la solidité de la matière, la sensibilité passive de l'animal et l'intelligence angélique, et si les êtres spéciaux peuvent l'emporter sur lui dans leur spécialité, la pierre peut être plus solide, les sens de certains animaux plus développés, l'intelligence de l'ange plus grande, mais il les domine tous par l'ensemble et nous l'avons classé par son degré le plus élevé. Dieu a résumé toute la création dans l'homme, afin que l'homme, en s'attirant à lui, lui offrît les prémices de toute la création, et par là l'homme est constitué le prêtre naturel de la création.

Malheureusement il nous est difficile de bien comprendre la pensée de Dieu dans la création de l'homme, car l'homme n'est plus ce que Dieu l'a fait; le péché originel a détruit en lui l'ordre et l'harmonie des trois séries; il a enseveli et enchaîné l'intelligence dans l'animalité, et matérialisé l'animalité elle-même. Ce qui fait que bien des hommes paraissent à peine dignes de ce nom; mais à la restauration finale, l'œuvre de Dieu se dégagera de la fange qui la couvrait, et s'offrira à nos regards dans toute sa beauté primitive.

Les anciens philosophes avaient entrevu ce rôle de l'homme de résu-

(1) Le mot être peut s'entendre de plusieurs manières. Il faut distinguer entre l'être positif et l'être négatif. L'être négatif est la forme limitée et divisible qui n'est pas en Dieu et qui a été tirée du néant. L'être positif est la vie qui est éternelle en Dieu, qui ne peut venir que de Dieu et qui ne peut être dans les créatures que sous le mode de participation. Cette participation semble désignée dans l'écriture comme un souffle de Dieu. Il répandit sur son visage un souffle de vie, et l'homme devint une âme vivante (Génes. 27). *Et inspiravit in faciem ejus spiraculum vitæ, et factus est homo in animam viventem.* La création qui donne l'être pourrait aussi être distinguée en création simple qui tire du néant la limite qu'elle réalise par la matière, et en création harmonique qui procède de deux termes et donne la vie, l'intelligence et la grâce qui est une nouvelle vie. *Op Ort et vor naru demio* (Joan : 3-9).

mer la création, et ils l'avaient nommé microscome, petit monde ou abrégé du monde.

Les docteurs chrétiens ne manquent pas d'appuyer sur cette considération : « C'est pour cela, dit saint Thomas, que l'homme a été appelé un petit monde car toutes les créatures qui constituent le monde, se trouvent comme résumées en lui. »

Saint Grégoire dit de son coté : « l'homme a quelque chose de toutes les créatures ; l'existence avec la pierre, la vie avec l'arbre, le sentiment avec l'animal et l'intelligence avec les anges. »

Saint Grégoire de Nazianze s'élève en grandeur et en poésie au delà des anciens qui ont appelé l'homme un petit monde ; lui s'appelle le grand monde dans le petit : *alterum quemdam mundum, in parvo magnum.*

Saint Grégoire a raison ; ce n'est pas l'espace qui est la vraie grandeur ; l'intelligence est plus grande que le monde qu'elle comprend.

La matière et l'animalité, entrant dans la personnalité humaine, loin de décroître, s'élèvent à une haute dignité, et ont dans l'homme plus de réelle grandeur qu'en eux-mêmes. En effet la matière est vivifiée dans l'animal, et l'animal humanisé dans l'homme.

La parole de saint Gregoire est consonnante avec la belle pensée de Pascal : l'homme n'est qu'un roseau, le plus faible de la nature, mais c'est un roseau pensant ; il ne faut pas que l'univers entier s'arme pour l'écraser. Une vapeur, une goutte d'eau suffit pour le tuer. Mais quand l'univers l'écraserait, l'homme serait plus noble que celui qui le tue, parcequ'il sait qu'il meurt ; et l'avantage que l'univers a sur lui, l'univers n'en sait rien.

Toute notre dignité consiste donc en la pensée, c'est de là qu'il faut nous relever, non de l'espace et de la durée.

Jusqu'ici nous avons vu le plan de la création se développer ainsi. Dieu ne pouvait refaire ce qu'il était déjà, il ne pouvait faire ou créer que ce qu'il n'était pas; or ce qu'il n'était pas était le néant; c'est pourquoi créer veut dire tirer du néant. Ce néant n'avait aucune réalité, mais Dieu en avait l'idée, c'est à cette idée qui n'était encore qu'une abstraction de son intelligence qu'il a voulu donner une réalité objective, et de là le mystère de la création.

Ce que Dieu n'était pas, c'était le non être, la limite et la divisibilité. En réalisant cette triste négation, il a produit la matière qui est à la fois l'étendue, la limite et la divisibilité. Ce qui donne la réalité à la matière, c'est le cachet que lui imprime l'esprit et ce cachet c'est la forme qui traduit une pensée et un nombre.

La forme, manifestation de la dimension négative, varie avec la quantité indéfinie des limites possibles; et toutes ces formes, réalisation de ce que Dieu n'était pas, étaient comme des cadres préparés où

Dieu pouvait manifester ce qu'il était, sous le mode de participation. Il a d'abord manifesté l'un des côtés de la dimension positive, l'être ou la vie, et alors est apparue toute la série des êtres vivants que cette participation à un côté de l'infini sépare infiniment de la matière pure.

Puis dans d'autres cadres il a manifesté à la fois les deux côtés de la dimension positive, l'être et l'idée de l'être; la vie et l'intelligence, et l'espace est illuminé par l'innombrable armée des anges. Alors Dieu résume toute l'œuvre précédente dans une nouvelle créature qui est l'homme, créature qui reproduit en elle toutes les manifestations précédentes, la matière inerte, la sensibilité vivante de l'animal et l'intelligence angélique.

Puis tout semble fini, Dieu se repose le septième jour de toute l'œuvre qu'il avait faite.

Cependant Dieu ne s'est pas manifesté tout entier dans la création, il reste la troisième dimension qui suppose les deux autres, l'harmonie qui est l'infini proprement dit, la divinité même. Certainement cette manifestation serait infiniment plus parfaite et plus belle que toutes les autres.

Elle serait un magnifique couronnement de l'œuvre. Mais entre cette dimension et les autres il y a aussi un abîme infini; le fini pourra-t-il la franchir? Oui! et c'est pour ce couronnement de l'œuvre que Dieu fait tout le reste; toute la création précédente n'était qu'un prélude, un piedestal pour poser le chef-d'œuvre. Mais avant de produire le chef-d'œuvre, Dieu s'est reposé et s'est recueilli.

Lorsque la plénitude des temps est arrivée, Dieu réunit dans l'humanité de Jésus-Christ toutes les beautés, toutes les perfections, toutes les vertus de la création précédente, puis s'identifiant cette humanité parfaite par l'absorption de la personnalité dans celle du verbe, il offre à l'adoration des anges et des hommes l'homme-Dieu, le chef-d'œuvre du Très-Haut, la manifestation complète de la divinité dans le fini, celui, comme dit Saint-Paul, en qui habite la plénitude de la divinité corporellement.

En Jésus-Christ, toute la création est unie et offerte à Dieu dans ses prémices, elle est divinisée et sanctifiée; en Jésus-Christ, toutes les créatures ont un représentant par lequel elles ont accès auprès de Dieu et sollicitent sa bénédiction.

Par Jésus-Christ, l'œuvre de la création achevée et complétée devient d'une perfection infinie, elle est alors une œuvre vraiment digne de la toute puissance, de la toute sagesse et de l'amour infini. Et la place de la création nous apparaît dans toute sa grandeur et dans toute sa beauté.

L'union personnelle du verbe et de l'humanité ne pouvait être qu'unique et Jésus-Christ reste seul de droit dans sa série.

Cependant nous verrons plus tard par quel prodige d'amour Dieu appelle ses élus à franchir l'abîme infini, à participer en Jésus-Christ et par Jésus-Christ à la troisième dimension, à devenir, selon l'expression de Saint-Pierre, participants de la nature divine, *divinæ consortes naturæ*.

Mais cette nouvelle ascension de l'humanité ne se fera plus par voie de création, c'est-à-dire par l'acte pur et irrésistible de la toute puissance. L'homme a été créé libre, et une fois la liberté posée, rien ne peut plus se faire sans son consentement, ce n'est donc pas par pure création; mais par le concours de Dieu et de l'homme, et la vocation et la grâce de la part de Dieu, et la coopération de la part de l'homme que s'accomplira cette prodigieuse évolution de l'humanité, et elle sera appelée l'ordre surnaturel. Nous parlerons de ces merveilles quand leur tour sera venu.

On voit par ce qui précède que l'optimisme n'est pas une question. On ne peut concevoir deux créations fondamentalement différentes. La création ne peut être autre chose que la réalisation de la limite et la participation de la limite à l'infini à tous les degrés possibles. La création actuelle nous montre cette participation de la limite à l'infini à tous les degrés. La matière y participe le moins possible, et Jésus-Christ y participe infiniment. On ne peut rien concevoir d'existant au dessous de la matière ni rien au-dessus de Jésus-Christ. Entre les deux, l'intelligence et la vie remplissent tout l'espace.

Sans doute on peut concevoir des nuances et des variétés à l'infini, mais le cadre et les types restent toujours les mêmes, c'est toujours au fond la même création, comme une femme reste toujours la même femme lorsqu'elle s'habille de différentes manières.

Il n'y a donc au fond, et il ne peut y avoir qu'une création, celle que Dieu a faite, qui est la traduction de son idée du non être.

On peut se demander, en finissant, pourquoi Dieu a créé. Cette question en renferme deux. Premièrement, quel motif a pu pousser Dieu à sortir de son éternel repos pour se manifester extérieurement. Secondement, quel but final Dieu a-t-il eu en créant, quel résultat voulait-il obtenir.

On a dit d'abord que Dieu avait tout fait pour sa gloire. *Cœli enarrant gloriam Dei*, les Cieux proclament la gloire de Dieu.

Il est clair que Dieu ne pouvait manifester autre chose que ses attributs, et travailler pour d'autre gloire que la sienne puisqu'il était seul. Mais cette gloire semble plutôt le résultat que le motif de la création. En réalité, la création n'a rien ajouté à la gloire de Dieu qui est éternelle, et ne lui a rien appris à ce sujet; ce n'est qu'aux créatures intelligentes que les cieux racontent la gloire de l'éternel.

On a dit encore que Dieu avait créé par bonté.

Les créatures ont été pour Dieu une occasion de manifester de mille manières son inépuisable bonté, c'est même là le plus beau résultat de la création.

Le propre de la bonté, sa nature est de se répandre, de se communiquer, de se donner et de le faire gratuitement. Mais pour donner la vie, l'intelligence et le bonheur, il fallait créer des êtres capables de les recevoir. La bonté a donc pu par elle-même être un motif de création.

D'autres enfin disent que la bonté n'agit que sous l'impulsion de l'amour à un degré quelconque; que, selon saint Jean, Dieu est tout amour, *Deus charitas est*, et que tout ce qu'il fait, il le fait par amour.

A cela, on fait cette objection : En Dieu, l'amour ne peut être que selon la sagesse; il s'aime infiniment parce qu'il est infiniment aimable, mais quel amour pouvait-il avoir pour le néant auquel il a donné l'être? Le néant ne mérite aucun amour, il ne peut pas même en être l'objet puisqu'il n'est pas.

Il est vrai que Dieu ne peut aimer et n'a jamais aimé le néant; mais il aime infiniment son verbe.

Or, comme le disent saint Augustin et d'autres pères, dans le verbe existent, de toute éternité, les types de toutes les créatures existantes et possibles. Ces types étaient donc des pensées du verbe divin, et à ce titre, Dieu pouvait les aimer. Il est vrai que, dans le verbe, ces types ne sont pas isolés et individualisés, mais renfermés dans l'indivisible unité de l'intelligence divine. Néanmoins, Dieu les voyait abstraitement comme pouvant être réalisés individuellement, et il les aimait tous comme pensées du verbe, tous néanmoins à des degrés différents, selon leur perfection individuelle.

Parmi ces types, se trouvait celui de l'humanité du Christ, type qui renfermait en lui la perfection de tous les autres, qui était assez excellent pour être uni personnellement à la seconde personne de la sainte trinité.

Dieu aimait ce type d'un amour sans mesure : « Celui-ci est mon fils bien-aimé en qui j'ai mis toutes mes complaisances. » *Hic est filius meus dilectus in quo mihi bene complacui* (Mat. 17. 5).

Certainement, cet amour était de tous les motifs le plus puissant pour déterminer Dieu à la création. C'est donc surtout par amour que Dieu a créé non seulement Jésus-Christ qu'il aimait incomparablement; mais Marie son amie, sa colombe sans tache, *macula non est in te*, et les hommes qu'il appelle ses délices, *et deliciæ meæ esse cum filiis hominum*, et les anges qui le servent et toutes les autres créatures qu'il aime, chacune selon son degré. C'est pourquoi il disait à sainte Catherine de Gênes : « J'ai aimé l'homme de toute éternité, » non pas le néant dont il l'a tiré, mais l'homme, c'est-à-dire une des pensées qui était, dès le commencement, dans son verbe.

Les créatures mêmes qui sont devenues haïssables par le mauvais usage de leur liberté, étaient, au moment de leur création, dignes de la complaisance divine, *et vidit cuncta quæ fecerat et erant valde bona.* Il regarda toutes les choses qu'il avait faites, et toutes étaient très bonnes.

Lors même qu'elles sont devenues mauvaises, il ne cesse pas d'aimer en elle la pensée qu'il avait réalisée. Il ne hait que le mal qu'elles ont fait, à elles-mêmes plus encore qu'à lui.

Ne craignons donc pas de dire que l'amour a été le vrai motif de la création, et que lui seul a fait sortir Dieu du repos éternel dans lequel il est rentré après avoir achevé son œuvre.

Et Dieu se reposa le septième jour de toute l'œuvre qu'il avait accomplie. *Et requievit die septimo ab universo opere quod patrarat.* (Gen. 2. 2.)

CHAPITRE X

DU NOMBRE 4

Arrêtons un moment notre attention sur le sens du nombre 4 qui vient de nous manifester son origine.

Nous avons vu que dans l'infini, comme dans son ombre symbolique, la molécule élémentaire matérielle, il y avait pour ainsi dire trois dimensions qui se manifestaient nécessairement en quatre termes. Le quatrième terme en Dieu est l'idée du non-être. Or, tant que cette idée reste en Dieu, elle reste dans l'unité, et quoiqu'elle renferme en elle la possibilité de la division, cette possibilité ne se réalise pas dans l'être divin qui est essentiellement un, et les deux idées de l'être et du non-être réunies dans l'harmonie ne semblent qu'une seule lumière indivisible dans sa riche splendeur. La division n'est pas une augmentation d'être, c'est pourquoi sa réalisation n'est point essentielle à Dieu et ne partage pas son éternité; elle n'est pour ainsi dire en Dieu qu'un jeu de l'esprit divin selon l'étonnante expression que Salomon met dans la bouche de la sagesse : *Quando (Dominus) præparabat cœlos aderam, et delectabor per singulos dies, ludens coram eo ommi tempore : ludens in orbe terrarum.*

Quand le Seigneur préparait les cieux, j'étais là et je me réjouissais chaque jour me jouant dans l'univers (Prov. 8. 30).

La création, en rendant réelle cette division qui n'était en Dieu pour ainsi dire qu'une hypothèse, sépare l'idée du non-être de l'idée de l'être, manifeste spécialement la quaternité en rendant palpable le quatrième terme.

Ce nombre 4 exprime donc à la fois Dieu et ses œuvres c'est-à-dire tout : et ce qui est éternel et ce qui a commencé dans le temps, l'être tout entier; et dans ce qui a commencé dans le temps; l'être tout entier, et dans ce qu'il a d'essentiel et dans ses manifestations accidentelles. Le nombre 4 caractérise donc ce qui est complet, achevé, développé, non seulement dans ce qui est nécessaire, mais dans ce qui est accessoire.

Dieu nous montre quatre fleuves arrosant le paradis terrestre pour nous indiquer que sa fertilité était surabondante, il a voulu aussi que quatre évangiles arrosassent le paradis de l'Eglise pour nous apprendre que la manifestation de la vérité par J.-C. a été totale en principe et qu'il ne faut plus chercher de nouvelle religion.

Il existe dans la nature plusieurs manifestations remarquables du nombre 4.

Nous avons déjà vu qu'il n'y avait que quatre sortes d'être possible radicalement, ou mieux, infiniment différents les uns des autres; lesquels êtres sont en réalité la manifestation spéciale des quatres termes de l'infini : la matière, l'être vivant qui comprend l'animal et les plantes, l'être raisonnable qui comprend l'ange et l'homme, et Dieu. La matière est la manifestation pure de l'idée du non-être seule. L'animal a aussi la matière, mais il y ajoute la vie et, par là, en est la manifestation spéciale ; car, comme le dit saint Thomas après saint Denis : « ce qui est dans un être supérieur se trouve d'une manière plus parfaite dans l'être supérieur ».

Chaque être manifeste donc spécialement, non ce qui lui est commun avec les êtres inférieurs, mais ce qui lui est spécial, c'est-à-dire ce qu'il a de plus élevé.

Ainsi l'animal est la manifestation de la vie parce qu'il ajoute la vie à la matière. De même l'être raisonnable manifeste l'idée de l'être en l'ajoutant à ce qui précède. Enfin Dieu seul manifeste et possède incommunicablement l'harmonie, sublime équation de la double idée, l'harmonie qui spiritualise la matière la laissant à son état primitif d'idée possible, l'harmonie qui ajoute à l'idée de l'être la lumière infinie, troisième et dernière dimension de l'infini, qui suppose et renferme toutes les autres, et qui est la réalité de l'infini dans l'indivisible unité.

Nous avons encore dans la nature comme symboles: les quatre éléments, les quatre points cardinaux, et les quatre saisons.

On s'est beaucoup moqué de la division que les anciens faisaient de la nature en quatre éléments. Cette division peut être en un sens aussi fausse que celle de la chimie moderne en cinquante et quelques corps simples, mais elle est beaucoup moins ridicule. Dans la question des éléments, le nombre 4 peut n'être pas vrai ; mais il n'est pas absurde, il exprime une pensée divine, et doit avoir un sens vrai. Cinquante quatre au contraire est radicalement absurde et n'a aucune raison d'être. L'on peut être sûr d'avance que Dieu n'a mis ce nombre nulle part dans ses œuvres.

La division des anciens renferme une grande vérité qui est indépendante de la question scientifique des éléments. Elle nous montre dans quatre types les quatre états différents où nous voyons la matière. Dans la terre l'état solide, dans l'eau l'état liquide, dans l'air l'état gazeux, et dans le feu l'état de fluide impondérable.

Ces quatre états sont symboliques du quaternaire divin : l'état solide, qui constitue la forme et accuse nettement la limite, est le plus négatif des quatre et symbolise l'idée du non-être. Il est vrai que la matière dans son ensemble est le symbole de l'idée négative, mais la solidité étant le plus haut degré de matérialité, c'est à cet état qu'elle représente le mieux son type.

Tout au contraire, l'état fluide est celui où la matière se rapproche le plus de l'esprit. Les trois fluides, comme nous l'avons déjà vu, donnent la vie et le mouvement à tout dans la matière et sont dans leur ensemble en analogie avec le premier terme de l'être qui est la vie.

L'air a été pris plusieurs fois par l'écriture sainte pour symbole du saint esprit qui est l'harmonie; esprit, *spiritus*, est synonyme de souffle.

Reste l'eau pour symboliser l'idée de l'être ou la sagesse divine, et elle le fait admirablement. L'eau est le grand miroir de la nature. elle la reflète comme la sagesse divine reflète l'être divin. La sagesse, dit l'écriture, est le miroir sans tache de la majesté de Dieu, et l'image de sa bonté. *Sapientia est speculum sine macula Dei majestatis et imago bonitatis illius* (Sap. 7. 24).

L'eau a par elle-même une forme indéterminée comme l'idée de l'être; elle renferme en elle le sel, autre symbole de la sagesse.

Les autres quaternaires peuvent se rattacher au même type : le froid est regardé comme négatif par rapport avec la chaleur; le froid et son séjour, le nord, seront symbole de l'idée négative; la chaleur au contraire et le sud seront symbole de la vie. C'est de l'orient que nous vient la lumière, symbole de l'esprit saint. L'occident, qui est le but où tendent tous les mouvements du ciel, représente l'unité où tout doit se reposer et dont l'idée positive est le miroir.

Les mêmes raisons à peu près peuvent relier au type commun les quatre saisons de l'année. L'hiver destructeur représente l'idée négative comme le froid; le printemps avec les zéphirs et les fleurs semble vouloir nous retracer toutes les grâces et les beautés divines de l'harmonie; l'été nous peint la toute puissance de la vie, et l'automne la fécondité de la sagesse qui est le père de tous les êtres comme nous le dit la tradition juive.

En résumé, le nombre 4, type de la réalisation, symbole de ce qui est complet et achevé, se trouve par là le signe de la solidité. Le nombre 4 est le fondement de la construction. Généralement tout édifice repose sur ses quatre angles, et tout meuble sur ses quatre pieds.

CHAPITRE XI

DE L'INDIVIDUALITÉ ET DE LA PERSONNALITÉ FINIE

D'après ce qui précède, nous pouvons nous rendre un compte exact de ces deux termes si difficiles à bien expliquer.

Avant tout, il faut bien s'entendre sur les termes : nous ne donnons le nom d'individu qu'à l'être vivant, et l'individualité n'est complète que lorsque l'être a conscience de sa vie. Le nom de personne est réservé à l'être intelligent. En un mot, l'individualité est la conscience sensible de l'être vivant, la personnalité, la conscience intelligente de l'être raisonnable.

Or, comme nous l'avons vu, toute conscience suppose deux termes, elle résulte du choc ou du contact de ces deux termes ou plutôt de l'unité qui éclate de ce contact. L'individualité commence aux êtres de la seconde classe, aux êtres vivants. Quels sont les deux termes qui par leur contact produiront l'individualité. Nous avons vu dans le chapitre précédent ce que sont ces êtres : une limite qui entre en participation de la vie ; la vie et la limite, voilà les deux termes lorsqu'ils entrent en contact. La vie se sent limitée et la limite se sent vivre, ce double sentiment n'en forme qu'un. Au fond, la vie seule peut sentir, c'est la vie qui se sent vivre d'une manière limitée. Ce choc, ces sentiments, ou plutôt ce sentiment, forment une unité qui est l'individualité. Unité spéciale, séparée, et différente de toute autre, qui ne peut se communiquer et qui distingue à jamais cet individu de tous les autres. Le sentiment de la vie en elle-même est le même au fond pour tous, mais ce qui distingue, c'est le sentiment de la manière dont la vie est limitée. C'est par la limite ou le sentiment de la limite que l'individu est individu, c'est-à-dire un être à part, différent de tous les autres ; or, toute limite étant l'expression d'un nombre, on pourrait dire que tout individu est un nombre vivant.

Le sentiment de la limite, vague d'abord, devient détaillé et se perfectionne à mesure que la limite heurte ses angles et ses côtés contre les autres limites. Alors, le sentiment du non moi achève celui du moi, l'animal qui s'est d'abord senti lui-même, par le mouvement, heurtant son œil contre la lumière, sent en même temps les couleurs et son œil. De même, il sent à la fois les sons et son ouïe, les odeurs et son odorat, les saveurs et son goût, d'impénétrabilité des objets extérieurs et son tact. La conscience sensible se manifeste d'autant plus que l'animal est plus parfait. A mesure qu'on descend l'échelle des êtres, elle devient plus sourde et plus effacée, elle finit par échapper à nos observations, et il nous est aussi impossible de déterminer les limites de la conscience sensible que celles mêmes de la vie. C'est dans l'homme que la conscience sensible atteint sa plus haute perfection. Néanmoins dans l'homme lui-même elle est intermittente ; elle paraît cesser dans la léthargie et le sommeil ; l'individu n'est pas détruit puisque d'autres individus constatent sa permanence, mais lui semble avoir perdu le sentiment de sa propre individualité.

La vie semble réduite à cet état d'insensibilité dans les plantes, qui seraient ainsi plongées dans un sommeil éternel. Toutefois, nous ne pouvons le savoir au juste, certaines plantes, la sensitive surtout, donnent des signes frappants de sensibilité. Qui sait si les plantes n'ont pas aussi leur part de sentiment, si la vigne n'est pas réellement attachée à l'ormeau, si les fleurs n'aiment pas le soleil vers lequel elles se tournent toujours, et en présence duquel elles étalent tous leurs charmes et versent tous leurs parfums ? La vie nous cache peut-être des mystères que nous sommes loin de soupçonner.

Quoiqu'il en soit, l'animal, l'homme lui-même et tout être fini ne sent la vie que par sa limite, c'est-à-dire selon son nombre fini. Dieu seul sent l'unité de la vie, c'est-à-dire son infinité.

L'homme commence par l'individualité : pendant les premiers temps de son existence, la vie animale seule semble se manifester en lui. Cependant, entre cet enfant qui ne donne encore aucun signe d'intelligence et l'animal le plus parfait, il y a réellement une différence infinie. C'est que cette âme d'enfant est en contact par le fond d'elle-même avec le verbe divin, la lumière qui éclaire tout homme venant en ce monde.

Cette idée de l'être dort muette au fond de cette âme, mais lorsque, dans leur agitation, les sensations auront heurté cette idée endormie, elle se réveillera, produira une lumière qui éclairera tout, et fera entendre un son puissant qui ébranlera et transformera tout.

Ces sensations éparses se grouperont autour de l'idée de l'être et deviendront elles-mêmes des idées : alors apparaîtra la raison humaine, et la personnalité absorbera l'individualité dans sa lumière supérieure.

Les sensations, se transformant en idées, deviennent réellement l'idée du non être ; elles prennent une existence indépendante de la matière et se rapprochent ainsi de l'état spirituel, de l'idée du non être en Dieu.

L'idée de l'être est l'unité ou l'infini sous un nouvel aspect. C'est l'unité non seulement dans le sentiment, mais dans l'idée. C'est à la fois l'idée de l'unité et l'unité de l'idée.

L'idée de l'unité est corrélative de l'idée de nombre et l'engendre nécessairement. L'animal n'ayant pas l'idée de l'unité n'a pas non plus celle du nombre. Tout est nombre au dedans et autour de lui, rien n'est nombre dans sa conscience, l'idée des nombres est donc distinctive entre l'homme et l'animal, et Joseph de Maistre a pu dire : « le nombre est le miroir de l'intelligence. »

L'idée du nombre, contre coup de l'idée de l'unité, ouvre un champ immense. La série des nombres est indéfinie, l'homme le sait, et cette révélation des nombres lui fait entrevoir l'étendue indéfinie de la possibilité. Là est le fondement du progrès.

Dans l'individu la vie anime une limite ; la vie par sa tendance, qui est l'expansion, dilate autant que possible cette limite ; mais cette limite est un nombre, et, lorsque le nombre est accompli, la dilatation ou le progrès trouve un terme infranchissable. L'idée de l'être aussi tend à dilater dans l'homme l'idée du non être, mais l'idée du non être n'est pas renfermée dans un nombre, puisqu'elle renferme en puissance toute la série des nombres qui est indéfinie. L'idée de l'être ou de l'unité ne trouve donc point de borne infranchissable dans son action, et l'intelligence peut se développer indéfiniment. Voilà pourquoi l'homme progresse, tandis que l'animal reste stationnaire dans son instinct.

Mais on ne peut sur la terre se faire une idée du progrès dont l'homme est susceptible parce que la raison étant tombée, par le péché originel, dans une dépendance étroite d'une nature sensible profondément dégradée, elle se trouve, par cette dépendance, entravée dans tous ses mouvements.

Saint Thomas dit à peu près la même chose en d'autres termes : « Les êtres qui ont la connaissance et ceux qui ne l'ont pas se distinguent en ceci, que les derniers n'ont que leur propre forme, tandis que les premiers peuvent avoir de plus la forme d'autre chose, car le connu est par son image dans le connaissant. Ce qui fait dire à Aristote : *l'âme est en quelque sorte tous les êtres*, et ailleurs : *l'intellect peut devenir toute chose.* S'il s'agit de quantité mathématique on peut ajouter quelque chose à toute quantité finie..... mais s'il s'agit d'une quantité naturelle, il peut se rencontrer une répugnance du côté de la forme qui doit avoir une quantité déterminée. »

C'est l'idée de l'être qui nous rend capables de connaître Dieu et d'entrer en rapport avec lui.

« La créature raisonnable, dit Saint Thomas, est la seule parmi les êtres créés, qui se rapporte immédiatement à Dieu. Les autres en effet n'atteignent pas à l'*universel* mais au *particulier* seulement, et si elles participent à la bonté divine, c'est ou par l'existence uniquement comme les choses inanimées, ou de plus par la vie et la perception des choses particulières, comme les plantes et les animaux. Mais la nature raisonnable, par la connaissance qu'elle a de la raison universelle, du bien et de l'être, a un rapport immédiat avec le principe universel de l'être. » Néanmoins l'idée de l'universel n'est pas parfaite dans l'homme ; c'est par l'idée de l'unité qu'il groupe et forme un ensemble de ce qu'il connait; mais il ne connait pas tout.

A mesure que son intelligence se développe, elle parcourt la série des nombres sans parvenir à l'épuiser. Ce n'est pas l'unité immuable de sa nature qui grandit chez lui, mais les nombres. Son développement tient de la division et conserve un caractère négatif.

« Le plus haut degré de la perfection spirituelle, dit Charles Bonnet, est dans la généralisation des idées : tel est le caractère qui élève l'âme humaine au dessus de l'âme des brutes.

Généraliser des idées, c'est abstraire d'un sujet ce qu'il a de commun avec d'autres.

Ainsi, plus un génie a de profondeur, plus il décompose un sujet.

Le nombre de ces décompositions peut servir de principe à la graduation de l'échelle des intelligences.

L'intelligence, pour qui la décomposition se réduit à l'unité, est l'intelligence *créatrice*. »

Un seul mot dans cette citation n'est pas d'une exactitude parfaite c'est le mot *se réduit*, il faudrait l'intelligence, pour qui la décomposition *reste* l'unité, est l'intelligence créatrice.

En effet, si la décomposition ou les nombres sont unité en Dieu, c'est qu'ils ne sont jamais sortis de ce sein fécond de l'unité qui les engendre; mais une fois détachés d'elle par la division, les nombres ne peuvent la rejoindre que par une ascension successive vers l'infini, qui exigerait l'éternité pour s'achever et qui, par conséquent, ne s'achèvera jamais et restera toujours en puissance sans pouvoir se réduire en acte.

Malgré tout cela, il reste que la personnalité humaine est produite, comme la personnalité divine, par le contact de l'idée de l'être avec le non être, et par là l'homme est vraiment fait à l'image de Dieu.

Mais alors pourquoi la personnalité est-elle triple en Dieu et unique en l'homme ?

Une comparaison familière nous fera entrevoir la différence de cette opération en Dieu et en l'homme.

Si, pour prier Dieu, vous joignez vos deux mains l'une contre l'autre, vous avez en même temps trois notions ou trois sentiments distincts; le sentiment de chacune de vos deux mains et celui de leur ressemblance en grandeur, en forme, en force et en principe moteur, car c'est la même volonté qui les pousse l'une contre l'autre. Cependant vous ne les confondez pas, parce que l'une pousse à droite et l'autre à gauche, elles sont relativement l'une à l'autre, positive et négative. Mais si, dans l'obscurité, vous vous heurtez contre un objet qui n'est pas vous, vous n'avez qu'un seul sentiment distinct, celui de la partie de votre corps qui s'est heurté ; vous avez bien la notion d'un objet étranger mais vous ne connaissez ni sa grandeur, ni sa forme, ni sa couleur, ni son rapport avec votre corps. La notion reste vague, confuse, impersonnelle.

Etendons la comparaison et rapprochons-nous autant que possible de la réalité.

Si deux surfaces égales et immenses avaient comme les deux extrémités, la propriété de produire une lumière en se touchant, la lumière qu'elle produirait éclairerait à la fois les deux surfaces et elle-même.

Mais si l'un des deux corps ne touchait la surface de l'autre qu'en un point lumineux, la lumière n'éclairerait que le point qui touche, et ne montrerait ni la grande surface qui resterait dans l'ombre ni le rapport de cette surface avec le point lumineux.

Venons à la réalité. En Dieu, l'idée de l'être ou de lui-même se confronte avec l'idée du non être, idée complémentaire qu'elle engendre nécessairement, et ces deux idées étant égales et infinies, elles constituent entre elles un rapport d'identité qui est une lumière infinie aussi, et qui donne à Dieu triplement la conscience de l'infinité de la grandeur de son être, car là tout est Dieu. L'idée de l'être c'est lui concevant, l'idée du non être lui distinguant, et la lumière qui résulte du rapport de ces deux idées lui comparant et cependant il n'y a qu'un être et qu'un Dieu.

Dans l'homme aussi, la conscience intelligente résulte du contact de l'idée de l'être et de celle du non être, mais, comme nous l'avons vu, en lui l'idée du non être, ainsi que dans toute créature possible, est finie. La limite est le fondement de toute créature. Fini et limité sont synonymes. L'idée de l'être est indivisible et toujours infinie en elle-même. Or tout fini, quelque grand qu'on le suppose, n'est jamais qu'un point relativement à l'infini. Lors donc que l'idée du non être de l'homme devient lumineuse en touchant l'idée de l'être, elle ne produit qu'un point lumineux ; ce point lumineux n'éclaire que lui-même, il ne fait connaître ni la grandeur de l'idée de l'être, ni la différence qui sépare cette idée infinie de l'idée du non être finie de l'homme ; un seul des trois aspects, l'aspect négatif est clair et lumineux pour l'homme, c'est l'aspect négatif exprimé par l'idée du non être ou de la limite, cet aspect seul est donc dans l'homme conscientiel ou personnel. L'homme et toute créature finie n'a et ne peut avoir qu'une personnalité, la personnalité négative.

Dans l'opération divine tout est Dieu, l'idée de l'être, l'idée du non être et l'harmonie, c'est pourquoi tout est conscience et personnalité. Dieu est père en se voyant par l'idée de l'être, il est fils en se distinguant par l'idée du non être, il est Esprit Saint en se comparant à lui-même, ce qui est l'harmonie.

Dans l'opération humaine, au contraire, tout n'est pas l'homme : l'idée de l'être appartient à Dieu, et, s'il donne à l'homme d'y participer, il la lui prête pour ainsi dire et en garde la propriété, c'est pourquoi l'homme la touche sans la voir, il la sait sans la comprendre. Si dans un lieu obscur, un homme nous conduit par la main, nous sommes certains d'être avec un homme vivant puisque nous le touchons et qu'il nous attire à lui, mais nous ne le connaissons pas puisque nous ne le voyons pas ; nous aurons à la fois la certitude qu'il est, et l'ignorance de ce qu'il est. C'est ainsi que nous sommes en rapport avec l'idée de l'être, qui est aussi l'idée de l'unité et de l'infini, nous ne pouvons la comprendre, cependant nous la touchons, elle est la main que Dieu nous tend ; c'est elle qui nous conduit, qui éclaire notre pensée, nous ne pouvons rien faire d'humain sans elle, et cependant elle reste un mystère pour nous, elle ne peut parvenir à la clarté, qui la rendrait conscience, c'est pourquoi elle n'est pas en nous une personne, et selon la très juste expression de M. Cousin, elle est en nous une idée *impersonnelle*.

Il résulte de ce qui précède, que ce qui constitue la conscience et par conséquent la personnalité, d'après l'aveu des philosophes, se trouve triplement réalisé dans la nature divine, et uniquement dans la nature humaine. Est-ce à dire que nous ayons expliqué le mystère de la Trinité ? Nullement, la Trinité reste pleine d'une infinité de mystères ; seulement nous avons anéanti une objection des incrédules qui déclarent absurde et contre la raison cet énoncé : Un seul Dieu en trois personnes.

Cet énoncé n'est pas contre la raison, puisque la raison elle-même en indique la possibilité.

Nous pouvons, avec les mêmes données, jeter un trait de lumière sur un autre mystère et répondre à une des questions qu'on peut faire à son sujet.

Pourquoi la seconde personne de la Trinité s'est-elle incarnée plutôt que les autres ? Voici :

Sa conscience négative par l'idée du non être renferme en elle l'infinie variété et par conséquent toutes les consciences finies ; elle est différente d'elles toutes en ce qu'elle les contient dans l'unité, et celles-ci sont différentes d'elle en ce qu'elles sont dans la division. La conscience négative infinie pouvait donc s'unir à une conscience humaine créée qu'elle contenait déjà; et l'absorber dans l'unité personnelle. Au contraire, la conscience positive, ainsi que la conscience harmonique, étaient irréductibles avec une conscience négative.

En Jésus-Christ, la personnalité humaine absorbée par la personnalité divine, lui est entièrement unie et cesse d'avoir une existence à part. C'est la personnalité divine qui constitue en Jésus-Christ l'unité des deux natures, de sorte qu'il n'y a plus qu'un seul homme-Dieu, un seul verbe fait chair, qui est la seconde personne de la sainte trinité et qu'on adore comme telle.

Nous voyons quelque chose d'analogue dans l'homme. Chez lui la personnalité qui est la conscience intelligente absorbe et s'unifie l'individualité qui est la conscience animale, de sorte qu'il n'y a pas un homme et un animal distincts mais une seule personne qui est la personne humaine qu'on honore comme telle, indivisiblement.

En Dieu l'unité est de nature et d'essence, et la triple personnalité est la richesse incommunicable de la nature une et infinie.

Avant de continuer, résumons ce qui précède.

Nous avons vu qu'en Dieu l'idée de l'être engendre l'idée du non être, et dans cette idée l'idée de toutes les limites possibles. Tant que cette idée du non être reste subjective, c'est-à-dire unie à sa source indivisible qui est l'idée de l'être, elle reste aussi une et indivisée, par conséquent infinie.

Mais elle se sépare pour ainsi dire de Dieu et s'objective par le mystère de la création, qui est la réalisation de la divinité à l'état divisé. Ainsi apparaît la créature qui commence par être une limite. Cette limite reste pure limite dans la matière.

La matière sans vie, sans intelligence, n'a aucun sentiment d'elle-même; elle n'est qu'une chose.

Lorsque cette limite entre en participation de la vie, par un même sentiment la vie se sent limitée et la limite se sent vivre, et ce sentiment constitue ce que nous avons appelé l'individualité.

Lorsque cette limite vivante rencontre d'autres limites, les obstacles qu'elle sent, deviennent des sensations; par ces sensations elle semble se multiplier et réalise son développement. Lorsque cette limite vivante entre en participation de l'idée de l'être, qui est implicitement l'idée de l'unité et de l'infini, il se forme en elle une nouvelle vie : celle de l'intelligence. La sensation devient idée, la limite qui n'était que sentie est comprise. A la lumière de l'idée de l'être, les objets deviennent des êtres. A la lumière de l'idée de l'unité, la multitude devient nombre. A la lumière de l'idée de l'infini, le sentiment de la limite devient l'idée du fini. Toutes ces idées finies deviennent les unes aux autres des limites intellectuelles auxquelles le langage donne un corps et dont le cliquetis forme le raisonnement humain. Le développement et la multitude de ces idées finies font la richesse la personnalité humaine.

En nous, l'idée même de l'être et de ses synonymes tels que l'infini, l'unité, l'immensité, l'éternité, etc., est la vue immédiate mais confuse de Dieu; elle est la participation qui nous rend intelligents et raisonnables. Cette idée nous est prêtée et non donnée, notre idée la touche mais ne peut l'embrasser, comme l'œil voit l'espace sans pouvoir en atteindre les limites; cette idée dépasse notre conscience et reste par conséquent impersonnelle pour nous.

Notre personnalité ne peut dépasser les idées finies, qui ne sont pas comme l'idée de l'être la vue immédiate de Dieu, mais qui naissent en nous par le choc des limites soit matérielles, soit intellectuelles. La limite est notre seule propriété.

Cependant ce n'est pas la limite elle-même qui est la personnalité ou l'individualité. Mais du contact de la vie et de la limite naît un sentiment qui n'est ni la vie elle-même ni la limite pure, mais qui résulte des deux. Ce sentiment, comme l'étincelle qui résulte du contact des deux électricités, est une réalité vivante. Elle n'était pas, elle est, c'est une création harmonique. Mais des deux éléments qui concourent à la formation de l'individu, un seul lui appartient; l'autre n'est que participé.

Ceci est le moi ou l'âme que réalise la conscience, que circonscrit la limite, qu'immortalise la mémoire.

De même de l'idée de l'être et de la limite intellectuelle jaillit une lumière qui est la raison ou la personnalité humaine, c'est cette lumière personnelle, vraie création aussi, qui est l'âme humaine, et c'est à elle qu'appartient le libre arbitre et la responsabilité. Mais là aussi des deux éléments un seul nous appartient, et l'idée de l'être n'est que participée.

En Dieu au contraire, point d'emprunt, tout est propriété, parce tout est lui.

Quand il se sent vivre, c'est lui seul qu'il sent, parce qu'il est lui-même la vie. Dans l'idée de l'être, c'est lui-même qu'il voit, parce qu'il est l'être. Dans l'unité et l'infini, c'est lui-même qu'il embrasse et comprend, parce qu'il est seul l'unité et l'infini, rien ne peut dépasser sa personnalité ou sa conscience qui est infinie et embrasse tout.

En résumé : la personnalité en Dieu est la triple conscience qu'il a de lui-même par l'harmonie de l'idée de l'être qu'il possède éternellement, et de l'idée du non-être que l'idée de l'être engendre éternellement; laquelle conscience est la lumière infinie.

Dans l'homme la personnalité est la conscience intelligente qu'il a de sa propre limite éclairée par la lumière de l'idée de l'être, à laquelle il participe. Cette conscience est une lumière finie.

L'individualité de l'être vivant de sa limite, que lui donne la vie à laquelle il participe, cette conscience est plutôt un feu qu'une lumière. Quant à la matière, elle n'a aucune conscience ; elle n'a ni personnalité, ni individualité vivante, ni intelligence, ni sensibilité, mais la participation négative qu'elle a avec l'idée, par la forme, la rend sensible à l'être vivant et intelligible à l'être raisonnable. En d'autres termes : pour Dieu, le moi est l'être infini, le non moi le non être et la limite. Bien qu'il ne soit pas le néant, il l'atteint et le saisit par la pensée, de sorte que rien ne lui échappe et qu'il a de tout science et conscience.

Pour la créature, au contraire, le moi est le fini et le non moi l'infini qui la dépasse et lui échappe ; et bien qu'elle atteigne et touche cet infini par la science ou plutôt par la foi, elle ne peut le saisir et l'enfermer dans sa conscience qui ne pourrait dépasser la limite plus ou moins large que lui a concédée la création.

Le moi fini, qui est dans le non moi de Dieu a un sens positif comme participant, mais il reste négatif en tant que limité. Ici plusieurs points sont à noter.

La conscience ou le moi qui résulte de la participation de la matière à la vie, bien qu'inséparable des deux éléments dont elle procède, n'est, à proprement parler, ni l'un ni l'autre, ni la matière qui la limite et la circonscrit, ni l'esprit qui la vivifie ; mais elle est une réalité spéciale que nous avons appelée une création harmonique. Cette réalité, bien que circonscrite par la matière dont elle ne peut se séparer, n'est pas matérielle en elle-même et peut-être appelée une créature spirituelle, mais quoique spirituelle elle n'est pas un pur esprit comme Dieu, dans la nature duquel la matière ou la limite n'ont aucune part.

La matière a été créée premièrement et tirée du néant dont elle est l'expression, à mesure que la matière participe davantage à l'esprit, elle se subtilise, et il résulte de sa participation, des êtres de plus en plus élevés. Toutes ces créations harmoniques forment une immense échelle qui monte de la matière jusqu'à Dieu. Le sommet de cette échelle est Jésus-Christ, à la fois homme et Dieu, par qui, avec qui et en qui toute la création, qui est le fini, se rattache au créateur qui est l'infini : *per ipsum, cum ipso et in ipso.*

En résumé, la conscience divine procède de l'idée une et infinie de l'être, et de l'idée pure complète et infinie aussi du non être, qu'elle possède et contient dans l'indivisible unité.

Là, rien de matériel, tout est pur esprit, immense et éternel. C'est l'harmonie infinie.

La conscience animale, procède de la vie et de la matière :

La vie n'est pas possédée, mais seulement participée à l'état de sentiment inintelligent. L'action de la matière sur les sens, sous l'influence de la vie, devient des sensations et même des idées concrètes. Cette conscience s'en distingue, mais ne comprend pas, et reste renfermée dans les sensations dont elle ne dépasse pas les limites. C'est l'harmonie purement finie.

La conscience de la créature intelligente procède de l'idée de l'être ou de l'unité et des sensations dont elle fait des idées abstraites du non être, du fini et des nombres. L'idée de l'être n'est que participée et reste toujours plus ou moins confuse. Elle touche et éclaire la conscience mais ne peut y être contenue et reste impersonnelle. L'idée du non être et de la limite n'est point une, mais multiple et incomplète. A la lumière de l'idée de l'être, un et infini, elle peut se multiplier, se dilater de plus en plus, se rapprocher de l'infini sans jamais l'atteindre. C'est l'harmonie indéfinie.

Il reste un point à éclairer :

Une phrase que nous avons citée, soulève une question sans la résoudre : « la détermination qui caractérise la réflexion est précédée ou mêlée d'une négation (Cousin) ». Précédée ou mêlée, lequel des deux?

Relativement à Dieu, la foi tranche la question. Elle nous dit que le Père est le principe des autres personnes. Or le Père est la conscience positive ou affirmative par l'idée de l'être. En Dieu donc, l'idée de l'être est logiquement la première, bien qu'elle n'ait qu'une priorité de raison.

Relativement à l'homme, un doute peut s'élever, parce que les deux grandes écoles philosophiques qui ont jusqu'ici partagé le monde semblent se contredire à ce sujet.

D'un côté, les péripatéticiens ont cet adage célèbre : *Nihil est in intellectu quod non prius fuerit in sensu*. Rien dans l'intelligence qui n'ait d'abord été dans le sens.

Saint Thomas adopte cet adage et il dit aussi : le premier objet que nous comprenons dans l'état actuel est la quiddité de la chose matérielle. *Primum autem quod intelligitur nobis secundum statum presentis vitæ est quidditas rei materialis.*

Et ailleurs (Q.-14-A.-10-R.-1e), Aristote dit : « que nous connaissons le point et tout ce qui est indivisible par la privation de la division : et il en est ainsi, parce que les formes simples et indivisibles ne sont pas exactes dans notre esprit et n'y sont qu'en puissance, car si elles étaient en acte, elles ne seraient pas connues par leur privation, mais par elles-mêmes.

D'un autre côté, saint Bonaventure dit : « l'être pur est la première notion qui tombe dans la pensée... il se présente le premier à notre esprit et par lui les autres. »

Bossuet dit aussi : « Si nous nous recueillons en nous-mêmes, nous trouverons que la perfection est ce que l'on connaît le premier, puisqu'on ne connaît le défaut que comme une déchéance de la perfection... et ces vérités éternelles que tout entendement perçoit toujours les mêmes, par lesquelles tout entendement est réglé sont quelque chose de Dieu, ou plutôt sont Dieu même... et toutes ces vérités éternelles ne sont au fond qu'une seule vérité. »

Si nous considérons attentivement, nous verrons que la contradiction est plus apparente que réelle et que ces grandes autorités ont également raison.

En réalité, en l'homme comme en Dieu, l'idée de l'être et l'idée du non être en tant qu'idées sont simultanées. En Dieu, elles sont éternelles, et l'idée de l'être a la priorité de raison de toute manière.

Pour l'homme, elles se manifestent simultanément dans le temps, et la priorité de raison appartient à l'une et à l'autre sous différents points de vue ; à l'idée de l'être comme cause efficiente, à l'idée du non être comme cause occasionnelle.

Chez l'homme, la sensation précède l'idée, la sensation résulte du contact de la vie avec la limite qui individualise la créature. C'est en même temps qu'à ce contact la vie se sent limitée et la limite se sent vivre ; ce sentiment n'est encore que sensation et non idée ; mais si cette sensation vient heurter l'idée de l'être, du même coup l'idée de l'être se manifeste et la sensation devient idée du non être.

La citation que nous avons faite de saint Thomas renferme un mot qui bien entendu exprime l'exacte vérité sur cette question « les « formes simples et indivisibles ne sont pas en acte dans notre esprit, « elles n'y sont qu'en puissance ».

Oui elles n'y sont qu'en puissance, mais elles y sont, elles y sont avant tout dès le commencement, car elles sont l'essence même de la raison qui distingue l'homme de l'animal. Elles y sont comme un germe endormi qui attend le choc de la sensation qui doit le réveiller; comme la cloche qui attend le coup de marteau qui doit la faire résonner.

Elles ne sont dans l'animal, ni en acte, ni en puissance, c'est pourquoi chez lui le mouvement de la sensation ne les réveille pas.

L'idée de l'être est donc réellement dans notre entendement rien qu'en puissance seulement; et c'est parce qu'elle y est que la sensation de la limite la met en acte, et devient elle-même idée du fini, de la limite et du non être.

Voilà la vérité exacte sur la question des idées innées.

Il faut remarquer qu'ici, nous n'avons discuté que la question de priorité et non celle de causalité. A ce dernier point de vue, l'adage : *nihil est in intellectu quod non prius fuerit in sensu*, est absolument faux et absurde.

Il est vrai que beaucoup de nos pensées ont été des sensations, avant d'être idées; mais les idées d'infini, d'immensité, d'éternité, d'unité et d'indivisibilité n'ont jamais été dans le sens, ni avant que l'intellect les aie perçues ni après, et elles n'y seront jamais; elles sont dans une région supérieure, que les sens sont dans une éternelle impuissance d'atteindre.

Il est faux de dire qu'en nous l'idée de l'infini se forme de l'idée du fini dont on retranche successivement toutes les limites; cela suppose que le fini peut produire l'infini, ce qui est absurde. De plus : l'idée même du fini est impossible sans celle de l'infini qui est son corrélatif.

Ce travail de reculer la limite est un effort de l'imagination qui ne peut conduire qu'à l'indéfini et s'arrête là forcément. Aucune addition ne peut arriver à l'infini, il n'y a point de nombre infini, seule la pensée pure dépassant tous les nombres d'un seul bond touche le but et affirme l'infini, dont l'idée qui était endormie en elle se réveille. Mais ce n'est pas à dire que l'intellect comprenne l'infini, mais elle le sait. Pour le comprendre, il faut le posséder comme Dieu ; pour le savoir, il suffit d'y participer et de croire.

L'idée de l'être ou de l'infini n'est pas en nous une simple possibilité comme celle des êtres non existants que Dieu peut créer, mais elle est une réalité non encore aperçue.

Pendant la nuit, la colonne qui soutient le temple reste ignorée de l'homme qui marche jusqu'à ce qu'il se heurte contre elle.

L'idée de l'être en Dieu est, par elle-même, lumière et source de lumière parce qu'il la possède ; mais en nous, l'idée de l'être, cette colonne qui soutient tout l'édifice de la raison, reste inaperçue dans la nuit de notre âme, jusqu'à ce que la sensation vienne la heurter. De ce choc jaillit l'étincelle qui éclaire la sensation, la change en idée et fait entrevoir l'idée de l'être dont elle manifeste la réalité. Ce n'est pas la marche de l'homme qui produit la colonne dans le temple, ni la sensation qui produit l'idée de l'être. Si l'idée de l'être n'était pas là, la sensation ne la rencontrerait pas. Le choc n'aurait pas lieu, ni l'étincelle qui l'éclaire et la transforme en idée, et elle resterait à jamais pure sensation comme dans l'animal.

Mais, dira-t-on, peut-on appeler idée ce qui en nous est inconscient, et peut-on affirmer l'existence d'une chose qui ne laisse aucune trace dans notre mémoire. Il est vrai qu'il est difficile de parler de ce qui échappe à toute observation, néanmoins l'analogie peut nous aider à comprendre ce qui s'est passé en nous à notre insu.

L'homme, quoique vivant, environné de l'air qu'il voit, resté quelquefois longtemps sans se douter de sa réalité et il le prend pour le vide. C'est le vent qui lui manifeste sa résistance, le baromètre qui lui indique sa pesanteur, et la vibration qui le rend sensible à son ouïe. C'est de Dieu auquel nous participons par la vie et l'id[illegible] le l'être, que saint Paul a dit : *in ipso vivimus, movemur et sumus.* En lui nous avons la vie, le mouvement et l'être.

Lorsqu'un homme a les yeux ouverts, il est certain que tous les objets environnants se peignent sur sa rétine et qu'il les voit. Néanmoins, si son attention préoccupée lui empêche de regarder ces objets, à la question : avez-vous vu telle ou telle chose, il répond non, sans hésiter.

N'en est-il pas de la vue intellectuelle comme de la vue sensible ? L'idée pure ne peut-elle pas être en nous sans que nous la remarquions, et sans qu'elle laisse aucune trace dans notre mémoire? Nous affirmons la réalité de la vue sensible bien qu'inconsciente, parce que les lois de l'optique nous la font connaître, nous affirmons aussi la réalité de l'idée de l'être ou de l'infini, bien qu'inconsciente, parce que la logique nous l'indique de toute manière.

1° Il est impossible que la sensation bornée en tous sens, la sensation qui n'est pas même une idée enfante l'idée de l'être qui est infinie dans son objet. Le plus qu'elle puisse faire c'est de la réveiller, et, si elle apparaît au moment du choc, c'est qu'elle était là invisible encore.

2° Nous avons vu que c'était la participation à l'idée de l'être qui constituait l'intelligence raisonnable, et mettait entre l'animal et l'homme une différence infinie. Sans cette participation, l'homme ne serait qu'un pur animal. Si donc l'idée de l'être n'était pas réelle dans l'âme dès le commencement, si elle n'existait qu'au moment où la réflexion la révèle à l'intelligence, il s'en suivrait qu'à ce moment seulement aurait lieu la création de l'homme, qui auparavant n'était qu'un animal, radicalement incapable de Dieu. Il suivrait encore qu'il est inutile de baptiser les enfants qui ne sont pas des hommes. Cependant l'église, qui défend de baptiser les animaux, fait baptiser les enfants et déclare que, par le baptême, les trois vertus théologales sont déposées réellement dans leur âme, bien qu'elles soient inconscientes. Ce n'est donc pas la sensation qui produit l'idée de l'être. Ce n'est pas non plus l'idée de l'être qui produit la sensation, en tant que sensation, elle ne la produit qu'en tant qu'idée, si on peut appeler production la transformation qu'elle lui fait subir.

En Dieu, l'idée de l'être est par elle-même lumière et source de lumière, éternellement en acte. Elle est la cause première et engendre l'idée du non être de toutes pièces, comme la fable dit que Minerve sortit toute armée du cerveau de Jupiter. Cette fable, comme beaucoup d'autres, était une traduction allégorique et incomprise de la tradition primitive. Mais Dieu seul est fécond dans l'unité, la créature n'est féconde que dans la dualité. C'est le choc de deux éléments ayant une existence indépendante qui éveille la pensée dans l'homme, et la sensation elle-même résultait du choc de la vie contre la limite. Voici ce qu'il en est de la causalité; quant à la priorité, comme nous l'avons dit, elle appartient aux deux éléments, sous différents rapports : à l'idée de l'être comme cause efficiente, à la sensation comme cause occasionnelle.

Lorsqu'un marteau frappe une cloche, il en résulte un son. Ce son est produit par la cloche et occasionné par le marteau. Le coup de marteau et le son ont lieu en même temps, mais la priorité de raison appartient à la cloche comme son et au marteau comme coup.

La cloche est l'idée de l'être latente et endormie au fond de l'âme, le marteau est la sensation, le son est l'idée qui vibre et se manifeste, le son appartient à la cloche, il a sa source dans la cloche seule, mais il ne se manifeste qu'à l'occasion du marteau. Le marteau produit le son en frappant la cloche, mais sans la cloche, il frapperait inutilement la terre sur laquelle il retomberait. La cloche est la part de Dieu, le marteau la part de l'homme, à Dieu seul appartiennent l'être et l'idée de l'être, *lumière qui éclaire tout homme venant en ce monde.* Nous n'avons à nous que notre limite et encore parce que Dieu nous l'a donnée.

Cette limite est la première chose que nous sentons, et, comme la limite est l'essence de la matière, la première chose que nous connaissons, comme dit saint Thomas, est la quiddité matérielle. Mais cette notion n'est point idée proprement dite avant d'avoir touché l'idée de l'être, ainsi l'idée de l'être est la première comme idée et rien n'est idée que par elle, comme disent saint Bonaventure et Bossuet (1).

(1) Il faut le redire une fois pour toutes, je n'ai ni l'intention, ni la prétention de supprimer les mystères.

Les mystères sont partout, soit dans l'ordre naturel, soit dans l'ordre surnaturel. Les mystères de l'ordre naturel sont les faits que le témoignage des sens fait admettre, mais que la science ne peut expliquer, ils sont innombrables. Les mystères de l'ordre surnaturel sont les faits que la révélation affirme, que la foi admet, mais que la raison ne peut comprendre.

De tout temps, la science a fait des efforts plus ou moins heureux pour faire reculer le mystère naturel, et de leur côté, les philosophes chrétiens se sont efforcés de faire pénétrer la lumière dans l'ombre des mystères surnaturels, témoins tous les passages que nous avons cités sur la Trinité, tirés de saint Augustin, de saint Thomas et de plusieurs autres.

Après eux et comme eux, j'ai cherché à faire reculer l'ombre devant la lumière et voici ce que j'ai trouvé : l'important était de bien définir la personnalité ; après avoir comparé tout ce qui a été dit à ce sujet, je l'ai définie : la conscience intelligente du moi.

En effet, de tout temps, on a appelé personne, l'être qui dit : Moi.

Mais l'être et l'idée de l'être sont éternels, ils sont la propriété de Dieu, ils sont Dieu même. Dieu est par lui-même pour lui le moi est avant le non moi ; il pose d'abord le moi selon l'expression citée en prenant conscience de lui-même, puis il pose le non moi. Il le pose d'abord abstraitement dans sa pensée. Ensuite, il le réalise et l'individualise hors de lui pour la création. Pour l'homme, au contraire, le

L'être qui sent le moi sans le dire n'est que l'être vivant ou l'animal sans intelligence, mais l'homme qui non seulement sent le moi, mais le dit, se montre intelligent par la parole.

Mais l'idée du moi est inséparable de celle du non moi, et la conscience du moi ne devient formelle que par son moi contre le non moi.

Or, ceci posé, voici ma thèse réduite à sa plus simple expression et résumée en termes clairs, incontestables et intelligibles à tous.

L'idée du moi pour être parfaite doit être en même temps l'idée du moi, l'idée du non moi et l'idée du rapport entre le moi et le non moi, autrement dit, l'idée de ce qu'on est, l'idée de ce qu'on est pas et du rapport entre ce qu'on est et ce qu'on est pas.

De même la conscience ne peut être parfaite qu'à trois conditions, c'est d'être en même temps conscience du moi, du non moi et du rapport entre le moi et le non moi, et ces trois conditions sont caractérisées par ces trois mots : conscience positive, conscience négative, conscience harmonique.

En Dieu, le non moi étant son œuvre, il en a conscience ainsi que du rapport qui les unit, il remplit donc parfaitement les trois conditions de la conscience parfaite autrement de la personnalité parfaite ; mais seul, il le peut.

Car toute créature finie, existante ou possible, en se heurtant contre le non moi, trouve dans ce non moi toute la création qu'elle ne connaît qu'en partie et l'infini qu'elle ne peut comprendre.

Ce non moi la dépasse et lui échappe de toute part, elle ne peut donc avoir conscience ni du non moi, ni du rapport entre ce non moi et son moi, elle ne peut donc réaliser qu'une des conditions de la conscience parfaite.

Cependant l'accomplissement de cet unique condition lui assure incontestablement une personnalité, n'est-il donc pas possible et invraisemblable que l'accomplissement des trois conditions forme en Dieu une triple personnalité ?

Ceci est incontestable et justifie rationnellement l'énoncé du dogme *un seul Dieu en trois personnes*, et repousse le reproche de contradiction dans les termes. Mais cela explique-t-il et supprime-t-il le mystère? Loin de là, la Trinité reste remplie de mystères, et de questions encore insolubles à l'intelligence humaine. Comment ce triple aspect de la conscience peut-il réaliser trois personnes assez distinctes pour agir spécialement ? Comment une de ces personnes a-t-elle pu s'incarner sans les autres ? Comment le Père peut-il envoyer le Fils, et le Père et le Fils envoyer l'Esprit Saint? Comment ces trois personnes forment-elles une société parfaite, qui réalise tous les rapports, tous les avantages, toutes les richesses, toutes les lumières, toutes les joies qui peuvent se trouver dans une société?

Je pourrais multiplier ces questions insolubles et mystérieuses. Que les esprits craintifs se rassurent donc, les mystères ne courent aucun danger, et jamais on les méditera et on ne les éclaircira trop.

Nous avons l'espérance qu'au ciel, un grand nombre de mystères s'éclairciront pour nous. Le peu de lumière que sur terre on peut faire pénétrer dans l'ombre mystérieuse est un avant-goût du ciel, et la plus belle œuvre que la raison humaine puisse réaliser.

Du reste, ce que j'ai dit ne contredit en rien ni les paroles de la révélation que j'adore, ni les décisions de l'Eglise auxquelles j'ai foi, ni la tradition que j'honore et je respecte.

Ce sont les mêmes choses qui ont été dites, mais exprimées en d'autres termes que j'ai cherché à rendre plus intelligibles ; si j'ai réussi, c'est une nouvelle lumière sur la question qui laisse subsister toutes les lumières précédentes, de même qu'un nouveau flambeau qu'on allume ne détruit pas et n'obscurcit en rien les autres flambeaux qui brillent déjà.

non moi existe avant le moi, dans le non moi de l'homme se trouve l'infini, et au moment où sa conscience apparaît, l'infini est déjà de toute éternité. Ce n'est donc pas lui qui pose le non moi, comme on l'a prétendu, il le trouve tout posé et c'est en le heurtant qu'il trouve le moi.

Non seulement ce moi est négatif, mais il est fini, il n'est qu'une petite portion de l'infinie variété de l'idée totale du non être qui est renfermée dans sa limite et dont il a la vue claire ou la conscience. Quant à l'idée de l'être ou de l'infini, il est plus vrai de dire que nous sommes en elle, que de dire qu'elle est en nous, puisqu'elle nous dépasse infiniment et que notre conscience ne peut l'embrasser. Elle n'est pas nous, parce qu'elle dépasse notre conscience. Cependant, sans elle, notre intelligence ne pourrait subsister, elle est un élément indispensable, mais impersonnel du moi humain qui ne peut la contenir, mais qui ne vit qu'en la touchant. Là se découvre à nous toute la distance qu'il y a entre la pensée de Dieu et la nôtre.

Dieu est l'être par lui-même, il commence par l'idée de l'être, c'est-à-dire qu'il commence par l'unité indivisible et infinie, et lorsque dans cette unité, il conçoit et enfante l'idée du non être, cette idée du non être, malgré sa variété infinie, reste une et infinie.

L'homme, au contraire, naît d'une négation, sa conscience est négative et finie, il ne fait qu'entrevoir confusément l'idée de l'infini. Son point de départ étant la division et le fini, il est à jamais incapable d'arriver à l'unité et à l'infini proprement dit. Comme le nombre concret, il a beau multiplier et entasser son unité finie, il ne peut jamais produire qu'un nombre fini.

Dieu est une synthèse sublime qui, partant de l'unité infinie, reste une et infinie dans sa course majestueuse et éternelle.

L'homme est une analyse qui se rapproche indéfiniment de l'unité sans pouvoir jamais l'atteindre.

Dieu voit tout dans l'unité, il voit tout, même le fini, d'une manière infinie.

L'homme voit tout, même l'infini, d'une manière finie.

Dieu est le créateur, nous sommes la créature.

O pensée divine, sublime unité, majesté infinie, comme mon intelligence se trouve petite devant toi, comme ta grandeur m'anéantit, que sont les maigres fils de mon raisonnement en présence de ta puissante vue qui embrasse tout d'un regard, et, dans chaque partie, voit tout l'ensemble. En te contemplant, ma pensée s'efface de mon regard, elle ne peut, quoi qu'elle fasse, se retrouver elle-même, perdue qu'elle est dans le néant de sa division. Et cependant, Unité divine, plus ta grandeur m'écrase, plus elle me réjouit ; plus elle m'anéantit, plus elle me dilate, car le premier besoin de ma nature est la certitude ; il me faut un point d'appui qui ne puisse fléchir, je ne puis être rassuré qu'en posant le pied sur un rocher inébranlable, immuable. Si j'étais seul, je serais saisi d'effroi ne trouvant rien en moi de fixe et d'immuable, et sentant éternellement le terrain se dérober sous mes pas. Mais tu es la bonté, la vérité, la lumière et la beauté dans sa source. En toi seule, j'ai l'éternelle assurance que le bonheur existe infiniment, assurance qui, seule, peut combler le vœu qui est au fond de toute conscience.

O bienheureuse unité, tu es la lumière de ma propre pensée, la vie de ma vie, l'inébranlable appui de tout mon être. J'y suis rattaché par le fond insondable de moi-même, et par le mystère de mon origine; tu es tout ce qu'il y a de bon et de beau en moi, la joie passée, la plénitude présente, l'espérance sans fin de l'avenir.

Aussi comme mon âme s'est éclairée en te contemplant, Unité divine, peut-il être sur la terre une joie plus profonde que celle qui a pénétré jusqu'à moi, lorsque quelques-uns de tes rayons ont percé le voile épais qui nous sépare ?

Ah ! si une goutte de cette lumière fait ainsi tressaillir mon âme de joie, quel océan de bonheur doit t'inonder, conscience divine, toi qui t'embrasse toi-même toute entière !

O unité triple, trinité une ; heureux ! mille fois heureux ! ceux qui pourront un jour te contempler face à face, et s'enivrer de tes propres joies. *Inebriabuntur ab ubertate.*

CHAPITRE XII

DE LA CERTITUDE

Il semble que la question de la certitude aurait dû se poser la première, puisqu'elle est le fondement de tout l'édifice intellectuel, mais pour comprendre tout ce que nous avons à dire dans ce chapitre, plusieurs des notions précédentes étaient nécessaires.

La question de la certitude peut se traiter de deux manières; l'on peut comme quelques-uns se sont contentés de le faire, rechercher quelles sont les circonstances dans lesquelles l'homme peut se croire certain ; et faire ainsi la statistique plutôt que la théorie de la certitude.

On peut aussi se demander quel est le fondement, ou la cause première de la certitude, et c'est par là qu'il faut commencer si l'on veut vraiment dénouer la question.

Mais avant tout, il faut bien s'entendre. Quel est le problème à résoudre? Quel est le sphinx qui ferme l'entrée de la route à notre ardente curiosité? La difficulté est-elle à trouver la certitude subjective ou objective?

A vrai dire, la certitude subjective n'est pas une question, mais un fait. Nul n'a jamais sérieusement douté de sa propre existence. La conscience de notre vie est en nous un sentiment invincible plus encore qu'une conviction motivée. Les objections des Pyrhoniens ne sont qu'un pur jeu de l'esprit, qui ne trouvant aucun point d'appui antérieur à cette conscience de nous-mêmes, qui est en nous le point d'appui de tout le reste, l'ont déclaré sans fondement.

Aussi saint Augustin et Descartes, ne trouvant point de principe antérieur, afin de consolider et de rattacher à quelque chose cette idée de notre existence, l'ont accrochée à une de ses conséquences, en disant : *Je doute*, ou *je pense donc je suis*, cette pensée qui rend témoignage à l'être dont elle émane, est une image éloignée du verbe qui rend au père un témoignage éternel dans la trinité.

Mais, au fond, cela ne nous mène à rien. *Je suis* est un sentiment invincible de la conscience, c'est un point de départ qui existe par lui-même dans toute créature intelligente, mais qui seul ne mène à rien.

Il faut à ce sujet remarquer et admirer la différence qui est entre Dieu et l'homme. Dieu avant nous et mieux que nous a le sentiment invincible de son être, mais en Dieu le moi étant l'infini, la vue qu'il en a lui montre la vérité toute entière qui est lui-même. Pour Dieu, le non moi, qui est le fini, n'est que l'ombre produite par le moi, et cette ombre, dessinée nettement et éclairée par la lumière du moi, ne peut donner lieu à aucune incertitude. Pour Dieu, la certitude n'est donc pas une question, elle est son essence, elle est sa pensée immuable et éternelle.

Il n'en est pas de même pour l'homme. Son moi, qui est fini, n'est qu'un point dans l'espace; ce point lumineux par la conscience n'éclaire que lui-même et laisse régner autour de lui l'immense obscurité. Dans le non moi de l'homme se trouvent outre les autres finis, l'indéfini et l'infini; l'infini qui est incompréhensible, et l'indéfini qui fuit et se dérobe sous la main qui veut le saisir. Or, si l'homme ne peut se rendre compte du non moi, il reste isolé dans le point lumineux de sa conscience, environné d'une infinité d'incertitudes. La question pour lui n'est donc pas de sentir le moi, mais d'en sortir et de poser un pied sûr dans le non moi. Ici le sentiment nous abandonne, il faut que l'intelligence s'élance seule dans l'immense nuit qui l'environne où tout branle et se dérobe. Le problème est de trouver un point d'appui qui résiste, un fondement inébranlable sur lequel elle puisse élever l'édifice de la pensée.

Ce point d'appui ne peut se trouver ni dans l'indéfini qui échappe aux formules, ni dans le fini mobile, car tout ce qui est mobile peut être ébranlé par le doute.

Lorsque le marin vogue sur l'Océan, il voit et touche son navire, mais cela ne lui suffit pas, ce qui lui importe, c'est de savoir en quel lieu du globe et de l'Océan il se trouve ; le flot mobile qui s'ouvre et se referme derrière lui ne lui apprend rien ; le nuage qui passe sur sa tête, les astres qui se lèvent et se couchent, ne peuvent lui répondre, mais il y a dans le ciel un point fixe, c'est l'étoile polaire, elle seule peut lui dire où il est, et lui donner le secret de la marche des astres.

Où trouverons-nous ce point fixe dans la question de la certitude ?

D'après les principes posés, la réponse n'est pas douteuse, la certitude c'est la fixité, c'est l'immutabilité de la pensée. Or l'immutabilité étant la propriété exclusive de l'infini, la certitude ne peut trouver sa cause que dans l'infini.

L'homme alors peut-il être capable de certitude?

Ceux qui ne veulent rien admettre d'infini, je ne dis pas dans la personnalité, mais dans la nature de l'homme, l'excluent à jamais de toute certitude. Quant à nous, nous avons reconnu dans la nature raisonnable la participation à deux des dimensions de l'infini, et ce n'est pas trop, car une seule ne suffirait pas. En effet, la certitude n'est pas l'assurance instinctive avec laquelle la vie agit et se développe chez l'animal, chez l'enfant et souvent même chez l'homme; mais la certitude est une fixité intellectuelle, c'est donc dans la pensée même qu'il faut trouver l'élément infini; cet élément, nous l'avons reconnu précédemment, c'est l'idée de l'être, que nous devons regarder par conséquent comme le premier et l'unique fondement de toute certitude dans l'homme.

Mais l'idée de l'être, ce pivot immuable de notre pensée, ne nous mène à rien par elle-même. Cette idée, qui ne renferme aucune limite, n'en exclut aucune aussi, c'est une idée par elle-même indéterminée, l'être pouvant être à tous les degrés, de sorte que notre esprit, contemplant directement cette idée, erre dans un vague indéfinissable, se trouvant au milieu du labyrinthe inépuisable des possibilités, sans pouvoir s'arrêter et saisir une forme qui résiste.

Mais si, à l'expression positive *être*, nous joignons l'expression négative *infini*, la distinction s'opère, le vague cesse, l'idée de Dieu brille seule dans notre âme.

Et quoique nous ne puissions comprendre toute la portée de cette idée, ni compter toutes les richesses qu'elle renferme, ni contempler en face toute la lumière qu'elle possède, nous en savons assez pour la distinguer de toute autre, parce que nous savons ce qu'elle exclut, le mot infini exclut toute limite, cela nous suffit pour qu'il nous soit impossible de confondre l'idée de Dieu avec toute autre idée.

Mais l'idée n'est complète que si nous y ajoutons encore l'idée de l'unité, et si nous concevons que l'unité étant l'essence même de l'être infini, ces trois mots, être, infini et un, expriment une seule et même chose. Alors la trinité de la lumière se fait dans notre âme, la beauté de Dieu commence à nous apparaître, et le ravissement s'ajoute à la distinction.

Il faut remarquer ici que toute idée vague, c'est-à-dire toute idée qui n'est pas distincte et déterminée, ne peut fournir aucune conclusion logique. Telle est l'idée abstraite de l'être, telle est aussi l'idée abstraite de l'unité.

L'unité est une idée qui a besoin d'être déterminée, car elle peut être absolue ou relative, et, en tant que relative, placée à tous les degrés de la variété, et il faut connaître ce degré pour conclure.

Mais le mot infini, par là même qu'il a une forme négative, est net et distinct, il ne se prête pas à deux sens, et, par conséquent, il peut être le point de départ de conclusions rigoureuses.

Ainsi, trois expressions surtout nous manifestent Dieu, l'expression positive *être*, l'expression négative *infini* et l'expression harmonique *un*, et de ces trois expressions une seule, parce qu'elle est distincte, se prête à des conclusions logiques. Sans elle, les deux autres seraient stériles pour nous, laissant notre pensée dans un vague irrémédiable.

Quoique ce mot *infini* nous dise non ce que Dieu est, mais ce qu'il n'est pas, il parle le seul langage qui puisse être saisi par notre intelligence. C'est par lui que notre esprit entre en rapport avec Dieu; il est le médiateur entre la pensée humaine et la pensée divine; c'est lui qui nous fait connaître les deux autres et les force à se soumettre aux déductions de la logique, car nous ne pouvons rien connaître de l'être ni de l'unité, si nous ne savons qu'ils sont infinis. Mais une fois que nous savons cela, toutes les barrières sont abattues. Dieu s'est donné à notre intelligence; nous le touchons, nous le possédons; et, de même que celui qui a sauté d'une barque agitée sur le continent, a pris terre; Dieu, lorsque notre pensée se fixe dans l'idée de l'infini, devient notre domaine, que nous pouvons parcourir éternellement sans autre obstacle que la faiblesse et la lassitude.

Ces deux mots, être infini, renferment implicitement toutes les idées possibles. Infini signifie la négation de toutes limites; mais après les avoir ainsi toutes niées d'un seul coup, il reste à les nier ou à les affirmer spécialement, les unes après les autres, et comme les limites sont innombrables, l'œuvre n'a point de fin assignable, et cette œuvre est toute la science passée, présente et future. Qu'est, en effet, le but de la science? Caractériser les êtres afin de les distinguer les uns des autres et de les reconnaître. Mais comment les caractérise-t-elle? Elle les caractérise comme on dessine un objet, en traçant une limite qui circonscrit l'objet et le sépare du reste de l'espace.

L'idée être, et le mot qui l'exprime, donnent à toutes les idées et à tous les mots l'âme et la substance. Le mot infini et son corrélatif le mot *fini* donnent à tout la forme et la distinction. Le mot unité renferme le secret de l'harmonie et de la beauté, et les rapports de ces trois mots sont toute la lumière de l'âme.

Voyez d'abord quelle science sublime et profonde de Dieu les théologiens ont tirée de l'union de ces deux mots : *être infini*. L'être infini c'est l'être qui n'a point de limites. Concluons logiquement : cet être est-il partout? Oui! car l'absence est une limite, et, de plus, il est partout indivisiblement et tout entier; car l'être infini est aussi indivisible, parce que la division, qui indique le point où l'un commence et l'autre finit, est une limite. L'être infini n'a donc point de partie et ne peut être partiellement présent. Il est donc partout indivisiblement. Cet être n'a point eu de commencement et n'aura point de fin parce que le commencement et la fin sont des limites ; et dans la durée comme dans l'espace, l'être indivisible ne peut être partiellement ; il n'y a donc pour lui ni passé, ni futur, qui supposent des limites dans la durée, mais un indivisible présent qu'on appelle l'éternité.

L'unité indivisible de Dieu, son éternité, son immensité, sont directement incompréhensibles à notre intelligence, elles sont, je crois, le plus profond des mystères, et cependant nous les savons parce qu'elles sont une conclusion logique de l'idée de l'infini appliquée à l'idée de l'être, et ces conclusions nous font connaître dès maintenant ce que nous ne comprenons pas, ce que nous ne comprendrons peut-être jamais. C'est toujours en conclusion de ces deux idées que l'on affirme en Dieu la toute-puissance, la sagesse, la bonté, la justice, l'infaillibilité, la prescience, la fidélité, la beauté, etc.

Si, après avoir ainsi étudié Dieu en niant toutes les limites, nous affirmons toutes ces limites, nous aurons tout l'autre côté de la pensée humaine renfermée dans l'idée du fini. Dieu est l'être par soi, affirmant le contraire, qui est l'être par communication, nous avons la créature.

Puis, affirmant le commencement et la fin, et la division en parties, nous avons le temps, l'espace et la matière. Tous les autres mots ne sont plus que des limites de plus en plus restreintes, qui distinguent, divisent, dessinent et différencient tous les degrés de l'être fini : mondes, soleils, planètes, feu, air, eau, terre, homme, animal, plante, insecte, atome.

Il nous faut montrer maintenant comment l'idée de l'infini, qui engendre toutes nos idées, donne la certitude à toutes celles qui peuvent se rattacher à elle par une généalogie incontestable.

Mais ici une question préalable se présente : avant de donner la certitude aux autres, il faut que l'idée de l'infini se la donne à elle-même ; nul édifice n'est plus solide que son fondement. S'il peut s'élever des doutes sur l'idée même de l'infini, tout chancelle. Sommes-nous certains que l'idée de l'infini n'est pas une destruction de notre esprit, mais qu'elle exprime une réalité objective, voilà le point le plus important.

Il s'agit moins ici de savoir si Dieu existe que de savoir s'il est infini. L'existence de Dieu s'impose à notre esprit de plusieurs manières. C'est l'idée de cause qui la première se présente à notre esprit pour y réveiller l'idée de Dieu comme créateur. En contemplant la création, nous voyons une multitude d'effets et de causes qui se tiennent entre eux comme les anneaux d'une longue chaîne ; mais lorsque notre pensée remonte des effets aux causes le long de cette chaîne, nous comprenons en réfléchissant qu'il faut arriver à un premier anneau qui, n'ayant point de cause, existe par lui-même. Pour que la chaîne se prolongeât toujours il faudrait admettre un nombre infini d'anneaux, ce qui est absurde, car un nombre ne peut être infini; l'infini veut dire sans limite, et tout nombre est l'expression d'une limite.

Il faut donc admettre une cause première qui existe par elle-même; notre esprit, réfléchissant sur cette cause première qui existe par elle-même, ne peut lui concevoir aucune limite; mais si notre esprit ne peut assigner aucune limite à cette cause première, est-ce par impuissance ou par la vue de la vérité? Nous ne voyons pas de limites, mais sommes-nous certains qu'en réalité il n'en existe pas? C'est alors que le mot d'infini se présente à notre pensée comme une possibilité, mais pouvons-nous savoir si cette possibilité est une réalité, voilà le point fondamental sur lequel repose la certitude et tout l'édifice de la pensée humaine. Redoublons donc d'attention.

Oui! l'idée de l'infini est certaine, c'est-à-dire qu'elle affirme infailliblement la réalité de ce qu'elle nomme. Les preuves de cette vérité peuvent se résumer dans l'argument suivant :

L'impossible est inconcevable.
Or nous avons la conception de l'infini.
Donc l'infini est possible.
Mais l'infini serait impossible s'il n'était actuellement.
Donc il est.

Il faut maintenant porter la lumière sur tous les points de cette pierre angulaire de la raison et établir solidement toutes ces propositions.

1° *L'impossible est inconcevable*

L'impossible est inconcevable non seulement à l'intelligence finie, mais encore à l'intelligence infinie.

Bien que l'existence de l'infini soit en question, rien ne nous empêche de l'admettre au moins comme supposition, et l'argument ne perdra rien de sa valeur. Voici donc :

L'infini, s'il existe, ne peut avoir l'idée de l'impossible; car s'il avait cette idée son intelligence serait plus grande que sa puissance et il ne serait pas l'infini, où ne peuvent se trouver le plus et le moins qui sont des limites.

Or si l'intelligence infinie ne peut concevoir l'impossible, à plus forte raison l'intelligence finie ne le peut-elle pas. N'oublions pas qu'il s'agit ici d'une impossibilité absolue et métaphysique. Les hommes parlent souvent de l'impossible, mais la plupart du temps il est question d'une impossibilité relative : ainsi, il est impossible à l'homme de voler en l'air comme les oiseaux; ou d'une impossibilité morale qui vient d'une volonté fixe comme : il est impossible qu'un homme d'honneur revienne sur sa parole ; il est impossible que Dieu détruise la création, œuvre de ses mains.

Il n'y a de vraiment impossible que ce qu'on appelle une proposition contradictoire. Mais la proposition contradictoire n'exprime jamais une idée simple, elle juxtapose deux idées inconciliables qui s'excluent, se combattent, et ne peuvent jamais être réduites à l'unité.

Le type en ce genre est l'expression suivante : *un cercle carré*. Cercle est une idée et cette idée est possible. Carré est une idée possible aussi ; mais on a beau pétrir dans le langage ces deux mots, ils ne se mêlent jamais et restent toujours deux idées distinctes et irréductibles. Jamais aucune intelligence n'a eu la conception d'un cercle carré.

Lorsque les termes sont parfaitement définis comme dans les mathématiques, la contradiction et l'impossibilité sont manifestes, et toute pensée les refuse. Mais l'ignorance de la valeur des termes peut introduire dans l'imagination de l'homme des apparences d'absurdité. Quand un enfant dit qu'il a vu un homme de marbre il semble dire une absurdité ; et c'en serait une en effet, si, dans sa pensée, l'idée d'homme et celle de marbre étaient complètes. Mais de l'idée d'homme et de l'idée de marbre il n'a pris que l'idée de forme extérieure qui leur est commune, et, tronquées ainsi, les idées d'homme et de marbre peuvent se ramener à une seule idée que nous exprimons par le mot : statue.

C'est ainsi que les chimères même, ne peuvent entrer dans la pensée de l'homme qu'au degré où elles sont possibles ; car l'impossibilité est une barrière infranchissable à toute intelligence.

Pour introduire l'impossible dans le langage, il faut joindre par un lien grammatical deux mots qui expriment des idées contradictoires. Alors ce qui est impossible, ce n'est pas chacun de ces deux mots, mais le rapport que le lien indique. Ainsi il est impossible que le blanc soit noir, que le vrai soit faux, que le oui soit non, etc.

Ainsi point d'être impossible, l'idée simple de cet être n'a jamais été et ne sera jamais dans aucune intelligence.

Dans aucune pensée, point de mot pour le nommer, point de nombre pour le marquer, point de forme pour le circonscrire, point d'intelligence pour le saisir ; c'est la nuit absolue où l'œil de la pensée ne peut rien voir, pas même une illusion. Aussi l'ange Gabriel affirmant la toute-puissance de Dieu dit : *non erit impossibile apud deum omne verbum*. Aucune parole n'est impossible à Dieu, parce que l'impossible ne peut être ni une idée ni la parole qui l'exprime.

2° Or nous avons l'idée de l'infini.

Cela devrait être hors de doute puisque nous le nommons : mais puisque certains esprits troublés le contestent, il faut le démontrer.

Voici ce qu'ils disent : 1° Nous ne comprenons pas l'infini, donc nous n'en avons pas idée. 2° Ceux qui croient avoir cette idée se font illusion; s'ils analysent leur propre pensée, ils verront qu'ils n'ont d'autre idée que celle de l'indéfini, et leurs efforts pour aller plus loin n'aboutissent souvent qu'au vertige. 3° D'ailleurs, le mot *infini* est une expression négative qui dit, non ce que Dieu est, mais ce qu'il n'est pas ; elle ne nous donne donc pas l'idée Dieu.

Examinons un peu chacune de ces propositions.

Nous ne comprenons pas l'infini, donc, disent-ils, nous n'en avons pas l'idée.

Mais si nous n'avons l'idée que de ce que nous comprenons, de quoi avons-nous l'idée ?

Ceux que le doute dévore, après avoir désespéré de tout et des autres réalités, se cramponnent à la matière comme à la seule réalité incontestable, mais comprennent-ils la matière ?

Loin de là, la matière est un fait que la sensation affirme, mais il ne pouvait ni rendre raison de son existence, ni expliquer sa nature. Nous ne saisissons de la matière que la forme, qui n'est pas elle ; mais son essence est le plus inexplicable des mystères, et, comme le dit fort bien Saint Thomas, la matière est inintelligible en soi.

En général, nous ne saisissons intégralement que les rapports des choses, et nous ne savons le fond de rien. Si donc il fallait comprendre parfaitement une chose pour en avoir l'idée, nous n'aurions aucune idée positive, notre intelligence serait emprisonnée dans l'arithmétique qui n'exprime que des rapports, et encore nous verrons plus loin que l'arithmétique elle-même repose toute entière sur cette idée de l'infini qu'on veut mettre en question.

Il n'est donc pas nécessaire de connaître une chose jusque dans son existence pour en avoir l'idée, il suffit d'en pouvoir affirmer les propriétés principales et de la distinguer nettement de tout ce qui n'est pas elle.

Nous savons ce que c'est que l'unité, nous faisons une affirmation quand nous disons que l'infini est sans limite. Par là nous le distinguons absolument de tout ce qui n'est pas lui.

Mais, dit-on encore, c'est une illusion de croire que vous avez l'idée de l'infini ; rentrez en vous-même et vous verrez que notre idée n'est que celle de l'infini.

Ceux qui parlent ainsi se percent de leurs propres flèches. Comment pouvez-vous savoir que mon idée est différente de celle de l'infini, si vous n'avez vous-même cette idée de l'infini ? Peut-on connaître la différence qui existe entre un objet connu et un objet inconnu ? Pouvez-vous affirmer que je suis loin du but, si vous ne savez où est ce but? Si vous n'avez pas l'idée, pourquoi en parlez-vous ? comment lui avez-vous donné un nom qui n'appartient qu'à lui ? Sachez-le bien, quand on a prononcé le nom de l'infini, il n'est plus temps d'en reculer l'idée, la brèche est faite et le vainqueur est dans la place.

Je sais que l'esprit qui cherche à comprendre cette idée s'éblouit quelquefois jusqu'au vertige; mais voici pourquoi :

L'idée de l'infini est acceptée de primo abord par l'intelligence même médiocre, mais elle luit dans notre âme avec la rapidité de l'éclair qu'on ne peut ni saisir ni contempler : lorsque les hommes veulent se rendre compte de cette lumière qui a instantanément illuminé leur pensée ; c'est-à-dire lorsqu'ils veulent comprendre cette idée incompréhensible par leur intuition ou leur imagination, ils partent naturellement de ce qu'ils connaissent, c'est-à-dire du fini ; et de ce point de départ ils s'élancent pour arriver au but. Ils considèrent l'espace et cherchent à l'agrandir sans mesure dans leur imagination. Ils ajoutent le temps au temps pour arriver à l'éternité, ils entassent les nombres sur les nombres pour atteindre l'infini. Vains efforts, ils tournent le dos au but, car l'espace est la négation de l'immensité, le temps, la négation de l'éternité, et le nombre, la négation de l'unité qui seule est l'infini. Plus donc ils ont prolongé leurs efforts, plus il se trouvent loin du but ; alors le vide dont ils se voient entourés leur donne le vertige.

Pour compléter autant que possible l'idée de l'infini qui a brillé dans notre âme, il ne faut pas recourir à l'imagination, mais s'en tenir à la logique. Ne sortons pas du mot lui-même. Infini veut dire sans limite. Concluons donc : il est indivisible, car toute division est une limite, il n'est donc pas l'espace, il n'a ni commencement, ni milieu, ni fin. Car le commencement, le milieu et la fin sont des limites, il n'est donc pas la prolongation du temps. Enfin, il n'est aucun nombre, car tout nombre est une limite, il n'est donc pas une addition.

Mais comment l'infini peut-il être l'unité, sans nombre, sans dimension, sans passé, ni futur ? C'est là le mystère des mystères, nous ne pouvons le comprendre, mais nous le savons parce que la logique nous l'affirme rigoureusement.

Cela suffit pour que nous ayons incontestablement l'idée de l'infini, car bien que nous ne le comprenions pas, nous affirmons de lui ce qu'il est et nous en écartons ce qu'il n'est pas. En un mot nous le distinguons nettement de tout ce qui n'est pas lui.

3° Enfin dit-on :

Le mot *infini* est une expression négative qui ne nous donne pas l'idée de Dieu. Elle nous dit non ce qu'il est, mais ce qu'il n'est pas ; elle nous dit qu'il est par la limite, voilà tout.

Nous avons déjà prévenu cette objection, mais il reste encore beaucoup à dire.

Le mot *infini*, il est vrai, a une forme négative, mais c'est là son mérite. Nous avons vu que dans toute intelligence, l'idée ne pouvait être complète sans être distincte, et que c'était la forme négative qui la rendait distincte ; ainsi l'idée de l'être n'est complète que lors qu'on y ajoute celle d'infini.

Dieu lui-même se sert de cette expression pour se comprendre, l'idée de l'infini est la forme radieuse qui renferme en même temps ce qu'il est et ce qu'il n'est pas ; c'est le miroir dans lequel il se distingue nettement.

Sans doute Dieu a un autre mot, par lequel il s'affirme positivement et il voit directement toute sa substance ; mais ce mot est resté son secret, ou, si nous le prononçons, c'est sans en soupçonner la profondeur.

Nous prononçons le mot être, mais nous ne pouvons contempler en face l'idée de l'être, elle nous éblouit plus qu'elle nous éclaire : pour nous en servir nous sommes obligés de faire un détour et de la prendre pour ainsi dire à revers en recourant à la forme négative : *infini*. Alors, seulement, elle peut être saisie par notre logique et nous en avons conclu tout à l'heure les principaux attributs de l'être un, immense, indivisible et sans fin.

Notre histoire est celle de Moïse, il avait dit à Dieu : « montrez-moi votre gloire » : Dieu lui dit tu ne pourras voir ma face; car nul homme ne peut me voir et subsister. Mais je te cacherai dans le creux du rocher et je te couvrirai de ma main droite, et lorsque ma gloire aura passée, tu me verras par derrière, mais tu ne pourras voir ma face ». (Exod. 33).

C'est ainsi que nous ne pouvons contempler en face l'idée de l'être et en extraire les richesses qu'elle renferme : pour extraire ces richesses au moyen de la logique, nous sommes obligés de recourir à l'idée de l'infini qui est en effet le revers de l'idée de l'être.

C'est donc par le mot infini que notre intelligence approche le plus près de Dieu. Cela suffit, et cela est beaucoup plus qu'on ne pense, car, à bien considérer, l'expression *infini* n'a de négatif que la forme. En effet, infini, ou sans limite, c'est la négation de toute limite, mais toute limite est une négation de la plénitude de l'être, infini est donc la négation de toutes les négations : Or, comme le dit la syntaxe, deux négations se détruisent et valent une affirmation. Ce mot infini est donc au fond une affirmation, et l'affirmation la plus haute et la plus complète que puisse prononcer une langue et concevoir une intelligence, car elle est la plus absolue et la seule qui ne puisse se prêter à plusieurs sens.

Si le mot *infini*, à cause de sa forme négative, devait être retranché des idées réelles, il faudrait aussi en retrancher les mots suivants : incréé, ineffable, incompréhensible, immense, immuable, invincible, infaillible, incorruptible, etc., il faudrait dire que toutes ces expressions ne représentent aucune idée, et sont pour nous des mots vides de sens, de là ces mots sont aussi des négations de limites et, malgré leur forme négative, ils sont les hautes affirmations de la pensée, et la plus grande richesse de l'intelligence.

Tous ne sont que les rayons du mot central *infini* qui les contient tous et se montre le vrai soleil de notre intelligence. *Erat lux vera qua illuminat omnem hominem venientem in hunc mundum.* C'était la lumière qui illumine tout homme venant en ce monde. Toute grandeur, toute beauté nous viennent de là, les âmes qui méditent et contemplent cette lumière de l'infini sont comme l'aigle qui fixe le soleil; celles qui l'oublient ou le nient sont comme ces oiseaux de nuit que la lumière du jour chasse dans les ténèbres de leurs cavernes.

Naturellement, aucun être ne peut avoir une idée plus grande que lui-même, sinon par l'influence d'un être supérieur. L'homme n'a donc pu inventer l'idée de l'infini : mais ce qui est certain, c'est qu'il y a en lui, une place, un temple préparé pour la recevoir et c'est là sa grandeur.

Lorsqu'on dit à l'enfant que Dieu est partout, son âme bondit parce qu'elle sent la portée de ce mot. Partout, partout, partout : répète-t-il avec étonnement. Oui, dit le catéchiste. Je ne pourrai jamais comprendre, répond l'enfant tout pensif.

Comment peut-il penser qu'il n'arrivera jamais, s'il ne sent que le but à atteindre est infiniment éloigné, s'il ne saisit toute la portée de ces grands mots : partout, toujours, jamais, qui touchent à l'infini? Par cette réponse d'enfant, je montre déjà le roi de la création qui porte sur le front le sceau de Dieu. *Signatum est super nos lumen vultus tui.*

Jetez votre parole autour de vous comme une semence, les oreilles des animaux qui vous entourent les entendront aussi bien que des oreilles humaines. Les animaux qui n'ont pas la raison resteront impassibles et muets, mais au grand mot de l'infini, l'âme humaine tressaillera comme le bras touché par l'étincelle, elle résonnera comme la voûte du temple frappée par une grande voix : la raison n'est que l'écho de l'infini.

Oui, nous avons l'idée de l'infini, et cette idée, comme nous l'a dit Fénelon, est le reflet de Dieu en nous.

Comment, en présence de cet hôte sublime, l'âme ne tombe-t-elle pas prosternée et tremblante comme Moïse devant le buisson ardent? Pourquoi l'immense multitude semble-t-elle n'y faire aucune attention? Hélas! c'est que le péché a tellement obscurci l'air de notre âme, qu'environnés de lumière, nous ne voyons qu'une lueur confuse et marchons à tâtons comme dans les ténèbres.

Heureux ceux dont l'œil s'entrouvre pour contempler la lumière divine.

Mais il reste toujours une conséquence pratique très importante : c'est que le langage, qui repose tout entier sur l'idée de l'être, est en nous un reflet de Dieu que nous devons traiter avec le plus grand respect. Le mensonge, l'obscénité, la jactance sous toutes leurs formes, sont une profanation de la parole qui est une chose sainte, ceci est la raison de cette parole de l'Evangile : En vérité, je vous le dis, toute parole oiseuse que les hommes auront dites, ils en rendront compte au jour du jugement. *Dico autem vobis, quoniam omne verbum otiosum, quod loculi fuerint homines reddent rationem de eo in die judicii* (Math., XII-36).

Nous avons démontré que nous avons l'idée de l'infini.

Donc l'infini est possible.

Alors reste à tirer la dernière conclusion : Si l'infini est possible, il est réellement.

En effet toute créature finie, ayant un commencement, avant ce commencement est possible sans exister encore, et en la créature la possibilité ne conclut donc pas à l'existence,

Mais il n'en est pas de même de l'être infini qui ne peut être qu'éternel. S'il n'était pas actuellement, il ne serait plus temps pour lui d'exister, car il faudrait qu'il commençât, et l'éternité peut commencer.

S'il n'était pas, il serait donc impossible. Or, nous avons prouvé qu'il est possible, donc il est.

Il est, il a toujours été, il sera toujours. Il est par lui-même, il est absolument, en un mot, il est l'infini, et c'est parce qu'il est que notre âme le nomme.

Avant de poursuivre, il faut prévenir une objection que l'on pourrait me faire. Vous avez souvent parlé de l'idée du non être, le néant est-il aussi une possibilité ?

A cela plusieurs réponses.

1° Le possible, comme l'indique son nom, est l'objet de la puissance; mais le néant ou le rien ne peut d'aucune manière être l'objet de la puissance et se dire possible. Si le néant est l'objet de la pensée, ce n'est point par lui-même, mais indirectement. L'idée du non être n'est pas une idée simple, le non être suppose l'être dont il est la négation, et ce n'est que par l'être qu'il est intelligible. L'idée du non être ne peut subsister seule, elle est inséparablement liée à l'idée de l'être qui l'engendre et qui préalablement a déjà affirmé l'être.

2° Si l'on fait attention au sens rigoureux de ce mot non être, on verra qu'il n'exprime ni une réalité, ni une possibilité, mais ce qui n'est pas. L'essence du non être, si l'on pouvait ici employer cette expression, est de n'être pas, ce n'est que comme n'étant pas qu'il peut être conçu et être l'objet de l'idée. Comprise ainsi, l'idée du non être exprime non seulement une possibilité, mais une grande vérité, c'est que le néant n'est pas, n'a jamais été et ne sera jamais; ce qui est une autre manière de dire que l'être est, a été et sera toujours.

Le fini et ses limites entrent dans le domaine de la puissance à cause de l'être auquel elles participent à un degré quelconque. C'est pourquoi les idées de fini et de limite sont posssibles, et nous avons vu que la création était avant tout la réalisation des limites à tous les degrés.

Mais l'idée de l'infini est simple, positive, elle exprime tout entier l'être qui est l'objet de la puissance, et il faut le redire encore, puisque nous en avons l'idée, il est possible et puisqu'il est possible, il est, a toujours été et sera toujours, et l'être infini qu'exprime cette idée est la manifestation éternelle de la puissance infinie.

Oui il est l'infini, et lui seul a pu concevoir cette merveilleuse idée de l'infini qui n'est que la vue de lui-même; lui seule a pu faire briller un rayon de cette éblouissante lumière dans des intelligences finies, et, en faisant pénétrer cette lumière dans l'âme, il s'affirme avec certitude.

Chose admirable! L'idée partage les privilèges de la réalité. La créature n'a qu'un être d'emprunt qui semble toujours prêt à s'évanouir dans le néant dont elle est sortie, tandis que l'infini, qui est par lui-même, est essentiellement vie et lumière. Aussi l'idée de l'infini ne ressemble à aucune autre. Elle n'est pas une ombre qui traverse notre esprit comme un nuage et se transforme comme lui; mais elle est en nous une réalité vivante qui, enfonçant ses racines dans la conscience, n'en peut plus être arrachée. Elle est le témoignage irrécusable de celui qu'elle nomme; comme l'être qu'elle exprime elle a la vie en elle; elle est le contact même de cet être infini qui fait frissonner l'âme; elle est, comme l'a si bien dit Fénelon, la présence de Dieu lui-même en nous; elle est inséparablement liée à son objet, et s'affirme en même temps que lui invinciblement; elle est sa preuve en elle-même, elle est, par essence, la certitude dans son principe et la source de toutes les certitudes.

Ah ! si l'homme comprenait tout le prix de cette idée sublime de l'infini, qui est la vie et la lumière de notre intelligence ! (1)

Éloigner cette idée, que reste-t-il, sinon les ténèbres et le doute ?

Lorsqu'un homme descend dans sa pensée pour en sonder les fondements, son pied ne trouve nulle part à se poser, car qu'y a-t-il de certain par soi-même ?

Si j'en crois mes sens, je suis au milieu d'un monde matériel immense, où toutes les formes et toutes les couleurs se trouvent réunies. Mais j'ai surpris plusieurs fois mes sens à me tromper. Qui me dit qu'ils ne me trompent pas toujours ?

Toutes les nuits je crois me mouvoir à travers un monde matériel et vivant ; je traverse des routes, je visite des villes et des palais ; j'habite des maisons, je rencontre des hommes à qui je parle et qui me répondent. Et le matin, mon lit tiède m'avertit que je ne suis pas sorti de ma chambre. Si la nuit est une illusion, le jour est-il une réalité, ou une illusion plus profonde encore ? Le monde où je vis, qui produit tant d'épines et de poisons, qui est en proie à la douleur et à la mort, qui est arrosé de tant de larmes, est-il l'ouvrage d'un être bon ou méchant ? Si l'ouvrier du monde est méchant, toutes les créatures ne sont-elles pas un piège pour me tromper, et l'existence une cruelle ironie ? Si le mensonge et l'illusion sont partout, à quoi me rattacher pour trouver la vérité ? Le passé n'est-il pas aussi illusoire et aussi inutile que le présent ? et l'histoire peut-elle avoir un sens ? Tous ces doutes ont été émis par des philosophes anciens et modernes.

Voilà le chaos qui règne dans la tête qui oublie l'infini.

Mais lorsque l'idée de l'infini s'asseoit dans l'âme, aussitôt tout s'éclaire comme la nature au soleil levant, et les doutes se dissipent peu à peu comme les vapeurs dans une matinée d'été.

En effet, si le créateur est un être infini, il est infiniment parfait, c'est-à-dire puissant, bon et sage. Alors il ne m'a point jeté dans ce monde pour être le jouet de l'erreur, et je puis marcher avec confiance dans la voie qui est ouverte devant moi. Les sens qui rendent témoignage du monde matériel peuvent n'être pas parfaits, mais ils ne sont pas radicalement faux, leur lumière doit être suffisante pour la destinée terrestre, et je puis sans crainte les prendre pour guides de ma vie matérielle.

Si le mal est dans le monde, il ne peut être l'œuvre de l'être infiniment bon ; il doit donc avoir été introduit par la créature libre, et si

(1) *Ex ore infantium perfecisti laudem* (psal. 18). J'ai entendu une magnifique parole sortir de la bouche d'un enfant de quinze ans. Ses condisciples lui répétaient le proverbe banal : « On ferait un gros livre de ce que tu ne sais pas, et tu gagnerais beaucoup à faire l'échange ». Eh ! bien, non, répondit l'enfant après une minute de réflexion, je ne voudrais pas changer : J'ai l'idée de Dieu infini, tout ce que je ne sais pas ne pourrait remplacer cette idée. Il avait mille fois raison.

cette introduction du mal m'est indiquée par une tradition universelle, cette tradition deviendra pour moi une certitude.

Un Dieu bon et infiniment sage n'a pu abandonner l'humanité à elle-même, il a dû surveiller et conduire sa destinée. L'histoire a donc un sens et doit me faire connaître ma loi et la volonté de Dieu, et si Dieu n'a point abandonné l'humanité, s'il lui a donné les lumières dont elle a besoin, il a dû les lui donner dès l'origine. Les traditions doivent donc remonter au commencement du monde, et si le témoignage historique me montre dès le commencement la parole même de Dieu qui ne peut ni se tromper ni vouloir tromper, je m'attacherai par dessus tout à cette lumière, je n'hésiterai plus, je marcherai avec la certitude que, m'avançant en droiture et sincérité sous l'œil de l'être infiniment bon, j'atteindrai la fin pour laquelle je suis créé.

Et toute cette fermeté de la pensée n'a d'autre fondement que l'idée de l'infini ; toute cette paix du cœur, toute cette confiance de la vie n'a d'autre appui que cette même idée de l'infini qui, par la continuité de l'attention, est devenue un sentiment.

Une question se présente ici. Jusqu'où la raison seule, abandonnée à ses propres forces peut-elle s'élever ?

Il est bien entendu qu'il ne s'agit pas de la raison avortée des idiots, mais de la raison telle qu'elle brille dans les grandes intelligences.

Il semble, au premier abord, que cette question soit facile à résoudre, car il s'agit simplement de constater la force d'une faculté qui est en nous, et qui est notre conscience même.

Mais ce qui rend cette constatation très-difficile, sinon impossible, c'est que la raison n'a jamais été seule.

Dieu en parlant au premier homme, lui a enseigné en même temps les vérités naturelles et les vérités surnaturelles. Adam a transmis à ses descendants cette parole de Dieu telle qu'il l'avait reçue, et le fleuve du langage, dont l'âme humaine s'abreuve et se nourrit, est tellement mêlé de raison et de révélation, qu'il est aussi difficile d'apprécier dans le résultat ce qui appartient à l'une et à l'autre, qu'il est difficile de distinguer dans un fleuve l'eau des rivières qui l'ont formé.

La constatation étant impossible, il faut recourir aux conséquences logiques des principes.

Nous l'avons déjà dit : nous pensons qu'aucun être ne peut avoir une idée plus grande que lui-même, sinon par l'influence d'un être supérieur qui se révèle à lui.

Mais, dira-t-on, peut-être l'homme n'a-t-il pas naturellement l'idée de l'univers qui est bien plus grand que lui.

Je répondrai par la célèbre pensée de Pascal : L'homme n'est qu'un roseau, le plus faible de la nature, mais c'est un roseau pensant. Une vapeur, une goutte d'eau suffit pour le tuer. Mais quand l'univers l'écraserait, l'homme serait encore plus grand que ce qui le tue, parce qu'il sait qu'il meurt ; et l'avantage que l'univers a sur lui, l'univers n'en sait rien.

Oui, l'homme est plus grand que le reste de l'univers.

Dieu seul est au-dessus de lui ; si donc il a l'idée de Dieu, c'est que Dieu s'est révélé à lui, mais la plus haute pensée qu'il puisse avoir par lui-même est sa propre conscience.

On m'objectera sans doute les belles démonstrations de l'existence de Dieu et de ses attributs fondées uniquement sur les premiers principes de sa raison.

Mais on ne peut rien conclure de ces démonstrations, et voici pourquoi.

Il est infiniment plus facile de relier par les liens logiques les vérités une fois connues, que de les découvrir. La raison parvient même à rattacher aux premiers principes des mystères révélés, qu'elle n'aurait certainement pu inventer puisqu'elle ne les comprend pas.

Il est vrai que l'idée de l'être qui est le fond même de notre raison renferme l'idée de Dieu et toutes les idées. Mais en nous ce n'est qu'en puissance. En Dieu elles sont en acte. C'est dans l'idée de l'être qu'il possède, parfaitement, que Dieu, en se voyant, voit tout. L'homme ne possède pas cette idée, il ne fait qu'y participer. En Dieu elle est un fond infini sur lequel toutes les idées possibles sont actuellement dessinées par l'idée infinie du non être. Dans l'homme elle est un fond indéfini et sans forme par lui-même, sur lequel peuvent se dessiner toutes les idées à mesure que l'idée finie du non être se développe en lui. Tous les objets créés qui frappent les sens, laissent leur empreinte sur ce fond, et sont le support de toutes les idées concrètes, mais aucun de ces objets ne peut donner l'idée de l'infini. Le langage seul peut donner un corps aux idées abstraites, les dessiner dans la pensée et les graver dans la mémoire, on peut lui appliquer ce que saint Jean dit du Verbe, qu'il éclaire tout homme venant en ce monde.

L'enfant à qui on n'a jamais parlé (l'expérience l'a prouvé), reste dans le demi-jour des idées concrètes, et l'âme des sourds-muets reste aussi dans ce demi-jour, jusqu'à ce que les lettres de l'alphabet fassent pénétrer par les yeux la lumière de la parole.

Si donc c'est le langage qui fait éclore la raison abstraite dont le germe est dans l'homme, comment l'homme aurait-il pu inventer des mots pour exprimer des idées qu'il n'avait pas encore ?

Il a donc fallu que, dès le commencement, Dieu parla à l'homme pour mettre la lumière dans son âme.

Une fois en possession du langage, l'homme a pu former des noms pour qualifier tous les êtres finis, c'est pourquoi Adam a donné un nom à tous les animaux du paradis terrestre, mais ce que Dieu seul pouvait faire, c'était de révéler son propre nom qui est *l'être infini*, et ce nom est la plus grande richesse du langage qui, transmis de race en race, éclaire toutes les intelligences.

Les anciennes traditions rabbiniques semblent voir aussi l'origine du langage, l'importance des nombres et la grandeur du nom de Dieu. Ce qu'elles appellent les trente-deux voies merveilleuses de la sagesse, ce sont les dix premiers nombres et les vingt-deux lettres de l'alphabet hébreux.

Voici le texte tiré du Sépher-Ietzirah :

« Le nombre 1 (l'unité), c'est l'esprit du Dieu vivant, béni soit son nom, béni soit le nom de celui qui vit dans l'éternité. L'esprit, la voix et la parole, voilà l'Esprit-Saint.

Deux, c'est le souffle qui vient de l'esprit; en lui sont gravées et sculptées les vingt-deux lettres qui ne forment cependant qu'un souffle unique.

Avec les vingt-deux lettres, en leur donnant une forme et une figure (1), en les mêlant et les combinant, Dieu a fait l'âme de tout ce qui est formé et de tout ce qui le sera. C'est sur ces mêmes lettres, que le Saint, béni soit-il, a fondé son nom sublime et ineffaçable. »

Ainsi, la parole et les lettres qui lui donnent un corps, sortent du souffle de Dieu; et le chef-d'œuvre de ce souffle, est le nom ineffaçable du Saint des Saints qui renferme en lui la vérité toute entière.

Quatre mots surtout dans le langage expriment à différents points de vue la nature divine, ce sont les mots : être, unité, révélation, infini, et Dieu, une fois en possession de ces quatre mots, par la raison cherche à établir entre eux une filiation logique et à en faire une échelle philosophique qui, s'appuyant sur la terre, monte jusqu'au ciel.

Elle pose pour fondement l'idée vague de l'être, qui est le fond même de la raison humaine, et l'idée de l'unité, qui est innée dans toute intelligence et que rend plus distincte le contraste des nombres.

Avant de monter plus haut, il faut comprendre que ces deux mots expriment la même réalité, que l'être est l'unité vivante et que l'unité est l'essence de l'être et la raison de ses attributs.

(1) La forme des lettres est arbitraire et peut varier d'une langue à l'autre, l'important est d'en donner une pour noter et fixer toutes les articulations de la voix humaine.

Avant tout, cette unité vivante est l'être par soi qui est nécessairement, toujours, qui ne peut cesser d'être, qui n'a pu commencer et ne peut être autrement qu'éternel.

L'unité est par essence indivisible; ce qui est indivisible ne peut avoir de limite, car toute limite indique et réalise une division, l'unité vivante est donc sans limite, c'est-à-dire infinie. Mais comme la matière est essentiellement divisible, l'unité vivante ne peut être matérielle, elle est esprit pur.

Pour arriver au plus haut degré de la connaissance de Dieu, il faut comprendre que l'unité parfaite de l'esprit gît dans la conscience, que la conscience intelligente constitue la personnalité et que par conséquent l'unité vivante est personnelle. Alors elle prend le nom de *Dieu* qui devient un nom propre et comme tel suppose la personnalité.

Ainsi, Dieu est l'unité vivante, infinie et personnelle. Il faut remarquer ici, que Dieu s'est défini trois fois dans l'Écriture Sainte. Il a dit à Moïse : je suis l'être.

Jésus-Christ a dit : Dieu est esprit, et saint Jean : Dieu est amour. Ce dernier mot a un sens très profond, car l'amour, outre qu'il ne peut venir que d'une personne, suppose société et par conséquent pluralité de personnes en Dieu.

L'extension de l'échelle philosophique n'est pas sans difficulté et sans péril, il faut une grande force d'attention pour suivre sans dévier la filiation logique, et puis la pensée qui contemple les idées de l'unité et de l'infini, cotoie sur une pente glissante l'abime du panthéisme et de grandes intelligences y sont tombées.

C'est la révélation de la triple personnalité divine qui sauve du panthéisme la raison qui s'appuie sur la foi.

Tout ce que nous venons de dire se trouve réuni dans cette claire parole de saint Thomas : « l'homme a la raison, mais il a besoin de la révélation pour pouvoir user de toute sa raison ».

Que ferait la raison sans la révélation ? On ne peut le savoir, parce que la raison n'a jamais été seule, mais ce qui est certain, c'est que la révélation joue un rôle immense dans la pensée humaine.

Elle inonde le langage, elle nous environne de toutes parts comme la lumière du jour, elle éclaire même à son insu la raison orgueilleuse qui croit ne s'appuyer que sur elle-même et faire entièrement obstruction de la foi. Elle étend ses bienfaits sur tous et met les simples croyants au-dessus des savants incrédules.

L'idée complète de Dieu infini et personnel, que donne même aux enfants la révélation des mystères de la trinité, de l'incarnation et de la grâce, est bien supérieure à toutes les conceptions purement philosophiques. Si ces petits sont au sommet de l'échelle mystérieuse des noms de Dieu dont nous avons parlé, ce n'est point par l'effort de leur raison. S'ils y sont, c'est qu'ils y ont été transportés par la révélation, et la preuve de cela c'est qu'ils semblent ignorer les degrés inférieurs qui mènent logiquement à ce sommet, et qu'ils songent fort peu aux idées abstraites de l'être, de l'unité et de l'infini.

Cependant ces idées abstraites sont en eux, bien que voilées et inaperçues, et c'est par elles qu'ils comprennent tout le reste. Elles sont en eux comme le soleil qui disparait derrière d'épais nuages et qui, néanmoins, répand partout la lumière du jour qui fait apercevoir tous les objets qui sont sur la terre.

L'immense multitude courbée vers la terre considère à la clarté du jour toutes les formes et toutes les couleurs sans relever la tête pour contempler directement la source même de la lumière. Pendant ce temps là, un petit nombre de savants, à travers un voile respectueux d'obscurité, contemple en face l'astre éblouissant, et s'efforce d'en pénétrer les secrets.

Ainsi, tandis que la multitude, à la lumière des idées abstraites de l'être et de l'unité qui sont le fond de la raison, raisonne de tous les objets matériels et finis qui la préoccupe, un petit nombre de penseurs contemplent ces idées en face et cherchent à découvrir les clartés qu'elles renferment et qui sont infinies.

Résumons en peu de mots tout ce que nous avons dit.

La certitude fixe la pensée et la rend immuable. Mais l'immutabilité n'appartient qu'à l'infini, il faut donc que la pensée devienne immuable, que l'infini imprime en elle ineffaçablement son reflet, qui est l'idée de l'infini. Le germe de cette idée est en nous, c'est le langage qui le fait éclore (1). Si ce germe n'était pas en nous, le langage serait inutile comme l'eau est inutile à la terre qui ne renferme aucune semence. Mais ce germe est dans toute âme et ne demande qu'à s'ouvrir; c'est pourquoi le mot d'infini fait tressaillir notre intelligence, et le nom de Dieu retentit dans notre âme, comme la réalité d'un pressentiment.

Le sentiment de l'unité et l'idée vague de l'être sont au fond de toute intelligence : le langage en fait sortir l'idée de l'infini comme une tige inébranlable à laquelle se rattache toute certitude, et c'est sur cette tige que Dieu a pu enter la connaissance surnaturelle qui étend ses branches jusque dans le ciel.

Quelle est la conclusion qui ressort de tout ce chapitre? La voici :

La lumière de la raison, le fondement de la certitude, la source de

(1) Il ne s'agit que de l'état naturel de l'homme dans l'état présent, car nous gnorons ce que sera la vision intuitive, ni ce qu'a vu saint Paul. *Quæ non dicet omini loqui.*

toutes les idées, le trésor inépuisable de l'intelligence, ne sont autre chose que le nom de Dieu.

Ce nom est l'être comme il fut dit à Moïse : « Je suis celui qui est. » Mais cette idée de l'être nous éblouit, et ne nous devient visible que lorsqu'elle prend la forme distincte dans le mot infini. Enfin, tout se résume et se trouve renfermé dans le mot unité. L'unité est à la fois l'essence de l'être et sa perfection ; elle est le principe qui engendre et la fin à laquelle tout revient. L'unité produit tous les nombres sans cesser d'être elle-même, c'est-à-dire indivisible, et l'indivisible est l'infini, qui n'admet point de limite parce que toute limite divise. L'unité n'a ni longueur, ni largeur, ni profondeur, elle n'est pas l'espace, mais l'immensité ; elle n'a point d'heure ni passée ni future, elle n'est pas le temps, mais l'éternité. L'éternité est le nom qui n'appartient qu'à Dieu, ce nom est saint, comme le dit Marie, résumant toute l'écriture dans le *Magnificat* et *Sanctum nomen ejus*. La première chose que nous devons demander dans la prière par excellence est la sanctification de ce nom : *Sanctificetur nomen tuum*. Dieu seul est un, toute créature est un nombre. L'unité infinie est la lumière qui éclaire tout homme venant en ce monde ; la pensée qui réfléchit ne peut l'éviter, la voix qui l'a nommée ne peut plus la nier sans se contredire. Et cependant l'intelligence qui se place en face d'elle et veut y plonger son regard, s'éblouit et se trouble ; elle touche et ne voit pas ; elle sait et ne peut comprendre, et l'indivisibilité reste le mystère des mystères.

Et pourtant, sans cette unité incompréhensible, rien ne se comprend, rien ne s'explique, rien ne se fait ; elle est la raison de tout, le nœud de tous les problèmes, le but de tous les efforts, la perfection de toutes les œuvres, le principe de la vie, la splendeur du vrai, et le secret du beau.

Elle est incommunicable, mais rien ne se réalise que par son reflet. Ce reflet, pénétrant dans la pensée de l'homme, le sépare à jamais et infiniment de l'animal, et met sur son front le diadème royal de la raison. Si nous ne comprenons pas l'unité, c'est que nous ne sommes pas elle, c'est qu'elle est au-dessus de nous et au-delà en tous sens. Et quand une étincelle de sa lumière brille dans notre âme, c'est elle qui nous touche pour nous élever, c'est Dieu qui, au milieu des ténèbres où nous sommes, prend notre main pour nous conduire, Dieu que nous touchons sans le voir, parce qu'il habite la lumière inaccessible.

C'est pourquoi, ô Unité, je te bénis et je t'adore, parce que tu es l'infini, parce que tu es le bien et tout le bien, et que là où tu n'es plus, le mal apparaît aussitôt. Sans l'unité, la division détruit tout. Sans l'unité, le mécanisme se disloque, la disproportion choque le regard, les sons discordants déchirent l'oreille, la parole devient obscure et inintelligible, le corps humain souffre et se décompose, la discorde trouble la famille, l'anarchie dévore la société, et partout la mort remplace la vie.

Mais avec l'unité tout renait, tout s'harmonise, tout sourit, tout se repose ; c'est pourquoi, ô Unité, j'aspire à jouir de toi; il me tarde de voir cesser la division qui disperse mon existence et agite en tous sens mes sentiments et mes pensées. Hors de toi, il n'y a qu'inquiétude, agitation et douleur. Oh ! quand pourrai-je rentrer dans ton sein et y trouver le calme assuré, la paix sans fin, la charité qui demeure toujours et la béatitude éternelle.

O Unité, nom incommunicable de Dieu, c'est ta lueur dans mon âme qui me donne ce désir et m'en promet l'accomplissement. Que le nom du Seigneur soit béni : *Sit nomen Domini benedictum.*

CHAPITRE XIII

TRIPLICITÉ DE LA CERTITUDE

Nous avons recherché et étudié la racine de la certitude qui n'est au fond que l'idée et le nom de Dieu ; mais, de même que l'essence divine s'épanouit et se manifeste en trois personnalités, la racine de la certitude produit trois branches distinctes et portant des fruits différents et, pour caractériser ces trois branches de la certitude, nous ne trouvons pas de termes plus convenables que ceux qui caractérisent les trois personnalités : positif, négatif, harmonie. La certitude positive est celle qui nous vient de la foi, la certitude négative est la certitude mathématique, et la certitude harmonique, la certitude philosophique.

§ Ier. — *Certitude mathématique.*

Commençons par la certitude la plus facile à comprendre et la moins contestée, la certitude des mathématiques. Nous l'avons appelée négative, elle l'est en effet dans son objet. La science mathématique n'est que la science de la limite, elle ne peut saisir que ce qui est fini en tout sens, c'est-à-dire la matière ou plutôt la forme de la matière, car elle ne dit rien sur sa nature intime. Tout ce qui est spirituel échappe à son calcul, on n'a point de mètre pour mesurer la bonté, la justice, la morale, la vie, etc. En un mot, les mathématiques, comme nous l'avons déjà dit, n'expriment aucune idée, mais seulement les divisions et subdivisions de la forme, et les rapports de quantité entre toutes ces subdivisions. Tout y étant négatif, tout est parfaitement net et distinct, tout y étant fini, rien que l'intelligence ne puisse atteindre et embrasser, rien dont la pensée ne puisse faire le tour.

Le calcul infinitésimal, dont on a beaucoup parlé, ne détruit pas ce que nous venons de dire; il consiste fondamentalement à diminuer dans le calcul des parties dites infiniment petites. Si ces parties ont encore une dimension; ce calcul n'est que l'application du principe *parum pro nihilo computatur* (peu ne compte pas). Si elles sont réellement infiniment petites, comme le point géométrique, elles ne sont plus matière, mais pure idée ; dans le premier cas, la science mathématique s'arrête parce qu'elle n'est plus un instrument assez délicat pour suivre la subdivision jusqu'au bout. Dans le second cas elle abdique et reconnait son impuissance absolue dans l'ordre spirituel, où il lui est défendu d'entrer ; en se suicidant ainsi, elle ouvre la porte de l'infini, mais elle n'y entre pas.

Les mathématiques sont toute la certitude de la science proprement dite, autrement des sciences exactes. Partout où le nombre peut entrer, la certitude entre avec lui. L'astronomie, la physique, la chimie sont certaines là où elles peuvent s'exprimer par des nombres précis, dans tout le reste, elles sont réduites aux conjectures. La médecine ne sera jamais une science exacte parce qu'elle est toujours en face d'un élément incalculable qui est la vie. Un médecin peut être un savant en anatomie, en chimie, en botanique, en tout, excepté dans la médecine proprement dite, dont les problèmes ne peuvent se résoudre par les mathématiques. La médecine est un art qui tire parti de plusieurs sciences ; le plus grand médecin n'est pas le plus savant, mais le plus habile.

Or toute la certitude des mathématiques repose sur l'idée de l'unité, qui est aussi celle de l'infini.

On l'a dit avant nous, l'unité engendre les nombres, mais il faut de l'attention pour se rendre un compte exact de cette généalogie.

A parler rigoureusement, ce n'est pas l'unité, mais l'idée de l'unité qui engendre l'idée des nombres.

Comme nous l'avons vu, la loi sans exception de l'intelligence est qu'aucune idée n'est complète sans le contraste de son opposé qui la rend distincte. Toute idée positive appelle et engendre l'idée négative qui est son complément. C'est ainsi que, dès le commencement, nous avons vu l'idée de l'être en Dieu appeler et engendrer l'idée du non être qui la distingue et la complète.

L'unité est l'essence de Dieu l'être infini ; or, d'après la loi reconnue, Dieu ne peut avoir l'idée parfaite de son unité sans l'idée contraire de multiplicité. Mais la multiplicité se conçoit sous deux aspects, comme multiplication et comme division, et les nombres sont l'expression de tous les degrés, soit de la multiplication, soit de la division, qui sont indéfinies comme la série des nombres.

L'unité réelle, qui est l'être ou Dieu, est à la fois indéfinie, indivisible et immuable, et bien qu'elle soit le principe et la raison des nombres, elle ne peut être mesurée par les nombres et échappe à tout calcul.

L'unité du calcul mathématique est une unité finie et de convention à laquelle on suppose une des qualités de l'unité infinie savoir : l'immutabilité. Cette immutabilité n'est qu'hypothétique, car elle n'est pas la même [illegible]us les calculs; elle est tantôt une simple abstraction de l'esprit, tantôt un objet déterminé, comme un mètre, un franc, un homme, etc., mais une fois l'hypothèse posée, elle ne doit plus changer, autrement tout raisonnement arithmétique deviendrait impossible, et l'axiome des axiomes, deux et deux font quatre. Ainsi deux âmes et deux corps ne font pas quatre mais deux hommes; deux francs et deux centimes ne font pas quatre, etc.

Cette unité, loin d'être indivisible comme l'infini, est divisible indéfiniment par les fractions, mais dans ce travail de division et de subdivision, elle doit rester toujours la même comme un point immuable de comparaison qui donne à toutes les fractions leur valeur et leur sens.

Si on attribue à cette unité l'indivisibilité, on a le point qui est l'inébranlable fondement de tout l'échafaudage géométrique.

Le point géométrique, d'après sa définition, n'a ni longueur, ni largeur, ni profondeur ; ce point n'a jamais eu et n'aura jamais de réalité matérielle, il n'est qu'une idée abstraite, cette idée est la négation de l'étendue, et, comme l'étendue est la négation de l'immensité, le point, négation de négation, se trouve implicitement l'affirmation de l'immensité qui est l'unité indivisible de Dieu.

C'est ce caractère d'indivisibilité, attribué hypothétiquement au point, qui fait le fondement de toute la certitude géométrique, car si le point n'est pas indivisible, il n'y a plus un mot de vrai dans toute la géométrie.

Cette indivisibilité amène forcément l'idée de l'infini dans les définitions : ainsi on dit la ligne composée d'une infinité de points, et l'on définit le cercle un polygone d'une infinité de côtés, tout cela est absurde appliqué à la matière, car dans la matière, il n'y a rien d'infini.

Le point matériel grossier d'où part la géométrie pratique n'est qu'une image approximative du vrai point que l'on suppose. En réalité c'est une étendue de forme bizarre, divisible à l'infini comme toute étendue, mais dont la figure et l'étendue échappent à l'œil imparfait de notre corps matériel.

Les figures que l'on forme d'après ce point ne sont que des figures approximatives; aucun cercle, aucun angle n'ont jamais été la figure idéale que suppose le calcul.

Néanmoins les conclusions logiques sont certaines, parce qu'elles sont fondées sur l'idée absolue du point. Ce qui fait qu'on a défini la géométrie : l'art de raisonner juste sur des figures fausses.

Quant aux résultats pratiques, ils sont vrais dans la mesure de l'approximation qu'atteignent les figures que le crayon a tracées ou que la mécanique a réalisées.

C'est aussi à l'unité, mais d'une autre manière, que l'algèbre se rattache en ce qu'elle a de spécial.

L'algèbre, cette balance intellectuelle qui procède par équation et résout tous ses problèmes par l'équilibre, tire sa certitude, non de l'unité première qui est le principe de l'être, mais de l'unité finale qui en est le résumé et l'harmonie.

Cette harmonie, comme nous l'avons vu, résulte de l'égalité des deux premiers aspects de l'infini, qui sont le positif et le négatif; elle ramène l'être à l'unité harmonique, formulée par le nombre trois qui représente l'équation éternelle.

De toute manière, c'est donc sur l'idée de l'unité qui est, sous une autre forme, l'idée de l'infini, que repose toute la certitude des mathématiques.

La science mathématique a cet avantage que, sauf son principe qui renferme un mystère, le reste, le point de départ de ses opérations pratiques qui est l'unité concrète, le point d'arrivée qui est le résultat, le chemin qu'elle parcourt entre ces deux points qui est le calcul, tout est palpable. Dans les termes, qui sont tous négatifs, rien d'infini, ni d'indéfini. Elle se guide par un fil matériel qu'elle ne lâche jamais, et le plus grossier des sens de l'esprit, le sens de la limite, qui ressemble au sens du toucher dans le corps, y trouve pleine satisfaction. C'est pourquoi la certitude mathématique fait le charme exclusif d'une série d'esprits, secs, méticuleux, sans âme, sans élan, qui, comme les aveugles, se croient perdus dès qu'ils ne touchent plus le mur, et n'osent traverser un espace vide.

La logique, comme nous l'avons dit, est une ligne droite intellectuelle. En mathématiques, le point de départ et le point d'arrivée étant palpables, le raisonnement mathématique est comme la corde que tend un paysan entre deux piquets qu'il a planté lui-même. Cela le mène droit, mais pas loin. La logique plus élevée qui emploie les données spirituelles, est comme la ligne que le vaisseau, guidé par la boussole, trace sur l'océan ; il est plus d'un paysan qui ne voudrait jamais croire que l'on sache où l'on va sur une surface unie comme la mer où il n'y a ni corde, ni poteau.

Tels sont les esprits qui n'admettent d'autre certitude que celle des mathématiques ; esprits qui auraient déjà peur s'ils soupçonnaient le mystère qui est à l'origine de leur science favorite ; mais, absorbés par les détails, ils ne se retournent jamais pour regarder l'unité infinie à laquelle est suspendu tout leur échafaudage.

La certitude mathématique est toujours consciencielle, car, ne développant que l'idée du non être, et l'idée du non être étant chez nous la mesure de la personnalité et de la conscience, elle ne dépasse jamais cette conscience. Mais aussi elle n'ajoute pas un atome à notre connaissance positive ; elle n'est que division et subdivision, et l'idée de l'infini est plus grande que l'interminable litanie des limites. Mais les hommes sont comme les enfants qui croient posséder beaucoup plus lorsque les morceaux d'un fruit remplissent leur assiette, que lorsque le fruit est entier au milieu.

Toutefois ce développement de l'idée du non être, quoiqu'il ne développe en rien l'idée de l'être, nous en donne un sentiment plus profond en agrandissant notre conscience. Lorsque nous nous sommes lassés à diviser et subdiviser l'unité de l'idée de l'être sans pouvoir l'épuiser, nous sommes étonnés de sa fécondité et nous commençons à soupçonner sa grandeur.

L'idée de l'être, lumière de notre âme, est comme la flamme de la lampe du mineur ; à mesure que le mineur creuse et agrandit la voûte, l'espace éclairé augmente, la lumière, dont l'éclat était resserré dans un lieu étroit, sans augmenter elle-même, étend ses rayons dans l'espace à mesure que l'espace se dilate. C'est ainsi qu'elle manifeste sa portée qui était d'abord inconnue, et si sa puissance était infinie comme celle de l'idée de l'être, l'espace pourrait s'agrandir indéfiniment sans cesser d'être éclairé. Ainsi en est-il de la conscience de l'homme.

§ 2. — *De la certitude positive ou de la foi.*

Nous avons appelé la connaissance mathématique négative, parce qu'elle ne dit jamais rien sur la nature et l'essence des choses. La connaissance mathématique existe aussi dans la pensée de Dieu, mais jamais à l'état d'isolement où elle trouve dans la nôtre. Dieu, en voyant la limite d'un être, voit en même temps sa nature intime et le rapport de cet être particulier avec l'universalité de l'être. D'un autre côté, l'idée positive de l'être n'est jamais en Dieu indistincte et confuse comme en nous. En Dieu, toute distinction est substantielle, et toute substance est distincte, de sorte qu'en lui la certitude est toujours complète et harmonique, elle est la lumière de l'Esprit-Saint.

Mais ce qui est un et indivisible en Dieu est divisé en nous ; nous pouvons nous promener à travers les limites sans rien comprendre au fond des choses, et nous pouvons contempler l'idée de l'être sans y rien distinguer. Naturellement, nous avons beau fixer notre attention sur l'idée de l'être, nous sommes incapables de la développer, nous restons perdus et engloutis dans cette unité dont nous ne connaissons pas les nombres, car si les nombres s'appliquent à Dieu, c'est en dehors de toutes les lois mathématiques, puisque là les nombres ne brisent pas l'unité et ne sortent pas d'elle; c'est pourquoi leur opération nous est incompréhensible.

Mais si Dieu nous manifeste par sa parole le résultat de sa propre distinction, nous saurons quels nombres sont en Dieu sans comprendre pour cela comment ils s'y trouvent. Notre pensée aura été transportée par la main de Dieu à une distance infinie de son point de départ, et, comme elle ignore le chemin qu'elle a fait, elle ne peut saisir le rapport qui existe entre les deux points; la nouvelle connaissance qu'elle a acquise n'est point consciencielle, parce que la distinction n'a pu la suivre, de sorte qu'elle reste en nous uniquement positive, c'est-à-dire un mystère.

Remarquons cependant qu'aucune connaissance n'est en nous ni purement positive, ni purement négative, autrement elle ne pourrait en aucune manière être l'objet de notre pensée. Il y a toujours un peu de distinction dans les idées les plus abstraites et, dans les perceptions les plus directes, on trouve encore le reflet d'une idée. La raison est comme une balance qui a toujours deux plateaux. Dans la raison divine, l'équilibre des deux plateaux est éternel, mais dans la raison finie, l'un des plateaux peut être plus chargé que l'autre. Ainsi, la connaissance mathématique toute négative qu'elle est, est inséparable de l'idée positive de l'unité, qui est son point de départ. Seulement, dans le travail mathématique, les nombres seuls se développent tandis que l'unité reste immobile. Dans le mystère, au contraire, l'idée positive se développe pour nous sans que la distinction puisse suivre ce développement. Néanmoins la parole de Dieu, qui nous manifeste le mystère, est un fait qui se constate comme les autres faits historiques par le nombre des témoignages. De sorte que c'est la certitude mathématique qui construit le piédestal qui doit supporter et montrer aux yeux de tous la divine parole. Mais aussi, une fois cela fait, la certitude positive devient la plus haute et la plus inébranlable qui soit; car, non seulement elle s'appuie sur l'idée de l'infini, mais elle s'identifie avec lui, puisqu'elle est la parole ou le verbe de Dieu.

De plus, ce n'est point une certitude creuse et vide qui n'éclaire que des limites, mais une certitude substantielle, vivante, lumineuse, qui enrichit et élève notre âme au delà de toute expression.

La plus lumineuse des révélations divines est le mystère de la Trinité. Puis la double manifestation du Verbe en Jésus-Christ par le mystère de l'Incarnation. Le reste découle de là.

Quelqu'un dira peut-être : la connaissance des mystères donnée à l'homme dans cette vie n'est-elle pas prématurée? Une notion inintelligible est inutile et même onéreuse, car la foi est un joug qui pèse sur la raison et trouble la conscience.

Ce raisonnement est faux de tout points.

1° La connaissance est toujours une richesse pour la pensée, même lorsqu'on ne comprend pas. Si nous retranchions de notre pensée tout ce que nous ne comprenons pas, que nous resterait-il, à nous qui ne savons le fond de rien ?

Plus la connaissance est élevée, plus la pensée est enrichie, et connaître les secrets de Dieu est le plus grand honneur qui puisse être fait à la raison humaine.

2° Une notion n'a pas besoin d'être comprise pour être utile pratiquement. Le chimiste qui a trouvé le moyen de produire le feu et la lumière par un léger frottement a fait une belle découverte ; tout le monde s'en sert maintenant, mais combien en compterez-vous qui comprennent la théorie de cette simple opération ? Combien de temps durerait la Société si l'on ne devait manger qu'après avoir compris l'opération de la digestion ? Il en est de même de presque toute la science : ses procédés sont utiles à tous, mais ne sont compris que d'un très petit nombre.

Tous les mystères du christianisme sont les motifs d'une morale très parfaite. C'est la foi chrétienne qui a vulgarisé dans le monde les idées de charité, de dévouement, de chasteté. Dans la pratique, celui qui croit en la parole de Dieu agit autant qu'il le peut comme Dieu lui-même, il mérite le nom de fils de Dieu, car J.-C. dit : « Celui qui accomplit la volonté de mon père qui est dans le ciel, celui-là est mon frère, ma sœur et ma mère » (Mat. 12-50). Enfin nous verrons tout à l'heure que la foi, loin d'être un joug pesant pour la raison, est pour elle des ailes puissantes qui l'élèvent à des hauteurs auxquelles elle était loin de pouvoir prétendre.

§ 3. — *De la certitude harmonique ou philosophique.*

Mais ces deux certitudes disproportionnées ne nous suffisent pas ; nous aspirons à une certitude plus parfaite, la certitude harmonique qui est la fête de la pensée. La conscience est l'organe de la jouissance intellectuelle, parce qu'elle est l'équilibre des deux plateaux de la balance de la raison ou, si l'on veut, l'équation des deux éléments positifs et négatifs.

D'un côté les vérités que nous possédons, soit qu'elles échappent à notre conscience, soit qu'elles la dépassent, peuvent être pour nous un très riche et très réel trésor, mais un trésor scellé dont il ne nous est pas permis de jouir, sinon par l'espérance.

D'un autre côté, la science mathémathique qui ne dépasse pas notre conscience, n'est pas scellée, mais elle est vide ; elle est comme les assiettes que l'on met sur la table et qui doivent contenir des mets succulents, mais qui, seules, nous laissent affamés.

Aussi nous ne pouvons nous en contenter. Lorsque nous avons mesuré la distance et le volume du soleil, nous laissons les chiffres vides pour songer ce que peut être en lui-même ce géant de la lumière. Lorsque nous avons la vitesse de l'électricité, nous nous demandons quelle est la nature intime de ce fluide foudroyant qui semble ignorer la distance, et de notre cœur s'échappe perpétuellement ce désir formulé par Virgile : *Felix qui potuit rerum cognoscere causas*, heureux celui qui a pu connaître les causes des choses. Alors nous abandonnons la science pure, et, à force de conjecturer, nous nous efforçons de combler le vide qui nous désole.

Ce que nous entrevoyons des mystères suffit quelquefois pour ravir notre cœur. Le nom de Père, donné à Dieu, renferme pour nous plus de réalité et plus de lumière, plus de joie, que la série entière des nombres. La parole de saint Jean : « Dieu est amour », est une source intarissable d'ivresse pour l'âme. Mais cependant, les vérités divines que nous possédons sont plus éloignées les unes des autres que les étoiles du ciel. Entre l'unité et la trinité il y a un abîme, entre la divinité et l'humanité un autre abîme. La foi nous transporte de l'un à l'autre comme l'ange transportait le prophète de Jérusalem à Babylone, par une espèce de violence de l'esprit. *In impetu spiritus*. Mais l'abîme nous fait peur, nous sommes obligés de fermer les yeux pour ne pas avoir le vertige, et nous voudrions pouvoir jeter un pont sur cet abîme afin de le traverser en paix.

Cette certitude harmonique à laquelle nous aspirons, est, comme nous l'avons dit, celle dont Dieu jouit ; nous savons aussi que nous participerons autant que possible à cette jouissance, lorsque Dieu nous accordera la vision intuitive, mais nous ignorons comment cela se fera.

La manière dont nous voyons la vérité sur la terre ne peut nous donner une idée de la manière dont Dieu la voit. Car Dieu ne voit rien isolément et dans la division, mais il voit chaque vérité particulière dans son rapport exact avec toutes les autres, de sorte qu'en chaque vérité il les voit toutes ; et chacune brille pour lui de la lumière infinie et indivisible. La vérité est pour lui comme un diamant unique avec une infinité de facettes. Il en voit toutes les facettes à la fois, et par chaque facette il voit le diamant tout entier. « Ainsi, dit Bossuet, la vérité est une de soi. Qui la connaît en partie en voit plusieurs, qui la verrait parfaitement n'en verrait qu'une » (Connaiss. de Dieu). Cette vue indivisible et infinie, qui est la lumière éblouissante de l'Esprit-Saint, est, dans sa perfection, le privilège incommunicable de Dieu. Nul au ciel ne l'aura comme lui ; à plus forte raison sur la terre.

Cependant, lorsque la sincérité, la pureté, l'ardent amour du vrai ont préparé l'homme, au-delà de l'intelligence, dans les profondeurs de l'âme et du cœur, là où la pensée et l'amour tressaillent en se touchant, Dieu peut faire pénétrer un rayon d'une de ces vérités divines, non point avec la conscience analytique de ses rapports avec toutes les autres, mais avec un reflet de la lumière qui résulte de ces rapports. Dans ce moment, l'âme de l'homme est illuminée toute entière, il lui semble qu'en une seule vérité il a tout vu et tout compris, et quoiqu'il ne puisse s'en rendre compte à lui-même, ni l'expliquer aux autres, il sent qu'un horizon infini a brillé à ses yeux avec la rapidité de l'éclair.

Lorsque la vérité ainsi saisie ne dépasse pas l'ordre naturel, bien qu'elle soit un don de Dieu, elle peut s'attribuer à l'intuition du génie. Mais lorsqu'elle touche à l'ordre surnaturel, elle est une communication intime et spéciale de l'Esprit-Saint, auteur de la grâce.

Bien souvent, cette vérité qui brille ainsi tout d'un coup, nous la connaissions déjà, nous l'avions entendu répéter, nous l'avions méditée; et le jour où elle brille, il nous semble que nous la voyons pour la première fois et que, précédemment, nous n'avions rien vu et rien su.

Une vérité illuminant ainsi l'âme est une époque dans la vie, c'est une vie toute entière, c'est quelquefois le commencement d'un grand mouvement dans le monde, mouvement dont les suites sont incalculables.

Saint Antoine entendit lire dans une église cette parole de l'Évangile : « Si vous voulez être parfait, vendez tout ce que vous avez et donnez-le aux pauvres ». Depuis dix-huit siècles que cette parole est lue et commentée, il n'est pas une oreille qui ne l'aie entendue; mais elle n'est qu'un son pour les oreilles ordinaires, elle fut une lumière pour saint Antoine; elle décida de toute sa destinée d'abord, puis commença cette longue suite des pères du désert, qui a eu une si grande influence sur la société.

Saint François d'Assises aussi entendit une parole qu'il connaissait certainement de longue date : « Ne possédez ni or ni argent dans vos ceintures, ni sac pour la route, ni deux tuniques, ni chaussures ». Mais, comme s'il l'entendait pour la première fois, il en fut illuminé et, guidé par cette lumière, il créa l'œuvre immense des franciscains.

« Le royaume du ciel, dit Jésus-Christ, est semblable à un diamant qu'un homme trouve dans une terre, il vend aussitôt tout ce qu'il a pour acheter cette terre ». Ce diamant était depuis longtemps foulé aux pieds des passants, celui même qui le trouve l'avait peut-être plus d'une fois écarté de sa route comme une pierre inutile, mais le jour où il reconnait le diamant, tout est changé pour lui.

Les livres des saints ont de ces diamants, l'Évangile en est plein;

les hommes, dans leur ignorance, les foulent aux pieds; mais Dieu les révèle à ses saints, et chacune de ces paroles divines fait éclore à son tour dans le monde une vie merveilleuse.

La certitude de ces vérités illuminées est au-dessus de toute certitude, elles ne laissent pas même l'ombre du doute et de l'hésitation; mais elle n'est que pour l'âme, dans laquelle a brillé cette merveille de la grâce. Elle ne peut ni s'analyser, ni se démontrer. Toutefois nous en pouvons juger indirectement, comme on juge l'arbre à ses fruits. Si la vie est une preuve de l'existence, si le mouvement atteste la vie, si le bien est une conséquence du vrai, la puissance et les œuvres des saints confirment la vérité des pensées qui les ont guidés.

Mais les faits d'intuition, soit naturelle soit surnaturelle, ne sont qu'une exception et d'ailleurs échappent à toute règle et à toute discussion; nous n'avons donc pas à nous en occuper plus longtemps.

Mais la lumière pure de l'intuition a une pénombre lumineuse qui éclaire à sa manière la conscience.

Sans pouvoir arriver à l'unité parfaite, elle réalise un enchaînement suffisant, et fait de l'ensemble de notre pensée, sinon une masse compacte et solide, du moins un échafaudage où tout est lié. Cet échafaudage est l'œuvre de la logique qui, comme l'araignée, tend patiemment ses fils d'un point à un autre point et comble peu à peu les vides de notre intelligence.

La logique monte des effets aux causes et en redescend. Mais son œuvre la plus importante de beaucoup est de chercher, par la distinction et l'explication, à faire pénétrer les vérités substantielles dans notre conscience. Par là, elle nous met à sa manière en jouissance de l'infini, ce qui est une joie intellectuelle à laquelle toutes les autres ne peuvent se comparer (1).

Mais il faut nous rendre compte de la difficulté de l'œuvre et des divers moyens que nous avons d'en triompher. Nous avons déjà comparé la logique à la ligne droite que les géomètres définissent le plus court chemin d'un point à un autre. La ligne droite est le seul moyen que nous ayons d'exprimer la distance qui est entre deux objets. De même la logique exprime le rapport, ou la distance intellectuelle qui existe entre nous et un point éloigné. Nous nous servons du triangle dont deux angles connus donnent le troisième qui était inconnu; et la logique, pour déterminer le rapport entre deux idées se sert du syllogisme, triangle intellectuel, où deux propositions connues mènent à une troisième inconnue.

Voilà l'instrument. Mais l'usage de cet instrument présente de nombreuses difficultés dont il faut nous rendre compte.

(1) Je ne parle ici que des joies intellectuelles; je laisse à part et hors de comparaison les joies du cœur soit naturelles soit surnaturelles qui sont d'un autre ordre.

On peut sans difficulté tracer une ligne droite lorsqu'on a deux points de départ et un point de rappel. Lorsqu'on a seulement un point de départ, il faut se servir d'une règle qui est une ligne droite toute faite, mais si on n'a point de règle la difficulté devient grande.

La ligne entre deux points représente le rapport qu'on cherche entre deux vérités; et la ligne qui part d'un seul point, les conséquences que l'on tire d'une vérité isolée.

Dans le ciel nous pourrons lire dans la pensée de Dieu, règle universelle et toujours présente, mais ici, privés de ce guide infaillible, nous sommes comme un homme qui, dans une plaine sans route tracée, entreprend de marcher droit devant lui. Dans ce cas la faiblesse humaine est incroyable, celui qui n'a aucun point de rappel devant les yeux, au lieu de marcher droit, dévie rapidement, et se perd dans des circonvolutions indéfinissables. On a vu des gens surpris par le brouillard au milieu d'une place, marcher une demi-heure sans pouvoir en sortir (1).

Lorsque nous voulons pénétrer dans l'idée positive nous sommes devant une difficulté pareille. Nous n'avons naturellement qu'un point de départ ; qui est l'idée de l'être, si nous étions réduits à ce point, nous divaguerions tout autour de lui sans arriver à une conclusion précise.

La comparaison que nous avons adoptée peut nous faire toucher au doigt quel est le rôle et l'autorité du sens commun.

Un homme qui part seul d'un point unique dévie rapidement ; deux hommes se tenant par la main dévieraient moins vite parceque les tendances à dévier, n'étant pas les mêmes, s'annuleraient en partie. Un peuple irait assez loin sans dévier sensiblement, et l'humanité plus loin encore. Cependant, s'il s'agissait d'un espace infini ou autrement de la vérité sur l'infini devant lequel l'humanité même n'est qu'un point, la déviation serait à craindre et pourrait devenir monstrueuse. Le sens commun offre donc une presque certitude dans les premières conclusions des principes, puis un cercle décroissant de probabilité à mesure que les conclusions s'éloignent.

Seulement comme la multitude des esprits marche très peu, c'est-à-dire s'occupe très peu des questions élevées, et les approfondit très peu, le pauvre trésor du sens commun se compose de quelques vérités

(1) J'ai fait un jour l'expérience suivante. Ayant clos les yeux au milieu d'une grande place carrée, je suis parti dans l'intention d'arriver au milieu de la façade qui était devant moi. Non seulement je n'ai pas atteint ce milieu, mais je n'ai pas même rencontré la façade. Une fois je suis tombé sur la façade latérale, une autre fois, toujours croyant aller droit, je suis revenu sur la façade qui était derrière moi, tournant ainsi directement le dos à mon but. S'il en est ainsi de la logique humaine, on comprend la parole de Varron : « Il n'est point d'absurdité qui n'ait été soutenue par quelque philosophe ».

morales et de quelques proverbes qu'on trouve partout, qui, sans être absolument infaillibles, ont une grande autorité.

Ainsi, le sens commun a une logique droite, voilà son mérite, mais c'est le seul. La vérité a des garanties en ce point, mais de tous les autres côtés, la porte est ouverte à l'erreur.

Remarquons d'abord qu'il ne faut pas confondre l'affirmation spéculative, exprimée par une sentence ou un proverbe, avec la pratique. Le sens commun proclame la justice, mais l'usage commun est la pratique de l'injustice.

Secondement, si le sens commun tire exactement les conclusions des principes, il ne sait pas juger si le principe est vrai en lui-même. De faux principes ont dominé tour à tour, sinon l'humanité entière, du moins d'immenses sociétés; et alors, la logique inexorable de la multitude n'a servi qu'à manifester jusqu'au fond le mal renfermé dans l'erreur. Ce qui fait que l'erreur finit souvent par mourir de ses propres conséquences, tandis que la vérité s'enracine de plus en plus par ses œuvres.

L'erreur était universelle sur la terre au moment du déluge. Après le déluge, le paganisme avait presque tout envahi, et la logique du sens commun en avait tiré la morale payenne. Dans de moindres proportions, le faux principe mahométan a amené l'effroyable dégradation des turcs; et le principe protestant ne peut plus éviter l'anarchie intellectuelle qu'il contient logiquement.

Enfin le sens commun, avec toute sa logique, ne peut éviter le piège indiqué par Pascal: l'omission d'un principe mène à l'erreur, et l'opinion, qu'il appelle reine du monde, est souvent une usurpatrice du trône de la vérité.

Ce qu'on appelle le témoignage des hommes est tout autre chose que le sens commun. Il ne s'agit plus ici d'opération intellectuelle et de conclusions logiques, mais d'un fait matériel qui frappe les sens, et que les témoins affirment avec unanimité. La force de ce témoignage vient de l'unité. Trois choses peuvent altérer la vérité d'un fait : l'illusion, l'imagination et le mensonge. Or, il est impossible que ces trois choses se rencontrent les mêmes dans un grand nombre d'individus, différents par leurs goûts, leurs passions et leurs aptitudes. La vérité seule, qui est unique et toujours semblable à elle-même, peut amener l'uniformité dans le témoignage d'une multitude; c'est donc l'idée de l'unité ou de l'infini qui nous fait sentir la certitude du témoignage des hommes sur un fait appréciable.

Revenons à notre problème, nous sommes restés divaguants autour de l'idée de l'être. C'est là le problème posé par Moïse. L'être ou celui qui est m'envoie vers vous. A cette parole, nous sommes frappés d'un sentiment confus de grandeur. Mais ce qui nous sort de la confusion, c'est l'expression *infini* qui forme un admirable point de rappel à l'idée de l'être, et, comme nous l'avions vu, ouvre la porte aux conclusions logiques. Et comme ce point de rappel est à une distance infinie du point de départ, il ouvre un champ immense à la pensée humaine. La ligne qui court d'un de ces points à l'autre, renferme toute l'ontologie, qui est la plus haute région de la pensée.

L'adjectif sublime, infini, appliqué au substantif être, donne lieu, comme nous l'avons déjà indiqué, à des conséquences innombrables, car après avoir nié de l'être toutes les limites à la fois, par le mot infini, on peut nier toutes les limites les unes après les autres; alors, nous verrons toutes les idées fondamentales briller tour à tour dans notre âme comme des rayons sans nombre de l'idée de Dieu ou de l'infini.

La négation du temps nous donne l'éternité, celle de l'espace l'immensité, celle de la division l'unité, celle de la faiblesse la toute-puissance, celle de la haine l'amour infini, celle de la disproportion la beauté suprême, celle de la douleur la béatitude éternelle, ainsi de suite à l'infini. Et tout cela avec une netteté parfaite et une certitude inébranlable, car tous ces termes sont exactement déterminés, et toutes ces négations sont absolues. Il n'y a donc pas d'équivoque possible; et comme tous ces termes, non seulement se rattachent à l'idée de l'infini, mais se confondent avec elle, elles partagent avec elle la certitude dont elle est le fondement.

Et la vue du lien logique, qui unit toutes ces idées entre elles, forme en nous comme une demi compréhension, comme une nuée lumineuse qui fait la plus grande joie dont la pensée puisse jouir sur la terre.

Chose admirable! C'est lorsque nous parlons de l'incompréhensible que notre certitude est la plus grande, parce qu'alors les termes sont aussi rigoureusement déterminés que ceux des mathématiques. Ainsi, il en est en haut comme en bas, dans l'infini pur qui est Dieu, comme dans le fini pur qui est la limite matérielle. La certitude est ainsi, surtout aux deux extrémités de la pensée, dans l'idee de l'être et dans celle du non-être. Mais c'est lorsque l'intelligence veut étudier le moindre être, lorsqu'elle veut contempler l'indéfini dont elle fait partie, qu'elle hésite et marche souvent à l'aventure.

La raison en est facile à comprendre. Dans cet ordre de choses de l'indéfini, comme le mot même l'indique, il est rare qu'un terme soit parfaitement défini. Quand vous dites : l'homme est bon, qui peut deviner ce que vous voulez dire? De quel homme voulez-vous parler et de quelle bonté? La bonté n'a point de limite assignable ni de mesure exacte, et l'homme est d'une variété incalculable. L'homme est bon est une proposition qui peut avoir une infinité de sens. Vous seul avez le sentiment vague du sens que vous y attachez, et il est probable que pas un seul de nos auditeurs n'y aura attaché le même sens que vous.

Presque toutes les conversations humaines sont remplies de ces termes vagues et indéterminés. Chacun entend ce qu'on ne lui dit pas, et donne à ce qu'on ne lui a pas dit une réponse incomprise; il n'est pas étonnant qu'il y ait tant de discussions inutiles et interminables.

L'homme est donc encore plus sûr de ne pas se tromper en parlant de Dieu qu'en parlant de lui-même, et s'il avait besoin de la révélation pour connaître Dieu, il en avait encore plus besoin pour se connaître lui-même et se développer dans le vrai sens de sa nature et de sa destinée.

Ceci nous montre combien est malheureuse l'idée de ceux qui ont voulu fonder tout l'édifice philosophique sur la physiologie.

On comprend, par tout ce qui précède, de quel prix est, pour la raison humaine, la communication de l'idée de l'infini; mais tous les mystères que la révélation propose à notre foi ne sont pas de moindres bienfaits. Tous sont de nouveaux points de rappel dans l'infini de l'idée de l'être, qui nous dévoilent d'autres horizons et ouvrent de nouvelles routes à la pensée humaine.

Tout dans la science divine se rattache par un lien logique à l'idée de l'infini; c'est en cherchant à découvrir ces liens que la raison humaine s'exerce, se fortifie, se dilate, acquiert toute sa grandeur, s'élève au-dessus d'elle-même. C'est à exposer les mystères du christianisme que saint Augustin et les autres docteurs de l'église ont déployé toute la richesse de leur génie, et quand, de l'idée de l'infini, la raison peut conduire sa déduction logique jusqu'à la triplicité personnelle, elle jette un pont sur un abîme formidable que jamais elle n'aurait songé à franchir sans la lumière brillante du mystère qui l'appelait à l'autre bord.

Toute la nature aussi se rattache à Dieu, car Dieu n'a trouvé qu'en lui-même les types qu'il a réalisés dans la création, et les mystères divins sont au fond la raison première de toute chose. Celui donc qui aperçoit les rapports qui existent entre le type et sa réalisation, entre le modèle et l'image, voit l'âme de la science et la poésie de la création.

Les mystères ont plus que centuplé la puissance de la raison, et son bonheur aussi. Car ces liens logiques qui vont d'une vérité à l'autre, d'un mystère à un mystère, qui descendent de Dieu à la création et remontent de la création à Dieu, bien qu'ils ne donnent pas la lumière parfaite de la vue intuitive, constituent cependant une certitude qui est une demi jouissance de la vérité, la seule que nous puissions avoir naturellement sur la terre. C'est cette certitude harmonique à sa manière que nous appelons certitude philosophique.

Philosophie signifie amour de la sagesse, autrement de la vérité. Celui qui aime la vérité a deux désirs : posséder la vérité, et en jouir autant que possible. C'est la foi qui donne en abondance la vérité, mais elle la donne voilée, et c'est avec la science que l'homme s'efforce de soulever le voile pour entrevoir la beauté cachée.

Ainsi la vraie philosophie n'est ni la foi ni la science, mais l'union ou la combinaison des deux. Les mystères sont des trésors fermés, la science une clef avec laquelle on cherche à ouvrir ces trésors, et la certitude philosophique l'entrée en jouissance par l'ouverture plus ou moins complète des trésors.

Cette œuvre de la philosophie est grande et belle, mais pleine de difficultés. Nous avons déjà indiqué la cause qui déroute, à chaque instant, la marche droite de la logique ; c'est la multitude de termes indéterminés qui remplissent le langage. « Les termes qui expriment les mystères n'ont pas toujours l'avantage, comme le mot infini, d'échapper par la forme négative et absolue à toute confusion. La plupart de ces termes sont pour nous indéterminés. Nous ne connaissons pas les limites de la paternité, de la filiation, de la procession, ni celle de la nature et de la personnalité qui se développent en sens inverse dans les deux grands mystères de la Trinité et de l'Incarnation. La virginité, la génération, l'imputabilité, la transmissibilité, tout cela est conçu par nous en partie, mais nous échappe en bien des points. Lors donc que l'activité de la raison, provoquée par l'énoncé du mystère, s'élance dans la route qui lui est ouverte, elle risque à tout moment de s'égarer. » Dieu, en nous donnant la révélation, nous aurait donc fait un don dangereux et funeste si, en même temps, il ne nous avait donné un moyen sûr de suivre la voie ou de la retrouver.

Un père, qui veut faire marcher ses enfants dans un sentier glissant et bordé de précipice, doit à sa bonté et à sa prudence de mettre au bord du précipice un garde-fou.

Le garde-fou que Dieu nous a donné c'est l'Église.

L'Église est l'épouse de Jésus-Christ. Jésus-Christ est infaillible, l'Église aussi, mais avec les caractères négatifs que lui assigne son rôle d'épouse. L'infaillibilité de Jésus-Christ est une source de vérité, elle révèle les mystères ; l'infaillibilité de l'Église est le réservoir de la vérité, elle conserve les mystères.

L'Église n'a jamais prétendu poser un nouveau dogme, mais déclarer ce qui est contenu dans le dépôt de la révélation, depuis le commencement. Elle procède presque toujours négativement et par condamnation ; c'est en condamnant les hérétiques qu'elle a formulé presque tout le symbole, et apporté peu à peu la distinction dans la foi confuse des premiers temps.

Il y a bien dans l'Église un travail direct et positif de développement, mais il appartient à l'activité particulière des apôtres et des docteurs, ce sont eux qui ont cultivé le germe divin de la révélation, et en ont fait un arbre immense chargé de feuilles de fleurs et de fruits.

Mais tout ce travail est sujet à révision et n'arrive à la fermeté que lorsque le tribunal dogmatique y a mis son sceau, c'est lui qui retranche les branches parasites, les feuilles mortes et les fruits gâtés, et maintient l'arbre dans sa pureté.

Ce n'est que par l'infaillibilité que l'église rentre dans la question de la certitude; c'est pourquoi nous ne parlons ici que du tribunal dogmatique infaillible.

Or le service qu'il a rendu à la société est immense et il mérite à la lettre le nom que je lui ai donné de garde-fou, puisque seul il préserve le monde de folie.

Les aberrations de la philosophie indienne, cherchant à commenter les débris de vérité qui restaient dans ses traditions, sont monstrueuses. Après les folies de l'Inde, viennent celles des Grecs, et des Juifs dans le Talmud. Le christianisme en déployant la richesse des mystères, rendait le danger plus grand encore; aussi les premiers hérétiques dépassaient déjà en divagation toute l'antiquité et c'en était fait de la raison humaine si l'Église d'une main ferme ne l'avait retenue sur le bord de l'abîme.

Toutes les décisions dogmatiques de l'Église sont un puissant secours pour l'intelligence humaine; elles sont comme autant de nouveaux points de rappel, autant de jalons plantés dans la route infinie, qui aident à passer d'une vérité à une vérité, d'un mystère à un autre mystère, du fini à l'infini.

Il est vrai qu'à mesure que les jalons se multiplient, le danger de s'égarer diminue; cependant il subsiste toujours, et l'action de l'Église qui sert de frein à la raison sera toujours nécessaire jusqu'à ce que nous arrivions à la vision intuitive.

L'intuition elle-même, telle qu'elle est sur la terre, ne rend pas l'Église inutile. Elle est, comme nous l'avons vu, un sentiment vif et profond d'une vérité dans laquelle on entrevoit vaguement une foule d'autres vérités. Le sentiment est beau et vrai, mais lorsque la pensée veut s'en rendre compte et réduire ce qu'elle a vu en système, tous les dangers de la logique reparaissent. Si l'intuition des Saints ne s'est pas égarée, c'est qu'elle est toujours resté soumise à l'approbation de l'Église. Au ciel, l'intuition sera permanente et universelle, elle se complètera incessamment elle-même et l'erreur ne sera plus possible; sur la terre, au contraire, la logique est chargée d'achever l'œuvre de l'intuition, et l'homme est toujours en danger de gâter ce que Dieu a bien commencé.

Les protestants prétendaient que l'Eglise n'était plus nécessaire et que désormais l'écriture suffisait ; mais ce qu'ils ont fait de la Bible montre ce que peut devenir un livre en proie aux raisonnements passionnés de l'homme; et cet exemple prouve une fois de plus la nécessité d'une voix vivante et d'un œil toujours ouvert.

Je ne sais quelle puérilité présomptueuse fait redouter la tutelle de l'Eglise. Si, dit-on, on admet l'autorité de l'Eglise, il n'y a plus aucune liberté de penser, il faut penser avec elle et éteindre toute initiative, toute vie de la raison.

Pourquoi penser et raisonner, sinon pour trouver et contempler la vérité ? Si l'Eglise possède le plus grand trésor de la vérité, en quoi ses indications peuvent-elles gêner l'exercice de votre pensée ? Ne l'aident-elles pas plutôt ?

Les Français ont le droit de voyager par toute la France ; pour leur faciliter le voyage, on a tracé des chemins et on a fait une carte routière. En quoi cette carte gêne-t-elle la liberté des voyageurs qui la consultent? Celui qui se plaindrait de la tyrannie de la carte et demanderait son abolition, que demanderait-il, sinon la liberté de s'égarer ?

Les voyageurs peuvent faire quelques petites excursions à droite et à gauche, mais pour arriver au but de leur voyage, il faut revenir au chemin et suivre l'indication de la carte; quoiqu'on dise et qu'on fasse, on n'arrivera jamais à Paris en prenant le chemin de Marseille.

La tutelle de l'Eglise, loin d'atrophier la pensée, aide à son développement, et la mène droit à son but en lui évitant les circuits inutiles. Les faits le démontrent, saint Denis l'Aréopagite, saint Augustin, saint Jean Chrysostôme, Origène, Albert le Grand, saint Thomas, saint Anselme, Bossuet, Fénelon et tant d'autres ont accepté cette tutelle; et c'est grâce à elle qu'ils ont pu élever jusqu'à la hauteur où il est, le magnifique édifice de la théologie catholique. Quiconque en pourra mesurer les dimensions, en contempler les proportions, et en comprendre l'architecture, demeurera confondu d'étonnement, de respect et d'admiration. Il reconnaîtra que toute autre conception auprès de celle-là, n'est qu'un nain devant un géant.

Ce n'est qu'adossé à cet édifice gigantesque et inébranlable que la philosophie chrétienne a pu se construire une demeure stable, c'est pourquoi elle est si supérieure aux autres. Elle s'accroît d'étage en étage, sans démolir ce qui a été construit au fond de toute philosophie chrétienne.

On retrouve les assises posées par Saint-Denis, Saint-Augustin,

Saint-Thomas et les autres, tandis qu'en dehors du catholicisme une philosophie ne s'élève que pour détruire toutes les autres jusqu'à ce qu'elle-même accumule les débris sur les autres ruines.

Il n'en peut être autrement. Le rationalisme moderne écarte l'idée de Dieu, et rejette toute la révélation, n'admettant que sa raison à lui. Il manque donc du vrai point de départ qui est l'idée de Dieu et de tous les points de rappel que fournit la révélation. Il est donc comme un homme qui tracerait en l'air des routes fantastiques, qui ne s'appuieraient sur rien et ne mèneraient à rien.

Cependant les rationalistes ont la prétention de monopoliser le nom de philosophe, et ils refusent ce titre à tous les grands hommes que nous avons cités, les appelant dédaigneusement théologiens. Cette prétention est insoutenable. Le rationalisme est maître de fermer les yeux pour y mieux voir, mais non de dire que les autres n'y voient rien.

Les hommes guidés par le sens de la vue, qui indique clairement le point de départ et le point d'arrivée, parcourent les villes, traversent les places, franchissent les plaines et gravissent les montagnes. Un homme qui, prétendant que le sens du toucher est le sens qui ne trompe pas, se crèverait les yeux et ne marcherait qu'à tâtons, serait taxé de folie. Mais si cet homme prétendait qu'il est le seul véritable voyageur, et que ses découvertes géographiques sont les seules qui aient de l'autorité, sa folie deviendrait ridicule et impertinente.

RÉSUMÉ

Récapitulons en finissant cette immense question de la certitude.

En résumé la certitude est une conviction de la vérité immuable. L'immutalité étant la propriété de l'infini, la certitude ne peut avoir lieu que par une participation à l'infini.

Nous avons vu qu'il y avait dans l'infini trois dimensions et que Dieu pouvait par la création rendre la créature participante aux deux premières dimensions, la troisième étant le privilège de la nature divine.

La première dimension est la vie, elle constitue déjà dans l'être qui a conscience de la vie un point fixe et immuable, qui est l'assurance instinctive et invincible de sa propre existence.

Ce sentiment, qui est commun aux hommes et aux animaux, bien qu'infaillible, ne peut prendre rigoureusement le nom de certitude. Parce qu'il n'est pas dans le domaine de l'intelligence, il précède tout raisonnement, et nul raisonnement ne peut le détruire. Il peut, il est vrai, être transporté dans le domaine de l'intelligence, par la réflexion qui l'analyse et en découvre l'infaillibilité; mais alors il change complètement de nature, devenant de sentiment spontané, idée réfléchie.

La certitude proprement dite dont nous avons traité dans les chapitres précédents, est l'immutabilité, non dans le sentiment, mais dans l'idée. Cette immutabilité ne peut venir que d'une participation de l'intelligence à la seconde dimension de l'infini, qui est l'idée de l'être, implicitement l'idée de l'unité et de l'infini.

Cette idée de l'unité et de l'infini est comme un pivot inébranlable planté au milieu du tourbillon des pensées; comme un rocher immobile au milieu de la mer agitée; tout ce qui s'y rattache devient immobile et inébranlable aussi.

La certitude est la paix de l'âme, mais pour que l'âme soit en paix parfaite, il faut qu'elle se rattache toute entière à ce pivot immobile que le créateur a placé au milieu d'elle. Mais pour cela il faut deux conditions.

Nous avons vu précédemment que l'idée de l'être ou de l'infini était une idée impersonnelle, c'est-à-dire dépassant la conscience qui la touche sans pouvoir l'embrasser ni saisir sa forme. Il faut donc d'abord que Dieu rende cette idée palpable à l'homme par le langage. La parole de Dieu au premier homme, répétée de père en fils jusqu'à la fin des temps, est la lumière qui éclaire tout homme venant en ce monde.

Mais il faut que l'homme veuille rattacher toutes ses pensées à ce centre immobile, et ici commence le rôle de la liberté. La paix de la certitude n'est qu'aux hommes de bonne volonté, et malheureusement la raison peut, dans l'orgueil de sa personnalité, négliger ce point d'appui inébranlable, et, au lieu de se reposer sur lui, venir s'y briser avec la barque fragile qui le porte poussé par le flot agité.

Seule entre toutes, l'idée de l'infini porte avec elle sa propre certitude. Elle serait impossible et n'aurait point de nom si son objet n'était pas réel. Une fois qu'elle est nommée, on ne peut plus logiquement recuser ce qu'elle affirme; elle est le point pur où notre esprit touche à Dieu.

L'idée de l'être et de l'infini ne sont que la même idée sous les deux formes positive et négative, et, réunies dans cette formule *l'être infini*, elles forment un couple d'une fécondité prodigieuse; car c'est de cette union que naissent les idées d'indivisibilité ou d'unité, d'immensité, d'éternité, d'infaillibilité, d'immutabilité, d'indéfectibilité, de sagesse parfaite, de justice absolue, de pureté immaculée, de beauté sans défaut, de béatitude sans ombre, etc.

Toutes ces idées qui font la vie, la richesse et la lumière de l'âme, ne sont sous différentes formes que le nom très-saint du Dieu vivant, qui, par sa puissance, nous donne l'être et, par son nom divin, illumine notre raison.

Toutes ces idées sont filles directes de l'infini et héritent par droit de naissance de la certitude que possède leur mère. Mais toutes celles qui, de près ou de loin, peuvent se rattacher solidement, au moyen de la logique, à l'idée de l'infini, participent à la certitude dont elle est la source. Toutefois cette œuvre de la logique offre de grandes difficultés. Le travail de la logique demande une grande force d'attention, et une grande patience d'analyse. L'esprit de l'homme, qui est faible et distrait, ne voit pas toujours quand il manque des anneaux à la chaîne logique dont il se sert; il croit encore ses idées attachées au rocher de la certitude, lorsqu'elles flottent au large, errantes et vagabondes dans la mer de l'incertitude.

Quoi qu'il en soit, tout ce qui est certain le doit à l'idée de l'infini directement ou indirectement. C'est l'unité, synonyme d'infini, qui est le fondement de toute la certitude mathématique, c'est l'infaillibilité, une des filles de l'idée mère, qui offre un point d'appui solide à la foi; c'est encore l'unité, caractère du vrai, qui donne au témoignage historique assez de force pour mettre hors de doute le fait matériel de la révélation. La certitude mathématique est négative, car elle ne répond que des formes et des limites; mais elle est claire et comprise, parce que tout en elle est parfaitement défini et enchaîné d'un bout à l'autre. Elle est donc exacte mais vide.

La certitude que donne la foi est positive, parce qu'elle affirme les réalités de l'être; mais elle est plutôt une possession qu'une jouissance; les mystères qu'elle nous donne échappent à notre raison, non seulement par leur profondeur, mais parce qu'ils sont isolés les uns des autres, et qu'on ne jouit parfaitement des vérités qu'en contemplant les rapports qui les unissent. Point de jouissance sans unité.

Ces deux certitudes incomplètes nous font sentir le besoin d'une troisième plus parfaite qui joindrait l'exactitude de l'une à la richesse de l'autre. Ce serait l'intuition, c'est-à-dire la vue claire des vérités et des rapports qui les unissent.

Cet idéal est loin de se réaliser pour nous sur la terre.

Mais la sagesse humaine s'efforce d'y suppléer en cherchant à compléter l'une par l'autre la certitude négative des mathématiques et la certitude positive de la foi à la logique, qui est la géométrie de la pensée, entreprend d'établir un lien entre un mystère et un mystère, de tendre une chaîne entre une roche et un rocher, et de construire un pont suspendu que la pensée puisse traverser avec sécurité.

L'œuvre est laborieuse et difficile; et la faiblesse humaine y échoue souvent. C'est pourquoi Dieu a établi l'église infaillible toujours prête à tendre la main à la raison qui se noie et à la remettre sur le terrain solide.

Néanmoins, malgré ses dangers et ses difficultés, ce travail est l'œuvre de la véritable philosophie, qui ne peut être autre chose que l'union de la science et de la foi.

La foi, certitude de la substance, est pour le philosophe comme le marbre pour l'architecte. La science, certitude du mode, est comme les outils qui doivent travailler le marbre. Le philosophe qui rejette la science veut bâtir l'édifice intellectuel sans outils; le rationaliste qui rejette la foi veut bâtir sans matériaux avec les seuls outils. Sa folie est manifeste. Si quelques rationalistes ont paru construire quelque chose c'était avec des matériaux volés. Ils ont pris des vérités que la foi avait mises en circulation dans la société, et ont prétendu les avoir tirées d'eux-mêmes, mais il sera toujours facile de leur prouver qu'ils ont menti.

Par la foi nous possédons les vérités que contiennent les mystères, mais lorsque le raisonnement nous fait entrevoir les rapports qui les unissent entre eux et les rattachent aux vérités rationnelles, non seulement nous les possédons, mais nous commençons à en jouir.

Mais hélas! tout ce que peut faire le raisonnement est bien imparfait en comparaison de la certitude plus haute que Dieu possède seul par la troisième dimension de l'infini et qui est l'intuition : la vraie certitude harmonique.

L'intuition est au raisonnement ce que la vue est au toucher. Un aveugle peut avec des brasses mesurer la façade d'un château; s'il marche droit il peut, en comptant ses pas, se rendre compte de la distance des différents objets qui avoisinent le château; mais combien bornée et incomplète est la connaissance des lieux en comparaison de celle que donne la vue. Celui qui jouit de cet admirable sens, placé du haut du belvédère, voit d'un seul coup d'œil et sans erreur, non seulement le château tout entier et ce qui l'entoure, mais la route qui le prolonge dans la vallée, la rivière qui l'arrose, la prairie qui s'étale, les bouquets de grands arbres, les forêts qui garnissent les hauteurs et les montagnes qui couronnent l'horizon. Et il voit tout cela avec ses proportions, ses formes et ses couleurs.

Ainsi en est-il de la vue de Dieu dans le domaine de la vérité. Tandis que nous raisonnons à tâtons, il voit tout d'un regard et tout en sa juste proportion. Nul doute, nulle erreur ne peuvent l'atteindre : il voit, il voit non seulement le principe certain ,mais toutes les conséquences, dans leur ordre et leur harmonie. C'est la vérité toute entière, c'est la certitude avec ses trois dimensions. Oh! comme au milieu de notre laborieuse recherche cet idéal excite nos désirs! mais pour le réaliser il faudrait participer à la troisième dimension de l'infini, qui est la nature divine. Pourquoi désespérer? La foi nous ouvre à ce sujet de splendides horizons. « La coopération à la grâce, dit

Saint-Pierre, nous rend participants de la nature divine. » *Divina consortes natura.* Voilà la difficulté vaincue et l'abîme franchi. Aussi quelles magnifiques promesses : c'est dans la lumière même de Dieu que nous contemplerons la lumière. *In lumine tuo videbimus lumen* (*P.-S.*). Nous serons semblables à lui parce que nous le verrons tel qu'il est. *Similes ei erimus quoniam videbimus eum siculi est.* (*Saint-Jean*). Selon la promesse de l'église, nous jouirons dans le ciel de la vision intuitive, c'est-à-dire de l'intuition, ce troisième et dernier degré de la certitude, de cette certitude complète qui voit toute vérité, et est exempte de toute erreur, qui voit tout dans sa juste proportion, pleinement et sans effort; qui change la possession simple de la vérité en pleine jouissance. Oh! comme alors notre idéal se réalisera, comme le désir de notre âme sera comblé, comme notre soif de la vérité sera délicieusement rassasiée. *Satiabor Domine cum apparuerit gloria tua.* (*Psalm.*).

CHAPITRE XIV

DE LA VÉRITÉ UNE ET DES CINQ ERREURS

Nous pouvons déduire de toutes les considérations précédentes une formule rationnelle, claire et commode, pour disséquer une question et en déterminer pour ainsi dire les pôles et les points cardinaux.

Jusqu'ici, nous avons vu que tous les grands problèmes se posaient par deux termes, l'un positif, l'autre négatif. La solution du problème ou la vérité était l'harmonie de ces deux termes, dont la Trinité nous offre le premier type et la plus parfaite réalisation. Mais, supposons que la vérité ou l'harmonie ne puisse se découvrir, l'homme sera dans l'erreur, il s'agit de compter les différentes formes fondamentales que cette erreur pourra prendre. Or, étant donnés deux termes, on ne peut, au sujet de ces deux termes, faire plus de six hypothèses, nous avons déjà indiqué la première qui est l'harmonie ou la vérité. Mais celui qui désespère d'atteindre l'harmonie peut : 1° se débarrasser du premier terme par la négation et n'admettre que le second; 2° se débarrasser du second et n'admettre que le premier; 3° admettre les deux termes sans s'inquiéter de les concilier, c'est-à-dire les admettre à l'état d'opposition ou de guerre; 4° il peut les nier tous les deux ou plutôt rester dans l'ignorance et le doute à leur sujet; 5° pour décliner l'obligation de les concilier, il peut les confondre et déclarer qu'ils sont identiques.

Ces cinq hypothèses nous donnent les cinq formes que peut prendre l'erreur. Ainsi, le problème se posant en deux termes, la vérité c'est l'harmonie. Et les cinq erreurs sont l'élimination alternative de chacun des deux termes, la négation de leur union, leur confusion, et la négation simultanée des deux. On pourrait traduire en chiffres ces formules : $1 + 2 = 3$.

$1 + 2 = 1$. $1 + 2 = 2$. $1 = 2$. $1 + 2 = 0$. 1 ne peut s'ajouter à 2. Il est évident que la première équation est seule vraie.

Appliquons de suite cette formule au problème fondamental qui renferme tous les autres et qui résume toute la pensée humaine.

Toutes les pensées existantes et même possibles se partagent en deux séries d'un caractère opposé, et sont renfermées dans ces deux mots : infini et fini. Ces deux mots posent le problème qui a tourmenté, depuis le commencement, la pensée humaine ; ce problème est à la fois le fondement de la théologie et de la philosophie, et de tout temps la grande question a été de savoir comment pouvaient coexister l'infini, terme positif, et le fini, terme négatif, et de trouver le lien qui constituait leur harmonie. Or, si nous examinons toutes les combinaisons que la pensée humaine a fait subir à ces deux termes, nous verrons passer devant nos yeux, à la suite de la vérité fondamentale de la religion, toutes les grandes erreurs qui ont dévasté la raison humaine.

La vérité, c'est le dogme de la création qui rattache le fini à l'infini, comme l'effet à sa cause. Passons aux erreurs. Si nous éliminons le fini en niant sa réalité, nous restons avec l'infini seul, et nous sommes dans le panthéisme idéaliste de l'Inde qui regarde la création comme une pure illusion, un règne fugitif de Brahma. Si nous éliminons l'infini, il ne reste plus d'autre principe que la matière, et nous sommes en plein dans l'athéisme. Si nous admettons l'existence simultanée du fini et de l'infini, sans que l'un soit le principe de l'autre, nous sommes en face de deux principes éternels, indépendants, opposés de nature, et par conséquent ennemis, c'est le dualisme qui a passé de la Perse chez les manichéens. Si nous nions l'un et l'autre, ou plutôt si, restant dans le doute, nous n'osons rien affirmer, nous avons le scepticisme de Pyrrhon. Enfin si, confondant les deux termes, nous les déclarons identiques et déclinons ainsi la difficile tâche de les concilier, nous tombons dans l'hégélisme, la dernière aberration fondamentale possible à la raison humaine. La confusion est l'essence même de l'hégélisme, toutes ses diverses théories ne sont que des conséquences logiques du principe de la confusion qui les contient toutes en germe.

Avant de faire d'autres applications, il faut faire quelques remarques.

Nos six hypothèses peuvent s'exprimer ainsi : harmonie, positif (seul), négatif (seul), division, confusion, néant. Ces six termes ne peuvent se réaliser dans toutes les questions. Le néant ne peut avoir aucune réalité, et ce n'est, comme nous l'avons vu, que dans le jeu de l'intelligence qu'il a une ombre d'être et qu'il prend un nom ! Le doute universel qui est l'abdication de la raison, le néant de la pensée ; ce doute complet qui a été soutenu théoriquement par Pyrrhon, mais qui n'a jamais existé réellement dans aucune tête, pas même dans celle de Pyrrhon, a cependant pu être nommé scepticisme. Mais toutes les fois que le problème touche aux réalités, ce dernier terme disparaît et ne conserve qu'un nom, toujours le même : néant ou rien.

Dans les réalités, on peut diviser les termes ou les exclure alternativement, mais la nature des choses se refuse à la confusion, la confusion ne peut être qu'une théorie, une aberration de la pensée, mais les choses restent distinctes en elles-mêmes.

Enfin, les erreurs ne sont pas toujours radicales, l'exclusion peut être remplacée par la simple infériorité, la soumission, le sacrifice d'un terme à l'autre. De même, la division peut n'être pas la guerre, mais une simple séparation, un parallélisme qui exclut simplement la combinaison et l'harmonie.

Pascal, dans une de ses plus importantes Pensées, indique les deux premières de ces erreurs, dans leur opposition à la vérité. La voici :

« L'Église a toujours été combattue par des erreurs contraires...... Si elle en souffre, elle en reçoit cet avantage qu'elles se détruisent. Il y a donc un grand nombre de vérités, et de foi et de morale, qui semblent répugnantes, et qui subsistent toutes, dans un ordre admirable.

« La source de toutes les hérésies est l'exclusion de quelques-unes de ces vérités; et la source de toutes les objections que nous font les hérétiques, est l'ignorance de quelques-unes de ces vérités.

« Et d'ordinaire il arrive que, ne pouvant concevoir le rapport de deux vérités opposées, et croyant que l'aveu de l'une enferme l'exclusion de l'autre, ils s'attachent à l'une, ils excluent l'autre, que pensent et nous au contraire. Or l'exclusion est la cause de leur hérésie; et l'ignorance que nous tenons l'autre cause leurs objections.

« Exemple : Jésus-Christ est Dieu et homme. Les ariens, ne pouvant allier ces choses, qu'ils croient incompatibles, disent qu'il est homme; en cela ils sont catholiques. Mais ils nient qu'il soit Dieu; en cela ils sont hérétiques; ils prétendent que nous nions son humanité, en cela ils sont ignorants..... C'est pourquoi le plus court moyen pour empêcher les hérésies, est d'instruire de toutes vérités; et le plus sûr moyen de les réfuter est de les déclarer toutes ».

Pascal s'arrête là; mais, avec notre formule, nous pouvons achever la Pensée et reconnaître l'erreur sous tous ses déguisements. Le reproche que Pascal se fait faire par les ariens, peut s'adresser à Eutichès qui par horreur de l'arianisme était tombé dans l'excès opposé; en effet dans son hérésie, la nature humaine absorbée par la nature divine disparaissait et la divinité restait seule; il n'était plus Dieu et homme mais Dieu seulement, tandis qu'au contraire pour les ariens il était homme seulement. Les catholiques admettent en même temps le Dieu et l'homme mais pour eux l'unité de personne est le lien qui unit les deux termes et résout le problème. C'est en brisant ce lien que Nestorius a réalisé la troisième erreur qui est la division. Pour lui la nature divine jointe à la personne divine formait un terme, la nature humaine et la personne humaine en formait un autre, mais rien ne reliait ces deux termes qui restaient séparés par un divorce éternel.

Les mythiques qui nient l'existence historique et réelle de Jésus-Christ nient à la fois les deux termes, la divinité et l'humanité, et réalisent la quatrième erreur qui correspond au pyrrhonisme; la cinquième erreur n'a pas été formulée, et n'a pas pris corps dans une hérésie, mais elle doit-être dans la pensée de beaucoup de philosophes rationalistes, comme conséquences des idées d'Hégel.

Hégel est la confusion. Pour lui la création n'est pas la réalisation libre et temporaire de l'idée éternelle de Dieu, mais elle est l'idée même de Dieu, qui par le développement de la création prend peu à peu conscience de lui même. La création n'est donc pas différente de Dieu, elle est la conscience divine, et comme dans la création l'homme est le point le plus élevé et le plus lumineux, c'est dans l'homme même que Dieu a jusqu'à présent la plus haute conscience de lui-même. Ceux donc des Hégéliens qui regardent Jésus-Christ comme le type le plus parfait que l'humanité ait produit jusqu'à présent le regardent à la fois comme le sommet de l'humanité et de la divinité. Pour eux c'est une même chose.

Voilà donc les cinq erreurs existantes et possibles, relativement au problème qu'a résolu l'incarnation du Verbe et qui était posé par deux termes, l'un positif la divinité, l'autre négatif l'humanité.

Nous pouvons faire encore d'autres applications.

Les deux termes qui posent le problème politique sont l'autorité et la liberté. Ces deux termes trouvent leur harmonie lorsque l'autorité règne par l'amour et est librement acceptée par ceux sur lesquels elle s'étend. Tel est l'autorité d'un bon père sur des enfants bien nés. Le père ne songe qu'au bonheur de ses enfants, et ceux-ci n'ont qu'un désir, celui de plaire à leur père, le père laisse à ses enfants toute la liberté possible et les enfants n'ont l'idée ni le désir de faire ce qui pourrait déplaire à leur père. Nulle société n'a encore réalisé cette harmonie idéale que nous appellerons gouvernement paternel. Si l'autorité exclut la liberté ou seulement la domine trop, nous avons le despotisme qui ayant été réalisé a reçu un nom distinctif; si la liberté exclut ou empêche en grande partie l'autorité on l'appelle anarchie. Ces deux noms sont très connus, parce que le monde a longtemps oscillé entre ces deux extrêmes le despotisme et l'anarchie, tour à tour vainqueurs et vaincus. Mais lassés de cette longue guerre de ménage, les hommes ont imaginé de séparer les deux conjoints et de les rendres indépendants l'un de l'autre, alors ils ont divisé le pouvoir, ils ont laissé le pouvoir exécutif ou positif à l'unité, au chef qui symbolise l'autorité, et ils ont transporté le pouvoir législatif et le pouvoir négatif du véto à la multitude qui est l'élément de la liberté. Par là, au lieu d'amener la paix, ils ont systématisé la guerre.

Le constitutionalisme ou le dualisme politique est un principe faux en lui-même, qui n'est pas et ne peut être la solution du problème social. Pratiquement cependant il vaut mieux que le despotisme et l'anarchie, et surtout, grâce à la bonne volonté des uns, à la faiblesse des autres, à l'inconséquence de tous, les hommes ont su tirer de ce régime des conséquenses qui valaient mieux que le principe. Il n'y a pas encore d'exemple d'llégélisme politique ou de confusion des deux termes. Cependant il existe une théorie qui y correspond, c'est celle de la souveraineté du peuple, qui se formule ainsi : Tout *pour* le peuple et *par* le peuple. Tout pour le peuple est la vérité que prêche l'Évangile, le bon pasteur donne sa vie pour ses brebis. Tout par le peuple est l'absurdité que renferme l'idée de la souveraineté du peuple. Ce peuple c'est la multitude, dans une multitude, chaque individu agit pour son compte, mais un groupe quelconque ne peut agir en tant que groupe qu'autant qu'il se rattache à une unité, à un centre, à un chef qui réunit son action sur un point. Or la souveraineté c'est cette unité, ce centre, ce chef, et proclamer la souveraineté du peuple, c'est dire que toute la circonférence est le centre, que tous les nombres sont l'unité, que tous les soldats sont le général ; c'est la confusion des termes les plus contradictoires, c'est une absurdité digne d'Hégel. La souveraineté du peuple, peut rester en théorie, et séduire bien des esprits, mais elle ne se réalisera jamais parce qu'elle est matériellement impossible, comme un cercle carré.

Comme la politique est une question pratique, le scepticisme ne peut y être représenté, ici le dernier terme est zéro.

La question morale se pose en deux termes : vérité et bonheur. L'homme sent qu'il est fait pour le bonheur et il aspire à en jouir, mais sa conscience lui dit aussi qu'il est fait pour la vérité et il ressent la noble ambition de s'y conformer; de sorte que deux buts se présentent à atteindre : perfection et jouissance. Cette question ne devrait point présenter de difficulté, la perfection et la jouissance devraient nous apparaître réunies au même but comme les deux yeux d'une personne qu'on aime, mais le péché ayant fait loucher notre vue intellectuelle nous voyons la perfection d'un côté et la jouissance de l'autre, de là le problème.

La foi redresse notre vue intellectuelle et nous révèle l'harmonie des deux termes qui nous paraissent divisés, et elle nous apprend que la sainteté est la vraie route du bonheur. En dehors de la révélation les hommes frappés de la division qu'ils croyaient réelle ont pensé qu'il fallait choisir; les uns ont dit qu'il fallait sacrifier le bonheur à la perfection, ce sont les stoïciens qui, hissés sur leur orgueil, ont osé braver le destin et lui faire honte de n'avoir pas donné la jouissance à la vertu ; d'autres ont préféré sacrifier la perfection à la jouissance et ont cru que la vraie sagesse était toute à bien calculer ses jouissances, ce sont les épicuriens qui ne rougissaient pas de se comparer aux porcs : *De grege porcorum epicurii* (Horace).

Les manichéens, suivis en cela par quelques faux mystiques, avaient imaginé une morale analogue à leur doctrine. Niant toute solidarité entre l'âme qui était l'œuvre du bon principe, et le corps l'œuvre du mauvais. Ils estimaient que chacun devait obéir à son principe, que l'âme devait donc se maintenir dans l'amour du bien et du vrai et laisser le corps se livrer à la volupté sans s'en inquiéter, et sans y participer.

De nos jours le Saint-Simonisme a pris pour drapeau la réhabilitation de la chair. Selon lui on avait eu tort de combattre la chair. Sous prétexte de perfectionner l'esprit vu que la perfection de tous les deux était identique, Fourrier a présenté la même idée sous une autre forme, disant que la perfection ne consistait pas à diminuer et vaincre ses passions, mais à les développer toutes simultanément, ce qui les maintenait en équilibre. Cette morale n'est autre que celle de la confusion, elle est contemporaine et sœur de l'Hégélisme.

Enfin, quoique la série morale soit de l'ordre pratique nous y trouvons la dernière erreur non comme réalité mais comme tendance. Celui qui ne croit ni à la vérité ni au bonheur, aspire au néant et croit s'y précipiter par le suicide, qui complète la série des erreurs morales. La foi et la science sont encore les deux pôles positifs et négatifs d'une grande question. La foi est comme la nourriture de l'âme, et la science l'opération par laquelle elle s'assimile cette nourriture ; c'est le verbe ou la parole de Dieu qui éclaire tout homme venant en ce monde, mais c'est la science qui discerne cette parole et la sépare de toute autre.

On comprend donc que ces deux choses doivent s'unir pour compléter le développement de la raison; ce sont les deux ailes de la pensée, par lesquelles elle peut s'élever dans la lumière. La science unie à la foi forme la vraie philosophie telle que l'entendaient les pères de l'Église, telle que l'ont cultivée Origène, saint Augustin, saint Thomas, saint Bonaventure, saint Anselme et tant d'autres. Dans leurs écrits la foi fournit les principes et le fond des idées, la science discerne ces idées, les classe, les compare, en fait ressortir toutes les conséquences, et complète ainsi la lumière.

Mais dès que nous brisons l'harmonie de ces deux termes, nous retombons dans la série des erreurs.

Si la foi repousse toute science, elle reste sans discernement; au lieu de ne s'attacher qu'à la parole de Dieu, elle se prend à tout ce qu'elle rencontre, et devient superstition. Si la science repousse et exclut la foi, elle devient une formule creuse qui mâche à vide, et laisse mourir l'âme d'inanition. Privée de toutes les vérités positives et infinies qu'elle ne peut produire par elle-même, elle ne remue que les vérités négatives et finies; tout le bruit qu'elle fait n'est qu'un cliquetis de chiffres, de lignes, d'angles, et de triangles; elle ne voit et ne vit que de la matière, et comme le serpent maudit elle est condamnée à ramper et à manger la terre. C'est le criticisme pur.

Quelques-uns, sans rejeter la foi, ont voulu l'isoler de la science; ils ont regardé les vérités de foi et de science comme deux séries parallèles qui ne doivent pas se toucher.

Selon eux on peut admettre la révélation dans sa conscience, mais la philosophie doit travailler sans s'en préoccuper, et chercher la vérité par la seule lumière naturelle. Cette erreur est le principe du Cartésianisme, véritable manichéisme philosophique; c'est cette erreur qui a fait dire à un écrivain : « Si l'Église condamnait cette proposition, j'aurais la foi d'avoir tort mais je conserverais l'évidence d'avoir raison ».

L'école des mythiques ne rejettent pas les données de la foi, mais ils pensent que ces données, au lieu de contenir des vérités d'un ordre surnaturel, ne sont que des symboles qui recouvrent des vérités naturelles et purement scientifiques : cette erreur, qui confond les deux termes, représente dans cette série l'Hégélisme.

Ici la négation des deux termes retombe dans le septicisme, expression commune de tout néant intellectuel.

Faisons encore une application de notre formule à deux termes qui sont dans la création le principal type du positif et du négatif: l'homme et la femme.

L'harmonie de ces deux termes est le mariage tel qu'il fut institué dans le paradis terrestre; le mariage actuel, malgré l'imperfection de ses résultats, est tout ce qui reste de la vérité première. Hors de lui il n'y a plus qu'erreur.

Dans cette harmonie les deux termes se contrepèsent et concourent également à la formation du tout, et ce tout est une véritable unité, c'est pourquoi Jésus-Christ dit déjà il ne sont plus deux *Jam non sunt duo*. Si, réservant l'unité pour l'un des deux sexes, on le prend pour centre, ne faisant, de l'autre, qu'un accessoire subordonné, divisé, et mobiles, on tombe dans deux grandes erreurs qui sont polygamie et la polyandrie ou la prostitution. Dans cette série le dualisme se traduit évidemment par le divorce. Enfin la confusion des deux sexes amène les crimes contre nature. Ici le dernier terme où le néant ne peut se traduire, il reste zéro.

Il serait curieux de constater par l'histoire et la statistique l'affinité qui existe entre les erreurs métaphysiques et les erreurs morales qui leur correspondent. Pour ne citer qu'un fait nous rappellerons que la seule fois que l'athéisme a été légalement proclamé, une prostituée a été exposée sur l'autel à l'adoration des hommes.

Dans les questions secondaires et de détail il est difficile souvent de trouver le développement complet des erreurs, soit que ces erreurs n'aient pas encore été formulées, soit que les éléments du problème ne se prêtent pas à les produire. Mais toujours on trouve facilement les deux principaux termes, l'harmonie qui est le type du bien et le dualisme où la division autrement dit la discorde qui est le type du mal.

Ainsi l'âme et le corps, par leur union, réalisent la vie et par leur harmonie produisent la sincérité et la vérité, et par leur discordance le mensonge. L'unité et la variété par leur combinaison font le beau, et par leur désaccord le laid. La vie et les sens donnent par leur union la sensibilité et par leur isolement la léthargie. Enfin la matière impondérable combinée avec la matière inerte produit la figure visible de ce monde ; si on les séparait il ne resterait que le chaos primitif qui a précédé le *fiat lux*.

Les deux tableaux suivants feront saisir d'un seul coup d'œil ce que nous venons de développer dans les pages précédentes.

HARMONIE	POSITIF	NÉGATIF	DISCORDANCE
Bien			Mal
Beau	Unité	Variété	Laid
Vie	Ame	Corps	Mort
Sincérité	Pensée	Parole	Mensonge
Sensibilité	Vie	Sens	Léthargie
Univers	Matière impondérable	Matière pondérable	Chaos

POLE POSITIF			EQUATEUR			POLE NÉGATIF	NÉANT
Terme positif	Affirmation exclusive du positif	Confusion des deux termes	Affirmation harmonique des deux termes	Antagonisme discordance des deux termes	Affirmation exclusive du négatif	Terme négatif	Négation totale
1	$1 + 2 = 1$	$1 = 2$	$1 + 2 = 3$	1 sans rapport avec 2	$1 + 2 = 2$	2	$1 + 2 = 0$
Infini	Panthéisme	Hégélisme	Dieu créateur	Dualisme	Athéisme matérialisme	Fini	Scepticisme
Autorité	Absolutisme	Souveraineté du peuple	Gouvernement paternel	Constitutionalisme division du pouvoir antagonisme.	Anarchie	Liberté	0
Vérité Perfection	Stoïcisme	St Simonisme	Morale chrétienne Sainteté	Manichéisme faux mysticisme	Epicurisme	Bonheur Jouissance	Suicide
Foi	Superstition légendisme	Mythisme	Philosophie théologique	Cartésianisme	Criticisme	Science	Scepticisme
Homme	Polygamie	Crimes contre nature	Mariage	Divorce	Polyandrie Prostitution	Femme	0
Dieu	Eutichès	Conséquence de l'Hégélisme	Jésus-Christ	Nestorius	Arius	Homme	Mytiques
	1re ERREUR	5e ERREUR	VÉRITÉ	3e ERREUR	2e ERREUR		4e ERREUR

L'exposé qui précède peut donner lieu à d'intéressantes observations sur la vérité comme une harmonie entre deux termes ; la vérité n'est donc pas une idée simple, mais une idée complexe qui exprime un rapport.

C'est ce qu'avait noté Aristote quand il disait : où il y a composition d'idées là se trouve le vrai et le faux (désunion).

Ceci nous amène à distinguer la réalité de la vérité.

La réalité est une idée simple.

La réalité est un fait qui s'impose à l'esprit quand il est connu ; qui laisse dans l'ignorance quand il est inconnu qui peut laisser dans le doute quand il est imparfaitement connu.

Il ne donne pas lieu à diverses combinaisons, il n'a qu'une alternative : être ou ne pas être ; son opposé n'est pas l'erreur, mais le néant.

La vérité, au contraire, qui exprime un rapport et suppose deux termes est une idée complexe ; elle est l'harmonie qui exprime le vrai rapport, et a pour opposé l'erreur qui exprime un faux rapport.

Cependant la réalité peut devenir l'objet de la vérité si au lieu de la voir simplement, on dédouble son idée, et on considère son rapport avec l'existence.

On ne dit pas d'un être quelconque qu'il est vrai ou faux, mais il est vrai ou faux qu'il existe, alors l'erreur opposée à la vérité peut être ou la négation d'une existence réelle ou l'affirmation d'une existence non réelle.

La vérité, comme nous l'avons vu, peut se trouver en face de cinq erreurs, ou pour parler plus exactement de quatre erreurs, car le doute universel que nous avons signalé sous le nom de pyrrhonisme ne mérite pas le nom d'erreur car il n'exprime pas un faux rapport : comme le zéro il n'exprime rien, il est le néant de la pensée, et comme le néant n'est pas le doute universel et absolu, bien qu'écrit ou parlé n'a jamais existé dans aucune tête pas même dans celle de Pyrrhon.

Le pyrrhonisme qui n'exprime rien est plutôt le contraire de la vérité, qui exprimant le vrai rapport est l'harmonie.

En un mot la réalité a pour contraire le néant.

L'harmonie de deux termes qui a pour contraire l'erreur qui est la discordance de ces deux mêmes termes.

La réalité souveraine et infinie est l'être par lui-même, et la vérité souveraine et infinie est la parole par laquelle il s'affirme et l'harmonie qui existe entre la double idée positive et négative qu'il a de lui-même.

La vérité des vérités qui contient toutes les vérités et cette harmonie qui est à la fois la lumière dans tout son éclat, la beauté dans toute sa perfection, et le bonheur, dans toute sa plénitude.

Cette harmonie sublime et adorable s'oppose à l'erreur sous ses quatre formes : 1° le père Dieu personnel ; 2° le fils seul Dieu personnel ; 3° le père et le fils, deux dieux personnels et hostiles ; 4° le père et le fils la même personne.

L'harmonie entre un terme positif et son corrélatif négatif, telle que nous l'avons étudiée, n'est pas la seule forme de la vérité ; comme dit Aristote : où il y a composition d'idées là se trouve le vrai et le faux.

Or, toute proposition étant composée de deux termes rattachés l'un à l'autre par un lien, peut être vraie ou fausse.

Les propositions sont surtout de deux sortes : les unes relient un attribut à un sujet par le moyen du verbe *être*, comme : Dieu est bon, les autres attribuent une action au sujet par un verbe quelconque, comme : Dieu a créé le monde.

Les propositions possibles sont en nombre indéfini car à chaque sujet on ne peut joindre successivement tous les attributs et attribuer tous les actes. Toutes les propositions sont vraies quand l'attribut convient au sujet et quand l'acte qui lui est attribué est réel ; elles sont fausses quand l'attribut ne convient pas au sujet, ou quand l'acte qu'on lui attribue n'est pas réel.

Bien que la quantité de vérités et d'erreurs qui peuvent affecter le même sujet soit innombrable, chaque vérité exprimée par une proposition n'a, en face d'elle, comme contraire direct, qu'une seule erreur, la négation de cette vérité : Dieu est bon — Dieu n'est pas bon ; Dieu a créé — Dieu n'a pas créé.

Il n'en est pas de même de la vérité qui résulte de l'accord du positif et du négatif, qui, comme nous l'avons vu, se trouve en face de quatre erreurs ou fausses combinaisons des deux mêmes termes.

Or, ces quatre erreurs, bien qu'opposées en tant qu'erreur à la vérité, ne sont pas, dans leur expression, le contraire direct de cette vérité ; elles sont plutôt différentes que contraires. Ici, ce sont les erreurs qui sont directement contraires les unes aux autres. Ainsi, le contraire du panthéisme, qui dit : rien n'est Dieu ; le contraire du dualisme qui laisse les deux principes dans une hostilité éternelle, a pour contraire l'hégélisme qui les confond ; de même, l'opposé direct du despotisme est l'anarchie, et celui du stoïcisme est l'épicuréisme.

Ceci est un grand danger pour l'esprit humain.

Quand il voit l'erreur d'un côté, il est porté à se rejeter violemment de l'autre côté, et, par là, il tombe dans l'erreur opposée, comme dit le proverbe : de Charybde en Scilla. L'histoire de l'humanité nous avertit de ce danger, car elle nous montre alternativement le panthéisme et le matérialisme, et elle nous fait voir les sociétés passant du despotisme à l'anarchie et de l'anarchie au despotisme.

Ici la vérité est comme l'équilibre d'une balance, qui n'a lieu qu'en un seul point, et qui peut diverger dans tous les sens plus ou moins. Or, toute divergence est erreur.

Mais pour se servir de cette balance, il faut une main bien ferme et un coup d'œil bien sûr ; la sagesse humaine en est incapable. Dieu seul est infaillible, et seule sa parole peut maintenir la raison humaine dans la voie droite, et la faire marcher sûrement entre les deux abîmes.

Lorsque l'intelligence humaine a voulu marcher seule, sans Dieu et sans tradition, elle est tombée dans des aberrations incroyables. Varron disait déjà qu'il n'y avait pas d'extravagances qui n'eût été soutenues par quelque philosophe. Les philosophes modernes ne le cèdent pas aux anciens, et semblent même prendre à tâche de les dépasser.

L'erreur est plus ou moins grande, selon que la divergence de la balance est plus ou moins accentuée ; les erreurs les plus dangereuses ne sont pas toujours les plus monstrueuses. L'erreur trop grossière choque le sens commun : rien n'est beau que le vrai, dit le poète ; mais l'erreur légère s'insinue à la faveur de la vérité à laquelle elle est mêlée, elle s'incarne dans les mœurs, et lorsque ses conséquences apparaissent enfin, il est quelquefois bien difficile de la déraciner.

On ne songe pas assez aux conséquences de la moindre erreur. L'erreur est le poison de l'âme.

Tracez à côté l'une de l'autre deux lignes à peu près parallèles : si l'angle que font ces deux lignes est très petit, elles sembleront longtemps parfaitement parallèles ; mais, quelque petit que soit l'angle, au bout d'un certain temps l'écart deviendra sensible, et finira par être immense, et tandis que la vraie ligne droite arrivera au but, l'autre s'égarera et se perdra dans l'espace.

Ainsi en est-il des conséquences de la vérité et de l'erreur.

Il importe donc beaucoup qu'au point de départ la vérité soit pure et sans mélange d'erreur, et que sa marche logique soit d'une rectitude parfaite.

Si l'on étudie consciencieusement l'histoire de l'esprit humain, on sera saisi d'admiration en voyant la justesse absolue des paroles de Dieu et de toutes les définitions de la foi catholique.

On verra cette ligne droite de la vérité qui vient de Dieu et retourne à Dieu, traverser les âges, guidée par l'Église, et marcher droit au but tandis que les erreurs qui au commencement se distinguaient à peine d'elle dévient à droite et à gauche, manifestant à la fin leurs formes pernicieuses; et plus les siècles avancent, plus cette divergence de la vérité et de l'erreur se dévoile.

L'erreur ne nous est presque jamais présentée seule, mais enchevêtrée dans des systèmes mêlés de vrai et de faux. Les fausses religions de l'antiquité avaient conservé de grandes vérités, débris de la révélation primitive, qu'entraînait pêle-mêle le fleuve troublé de la raison humaine.

Toutes avaient plus ou moins l'idée d'une surveillance divine, du retour final de la justice, de la punition des méchants, et de la récompense des bons.

Ce sont ces vérités qui, bien qu'obscurcies par le mélange des erreurs, guidaient encore un peu la marche des peuples et les empêchaient de se perdre entièrement.

L'œuvre de la sagesse est de reconnaître les vérités dans ce mélange confus, de les retirer de là, et de les mettre en lumière.

Mais pour reconnaître, il faut d'abord connaître, et celui-là seul peut accomplir l'œuvre difficile de débrouiller ce cahot, qui possède et tient à la main le flambeau de la vérité et la parole divine.

Tout autre au lieu de dégager la vérité se noiera lui-même dans l'erreur.

Il ne s'agit pas ici d'éclectisme et de conciliation.

La conciliation est désirable, comme nous l'avons vu, entre un terme positif qui est simple et son corrélatif négatif qui au premier abord lui semble contraire.

Les harmonies qui résultent de l'accord de ces termes sont de toutes les vérités les plus intéressantes, car toutes elles sont la solution d'un problème, une difficulté vaincue, une victoire de la lumière sur les ténèbres.

Mais ces vérités une fois constituées, ainsi que toutes les autres vérités qui sont harmonies aussi, ne peuvent avoir aucun accord avec leur contraire et ne peuvent transiger. Il est évident qu'il ne peut y avoir harmonie entre l'harmonie et la non-harmonie qui est la discordance.

Ainsi point d'accord, ni de conciliation possible, entre le vrai et le faux, entre la beauté et la laideur, entre le bonheur et le malheur, entre le bien et le mal, entre la lumière et les ténèbres. C'est ce que dit saint Paul : « Quoi de commun entre la justice et l'iniquité ? quelle alliance entre la lumière et les ténèbres ? Quel accord entre Jésus-Christ et Belial ? (2. Cor. § 15).

Dieu a dit : Je suis la vérité, et en effet il est toute la vérité, et toutes les vérités. Non seulement il voit dans l'idée de l'être l'éternelle et immuable vérité de son être, de son unité et de son essence, mais encore il voit dans l'infinie variété du non-être, toutes les vérités finies, toutes les idées possibles, toutes leurs combinaisons et toutes leurs nuances, et de plus, dans le contraire de toutes les vérités, Dieu voit toutes les erreurs possibles?

L'homme a donc beau faire, il ne peut intellectuellement se poser hors de Dieu; il peut tourner, retourner et modifier sa pensée en tout sens, son idée trouvera toujours son type existant depuis l'éternité dans la pensée de Dieu. C'est ce qu'avait entrevu le génie de Platon. Voyant les idées se ressembler plus ou moins dans toutes les intelligences finies, il comprenait qu'elles devaient avoir une source commune; il sentait que l'homme ne pouvait créer la vérité, et que lorsqu'elle brillait dans son intelligence, c'était un reflet et non une création. Seulement au lieu de laisser tous ces types dans l'unité infiniment variée de la pensée divine, il en faisait des individualités ayant une existence indépendante; là est son erreur. La théorie de Platon était une presque vérité, c'est pourquoi elle a une splendeur séduisante.

L'homme ne peut donc, quoi qu'il fasse, s'isoler de Dieu par la pensée; mais il est un point, et c'est le seul par lequel il puisse se séparer de Dieu, et rompre avec lui: c'est la volonté. Dieu veut la vérité et ne veut pas l'erreur, toute la perfection de la créature libre est de vouloir comme Dieu, et tout le mal de vouloir autrement que lui. En Dieu toutes les vérités sont illuminées et vivifiées par son amour, et toutes les erreurs sont enveloppées et ensevelies dans sa haine éternelle et immuable. Malheur à celui qui aime l'erreur, il s'identifie avec elle, et endosse l'éternelle malédiction qui pèse sur elle; on peut lui appliquer ces terribles paroles du psaume. Il a aimé la malédiction, elle viendra sur lui; il n'a pas voulu la bénédiction, elle s'éloignera de lui; il s'est revêtu de la malédiction comme d'un manteau, elle est entrée comme l'eau dans ses entrailles, comme l'huile dans ses os: *induit maledictionem sicut vestimentum, intravit sicut aqua in interiora ejus. Sicut oleum in ossibus ejus.* Mais alors dit Jésus-Christ, les justes brilleront comme le soleil dans la maison de leur père; *tunc justi fulgebunt sicut sol in regno patris eorum.* (Matt. 13-43) et la lumière dont ils brilleront sera celle de la vérité.

Ce chapitre peut se résumer en peu de mots. Il faut distinguer entre la réalité et la vérité; la réalité est le fait simple d'une existence, son contraire est le néant.

La vérité exprime un rapport amical ou hostile, et suppose deux termes: son contraire est l'erreur, qui nie le vrai rapport ou affirme le faux.

La vérité peut exprimer le rapport soit entre le sujet et un attribut soit entre le sujet et un verbe actif ou passif, soit entre les deux termes d'une antinomie.

Si l'antinomie est entre un positif simple et un négatif (infini-fini) (unité-variété), la vérité est l'harmonie de ces deux termes, et la quadruple erreur les quatre combinaisons autres que l'harmonie.

Si le premier terme de l'antinomie est déjà une harmonie ou une vérité (bien-mal) (beau-laid), le seul rapport vrai entre les deux termes est l'incompatibilité absolue et d'exclusion.

CHAPITRE XV

DU NOMBRE 7 EN DIEU

Si un nombre peut être regardé comme renfermant des mystères et des secrets c'est, certe le nombre sept.

Nous le trouvons partout, et dans l'ordre naturel et dans l'ordre surnaturel.

Dès le commencement Dieu l'imprime comme un sceau à la création qu'il achève en sept jours; et il consacre la semaine qui doit durer jusqu'à la fin des temps.

Au déluge Dieu se fait garder sept paires des animaux purs; la plupart des sacrifices des patriarches étaient composés de sept animaux. Jacob servit sept ans pour avoir Rachel. Joseph prédit sept ans d'abondance et de stérilité. Samson avait sept tresses. Le nombre sept est sans cesse répété dans les prescriptions de Moïse; sept trompettes renversèrent Jericho; la Sagesse se construit sept colonnes; le chandelier du Temple avait sept branches. Le prophète Zacharie voit dans le ciel sept lampes qui sont comme les sept yeux du Seigneur, Raphaël est un des sept qui se tiennent devant Dieu. Il chasse sept démons de Magdelaine. Dans l'Apocalypse nous voyons sept chandeliers, sept églises, sept sceaux, sept trompettes, sept coupes, et la bête qui monte de l'abîme a sept têtes. Nous avons encore sept sacrements, sept dons du Saint-Esprit, sept péchés capitaux, et autant de vertus principales.

Enfin la nature nous offre le nombre sept dans deux échelles merveilleuses, celle des couleurs dans l'arc-en-ciel et celle des sons dans la gamme; échelles qui font à la fois une énigme qui défie notre curiosité, et un charme qui embellit notre vie, car par l'une nous jouissons de toutes les beautés de la forme, et par l'autre de tous les enivrements de l'harmonie.

Mais Dieu qui, comme nous l'avons vu, n'a pu reproduire autre chose dans la création qu'une image de ce qu'il est en lui-même, n'aurait pas mis ainsi le nombre sept partout s'il n'était en Lui. Mais comment y est-il ? Voilà le problème.

L'arc-en-ciel et la gamme nous donnent une indication précieuse.

Dans ces deux échelles nous voyons le nombre sept comme un développement, un complément du nombre trois.

En effet nous trouvons dans la gamme trois notes qui dominent tout, forment l'accord parfait, ouvrent et ferment toute mélodie.

Dans l'arc-en-ciel nous voyons trois couleurs primitives qui forment en se combinant deux à deux trois couleurs intermédiaires. Cela ne ferait que six; mais une des trois couleurs primitives tient deux degrés dans l'échelle, se partage en deux nuances, le bleu et l'indigo, et comptant ainsi pour deux achève le nombre sacré.

Mais en étudiant le nombre trois en Dieu, nous avons vu qu'un des trois termes était double et pouvait se prendre à volonté pour un terme ou pour deux, c'est la distinction qui est la double idée de l'être et du non-être. Nous avons donc déjà le trois et le quatre, et si en combinant les attributs connus deux à deux, nous voyons se former un attribut intermédiaire, nous serons aussi en possession de l'échelle divine, et nous aurons la raison fondamentale de tous les septenaires, nous connaîtrons le mystère du nombre sept qui sera pour nous la clef de bien des mystères.

Il faut avant tout résumer et compléter ce que nous avons dit des attributs principaux qui forment le ternaire.

Le premier terme, le principe et le fondement de tout c'est l'être; mais ce mot renferme tout l'être, est aussi bien la fin que le commencement, l'être avec son complet développement n'est toujours que l'être, et pour caractériser l'être radical, le point de départ le principe qui produit par son expansion tout le reste il faut chercher un autre mot. Mais comme ce principe n'a jamais existé sans son développement, on ne trouve aucun mot qui s'exprime exclusivement à cet état abstrait de principe. Faute de mieux, nous sommes convenus de l'appeler vie ou si l'on veut vitalité qui veut dire vie en puissance. Et nous avons reconnu comme caractérisant ce premier attribut, l'unité, l'indivisibilité, l'expansion, l'immensité. Ce premier attribut semble renfermé dans l'idée de Père qui est principe.

Le second attribut qui caractérise le fils et qui est à la fois un et deux c'est la distinction. La distinction suppose deux termes, et ces deux termes sur lesquels s'exerce la distinction sont l'idée de l'être et celle du non-être.

Parmi les attributs que l'Écriture sainte affirme de Dieu il en est que l'on regarde comme caractérisant le Fils. Telle est entre autre, la Sagesse; et la Sagesse selon cette même Écriture est : « une vapeur de la vertu de Dieu, une émanation de sa clarté, un reflet de sa lumière, un miroir sans tache de sa majesté, et une image de sa bonté » (Pag. 7, 25, 26). D'un autre côté la philosophie définit l'idée, l'image, le miroir, le reflet de la réalité. Si donc Dieu est l'être ou la réalité première, l'idée de l'être qui est l'image, le miroir, le reflet de l'être qui est Dieu, n'est autre chose que ce que l'Ecriture appelle la Sagesse. Nous pourrons donc dans l'échelle des attributs divins donner à l'idée de l'être le nom de Sagesse.

Il est un second attribut que l'on donne spécialement au verbe et surtout au verbe incarné, c'est la justice. Saint Jean est formel, à ce sujet : *Neque enim pater judicat quemquam, sed omne judicium dedit filio... et potestatem dedit ei judicium facere quia filius hominis est* (Joan 15, 22, 27). Le père ne juge personne mais il a remis tout jugement au fils... et il lui a donné pouvoir de juger parce qu'il est le fils de l'homme.

Mais que faut-il entendre ici par justice? et quel est le sens rigoureux de ce mot?

On lui donne souvent un sens trop étendu, on la confond avec l'action qui récompense et qui punit. C'est l'amour qui récompense, et la force qui punit. C'est bien elle qui détermine le degré soit de la récompense, soit de la peine, mais elle ne les applique pas elle-même. Le bourreau qui exécute n'est pas le juge qui désigne le coupable.

La justice proprement dite, comme l'explique longuement Platon, consiste à donner à chaque chose sa place.

Selon une heureuse expression : « La justice n'est autre chose que les mathémathiques en action..... puisqu'elle est la mesure et que les mathématiques mesurent tout » (1). Disons mieux, la justice consiste à reconnaître à chaque être le nombre qui lui est propre. Ceci est l'œuvre de la distinction, et la distinction, comme nous l'avons vu, procède de l'idée du non-être qui seule contient la série entière des nombres.

La peine est la conséquence logique du mal. Le mal, c'est la créature qui, par le mauvais usage de la liberté, se sépare de Dieu. Or Dieu étant tout le bien, à mesure que la créature se sépare de Dieu elle perd le bien et entre dans la peine qui n'est que la privation du bien; et quand la séparation est complète, tout bien est perdu et l'on se trouve par là dans tous les maux; la justice constate le degré de la séparation.

Jésus-Christ nous a dépeint lui-même le grand jour de la justice auquel il doit présider. Or que voyons-nous dans ce tableau? Une œuvre de pure distinction : il compte les vertus des bons et les fautes des méchants, il ne dit qu'un mot : « Restez et partez, venez avec moi, vous qui êtes dans l'union, fuyez vous qui êtes séparés, je ne vous connais pas : *nescio vos* ».

La peine, conséquence du mal, n'apparait pas toujours immédiate-

(1) M. Berthaud Gras.

ment; mais après un temps plus ou moins long elle est inévitable.

Il arrive quelquefois que dans les rochers qui sont sur le haut des montagnes, il se forme des fissures que le temps augmente peu à peu, le rocher a l'air de faire partie de la montagne, mais les ingénieurs déclarent que sa chute est menaçante.

La justice divine est terrible parce qu'elle est infinie, rien ne lui échappe, elle contient tous les nombres, elle compte tout, même les fractions infinitésimales.

Aussi sa sentence est irréformable, lorsque le dernier mensonge est effacé, lorsque le dernier lien est rompu, le mal dévoilé ne peut plus éviter la conséquence qu'il renferme en lui-même, le rocher se détache de la montagne et tombe de son propre poids dans l'abîme.

Nous appellerons donc justice, l'idée du non-être, principe de la distinction.

La double idée de l'être et du non-être, la sagesse et la justice, sont symbolisées, comme nous l'avons déjà vu, par la double électricité, et par conséquent par la couleur bleue de l'arc-en-ciel, qui se partage en deux nuances : le bleu et l'indigo.

Nous avons appelé le troisième terme : harmonie, lumière, amour et beauté. Il mérite en effet tous ces noms.

Nous avons vu qu'il résulte de la double idée de l'être et du non-être ramenée à l'unité par le contact du premier terme qui est l'unité première et de principe de toute unité. Or l'harmonie n'est autre chose que le nombre ramené à l'unité, soit par l'attraction et l'amour, soit par le mélange et la combinaison, soit par la ressemblance et la symétrie, soit par la proportionalité comme dans les vibrations sonores ; mais de même que les deux électricités en s'attirant et s'unissant produisent ou manifestent la lumière matérielle, les deux idées de l'être et du non-être, en se complétant par leur union produisent la vue claire que Dieu a de lui-même qui est la lumière intellectuelle.

Mais le premier terme qui est principe d'unité est aussi principe de vie, et non seulement il donne l'unité a la double idée mais il lui donne la vie, et cette harmonie qui à l'état pure d'idée est le symbole de l'amour, devenue vivante devient l'amour même, qui n'est que l'harmonie en action.

Ce troisième terme est aussi beauté puisque la beauté ne résult que de l'harmonie, ne peut être perçue qu'à l'aide de la lumière et ne peut être appréciée que par l'amour.

Ce troisième terme a pour correspondant dans le spectre solaire le jaune, nuance de la lumière, et dans l'échelle musicale le *mi* note qui plus que toutes les autres sait exprimer l'amour.

Voyons maintenant si de même que les trois couleurs primitives produisent par leur mélange trois couleurs intermédiaires, les trois attributs primitifs de Dieu ne produiront pas par leur union trois attributs intermédiaires qui compléteront l'analogie et manifesteront le nombre sept.

Mais avant d'aller plus loin remarquons que les trois premiers attributs que nous venons d'étudier forment un tout complet.

Les trois couleurs primitives reproduisent la couleur blanche de la lumière par leur union, aussi bien que les sept couleurs réunies ; de même que ces trois attributs sont l'être tout entier, les attributs intermédiaires que nous cherchons ne peuvent être que le développement de ceux-ci, l'efflorescence qui s'échappe de leur vitalité : ce sera ces trois premiers attributs, se manifestant de plus en plus l'un devant l'autre et l'un par l'autre. Et d'abord que résultera-t-il de la coopération, l'union de la vie et de la lumière ?

La vie est un principe qui tend à produire une expansion qui demande à s'étendre, une activité qui veut le réaliser. Mais pour marcher, il faut une route, pour s'avancer il faut un but, pour agir il faut un objet à l'action.

N'est-ce pas la lumière qui montre les routes, les objets et le but ? La vie sans lumière est comme scellée. La lumière brise le sceau, et la vie s'élance dans la route que montre la lumière. Cette réalisation de la vie par la lumière, cette activité se développant non aveuglément et par nécessité, mais parce qu'elle voit et qu'elle veut, c'est la liberté.

Beaucoup font consister la liberté dans l'alternative et l'hésitation. L'alternative ouvre un plus vaste champ à la liberté mais elle ne lui est pas nécessaire. Quant à l'hésitation elle est la faiblesse et non la perfection de la liberté. L'acte pour être libre a besoin d'être intelligent ; mais dès qu'il est intelligent il est d'autant plus libre qu'il est plus franc, plus résolu, plus voulu en un mot. Les théologiens ont compris cette haute acception de la liberté, et saint Thomas l'a dépeint : « Le pouvoir de tendre fortement à l[illegible] » ; fortement veut dire sans obstacle, et l'hésitation est le plus dangereux obstacle de la liberté : fortement veut donc dire sans hésitation. Telle est la liberté en Dieu.

La lumière qui est le guide est parfaite, c'est l'harmonie infinie ; elle renferme tout, montre tout, tout a sa place infailliblement. Dieu ne peut donc ni se tromper, ni douter, ni hésiter, c'est pourquoi son action est franche, forte, éternelle, c'est-à-dire souverainement libre.

L'hésitation de la créature n'est qu'une faiblesse de la liberté produite surtout par l'imperfection de la lumière.

La liberté tient des deux termes auxquels elle sert d'intermédiaire, qui sont l'activité et l'amour ; elle est également faire ce qu'on aime et aimer ce qu'on fait, c'est pourquoi nous la placerons dans l'échelle au second degré entre la vie qui correspond au père et l'harmonie qui caractérise le Saint-Esprit.

Cherchons maintenant ce qui se produira entre la vie et la distinction. Evidemment la vie deviendra distincte et la distinction sera ramenée à l'unité.

Nous avons déjà vu cette opération une première fois, lorsque la vie après avoir produit la double idée de l'être et du non-être, les a ramenées à l'unité de l'harmonie qui est la lumière ou la conscience que Dieu a de lui-même. La vie a déjà fait une seule idée de l'idée de l'être indivisible et de l'idée du non-être infiniment variée, elle a mis l'unité dans le nombre, mais il lui reste à mettre l'unité dans le sens de la durée, et par là elle réalise un nouvel attribut qui est l'éternité.

Pour mieux nous rendre compte de cette opération, commençons par l'analyser en nous-même.

Nous avons aussi une conscience lumineuse qui est la raison, et par chacun des actes de notre conscience nous avons un sentiment, et comme une jouissance de nous-même, mais à mesure que les faits de conscience se multiplient et se succèdent, le souvenir les conserve comme produits par la même vie et appartenant au même *moi*, par là il empêche notre vie de s'évanouir et de se perdre. La mémoire est la permanence de la conscience, et par elle non seulement nous possédons tout le passé, mais de plus nous possédons d'une certaine manière l'avenir que nous voyons dans le passé comme dans un miroir et nous en disposons souvent comme s'il nous appartenait. Tout homme qui forme un projet, fait une promesse, commence une œuvre, dispose d'une vie future, comme étant toujours la même vie dont il jouit. La mémoire est donc en nous l'unité au plus haut degré puisqu'elle est l'unité consciencielle à l'état de permanence, elle est notre identité, et de toutes les propriétés, la plus personnelle et la plus incommunicable.

C'est par la mémoire que nous possédons notre vie, elle est à la conscience ce que la possession est à la jouissance.

On possède un trésor lorsqu'on en a la clef et la propriété, on en jouit à mesure qu'on le dépense. De même par la mémoire, nous possédons toute notre vie, mais nous ne jouissons que sur des points sur lesquels se porte notre attention.

Ici se manifeste l'imperfection de cette faculté en nous, imperfection, soit de la distinction, soit de l'unité. Nous avouons que nous avons des souvenirs confus. Ce qui a fait tressaillir notre âme, dans notre enfance, dans les temps éloignés, dans les rêves de la nuit et du jour, ne présente plus à notre souvenir qu'un tableau vague et effacé, où nous avons peine à distinguer quelque chose. Il y a plus, une grande partie de notre vie est entièrement perdue pour nous, dans le gouffre de l'oubli, même dans le présent, plusieurs de nos actes sont insconscients, où l'avenir presque tout entier nous est caché, par une ombre impénétrable. Ce n'est donc qu'imparfaitement que nous possédons notre propre vie.

Mais supposons disparus tous les défauts que nous venons de constater.

Nous aurons d'abord une conscience parfaite, une lumière sans ombre, nous aurons un souvenir sans confusion, où tout est distinct, un souvenir absolu qui n'oublie rien, un souvenir qui par sa vivacité rend tout présent et identifie la possession et la jouissance.

Nous aurons l'avenir connu comme le passé et le présent, et l'avenir comme le passé sans limite.

Nous aurons en un mot, l'éternité que les théologiens définissent avec Boëce : *Interminabilis vitæ tota simul et perfecta possessio* : possession entière, parfaite et simultanée d'une vie sans limite.

L'homme a une faculté finie qui est la mémoire, Dieu une propriété infinie qui est l'éternité.

Ce qui importe le plus pour saisir toute la différence de ces deux termes, c'est de se rappeler que tout ce qui est infini est indivisible.

La distinction estime la durée de l'être dans tous les détails, elle la partage surtout en ses deux grandes phases, le passé et l'avenir, que sépare la ligne indivisible du présent, mais l'être ou la vie ramène toute cette distinction à l'indivisible présent qui est l'éternité.

Gratia vobis et pax ab eo qui est, et qui erat et qui venturus est, ipsi gloria in sæcula sæculorum. Amen. Grâce et paix vous soient données pour celui qui est, qui était et qui sera. A lui la gloire et l'empire dans les siècles des siècles. Ceci est le langage de la créature qui pour louer le Créateur épelle l'Eternité.

Mais Dieu parlant de lui-même fait fondre toutes ces distinctions dans l'unité de l'éternel présent. *Ego sum qui sum sic dices filiis Israel qui est misit me ad ad vos.* Je suis celui qui est, va et dis aux enfants d'Israël, celui qui est m'envoie vers vous.

Il nous reste à voir ce que produira l'harmonie en face de la distinction. L'harmonie était la perfection du ternaire, son effloraison sera la perfection du septenaire; redoublons d'attention.

Voici donc l'harmonie qui est aussi l'amour en face de la double idée de l'être et du non-être, de la sagesse et de la justice, en un mot devant l'intelligence ou la distinction. L'intelligence est un miroir et la sagesse est appelée dans l'Ecriture miroir sans tache de la majesté de Dieu : *Speculum sine macula Dei majestatis.* Mais ce miroir merveilleux n'est point comme nos miroirs matériels, qui ne montrent jamais qu'un côté des choses ; le miroir spirituel de l'intelligence montre toujours les deux faces, et nous avons vu que la loi absolue de la pensée était de n'être complète qu'en deux termes : il est impossible d'avoir l'idée claire d'une chose sans celle de son contraire, toute idée a son ombre qui la dessine ; c'est ainsi que l'idée de l'être a appelée l'idée du non-être. Lors donc que l'harmonie se contemple dans ce double miroir de la distinction, en même temps qu'elle se voit elle voit son contraire. Or, le contraire de l'harmonie, c'est la discordance ou la division et la division, c'est le mal.

La connaissance du mal nous apparait ici comme le dernier développement et la suprême perfection de l'intelligence, et cela est vrai. Mais il ne faut pas oublier que toutes ces antinomies, qui, dans la pensée pure, s'appellent et se complètent, n'existent que dans l'intelligence et sont, dans la réalité, incompatibles et exclusives l'une de l'autre. Ainsi, dans la pensée divine, l'idée de l'être appelle l'idée du non-être comme complément, et produit avec elle la lumière. Mais dans le domaine substantiel de la vie, l'être remplissant tout, exclut absolument le non-être. Dans la dernière phase que nous étudions, qui est le domaine de l'amour, l'amour qui est aussi le bien, a besoin de connaître le mal, pour se bien connaître lui-même, mais dans la pratique, réalisant infiniment le bien, il ne laisse aucune place au mal et l'exclut absolument de la nature divine.

L'harmonie prend pleine conscience d'elle-même en voyant le bien et le mal ; mais elle ne se contente pas de voir : comme elle est amour, elle agit, c'est-à-dire qu'elle manifeste un amour infini pour le bien, et une haine infinie pour le mal. Cette action de l'amour, dernière évolution de l'être, est ce qu'on appelle la sainteté.

Nous voyons ici nettement la différence qu'il y a entre l'innocence et la sainteté.

L'innocence ignore le mal, elle est dans le bien, naturellement et d'une manière presque inconsciente, et son amour du bien semble sans inconvénient mais dans la sainteté la vue du mal fait comprendre toute la valeur du bien, et l'amour du bien, excité et exalté par la haine du mal, croît en activité, en force et en puissance, sans limite assignable.

En Dieu, l'amour du bien et la haine du mal sont infinies.

La sainteté ainsi comprise est la raison de l'enfer.

La justice discerne tout, elle classe tout, elle stygmatise et dénonce le mal ; mais la sainteté le hait et le repousse.

Celui qui a mis le mal en lui, celui surtout qui ne veut pas l'arracher de son cœur, ne peut soutenir le regard de la sainteté.

Dieu, dit sainte Catherine de Gênes, me fait voir clairement par sa grâce et par sa lumière, que pour ce qui est de lui, il ne ferme la porte du ciel à personne, que tous ceux qui veulent y entrer y entrent, et qu'ils nous tend à tous les bras. Mais son essence divine est d'une si grande et si incompréhensible pureté, que l'âme qui a la moindre imperfection en elle, préfère se jeter dans mille enfers que de se présenter en cet état devant une majesté si *sainte*.

Ainsi, en face de la sainteté le péché se sent infiniment exclus, il est sous le rayon d'une lumière divine qui l'éblouit, la double chaleur du bien et de la haine du mal le brûle d'un feu mille fois plus ardent que celui de l'enfer, il ne peut se tenir là et s'enfuit dans les ténèbres extérieures, c'est là l'enfer.

La sainteté découvre un nouvel horizon, car non seulement elle est l'achèvement et la dernière perfection de l'être, mais elle en est en quelque sorte le redoublement, et fait apparaître dans la lumière divine comme un double arc-en-ciel.

Nous avons vu jusqu'ici les attributs se développer par la double action de la vie et de la distinction ; la vie et la distinction remplissent un rôle en apparence opposé. La distinction, dédouble, multiplie et développe, la vie ramène tout à l'unité.

Ainsi, la vie a d'abord produit d'elle-même l'idée de l'être, qui, appelant l'idée du non-être, est devenue la distinction ; la vie alors ramenant à l'unité cete double idée a produit l'harmonie ; puis la distinction a déroulé la durée passée, présente et future, mais la vie a ramené tout ce développement à l'indivisible présent de l'éternité.

Mais dans la sainteté la distinction ne s'était exercée que sur les deux termes positif et négatif de l'idée de l'être et de celle du non-être entre dans un nouveau domaine, elle dédouble l'harmonie elle-même, et lui oppose son contraire qui est la division en agissant sur l'harmonie, qui résumait tout, elle réagit sur tout le reste et multiplie tout.

D'abord elle se redouble elle-même, elle n'était que la distinction de l'être et du non-être, elle devient la distinction du bien et du mal, par elle, l'harmonie qui était la conscience claire de l'être par la comparaison de l'idée de l'être et de celle du non-être, devient conscience claire et complète d'elle-même, par la comparaison de l'idée du bien et de l'idée du mal. Cette conscience redoublée pour ainsi dire, projette sa lumière dans l'éternité, qui n'est que la perpétuité de la conscience. Enfin la liberté qui dans sa simplicité, poursuivait spontanément le bien montré par l'harmonie, devient comme un glaive à deux tranchants, car non seulement elle poursuit le bien, mais elle repousse le mal, que la nouvelle clarté lui montre aussi.

Ce dernier caractère de la liberté, qui est sa perfection, frappe tellement les esprits, que plusieurs ne regardent comme libres que les actes précédés de l'alternative du bien et du mal; mais cette idée est fausse; tout acte volontaire fait par un être intelligent est-libre; même lorsqu'il n'y avait pas d'alternative, lorsque la volonté entrait sans hésiter dans la route unique qui se présentait. Seulement, la liberté existait au premier degré, moins complète qu'au second.

Ainsi la sainteté qui complète le développement de la vie, produit une nouvelle distinction, rend parfaite la conscience que l'harmonie a d'elle-même, enrichit l'éternité d'un nouvel affluent, transforme et redouble la liberté; c'est comme une nouvelle tonique qui en achevant une gamme en engendre une autre, et rend possible le redoublement de toutes les harmonies.

Mais dans cette lutte apparente du nombre et de variété, l'unité reste toujours maîtresse du terrain, tout revient à elle, et elle reste éternellement.

Ainsi, l'idée de l'être et celle du non-être, ne sont dans l harmonie qu'une seule idée vue en même temps sur ses deux faces, et l'éternité reste immuable dans l'indivisible présent. Il en est de même dans le dernier développement que nous venons d'étudier. La connaissance du bien et du mal n'est au fond que la connaissance unique du bien rendue complète par la vue de son contraire, et l'amour du bien et la haine du mal ne sont qu'un seul sentiment, toujours l'amour du bien, mais plus distinct et plus complet ; n'est-ce pas dire la même chose que de dire : j'aime la lumière, ou je hais les ténèbres; j'aime la chaleur et je crains le froid?

L'action de la liberté sous la double impulsion de l'amour du bien et de la haine du mal est unique aussi, l'attraction du bien et la répulsion du mal agissent dans le même sens, et ne font que donner une impulsion plus vive au mouvement, comme il arrive à un véhicule qui est traîné par un homme et poussé par un autre.

Mais dans le développement que produit la sainteté, l'unité a un caractère spécial qui mérite toute notre attention.

Jusqu'ici nous avons vu l'unité produite par la force native de la vie, elle s'est imposée par la nature. L'idée de l'être et celle du non-être sont une, parce qu'elles sont la connaissance d'un être unique. La conscience que produit l'harmonie, constate l'unité plutôt qu'elle ne se produit, mais dans la sainteté, il en est tout autrement : l'harmonie prenant conscience d'elle-même, s'aime et se veut absolument. La première unité était de nature, prévenant tout choix comme l'unité de la famille, la seconde est une unité d'amour qui a considéré le pour et le contre, et qui a choisi. Dans la première, la vie s'imposait ; dans la seconde, l'amour revient volontairement à la vie. Au fond, l'unité est la même, quant aux éléments qui la composent, mais dans le premier cas elle est un fait qui existe par lui-même ; dans le second, le fait est accepté et voulu. L'union naturelle est confirmée par l'amour.

La première était l'unité s'échappant du principe ; la seconde, l'unité finale retournant au principe. La première était l'unité de fait, mais on pouvait se demander si ce fait subsisterait, et ne serait jamais entamé ; maintenant qu'il est voulu, et confirmé par l'amour, il devient immuable et indestructible, puisque la volonté, juste force qui aurait pu l'attaquer, combat pour lui ; il ne peut donc plus avoir d'ennemis, l'unité est pour ainsi dire plus une que jamais, elle est non seulement l'unité, mais l'amour de l'unité, et comme cette unité est produite par la dernière opération, le dernier mouvement de l'être, elle ne laisse rien derrière elle, elle contient, renferme tout, elle est l'unité universelle et l'être, et tous ses développements étant ramenés volontairement par l'amour dans l'indivisible unité de son principe, l'être se voit tout entier d'un seul regard, se possède tout entier d'une seule étreinte, s'aime tout entier d'un seul baiser, dans un seul point, dans l'unité première, ou tout rentre et qui subsiste éternellement. Il suit de là que la sainteté, effloraison de l'harmonie, est la béatitude, car vivre et comprendre ne suffisent pas pour être heureux : le bonheur est dans l'amour, et dans l'amour qui possède ce qu'il aime. Or, comme nous le voyons, c'est par la sainteté que l'amour, qui est en principe dans l'harmonie, se réalise et atteint son but.

Enfin la sainteté peut être considérée en Dieu comme la fécondité et la multiplication infinie.

En effet, par la sainteté tout est ramené à l'indivisible unité. Pour l'unité principe tout était en puissance, mais par le développement complet de l'être tout s'est réalisé, c'est cette réalisation infinie que la sainteté ramène à l'unité. La variété de la pensée divine n'est pas moins infinie que le reste, et la sainteté en la ramenant à l'unité ne la remet pas dans la confusion, de sorte que dans cette unité finale tout est en même temps un et distinct : chacun est tous et tous sont chacun, et là se réalise cette parole : Tout est dans tout. Dieu donc se voit tout entier dans chacun des infinis détails qui sont en lui, et dans chacun de ses détails il jouit de lui tout entier, et tout en restant un il est comme multiplié à l'infini.

Nous qui sommes nés dans la division et qui ne pouvons nous multiplier que par la division, nous ne pouvons comprendre cette admirable fécondité de Dieu qui n'est jamais sortie de l'unité et qui reste éternelle et infinie ; il faut donc nous voiler comme les Séraphins, et dire en tremblant, comme eux : *Sanctus*, *Sanctus*, *Sanctus*.

Ainsi la sainteté est la dernière évolution de l'être, la perfection de la nature divine, l'unité finale, le souverain bien, la pureté absolue qui exclut tout mal, l'amour pleinement réalisé, la fécondité infinie, la béatitude parfaite et éternelle.

Nous avons donç maintenant l'échelle complète des attributs divins : la vie, la liberté, l'harmonie, la sainteté, la sagesse, la justice, l'éternité, et nous pouvons admirer leur généalogie éternelle.

L'être ou la vie, premier principe par sa propre expansion, produit la distinction par laquelle elle discerne ce qu'elle est et ce qu'elle n'est pas, ce qu'elle est par l'idée de l'être, ce qu'elle n'est pas par l'idée du non-être ; comparant et unissant ces deux idées, positive et négative, elle produit l'harmonie ou la lumière dans laquelle elle a la triple et pleine conscience d'elle-même. Puis la vie donne à cette conscience d'elle-même la permanence de l'éternité ; sous la direction de la lumière elle développe son activité par la liberté. Enfin, par la sainteté, l'amour qui entre en action approuve, confirme, scelle tout le développement de l'être, le ramène tout entier à son principe, et consomme par là l'unité finale qui est la béatitude.

Par la vie Dieu est, par la double idée il se distingue, par la lumière il prend conscience de lui-même, par l'éternité il se possède, par la liberté il se choisit et se réalise, et par la sainteté il s'aime, s'unit à lui-même et se béatifie.

N'oublions pas cependant que la suite de cette généalogie n'est qu'un ordre logique, qui n'existe que dans la pensée qui le contemple. En Dieu tout est éternel, et aucun attribut ne précède réellement celui dont il est le principe ; mais l'éternité n'empêche pas l'ordre logique, car l'Église, tout en affirmant que les trois personnes sont également éternelles, nous enseigne que le Père est le principe et engendre le Fils, et que le Saint-Esprit procède du Père et du Fils.

On demandera peut-être pourquoi ces attributs divins ne sont pas tous des personnes ? Nous l'avons déjà vu, la personnalité ne dépend pas du nombre des attributs, mais des différentes faces que peut avoir la conscience. Or, la conscience ne peut se placer qu'à trois points de vue différents : on peut avoir conscience de ce qu'on est, de ce qu'on n'est pas, et du rapport entre ce qu'on est et ce qu'on n'est pas, — ou, autrement, la conscience ne peut être que positive, négative, et harmonique.

Dieu, qui est l'infini, a conscience de ce qu'il est par l'idée de l'être, par là même il voit, lui qui est tout, que ce qu'il n'est pas est néant, et comprenant toute la différence et le rapport incommensurable qui existe entre l'être et le néant, il a une troisième et dernière fois conscience de lui entièrement. Ces trois faces de la conscience font tout le tour de l'être et ne laissent point de place entre elles, il faut que tout y entre.

Sans doute tous les attributs en Dieu sont personnels, c'est-à-dire qu'aucun n'échappe à la conscience et ne la dépasse, tous sont renfermés dans une des trois faces, ils font la richesse des personnalités, mais ils ne peuvent les multiplier.

Nous verrons que l'homme aussi à sept facultés, mais nous savons qu'il n'a qu'une personnalité.

L'homme est fini, il a conscience du fini qu'il est, mais il n'a pas conscience de ce qu'il n'est pas, car il n'est pas l'infini, et il ne peut voir la différence et le rapport qu'il y a entre le fini et l'infini, mais comme le fini est négatif relativement à l'infini, la conscience directe que l'homme a de lui-même, comme nous l'avons déjà dit, est négative, et il en faut dire autant de toute créature existante ou possible.

Tous les attributs peuvent se rapporter à un des trois points de vue de la conscience, positif, négatif ou harmonique. Il est même intéressant de voir avec quelle symétrie cela se produit. Si nous considérons le cercle de l'être, nous verrons que chaque attribut a le même caractère que celui qui est en face de lui. On dirait que les deux attributs primitifs qui concourent à la formation d'un attribut intermédiaire s'efforcent de le faire à l'image du troisième. Ainsi la vie et la lumière produisent la liberté, qui se trouve ainsi en face de la double idée de l'être et du non-être, le choix, en face de la distinction.

La vie et l'intelligence produisent l'éternité qui se trouve en face de l'harmonie ou de la conscience dont elle n'est que le prolongement et la permanence.

Enfin la lumière et la sagesse produisent la sainteté qui se trouve en face de la vie principe de tout, c'est l'unité finale en face de l'unité radicale.

Une même symétrie se retrouve dans le cercle de l'arc-en-ciel, où chaque couleur intermédiaire se trouve en face de la couleur primitive qui lui est complémentaire.

Nous trouvons encore dans la matière un admirable symbole du nombre immuable des personnes en face du nombre croissant des attributs.

En Dieu, après avoir considéré la trinité ou la triplicité des personnes, nous avons trouvé d'abord quatre attributs principaux, qui, produisant par leur combinaison trois attributs intermédiaires, complétaient le septenaire divin. Mais chacun de ces sept attributs peut être considéré à différents point de vue et se prêter à des subdivisions indéfinies. Néanmoins, le nombre des personnes sera toujours de trois.

De même, dans la molécule la plus élémentaire possible, que nous avons vu être la pyramide triangulaire, nous avons trouvé trois dimensions et quatre côtés. On pourrait, en taillant cette pyramide, multiplier indéfiniment les facettes. Mais, quelques nombreuses que soient les faces d'un polyèdre, il n'aura jamais que trois dimensions

CHAPITRE XVI

DE L'ARC-EN-CIEL ET DE LA GAMME

Nous avons dans les attributs divins, le septenaire infini, l'échelle typique du septenaire. Tous les septenaires finis n'ont été créés qu'à l'image de celui-là, ils n'en sont que le reflet où l'écho plus ou moins affaibli. Et les analogies qui existent entre tous ces septenaires et le modèle divin, nous offrent une riche moisson d'observations à recueillir.

Commençons par l'arc-en-ciel, qui nous a mis sur la trace du nombre sacré, et que Dieu a dès le commencement proposé à notre méditation.

L'arc-en-ciel a sept couleurs qui se développent dans l'ordre suivant : rouge, orangé, jaune, vert, bleu, indigo, violet. Si nous superposons cette échelle à l'échelle divine, telle que le cercle de l'être nous la déroule, nous aurons le tableau suivant :

Vie	Liberté	Lumière	Sainteté	Distinction Sagesse-Justice	Éternité
Rouge	Orangé	Jaune	Vert	Bleu-Indigo	Violet

Dans cette échelle comme dans l'échelle divine nous trouvons trois termes principaux qui sont les trois couleurs primitives, le rouge, le jaune et le bleu, et trois nuances intermédiaires, l'orange qui tient du rouge et du jaune, le vert qui tient du jaune et du bleu, et le violet qui tient du bleu et du rouge.

Il est évident que les sept couleurs doivent aussi former un cercle, le violet qui tient du rouge et du bleu et devrait par conséquent se trouver entre ces deux couleurs, nous prouve qu'on a brisé le cercle entre le rouge et le violet pour l'étaler en échelle.

Tous les attributs divins ne font qu'un seul être, un seul Dieu d'une beauté infinie dans son unité. Les sept couleurs réunies deviennent la lumière éblouissante du soleil, telle que nous la voyons.

Les trois attributs principaux forment un tout complet qui suffit à donner l'idée de Dieu ; et les trois couleurs primitives réunies reproduisent comme les sept, la lumière blanche du soleil.

Nous avons vu l'affinité spéciale qui se trouvait entre chaque attribut et celui qui lui est opposé dans le cercle de l'être ; dans le cercle des couleurs chacune a une convenance particulière avec la couleur qui lui est opposée, on les appelle couleurs complémentaires. Ces couleurs complémentaires s'harmonisent facilement, le jaune avec le violet, l'orangé avec le bleu, le rouge avec le vert; la nature montre une prédilection marquée pour ce dernier rapprochement de nuance, dans la végé tation, où le rouge se détache si souvent avec bonheur sur la verdure. Nous avons déjà vu que, dans le spectre solaire, la chaleur symbole de la vie, a sa plus grande intensité à la couleur rouge, la lumière symbole de l'harmonie au jaune, et l'électricité symbole de la distinction au bleu.

La gamme comparée aux deux échelles précédentes nous dévoile de merveilleuses analogies, il faut d'abord la voir juxtaposée dans le tableau suivant :

1	2	3	4	5	6	7
				Distinction		
Vie	Liberté	Harmonie	Sainteté	Sagesse	Justice	Eternité
Rouge	Orange	Jaune	Vert	Bleu-indigo		Violet
Ut	Ré	Mi	Fa	Sol-La		Si

Nous avons d'abord au-dessous des trois attributs principaux et des trois couleurs primitives. Trois notes principales *ut mi sol* qui forment ce qu'on appelle l'accord parfait, de même que l'être ou la vie engendre et produit les deux autres autres attributs l'*ut* principe et fondement de la gamme, l'*ut* appelé la tonique produit par sa seule énergie les deux autres notes. Lorsqu'on frappe une corde tendue une oreille exercée entend outre le son principal, deux autres sons qui font les deux autres notes de l'accord parfait, la quinte et la tierce.

Sol et *la* correspondent à la double idée de l'être et du non-être, et à la double nuance du bleu. Ces deux notes ont aussi une identité par le rôle qu'elles jouent, l'une et l'autre sont le complément d'un accord parfait. *ut-mi-sol* est l'accord parfait de la gamme majeur *ut-mi-la* l'accord parfait de la gamme mineure.

Les trois autres notes *si-ré-fa* qui correspondent aux trois intermédiaires, font aussi entre elles un accord très doux, mais où l'oreille ne peut s'arrêter et se reposer, il faut qu'il se résolve dans l'accord parfait, qui est le commencement et la fin de toute musique. Seulement l'accord *si-ré-fa* peut retomber soit sur l'accord de la gamme majeure soit sur l'accord de la gamme mineure.

Les notes de l'accord parfait font entre elles des accords de tierce *ut-mi-sol, la-ut-mi*. Les notes qui correspondent aux couleurs complémentaires font entre des accords de quinte ou de quarte *ut-fa, ré-sol, ré-la, mi-si*. Dans la gamme il y a deux demi-tons : *mi-fa* et *si-ut*. Les notes qui forment ces deux demi-tons semblent, selon une judicieuse remarque (1), comme les astres, subir la loi de l'attraction en raison inverse des distances. Cette attraction des demi-tons joue un rôle immense, et détermine presque tout le mouvement musical. Mais dans les deux demi-tons de la gamme naturelle l'attraction ne se fait pas dans le même sens. Ce sont les notes de l'accord parfait qui attirent et les notes intermédiaires qui sont attirées de sorte que dans le mouvement le *fa* redescend sur le *mi* en même temps que le *si* remonte vers l'*ut*.

Mi et *fa* correspondent dans l'échelle à l'harmonie et à la sainteté qui est l'amour de l'harmonie. *Si* et *ut* correspondent à la vie et à la mémoire qui est la conscience de la vie. *Mi-fa* est donc le demi-ton de l'amour qui se donne, *si-ut* le demi ton du besoin inné de l'aspiration qui s'élance à son but. Les trois notes *ré*, *sol* et *la* ne sont point attirées et jouissent d'une indépendance relative, elles correspondent à la liberté qui choisit, et à l'intelligence qui juge.

Sol et *la* après s'être accordés avec *ut* et *mi* forment avec les trois intermédiaires *si*, *ré*, *fa*, un nouvel accord, ces deux accords renferment toutes les notes de la gamme, *sol* et *la* qui sont communs à tous les deux jouent donc le rôle de médiateur. Or *sol* et *la* correspondent aux deux attributs qui caractérisent le Verbe et c'est au Verbe que la théologie donne le rôle de médiateur.

Ces deux notes *sol* et *la* renferment de grands mystères qui méritent d'être étudiés. Le *sol* correspond à l'idée de l'être où à la sagesse, le *la* à l'idée du non-être où à la justice ; tout cela c'est le Verbe, mais comme le côté négatif du Verbe s'est manifesté spécialement par l'incarnation, le sol représente surtout la divinité, et le *la* l'humanité de Jésus-Christ.

Or quand *ut* et *mi* au lieu de faire l'accord parfait avec *sol* le font avec *la* un nouvel ordre de chose se présente, c'est le *la* qui devient tonique d'une nouvelle gamme la gamme mineure.

Ainsi la gamme majeure semble être la gamme éternelle de la Trinité, et la gamme mineure celle de l'incarnation.

Du reste le caractère de ces deux gammes répond parfaitement à ce symbolisme. La gamme majeure, tour à tour majestueuse, triomphante, tendre et gracieuse, semble faite pour dérouler toutes les phases d'un bonheur sans obstacle et sans fin. La gamme mineure, mystérieuse et plaintive, voilée de mélancolie même dans ses plus

(1) M. Lucas.

douces aspirations, exprime parfaitement le grand sacrifice que Dieu fait de lui-même à la créature par l'incarnation, elle semble renfermer en elle, toutes les humiliations de la crèche; toutes les naïvetés de l'enfance, toutes les douleurs de la passion de Jésus-Christ et dans les douleurs de Jésus-Christ toutes celles de l'humanité. Dans la gamme mineure le *sol* en qualité de note sensible, devient dièze et tombe dans l'attraction du *la* ce qui exprime que dans l'incarnation c'est la divinité qui se rapproche de l'humanité, pour descendre jusqu'à elle.

Mais cette attraction n'est point une nécessité comme celle qui existe entre les autres demi-tons, elle est volontaire et libre de la part de la divinité, et reste indépendante; car ce dièze peut être considéré comme accidentel. L'oreille le réclame dans la gamme ascendante, mais dans la gamme descendante le *sol* redevient naturel.

Dans la gamme majeure, l'*ut* est tonique : dans l'éternité, le Père est le principe et le commencement de tout. Dans la gamme mineure le *la* est tonique; dans l'ordre de l'Incarnation et de la Rédemption, ce n'est que par Jésus-Christ que nous pouvons arriver à Dieu : *Nemo venit ad patrem nisi per me* (Joann., 14-6). Personne ne vient à mon Père, si ce n'est par moi. C'est Jésus-Christ qui donne le ton, c'est lui qui est le premier degré de l'échelle surnaturelle que nous devons parcourir, c'est lui qui doit d'accord en accord nous amener au Père (*ut*) et à l'Esprit-Saint (*mi*), il devient le centre auquel tout se rapporte, il est le Fils bien-aimé en qui le Père met toute sa complaisance, à qui il remet tout jugement. C'est pourquoi dans la gamme correspondante, les attractions sont changées; non seulement le *sol* se rapproche du *la* par le dièze, mais le *si* cessant d'être attiré par l'*ut* vient se reposer sur le *la*, l'*ut* lui-même semble fortement attiré par le *la* et tend à s'incliner vers lui en passant par le *si*.

La gamme mineure est donc la plus convenable pour exprimer l'état actuel de l'humanité, c'est pourquoi les chants populaires, surtout dans les campagnes où l'homme est plus naturel, sont si souvent mineurs.

Nous pouvons voir d'autres analogies dans le caractère de chaque note, car chaque note de la gamme exprime un sentiment différent, et communique ce sentiment à un chant lorsqu'elle y domine.

L'*ut* est, comme le rouge, le symbole de la puissance et de la majesté. Les chants majeurs où domine la tonique ont un caractère spécial de grandeur et de solennité (*God save the king*) (3e ton, plain-chant), le *ré* et la quinte *sol* donnent au chant quelque chose de tranché, d'incisif et d'indépendant, ces deux notes jouent un grand rôle dans les airs de chasse.

Les chants où domine la tierce sont toujours les plus gracieux, les plus doux, les plus tendres, les plus chantants.

Dans l'arc-en-ciel, la région la plus lumineuse se trouve entre le rouge et le bleu, dont le centre est le jaune.

Qu'est-ce que la lumière pour la musique? Il me semble que c'est la mélodie ou le chant. On dit qu'une harmonie est grande et sombre lorsque les accords se succèdent sans qu'il soit possible de saisir un chant, l'âme qui écoute est saisie de terreur comme un voyageur qui parcourt de vastes souterrains; mais qu'un chant pur et limpide se dégage de l'orchestre, vous respirez comme si un rayon de lumière vous rendait le jour.

Or dans la gamme, l'espace le plus chantant, est entre l'*ut* et le *sol*, et c'est la tierce qui occupe le milieu de cet espace. Examinez tous ces vieux airs populaires que le cœur a conservé, ces airs si riches sur lesquels on a fait de si nombreuses et de si belles variations, vous les trouverez presque tous renfermés dans cette région lumineuse de la gamme limitée d'un côté, par la tonique, de l'autre, par la quinte.

C'est surtout dans le plain-chant dont fait usage l'Eglise qu'on peut étudier plus facilement ces caractères que les différentes notes, les trois primitives surtout communiquent au chant. Les huit tons conservés traditionnellement des modes musicaux de l'antiquité, en circonscrivant l'espace que doit parcourir la voix, font dominer dans le chant tantôt la tonique (3e ton), tantôt la quinte (5e ton), tantôt la tierce (6e ton). Mais parmi les chants de l'Eglise, les plus beaux sont en général ceux qui sont renfermés entre la tonique et la quinte et où par conséquent domine la tierce.

Qui n'a été ému en entendant l'admirable mélodie des *Lamentations* chantée par la voix fraîche et pure d'un enfant de chœur?

Or cette divine mélodie ne sort pas de l'espace lumineux et la tierce y domine tellement, qu'elle y est plus répétée à elle seule que toutes les autres notes. Nous pourrions citer encore, parmi les morceaux les plus connus et les plus aimés : *Ave verum*, *Regina cœli*, *Ave regina cœlorum*, *Domine salvum*, *Inviolata*, etc.

Ici se présente, une autre question pleine d'intérêt.

Qu'est-ce que le chant ou la mélodie? L'harmonie, nous le savons, est l'accord qui résulte de plusieurs notes qui résonnent simultanément. L'harmonie a ses lois et ses règles connues, mais la mélodie n'en a point.

Qui nous dira son secret? Pourquoi telle suite de notes forment-elles un chant si bien lié, et telle autre une série décousue et sans unité? Le chant a été admirablement défini par *saint Anselme*, une suite de notes qui s'appellent, ce qui veut dire à peu près que le chant est une harmonie successive, mais quel est le secret de cet appel, de cette attraction d'une note à une autre, car les lois de l'harmonie ne nous disent rien à ce sujet, puisque les notes qui s'appellent dans la mélodie ne sont point celles qui s'accordent dans l'harmonie ?

C'est dans les demi-tons qu'est le nœud du mystère.

Toute mélodie commence par une des notes de l'accord parfait et suppose l'accompagnement de cet accord.

Lorsque le besoin de la variété fait sortir de ce premier accord, le *sol* restant comme médiateur, forme avec les trois intermédiaires *si*, *ré*, *fa*, auxquelles quelquefois s'ajoute le *la*, un second accord qu'on appelle « de septième ». Selon plusieurs, toute l'harmonie se résume en ces deux accords : l'accord parfait et l'accord de septième.

Mais dès que le second accord s'est fait entendre, l'oreille demande à revenir, pressée par l'attraction des deux demi-tons. L'amour fait redescendre le *fa* sur le *mi*, et le besoin et l'aspiration font remonter le *si* vers l'*ut*. La variété demande de nouveau le second accord qui retombe sur le premier, et l'oreille se balance ainsi jusqu'à ce qu'elle s'arrête définitivement sur la tonique qui termine tous les airs.

Si nous considérons attentivement les notes qui forment une mélodie, nous verrons qu'elles appartiennent alternativement à ces deux accords, sinon rigoureusement, du moins d'une manière équivalente. C'est donc l'appel que se font ces deux accords qui forme l'attraction des notes mélodiques et les tient entre elles ; c'est cet ineffable balancement de l'un à l'autre qui berce et enchante l'âme.

Ces deux accords qui nous renvoient ainsi l'un à l'autre n'ont ni le même caractère ni le même sens.

L'accord parfait, *ut-mi-sol*, est tout entier engendré par l'*ut*, et il en a le caractère. Il est le point de départ, le principe de toute œuvre musicale. On sent en lui la puissance, la force, la franchise, la résolution ; il est clair et limpide comme le cristal.

L'accord de septième *sol-si-ré-fa*, au contraire, est voluptueux, velouté, enivrant, vaporeux comme un nuage de parfum.

Cet accord est tout entier caractérisé par le *fa*, car sans le *fa*, *sol-si-ré* sonnerait comme un accord parfait dont le *sol* serait la tonique.

Mais que symbolise le *fa*? Nous l'avons vu, c'est la sainteté, l'amour dans son acte suprême, la jouissance et la béatitude de l'être, le retour à la première unité. Ainsi, ces deux accords représentent les deux unités, l'unité principe et l'unité finale ; l'unité primitive de l'être qui éclate par sa propre expansion, et l'unité de retour par laquelle l'être, après avoir parcouru le cercle de ses évolutions, revient se confondre dans le principe dont il est sorti et où tout doit rentrer.

Or, nous avons déjà vu que le mouvement d'aller et de retour étaient, relativement l'un à l'autre, positif et négatif, et que la combinaison du positif et du négatif, en tout et partout, produisait l'harmonie ou le beau.

L'unité finale qu'exprime l'accord de septième est la béatitude, but auquel nous tendons, mais dont nous sommes encore loin. Nous sommes maintenant dans le lieu de l'épreuve, nous sommes au milieu du combat et ne devons songer au repos qu'après la victoire. Cet accord a donc une utilité et un danger. Il nous encourage au combat en nous faisant entrevoir la récompense, mais s'il absorbe trop notre pensée, nous oublions le combat pour ne songer qu'au repos, et notre courage s'amollit. La passion et la mollesse dans le majeur, le découragement et la douleur éplorée dans le mineur, abusent de cet accord et multiplient les demi-tons.

La musique guerrière, dans le second accord, supprime le *fa* et ne laisse que *sol-si-ré*, alors l'harmonie se balance fièrement entre deux accords qui sonnent comme l'accord parfait, et exalte le courage des combattants.

Le plain-chant, qui doit traduire les sentiments de l'Église militante, est sobre de demi-tons. L'accompagnement du plain-chant procède le plus souvent par accords parfaits, et il saute à tout moment du majeur au mineur, plutôt que de tomber dans l'accord de septième. L'ancienne musique religieuse, dont Palestrina est le prince, ne connaissait pas l'accord de septième; cet accord cependant ne doit pas être exclu, il est d'une grande ressource pour exprimer les contemplations mystiques de l'âme qui, enivrée d'amour aux pieds de l'Eucharistie, éprouve un pressentiment du Ciel. On en peut voir un exemple dans l'*Ave verum* de Mozart.

La terminaison d'un chant est surtout caractéristique. La musique sentimentale seule fait précéder la tonique de la sensible *si*, que le frémissement du trémolo rend quelquefois plus passionné encore.

Le chant guerrier, méprisant toute attraction, retombe fièrement du *sol* à l'*ut;* le plain-chant redescend gravement, par un ton plein, de la seconde à la tonique. La musique religieuse a parfois une terminaison plus grave encore et plus solennelle, c'est l'accord plagal *ut-fa-la* qui vient se reposer sur *ut, mi-sol*. Dans cette résolution, il n'y a qu'un demi-ton, et la tonique, qui était déjà dans la mesure précédente et qui reste immobile, exprime le calme au plus haut degré.

Le plain-chant évite les demi-tons ou s'y arrête peu. Dans plusieurs modes, surtout mineurs il manque totalement de la sensible, il est donc par là même religieux et propre à exprimer les sentiments de l'homme qui fait taire toutes ses passions pour entrer dans le temple de Dieu et l'adorer. L'absence de demi-tons, et par conséquent de passions, le mène quelquefois jusqu'à l'indifférence. Il semble méditer la parole de saint Paul : Nous n'avons point ici de cité permanente.

Comme les patriarches, il néglige de se bâtir une demeure et se contente d'une tente. Alors il oublie la tonique, demande l'hospitalité à une note étrangère et y prend un repos incomplet.

La douleur consternée conduit quelquefois la musique à un résultat analogue. De demi-ton en demi-ton, d'accablement en accablement, la mélodie semble renoncer à poursuivre sa route jusqu'au bout, elle s'assied sur le chemin pour pleurer, elle se fixe sur la quinte, sur l'accord de laquelle l'harmonie remonte péniblement par deux tons pleins. Ainsi, entre autres morceaux, finit l'introït du *Requiem* de Mozart.

Enfin l'arc-en-ciel nous donne une image de l'unité divine lorsque toutes les couleurs réunies ne font plus qu'une seule couleur, la couleur blanche de la lumière solaire

Les sept notes de la gamme ne peuvent se réunir ainsi, elles ne peuvent toutes être en même temps la tonique, mais ce qu'elles ne peuvent faire simultanément elles le font successivement par la modulation. A mesure que les accords se transforment, une autre note devient la tonique et, alors toutes changent de rôle et lorsque la modulation a parcouru toute la gamme il se trouve que toutes les notes ont été tour à tour la tonique et ont joué tous les rôles.

Mais cette unité imparfaite est infiniment éloignée de l'unité divine qu'elle symbolise.

C'est l'échelle des attributs divins qui est le type qui renferme dans la plus grande perfection tout ce qui est imparfaitement dans ses images. C'est là qu'il faut toujours revenir.

Après avoir été en extase devant les jeux de la lumière, soit dans les splendeurs du ciel, soit dans les grâces infinies des fleurs, soit dans les merveilles l'art.

Après avoir été ému jusqu'à l'ivresse par les harmonies qui remplissent la nature, par les mélodies et les douces voix qui les chantaient, par les puissantes vibrations des instruments, il faut se souvenir que tout cela n'est qu'un lointain reflet, une image décolorée, un écho mourant de l'échelle divine.

Il est beau alors de contempler par la pensée cette lyre éternelle, et d'écouter l'harmonie de ces sept cordes.

C'est là, que se trouvent toutes les beautés avec le caractère incommunicable que leur donne l'infini, l'unité et l'indivisibilité.

Ici nous voyons l'une après l'autre les couleurs, leurs nuances et leur mélange. Ici la mélodie nous charme et nous fait parcourir successivement les routes qui mènent d'un accord à un autre, de l'enthousiasme à la rêverie, des joies de la gamme majeure aux mélancolies de la gamme mineure.

Mais dans l'infini tout cela est indivisible, tout cela est concentré dans un seul point. Il ne faut point quitter une extase et une ivresse pour jouir d'une autre.

L'âme envahie de tous les côtés jouit de tout à la fois; et tout est parfait, immense, éternel, infini.

O harmonie divine! je ne pourrais exprimer la joie que j'éprouve à vous pressentir ainsi et à balbutier vos merveilles. Que serait-ce si je pouvais vous voir en réalité, entendre vos accords, et vibrer de vos propres joies! Hélas! je ne le pourrais maintenant et mon corps trop fragile se briserait mille fois. Mais vous m'avez donné l'espérance, et je la conserve dans mon cœur comme le plus précieux des trésors.

CHAPITRE XVII

DE LA SEMAINE

La semaine est le plus ancien des septénaires créés, car c'est elle qui a commencé le temps : il doit se rapporter au même type que les autres, et il est probable que tout en réalisant son plan Dieu a dû imprimer à chacune de ses grandes journées un cachet d'analogie avec l'un de ses attributs. Le récit que nous a laissé Moïse, seul document que nous ayons à ce sujet, laisse entrevoir ces analogies.

La création ne semble pas avoir commencé avec les six jours car nous voyons placés en avant, comme préface hors de la semaine, le ciel et la terre, terre sous forme, tohu-bohu, c'est-à-dire la matière pure qui a dû précéder tous les arrangements successifs.

Le premier jour est brillant : *Fiat lux* — Soit la lumière ! — et Dieu sépara les ténèbres de la lumière ; ici semble se manifester le dernier et le plus beau des attributs divins : la sainteté ; nous savons en effet que la lumière est symbole du bien et les ténèbres du mal, cette séparation semble donc exprimer l'amour de Dieu pour le bien, et la haine pour le mal, ce qui est le caractère de la sainteté. Saint Augustin pense que cette séparation de la lumière et des ténèbres est celle des anges et des démons ; le sens est le même.

Le second jour est aussi une séparation non plus du mal et du bien mais de deux termes également bons : les eaux inférieures et les eaux supérieures qui sont appelées firmament ; cet acte semble être une analogie de la distinction qui se fait par l'idée du non-être ou la justice.

Le troisième jour nous donne les premières apparitions de la vie : que la terre produise des plantes, — il correspondra donc à la vie.

Le quatrième est une manifestation de la lumière par l'apparition du Soleil, de la Lune et des étoiles, il indique donc une analogie avec le troisième terme de notre échelle : l'harmonie ou la lumière.

Le cinquième jour produit les poissons et les oiseaux dont le mouvement ne rencontre point d'obstacle, les uns ayant tout l'océan pour s'ébattre, et les autres pouvant parcourir toute l'atmosphère terrestre sans rencontrer de barrière ; ceci semble une analogie de la liberté.

Le sixième jour est couronné par la création de l'homme dans laquelle se manifeste pour la première fois l'idée de l'être qui est le fondement de la raison, et fait participer l'être vivant à la Sagesse divine qui est le Verbe.

Le septième jour est le sabbat. Dieu, après s'être manifesté par ses œuvres dans le temps, recommence son repos éternel, il rentre dans l'éternité : c'est plus qu'une analogie, c'est la réalité même.

L'ordre de ces manifestations ne concorde pas avec celui des échelles septénaires que nous avons déjà étudiées. Ce sont sans doute les nécessités matérielles du développement de la création qui l'ont déterminé.

Examinons maintenant la semaine à un autre point de vue.

Les anciens avaient mis les sept jours de la semaine sous la domination des sept planètes, et le nom qu'ils leur avaient donné en conséquence, sauf une exception, leur est resté jusqu'à nous : le dimanche est le jour du Soleil, lundi (*Lunæ dies*) le jour de la Lune, mardi le jour de Mars, mercredi le jour de Mercure, jeudi le jour de Jupiter, vendredi le jour de Vénus, et samedi le jour de Saturne.

Ces planètes semblent au premier abord distribuées arbitrairement et sans ordre. Plusieurs savants cependant ont pensé que cette distribution avait une règle, et ont cherché à la découvrir. *Dion Cassius et Bianchini* s'en sont occupés. Ils placent les planètes dans cet ordre : Saturne, Jupiter, Mars, le Soleil, Vénus, Mercure, la Lune.

C'est l'ordre qu'elles occupent dans l'espace, sauf l'interversion du Soleil et de la Lune qui est mise au commencement, sans doute parce que la Terre est notre point de départ ; c'est si l'on veut l'ordre de leur éloignement de la Terre sauf l'interversion des deux planètes inférieures.

Quoi qu'il en soit, les planètes étant ainsi placées et commençant par Saturne, on retrouve l'ordre des jours de la semaine en en sautant toujours deux.

Mais voici qui est encore plus ingénieux : on construit une étoile à sept branches inscrite dans un cercle (voir la planche), on inscrit les sept planètes aux sept pointes de l'étoile dans l'ordre qu'indique Bochérini. Si, alors, au lieu de tourner autour du cercle on suit les branches de l'étoile, revenant par les angles on rencontre les planètes dans l'ordre où on les a distribuées dans la semaine.

Voici maintenant une combinaison septénaire tirée de la musique, qui ajoute un grand intérêt à cette étoile de la semaine.

Si sur le clavier d'un piano en partant du *fa* on remonte de quinte en quinte, il est impossible d'en faire plus de six sans sortir de la gamme naturelle, on a alors cette suite de notes : *fa, ut, sol, ré, la, mi si;* au-dessus du *si* la quinte tomberait sur un *fa* dièse, au-dessous du *fa* sur un *si* bémol. Or, cette suite de notes renferme toutes les notes de la gamme, mais dans un ordre différent.

De même si partant du *fa* on redescend de quarte en quarte, on ne peut faire que six quartes justes, et on retrouve sur son chemin dans le même ordre les sept mêmes notes *fa, ut, sol, ré, la, mi, si,* au dessous du *si* la quarte retomberait aussi sur le *fa* dièse, et au-dessus du *fa* la quarte renoncerait le *si* bémol.

Ici avant tout nous voyons une nouvelle raison qui limite la gamme à sept notes, c'est que la série soit des quintes soit des quartes, ne peut dépasser ce nombre, arrêtées qu'elles sont, d'un côté par un dièze, de l'autre par un bémol, qui, comme deux sentinelles, gardent les deux bouts de la série.

Mais quel rapport y a-t-il entre l'ordre des notes dans la gamme et dans la série des quintes ? Voilà le problème que va résoudre notre étoile.

Ecrivez les sept notes de la gamme aux sept pointes de l'étoile, partant de la Lune et suivant le cercle de droite à gauche. Vous aurez les notes arrangées autour du cercle dans l'ordre qu'elles ont dans la gamme. Mais si partant du *fa* vous suivez les branches de l'étoile, vous retrouvez les sept notes, *fa, ut, sol, ré, la, mi, si,* dans l'ordre ascendant des quintes et descendant des quartes.

Il suit de ce curieux rapprochement que l'ordre des planètes dans l'espace est à l'ordre de leur domination sur les jours de la semaine, ce que l'ordre des notes dans la gamme est à l'ordre des quintes.

Ce n'est donc point arbitrairement que les anciens avaient donné le nom des planètes aux jours de la semaine dans un ordre différent de celui qu'elles ont dans l'espace. Cet ordre était fondé sur les lois mystérieuses de la nature que révèle l'harmonie musicale ; et cela donne un sens aux paroles de Pythagore lorsqu'il parlait de l'harmonie des astres.

On peut essayer encore d'inscrire les sept attributs divins sur cette étoile chacun à côté de la note qui lui correspond dans la gamme. Alors le cercle nous montrera ces sept attributs dans l'ordre naturel, chaque attribut principal environné des attributs intermédiaires qu'il produit par son contact avec les six autres. C'est l'ordre, la paix, l'harmonie, le concert éternel de l'être.

Mais si au lieu de suivre le cercle, on suit les branches de l'étoile dans l'ordre des quintes, on rencontre les attributs divins dans un autre ordre qui semble être celui de leur manifestation dans le temps.

La vie est toujours le point de départ, la première branche à droite nous mène à la sagesse qui est le nom du Verbe : *In principio erat*

Verbum, et Verbum erat apud Deum — Au commencement était le Verbe et le Verbe était en Dieu. C'est par le verbe que Dieu a conçu le plan de la création et l'a réalisé : *Omnia per ipsum facta sunt* — Tout a été fait par lui.

La branche suivante nous mène à la liberté. La liberté en Dieu est éternelle, elle existe même dans les actes nécessaires, qui sont tous volontaires et intelligents. Amour et lumière. Mais par la création, la liberté est rendue plus évidente et plus sensible, parce qu'elle est isolée et abstraite de toute nécessité. Du reste, ce n'est que par la création que la liberté a été manifestée dans le temps, puisque le temps n'a commencé qu'avec la création. La troisième branche nous conduit à la justice, qui n'est autre chose que l'idée du non-être ou la distinction.

Nous avons déjà vu que l'humanité de Jésus-Christ exprimai surtout ce côté négatif de la pensée du Verbe *Et verbum caro factum est*. C'est en effet à l'humanité de Jésus-Christ qu'aboutit toute la création, trouve son motif, son unité, sa perfection, c'est en lui qu'elle se résume tout entière, c'est par lui qu'elle se rattache tout entière à Dieu et remonte vers lui.

La branche suivante nous conduit à l'harmonie. L'humanité de Jésus-Christ par laquelle il est à la fois médiateur et sauveur nous mène à la lumière, qui est l'Esprit Saint. La mission du verbe incarné est en effet, comme nous le verrons plus amplement dans la suite, est comme médiateur de nous donner le Saint-Esprit ou la grâce, et comme sauveur de rendre la grâce perdue par le péché originel. En continuant de suivre les branches, le Saint-Esprit ou la grâce nous mène à l'éternité ; c'est-à-dire que la grâce seule peut nous faire acquérir la vie éternelle. Enfin la vie éternelle nous mène à la sainteté qui est la béatitude divine, c'est-à-dire qu'elle nous fait participer éternellement à cette béatitude, fin dernière des élus.

Cette manifestation successive dans le temps, des attributs divins, coïncide sur l'étoile avec l'ordre des jours de la semaine, c'est pourquoi la semaine telle qu'elle est réglée nous a été donnée pour mesurer le temps jusqu'à ce que nous rentrions dans l'éternité.

CHAPITRE XVIII

DES FACULTÉS DE L'AME HUMAINE

Faciamus hominem ad imaginem et similitudinem nostram : Faisons l'homme à notre image et resssemblance.

La connaissance de Dieu doit jeter un grand jour sur celle de l'homme; car si Dieu s'est exprimé plus ou moins dans toutes choses, si jusque-là nous avons trouvé en lui le type fondamental et la raison première de tous les êtres que nous avons interrogés, à plus forte raison devons nous trouver le reflet de Dieu dans cette intelligence dont il a déclaré lui-même qu'il prétendait faire sa plus parfaite image.

C'est un grand point, comme l'ont dit les anciens philosophes, que de se connaitre soi-même : il semble que ce devrait être facile; l'expérience des siècles nous apprend le contraire, car l'âme humaine, sous le scalpel des psychologues, a passé par tous les degrés de la division, depuis deux jusqu'à trente-deux, sans pouvoir s'arrêter à aucun.

Il est incontestable que jusqu'ici rien n'a jeté une plus vive lumière sur la nature intime de l'âme, que la notion de la Trinité. Les psychologies complètes et détaillées ne peuvent s'entendre sur le nombre des facultés humaines, mais généralement la psychologie sommaire en reconnait trois : une faculté fondamentale sur le nom de laquelle on n'est pas d'accord, puis l'intelligence et l'amour et les grands génies du christianisme ont presque tous cherché des analogies entre ces trois facultés et les trois personnes divines.

Si la notion de Dieu n'est complète qu'en sept termes, trois attributs principaux renfermant quatre termes, et trois attributs intermédiaires résultants de l'action réciproque des trois premiers; si l'âme humaine est la plus fidèle image de Dieu, ne faut-il pas aussi que sa notion ne soit complète qu'en sept termes correspondant aux sept attributs divins ? Approfondissons cette idée; peut-être avons-nous ici la clé d'une psychologie, sinon nouvelle quant au fond, du moins plus nette et plus distincte, et surtout d'un arrangement logique et définitif.

Il faut d'abord bien établir la triplicité fondamentale de l'âme humaine; nous l'avons déjà indiquée plusieurs fois, il est vrai, mais c'est ici qu'il convient de l'exposer d'une manière plus complète.

Il est difficile d'exprimer abstraitement le premier terme de l'être, l'être radical qui prévient toute forme puisqu'il l'engendre et qui par là même qu'il prévient toute forme, prévient toute expression. C'est le principe des principes, que saint Denis l'aréopagite appelle *super-essentiel et super-eminemment abstrait.* C'est la lumière sans distinction qui éblouit et qu'on ne voit pas.

Nous l'avons appelé en Dieu, Etre, être radical, vie, vitalité ; tout cela est lumineux dans la pensée divine, tout cela est clair dans la conscience directe que Dieu a de lui-même par l'idée, c'est pourquoi on le rapporte à la personnalité du Père.

Pour l'homme, ce premier terme ne peut avoir d'autres noms, il est aussi être et vie, mais voici la différence. Dieu est lui-même l'être et la vie, c'est pourquoi l'être et la vie sont en lui conscientiels et par là même personnels. Nous autres au contraire, bien que nous soyons existants et que nous soyons vivants nous ne sommes ni l'être ni la vie, mais nous y participons, c'est pourquoi l'être absolu et la vie absolue dépassent notre conscience et restent en nous une idée vague et indéterminée ; nous ne saisissons clairement l'être et la vie que par la limite qui circonscrit notre personnalité, et notre conscience ne peut dépasser cette limite.

Nous apercevons nettement, dit Lamennais, les notions constitutives de l'être; mais le fond de l'être même, sa substance, échappe à notre compréhension; nous comprenons seulement l'impossibilité naturelle et radicale ou nous sommes de le comprendre... au delà sont d'épaisses ténèbres, une nuit immense où s'égare sans fin la curiosité aveugle.

Mais au delà encore, en un autre sens, bien au delà des limites de notre intelligence, le cœur plongé dans l'adoration, absorbé dans le ravissement, perdu dans l'extase, sent par l'amour ce qui ne peut être vu, et murmure au sein de l'être incompréhensible cette parole : Père !

Cette parole mystérieuse dont parle Lamennais, est un produit de la foi; c'est l'Esprit-Saint qui nous l'a révélée et nous l'a fait prononcer, comme le dit saint Paul : *Misit Deus spiritum filii sui in corda vestra clamentem abba Pater.* — Dieu a envoyé dans nos cœurs l'esprit de son Fils qui crie en nous : O Père. Nous donnons donc au premier terme de l'échelle humaine le même nom : vie ou vitalité, que nous avons donné au premier attribut divin. Seulement cet attribut est en Dieu personnel et Père, en nous il ne l'est pas.

Le second terme de la triplicité humaine est dans l'homme comme en Dieu la distinction, et la distinction résulte aussi du contraste de l'idée de l'être et de l'idée du non-être; mais comme précédemment les différences sont grandes. En Dieu tout est infini et conscientiel, tout est lumière et personnalité. Dans l'homme, au contraire, l'idée du non-être est finie et seule conscientielle ou personnelle; bien qu'elle puisse se développer indéfiniment, cette idée du non-être est finie, et le sera toujours, et ses limites emprisonneront toujours sa personnalité dans le fini. Ici les noms peuvent changer. L'idée de l'être en Dieu est sagesse, parce qu'elle embrasse et savoure infiniment l'être tout entier.

En nous l'idée de l'être est un trésor infini, mais scellé. Nous le touchons sans pouvoir l'embrasser; il échappe à notre intuition, et dépasse en tous sens notre personnalité.

Le langage seul peut nous rendre visible l'insaisissable Protée, mais il ne peut le faire entrer dans notre intelligence avec son caractère essentiel qui est l'unité ou l'indivisibilité. Il nous l'émiette et nous l'émiettera éternellement, sans que nous puissions jamais en embrasser l'infinie unité.

Le langage seul nous met en rapport avec l'idée de l'être, mais l'idée de l'être seule nous rend capables d'entendre le langage. Si l'idée de l'être n'était pas présente dans notre âme comme un Dieu endormi, le langage frapperait en vain en dehors de notre âme, rien ne s'éveillerait, rien ne répondrait, rien n'ouvrirait. Nous serions comme les animaux qui ont des oreilles plus sensibles que les nôtres, et qui perçoivent les sons sans entendre le langage.

L'idée de l'être est la porte royale de notre âme; nous verrons quelles sublimités peuvent entrer par cette porte, lorsque nous comprendrons la parole de saint Paul : *Fides ex auditu.*

Nous donnerons à l'idée de l'être en nous le nom d'entendement, parce que c'est elle qui nous donne d'entendre le verbe qui éclaire tout homme venant en ce monde, et par là d'avoir la raison que nous avons déjà nommée l'écho de l'infini.

L'idée du non-être, principe de la distinction, est justice en Dieu, parce que rien ne lui échappe. Elle saisit d'un seul regard toutes les différences des êtres existants et possibles, elle en possède le tableau complet, net et sans confusion; elle les classe tous exactement, et les connaît tous selon leur nombre.

L'idée du non-être ou la distinction est notre côté faible, c'est par elle que nous sommes finis, elle est notre limite et la mesure de notre personnalité. C'est notre petitesse. Il n'est donc rien dont nous soyons plus incapables par nature que de la justice. Nous pouvons la désirer, l'aimer, nous unir à elle, mais la posséder, jamais; et se l'attribuer est le sommet de l'orgueil.

Dieu seul est juste, parce qu'il est infaillible. Tout homme est plus ou moins injuste, sinon par volonté du moins par impuissance, parce qu'il est sujet à se tromper : *Omnis homo mendax.*

Nous commençons par la confusion. L'ensemble des choses se présente d'abord à nous comme une masse indistincte; à mesure que notre attention se heurte sur un objet, elle le différencie, le sépare, l'individualise, le comprend en un mot. C'est ainsi que nous le détachons pour ainsi dire de la masse, pour l'introduire dans notre pensée, et par cette assimilation successive nous agrandissons à la fois notre intelligence et notre personnalité.

Cette action de la distinction qui choisit, qui épèle, pour ainsi dire, le livre de la nature, nous semble parfaitement exprimée par le mot intelligence, qu'on peut faire venir de *inter legere*. Nous appellerons l'idée du non-être dans l'homme : intelligence.

En Dieu, la réunion des deux idées positive et négative, ou l'harmonie, s'appelle lumière, parce qu'elle éclaire tout. C'est le Soleil qui remplit l'immensité de son éclat. Dans l'homme aussi, l'harmonie est une lumière, mais quelle lumière! une étincelle qui brille dans la nuit, et ne forme jamais qu'un point lumineux plus ou moins brillant. C'est le flambeau de la raison.

Par la lumière ou l'harmonie, Dieu a pleine conscience de lui-même. C'est aussi par la raison que l'homme a conscience de lui, et prend possession de la personnalité. Nous appellerons donc l'harmonie, troisième terme de la triplicité humaine, raison ou conscience. Voilà donc déterminées les trois facultés fondamentales vie, distinction, harmonie, qui, dans l'homme comme dans Dieu, forment quatre termes, qui sont ici : vie, entendement, intelligence et raison.

Il nous reste à étudier les trois facultés intermédiaires que doivent produire, par leur action réciproque, les trois facultés fondamentales.

En Dieu, la vie, en présence de la distinction infinie, produit l'éternité qui est la durée vivante, ou autrement la vie éternelle. Dans l'homme, la vie en présence de la distinction finie produit la mémoire qui est le temps prenant vie.

L'éternité, c'est l'affirmation intégrale, l'unité, la vie de la durée : le temps est la limite, la négation, la division, la mort de la durée. Le temps est à la durée ce que la matière est à l'espace, et il la rend sensible en la divisant. Le temps et la matière sont faits l'un pour l'autre. Le temps est la durée de la matière, et la matière seule mesure le temps exactement.

La vie par elle-même ne peut s'assujettir au temps, elle ne compte que ses propres évolutions, et, si elle est immuable, le temps s'efface et disparaît. Les évolutions de la vie, qui sont ses heures à elle, n'ont point de mesure fixe, elles peuvent persister un siècle, ou changer au bout d'une minute. Celui qui souffre ou s'ennuie trouve le temps long, et prend les minutes pour des heures; celui qui jouit, celui qui est en extase, trouve le temps court, et prend les heures pour des minutes. Dans ce différent, le mouvement régulier de la matière est le juge suprême. Le lever et le coucher du Soleil, l'impassible marche de l'aiguille sur le cadran ramènent les deux exagérations à la réalité.

Le temps est donc formulé et précisé par la matière, mais c'est par la mémoire qu'il entre en contact avec la vie. Le temps passé retombe aussitôt dans le néant et la mort si la mémoire ne lui conserve la vie.

Lorsque l'homme sort d'un profond sommeil, il regarderait comme nulles les heures qui viennent de passer, si le jour qui se lève, et l'aiguille qui a marché, ne l'avertissaient que ces heures perdues pour sa vie ont existé pour d'autres vies, et que s'il ne les a pas comptées d'autres pensées que la sienne ont pu le faire, et leur donner ainsi une réalité qu'elles ne tiennent pas de lui. Mais si aucun de ces signes extérieurs ne lui manifestait l'existence de ces heures passées à son insu, il les retrancherait irrévocablement du nombre des heures.

La pensée de Dieu qui veille toujours donne la réalité et la vie à toutes les heures que l'homme oublie; mais si Dieu lui-même tombait dans le sommeil, qui compterait les heures pour lui? Qui irait l'avertir de la longueur du temps perdu? Il y aurait donc une lacune irréparable dans la vie de l'être, et l'éternité serait brisée.

L'éternité de la vie éternelle exclut donc le sommeil, cette nuit de la mémoire, ses deux caractères sont l'immutabilité qui lui donne l'unité parfaite ou l'indivisibilité, et la permanence qui lui assure l'intégrité. Le premier caractère procède de la vie, le second de la distinction infinie, c'est-à-dire de la pensée inextinguible.

La mémoire au contraire est limitée et brisée par le temps, interrompue par le sommeil, rongée par l'oubli; ce qui lui ôte à la fois l'unité et la permanence.

Comme un réservoir mal joint, elle laisse s'écouler et se perdre une partie de notre vie; mais cependant elle nous assure la possession de ce qu'elle garde, et en tant que résumant les faits de conscience, et les rapportant à la même vie, elle est l'unité du moi, ou l'*identité*.

Par elle notre existence tout entière se trouve ramenée au point central de la conscience.

Je dis notre existence tout entière, car la mémoire dans son sens complet renferme à la fois le passé, le présent et l'avenir. Un homme placé devant un miroir se voit lui-même, et en outre une foule d'objets qui sont hors de la portée de ses yeux; de même la vie contemplant le passé par la mémoire, y lit une partie de l'avenir. Tout homme se sent non seulement comme ayant été enfant et adolescent, mais comme devant vieillir plus ou moins et mourir; et il lit cela dans l'expérience des siècles. En dehors de lui il prévoit la succession des jours, des saisons et des années; le mouvement des astres, les transformations politiques et sociales. Mais la nuit de l'ignorance où il est plongé limite et arrête son regard, et longtemps avant de l'arrêter l'obscurcit, rend toutes les formes indécises et confuses, et change la prévision en vague conjecture.

La vie possédée par la mémoire, la vie qui ne peut être oubliée et qui se pressent elle-même, ne peut cesser d'être, sinon peut-être par une violence extérieure et irrésistible; elle est donc naturellement immortelle. La mémoire est un fondement d'immortalité.

La vie divine en face de la lumière infinie, produit la liberté, c'est-à-dire l'activité intelligente et volontaire. Mais c'est une volonté immuable qui voit son but infailliblement et le poursuit éternellement et invinciblement.

La vie de l'homme en face de la raison produit aussi la liberté ou l'acte intelligent et volontaire; mais c'est une volonté faible et vacillante au même degré que le flambeau qui l'éclaire.

La plus grande mobilité se trouve avec la plus grande faiblesse de la raison dans l'enfant. L'enfant, qui n'a presque point d'idée arrêtée, change à tout instant; il lâche tout ce qu'il tient pour saisir ce qu'il voit, absorbé par l'impression présente, il ne prévoit rien, il oublie tout et repasse dans le même cercle sans songer qu'il recommence.

A mesure que la raison se fortifie et que les idées s'arrêtent, la liberté s'agrandit et s'immobilise. Les grands actes de la liberté sont les actes définitifs; ce sont le choix d'un état, la conclusion d'un mariage, mais surtout l'option suprême entre le bien et le mal, entre l'infini et le fini, option dont nous parlerons tout à l'heure plus au long.

Mais c'est dans la production de la dernière faculté que se joue tout le drame de la destinée humaine et que la scène devient du plus haut intérêt; suivons la avec attention.

La vie de l'homme, comme une plante qui pousse des feuilles, des fleurs et des fruits, a vu s'épanouir la distinction qui est intelligence et entendement, la raison qui est harmonie et lumière, elle a pris possession d'elle-même par la mémoire, et s'est réalisée par le mouvement de la liberté; il s'agit de conclure; elle aspire à entrer en jouissance d'elle-même, à clore le cercle de ses évolutions, à réaliser l'unité, à se saisir d'un seul acte. C'est là la grande question de la destinée et de la béatitude. Elle dépend de la détermination de l'amour qui est aussi l'harmonie et la raison.

Elle rassemble donc tout son conseil, concentre toutes ses facultés, met l'amour en face de la distinction, et attend la décision suprême.

En Dieu, comme nous l'avons vu, l'attribut final qui est la sainteté, donne le dernier développement à l'intelligence par la connaissance claire et complète du bien et du mal, et la dernière perfection à l'amour en doublant l'amour infini du bien de la haine infinie du mal. Enfin par cette détermination définitive et inébranlable de l'amour, elle ramène tout le développement de l'être à l'unité dont il était parti et par cette unité, elle donne à l'être la pleine jouissance de lui-même, ce qui est la béatitude.

Bien des différences séparent l'homme de Dieu dans la production de cette dernière faculté.

En Dieu, les deux idées de l'être et du non-être étant également infinies, l'harmonie et la lumière sont infinies aussi, c'est pourquoi l'harmonie divine qui est le bien, se voyant dans le miroir à deux faces de la distinction, voit du même coup le bien absolu et le mal absolu; c'est pourquoi encore son amour du bien est infini, et sa haine du mal infinie aussi.

Mais, dans la créature raisonnable l'harmonie n'est qu'indiquée et pressentie et la lumière est un point lumineux qui n'éclaire bien que lui-même, elle ne peut donc puiser dans la distinction qu'une vue confuse et incomplète du bien et du mal, et son amour, faute de lumière, ne peut devenir ni l'amour absolu du bien, ni la haine absolue du mal, qui constituent la sainteté. La science complète du bien et du mal n'appartient qu'à Dieu, c'est pourquoi Satan dit: vous serez comme des dieux sachant le bien et le mal. De même, l'amour absolu du bien et la haine absolue du mal ne sont que dans la nature divine, c'est pourquoi Dieu seul est saint par lui-même: *Tu solus sanctus.*

Ce n'est donc point par nous-même, mais seulement par la révélation de Dieu que nous pouvons reconnaître le bien absolu, c'est-à-dire la charité qui produit le ciel, et le mal absolu, c'est-à-dire le péché qui produit l'enfer; je n'ai connu le péché, dit saint Paul, que par la loi (Rom. 7. 7.), et ce n'est que par le secours de Dieu ou la grâce que nous pouvons aimer ce bien absolu et haïr ce mal absolu, et le Saint-Esprit est l'unique source de toute sainteté.

Mais la sainteté, sous un autre rapport, est le retour de l'être avec tous ses développements à l'unité première, et c'est par cette unité finale, qu'il entre en jouissance de lui-même, ce qui est la béatitude. Ce besoin de l'unité qui n'est autre chose que le désir du bonheur, est aussi bien dans la nature finie que dans la nature infinie.

Toutefois, ici encore, la distance des natures amène des différences qu'il faut expliquer. L'unité qui est la béatitude, n'est pas l'unité primitive, qui produit tout l'être, mais l'unité finale qui suppose l'être complet et le ramème à l'unité d'harmonie. Cette unité suppose nécessairement la distinction qui la précède et qu'elle fond définitivement dans l'harmonie. L'amour qui, par cette dernière opération, est arrivé à la dernière perfection constitue la béatitude divine. Mais cela parce que Dieu jouissant d'une triple personnalité forme une société où l'amour s'échange d'une personne à l'autre.

Il n'en est point de même de la créature finie, qui n'a qu'une seule personnalité. Lorsque l'amour s'est formé dans l'âme de l'homme, il ne trouve personne dans la nature à qui l'offrir, cet amour est impuissant comme un levier sans point d'appui, il ne peut jouir de lui-même comme un œil sans miroir, il souffre dans le vide comme une voix sans écho.

Mais la nature finie étant, comme nous l'avons vu, impuissante à engendrer une féconde personnalité par expansion, pour résoudre le problème il fallait dédoubler par division la personnalité humaine afin de rendre possible l'échange de l'amour, c'est ce que Dieu a fait en détachant Ève d'Adam.

Ici encore une différence. En Dieu, la distinction restant dans l'intelligence, n'atteint pas la substance et ne brise pas l'unité. L'idée même de la discordance, qui est la connaissance du mal, ne devient jamais une réalité en Dieu et reste éternellement une abstraction de l'intelligence, mais pour individualiser l'homme et la femme, Dieu a dû employer la limite dont la réalisation, à différents degrés, n'est autre chose que la matière, ce qui fait dire à saint Thomas : « La matière est le principe de l'individualisation. »

Or, si l'unité est l'essence de la nature divine, la divisibilité est l'essence de la matière, et dans la matière toute distinction est division. Il a donc fallu que les deux moitiés de l'être humain fussent non seulement distinctes mais séparées. Alors l'âme humaine trouve dans une autre âme un miroir où elle se voit elle-même, un écho où elle s'entend. Alors elle peut satisfaire ce besoin de correspondance et d'harmonie, qui est partout sans exception, et qu'éprouvait, au milieu même des plus sublimes extases, saint François d'Assises, lorsqu'il s'écriait : « Oh ! si je pouvais trouver une âme qui me comprenne ! » Et cette harmonie de deux âmes, qui est l'amour dans son sens le plus élevé, réalise la béatitude dont la nature humaine est capable par elle-même.

Si l'homme était abandonné à sa propre nature, il n'aurait pas de béatitude supérieure à espérer ; alors la voie étant unique, l'attraction toute-puissante, l'hésitation deviendrait impossible, et la destinée n'offrirait point d'incertitude.

Mais cet état de nature pure est une hypothèse qui n'a pas été choisie par Dieu. Dès le premier instant, Dieu a appelé l'homme à une destinée, c'est-à-dire à une béatitude surnaturelle. La scène se complique et s'agrandit immensément. Tâchons de la comprendre. La béatitude est, comme nous l'avons vu, l'unité ou plutôt le sentiment de l'unité. Lorsque les différentes parties d'un être, après avoir été distinctes ou séparées, rentrent dans l'unité par l'harmonie, cet être éprouve la béatitude dont sa nature est capable. Mais s'il existait pour l'être humain une unité plus haute que celle de sa nature, et qu'il puisse s'élever jusqu'à la comprendre et la sentir, il arriverait une béatitude supérieure.

Or, voici comment cette unité existe.

Dans le côté négatif de la pensée de Dieu se trouvent les types de toutes les créatures; ces types éternels sont entraînés dans la lumière qui résulte de l'union de l'idée de l'être et de celle du non-être, ils sont renfermés dans l'harmonie infinie, ils vivent dans l'amour infini, et font partie de la béatitude divine. Si donc la créature pouvait sentir l'unité dans laquelle est renfermé son type éternel, elle participerait à une béatitude infiniment supérieure à celle que peut lui donner sa nature finie.

Mais pour cela, il faudrait participer à la distinction infinie qui n'appartient qu'au Verbe, à la vue et au sentiment de l'harmonie infinie qui n'appartient qu'à l'Esprit-Saint. Les créatures inférieures en sont tout à fait incapables, mais la créature raisonnable peut être élevée jusque-là, et voici comment :

Par le moyen de l'entendement ou de l'idée confuse de l'être que nous avons appelé la porte royale de l'âme, l'homme peut s'assimiler comme croyance les vérités auxquelles il ne peut atteindre par la vue naturelle.

La révélation traverse comme un éclair lumineux la nuée de l'idée de l'être, elle fait entendre ces mots: Dieu, infini, éternel, tout-puissant, source de la vie, de la vérité et du bonheur. Si l'homme croit fermement à cette parole qui est l'expression de la pensée divine, il participe à cette pensée infinie, et comme la conviction entraîne l'amour, il peut entendre cette autre parole : « Tu aimeras le Seigneur ton Dieu par-dessus toutes choses.

Or, Dieu promet, à celui qui croit et aime en ce monde, la jouissance future de cette unité supérieure, qu'il affirme par la foi sans la comprendre encore. Comment cette obscurité de la foi pourra-t-elle devenir la lumière de la jouissance, c'est là le secret de la grâce.

Par le commandement de l'amour divin, la destinée de l'homme est changée, car une autre béatitude que la béatitude naturelle lui est présentée comme fin dernière. Et c'est là ce qui pose le grand et difficile problème de la destinée humaine.

La même ligne ne peut pas aboutir à deux points différents. Le même trait ne peut pas viser deux buts, ni l'homme poursuivre deux fins dernières. La béatitude étant la fin de l'être, il faut que l'homme la place dans un point ou dans un autre, mais comme dit l'Évangile : personne ne peut servir deux maîtres. L'homme est donc mis en demeure de choisir entre deux béatitudes, et s'il tend à la béatitude surnaturelle, il faut qu'il renonce à la béatitude naturelle, du moins comme fin dernière, car si elle reste, elle doit se subordonner à l'autre, et rester toujours secondaire pour la volonté et le cœur de l'homme. Or, dans les circonstances où se trouve l'homme sur la terre, il est peut-être plus difficile de subordonner la fin naturelle que de s'en passer entièrement, parce que la fin naturelle nous sollicite par les sens, remplit notre pensée par sa clarté, et absorbe notre cœur par sa réalité, tandis que la fin surnaturelle est étrangère aux sens, reste cachée dans le nuage de la foi, et n'atteint le cœur que par la lueur lointaine de l'espérance.

Il y a donc là une grande difficulté à vaincre, une grande victoire à remporter. Pour arriver à la fin supérieure, il faut renoncer à la fin naturelle, ce qui est pour l'homme, selon le mot de l'Evangile, se renoncer soi-même. Il est dit encore : Celui qui cherche son âme la perdra, et celui qui perd son âme la retrouvera au centuple. Cette dernière parole est pleine d'espérance : il la retrouvera au centuple. Mais il faut pour le retrouver ainsi commencer par la perdre. La première parole est une terrible vérité, qui se réalise tous les jours : Celui qui cherche son âme la perdra.

Avant de connaître la fin surnaturelle par la révélation, l'homme peut réaliser l'harmonie par la fin naturelle et s'y reposer. Mais une fois la fin surnaturelle connue, il est mis en demeure de choisir, il est sorti de l'innocence et ne peut plus y rentrer, la route se bifurque et il faut qu'il sorte de là ou par la sainteté ou par la damnation.

S'il veut se cramponner à la béatitude naturelle il n'y peut trouver, ni la paix, ni le bonheur, parce qu'il ne peut choisir cette fin, sans repousser la fin surnaturelle ce qui constitue une division entre lui et Dieu. Ainsi tout en voulant jouir d'une harmonie, il constitue tout auprès une immense desharmonie qui trouble la première et la rend impossible ; de même que deux voix qui charmaient l'oreille par leur accord, la déchirent au contraire si en même temps un autre accord se fait entendre, beau en lui-même, mais fondé sur une autre tonalité. Ainsi l'âme humaine ne peut pas rester purement humaine. Au moment où elle va clore son cercle et toucher le but, la révélation barre la route, la partage en deux, l'une qui monte, l'autre qui descend, la terre s'évanouit sous ses pieds, il ne reste que le ciel d'un côté, l'enfer de l'autre, la destinée de l'homme est partagée et mise en question et la liberté doit choisir.

Mais l'hésitation est elle possible à celui qui considère la grandeur de la nouvelle destinée offerte à l'âme humaine ?

Ici se présente à notre contemplation une nouvelle merveille, c'est l'effet de la révélation sur l'âme, dans chacune de ses facultés.

Nous avons vu que plusieurs de nos facultés n'étaient qu'une participation ; que celle qui nous appartient en propre, celle qui détermine notre personnalité, est la distinction. Or, ce qui met une différence infinie entre nous et Dieu, c'est précisément notre distinction irrémédiablement finie, qui communique son imperfection à toutes les autres facultés, à la lumière d'abord, par elle, à la liberté, à l'amour et à la mémoire.

La révélation qui se présente à nous est une émanation de la distinction infinie de Dieu, un rayon de la lumière éternelle qui est l'Esprit Saint.

Si donc, dans l'œuvre de notre développement, laissant de côté notre distinction et notre lumière qui emprisonnent notre personnalité dans le fini, nous pouvions nous appuyer sur la distinction et la lumière divine en nous l'appropriant, la différence entre nous et Dieu ne devra-t-elle pas s'effacer au degré où aura lieu cette appropriation, et nos facultés ne sembleront-elles pas devenir infinies aussi ?

Or, cette appropriation, cette assimilation spirituelle, œuvre de la foi, se fait par le moyen de cette merveilleuse faculté de l'entendement, qui embrasse l'infini d'une seule étreinte en croyant ce que l'intelligence ne peut ni atteindre, ni contenir.

Par la croyance, elle s'identifie à ce qu'elle croit et le fait pénétrer jusqu'au plus intime de la vie, alors l'idée confuse de l'être devient l'idée resplendissante de l'infini, de l'immensité, de l'éternité, de la toute-puissance, créatrice de l'amour infini, de la beauté sans fin, de la vie éternelle, et de la triple unité divine.

Inondée de cette lumière, l'âme tout entière est transformée et ses facultés ne sont plus reconnaissables.

Voyons plutôt.

Nous avons décrit tout à l'heure la mémoire humaine comme un réservoir mal joint, qui laisse s'écouler une partie de notre vie. Le sommeil la brise en autant de fragments que de jours ; elle ne peut remonter jusqu'à la naissance, et sa prévoyance porte l'existence dans un avenir incertain, nulle faculté ne souffre plus directement de la faiblesse de notre distinction car elle l'a pour un de ses facteurs.

D'où viens-je et où vais-je, voilà les deux effroyables incertitudes qui, comme deux barrières infranchissables, ferment la prison de la mémoire naturelle.

Mais la foi à la révélation brise d'un coup ces deux barrières et et agrandit, sans mesure, la possession de notre propre vie. Par la révélation, je sais que je suis immortel et je jouis d'avance de cette immortalité. Je sais que je suis créé par un Dieu éternel, et que la pensée que Dieu a de moi est éternelle comme lui-même. J'ai donc comme une préexistence infinie dans cette pensée divine et mon souvenir s'y complait.

Ainsi, ma vie, dont le sentiment était naturellement si borné, s'étend tout à coup sans mesure par la révélation ; elle se prolonge, en réalité, infiniment dans l'avenir, et elle projette son ombre infiniment dans le passé, et par là, elle imite autant que possible l'éternité même de Dieu.

L'oubli est comme un voleur, qui, sans cesse occupé à piller notre vie, ne nous en laisse que des lambeaux, notre souvenir, alors, au lieu de ressembler à un manteau royal ressemble à un vêtement déchiré, rempli d'innombrables trous. Mais je sais par la révélation, qu'un jour je lirai dans la pensée de Dieu, dans cette pensée ou pas une seconde ne se perd, et ou je retrouverai toute ma vie perdue ; et les sentiments confus dans le sein de ma mère, et les joies oubliées de l'enfance, et les songes effacés de la nuit, et tout ce qui n'a pu se graver dans le cerveau endurci de la vieillesse. Je verrai dans cette même pensée, l'image de moi-même qui était en Dieu dès le commencement, ma vie jouira alors de son intégrité comme l'éternité de Dieu, et c'est pourquoi on l'appellera aussi la vie éternelle.

Enfin, par la révélation, je sais le commencement et la fin de toutes choses, mais surtout je sais et je crois l'existence d'un Dieu éternel, et cette grande idée de l'éternité, place au-dessous de toutes les fluctuations de la mémoire un fond infini et immuable comme la pensée de Dieu même.

La transformation de la liberté par la révélation, non moins frappante, est d'un plus haut intérêt, parce que la liberté est la clef de la destinée.

La vie, placée en face de la raison naturelle, raison si pleine d'incertitudes, de doutes, et d'obscurités, ne peut enfanter qu'une liberté pleine de faiblesse, d'hésitation, et toujours changeante.

Mais, lorsque la vie se place par la foi en face de la lumière divine, lumière infinie et infaillible, qui offre pour but de l'activité, non la scène changeante des biens de la terre, mais le bien immuable et infini du ciel, la liberté humaine subit une transformation merveilleuse ; toute hésitation cesse, sa direction ne change plus, et la faiblesse devient une force invincible.

Toutefois, ces qualités sont plus ou moins réalisées, selon le degré de la foi, si la foi était absolue, elles deviendraient absolues aussi.

Ce que nous en voyons dans la Vie des Saints, tout imparfaite qu'elle est encore, nous frappe tellement d'admiration, que nous avons peine à les croire de la même nature que les autres hommes; et nous avons raison en un sens, car la révélation est appelée justement surnaturelle; mais il ne tient qu'à nous d'y entrer.

Quelle chose admirable, au milieu du tourbillon des passions humaines, à côté des amours inconstants, des amitiés changeantes, des infidélités conjugales, des dissensions fraternelles, des trahisons politiques, des systèmes philosophiques qui s'écroulent les uns sur les autres, de voir la liberté du Saint, marcher droite et ferme vers son but qui est l'infini, sans dévier ni a droite, ni à gauche; brisant les obstacles, méprisant les plaisirs des sens, traversant d'un pied léger le désert de la pauvreté, bravant la souffrance, ne reculant point devant des épreuves intérieures dont le monde ne peut soupçonner la douleur. et franchissant triomphalement le dernier obstacle que la vie puisse rencontrer: la mort.

Et ces choses nous paraissent plus merveilleuses encore, parce qu'elles sont réalisées par le sexe le plus faible, par l'âge le plus tendre et qu'elles se résument dans le spectacle à jamais admirable de la jeune vierge martyre.

Qui pourra nous séparer de la charité du Christ, s'écriait saint Paul. Est-ce la tribulation? Est-ce l'angoisse? Est-ce la faim? Est-ce la nudité? Est-ce le danger? Est-ce la persécution? Est-ce le glaive? Nous triomphons de tout cela.

Néanmoins, tout péché est une déviation de la ligne parfaitement droite, et le juste pèche sept fois par jour, la liberté même des saints n'est donc point parfaite dès le commencement, elle s'approche de plus en plus de la perfection par l'exercice de toute leur vie, et ne complète qu'au ciel. La liberté sur la terre n'a été intègre que dans la vierge Marie, qui, seule, a mérité le non d'Immaculée.

Non seulement la volonté humaine transformée par la révélation imite plus ou moins parfaitement l'immutabilité de la volonté divine, mais elle participe encore à sa toute-puissance. Elle aussi commande à la nature, elle ébranle les grands leviers que Dieu s'était réservés, et se manifeste aux regards étonnés des hommes par le miracle.

Si tous les hommes étaient saints, le miracle ne serait plus une exception, mais le droit habituel de la nature supérieure sur la nature inférieure. Si vous aviez la foi, dit J.-C. vous diriez à cette montagne : jetez-vous dans la mer et elle s'y jetterait.

La liberté transformée par la révélation tend donc à devenir infinie comme celle de Dieu. Comme elle, elle poursuit un but infini, comme elle, elle le poursuit infailliblement et invinciblement, et comme elle, elle manifeste sa puissance en commandant la nature.

La conclusion se présente ici.

Celui qui emprunte pour juger toutes les choses le discernement même de Dieu, celui qui se guide par la lumière infinie, celui dont la mémoire reflète l'éternité, celui dont la liberté marche dans le même chemin, vers le même but, avec la même certitude que celle de Dieu, peut-il avoir un autre amour et une autre béatitude que Dieu même ?

Evidemment non. L'homme réalisera donc aussi la sainteté qui est à la fois l'amour de l'infini et l'infini de l'amour. La sainteté qui devient la possession de Dieu, c'est-à-dire la béatitude dont Dieu lui-même s'enivre éternellement.

Nous voyons par là que saint Pierre ne faisait point de figure, mais parlait avec une rigoureuse exactitude, lorsqu'il disait que par la promesse divine nous devenions participants de la nature divine : *Divinæ consortes naturæ*. Nous comprenons aussi cette parole de saint Jean : « Nous serons semblables à lui, parce que nous le verrons tel qu'il est ».

C'était la personnalité circonscrite par la distinction, qui nous emprisonnait dans le fini ; nous la laissons de côté, nous nous renonçons nous même selon le conseil de l'Evangile et nous nous nous retrouvons en Dieu au centuple.

Cependant, nous ne sommes point confondus en Dieu et notre personnalité subsiste avec ses limites. Nous participons à la nature divine, mais nous ne la possédons pas. Il reste, entre la béatitude divine et la nôtre, une différence radicale et infinie, c'est que la possession et la jouissance que Dieu a de lui-même est conscientielle et la nôtre ne l'est pas. Nous jouissons infiniment de Dieu par le mode de la foi sur la terre et de la gloire dans le ciel qui ne sont pas encore la conscience que Dieu a de lui-même, et par laquelle seul il le comprend parfaitement.

Toutefois, notre conscience ou notre personnalité tend à se dilater, et elle le peut indéfiniment, comme l'onde que produit la pierre qui tombe au milieu d'un lac, elle se déroule en cercles concentriques et toujours croissants, jusqu'à ce que, heurtant le rivage, elle soit refoulée et obligée de revenir sur elle-même. Mais dans le ciel, notre personnalité, placée au milieu de facultés infinies sera comme l'onde que ferait une pierre jetée dans un océan sans rivage et dont les cercles s'agrandiront éternellement.

Ainsi, après avoir joui de Dieu tout entier dès le premier moment par le mode de la foi, à mesure que notre personnalité croîtra nous en jouirons de nouveau sous un mode parfait, le mode conscientiel, et nous répéterons ce cri immortel de saint Augustin :

« Je t'aime beauté toujours ancienne et nouvelle. »

Après avoir contemplé ces magnificences de la révélation, quelle horreur, qu'elle pitié ne ressent-on pas pour le rationalisme qui veut décapiter l'âme de la sainteté, en lui ôtant la foi, et entreprend ensuite de lui construire une béatitude avec la boue de la terre !

CHAPITRE XIX

DE LA MATIÈRE ET DU NOMBRE 5

Nous avons analysé l'esprit de l'homme; mais l'homme est aussi matière par son corps, il faut donc analyser aussi cette partie de lui-même si nous voulons le connaître tout entier.

Qu'est-ce que la matière? nous l'avons déjà dit : c'est la manifestation dans l'espace de l'idée abstraite du non-être, comme le temps est cette même manifestation dans la durée. Et comme l'idée du non-être, abstraite et séparée de l'idée de l'être, devient divisible, la matière est la division dans l'espace, et le temps la division dans la durée. Or la division, étant ce qui exclut l'infini, on peut dire encore que la matière est le fini dans l'espace et le temps le fini dans la durée.

Et si l'on regarde de plus près, on sera tenté de croire que la matière et le temps ne sont qu'une même chose, vue sous deux aspects différents; que le temps est pour ainsi dire l'esprit de la matière, et la matière la forme ou le corps du temps.

En effet si la matière cessait d'exister, s'il n'y avait plus ni le mouvement du Soleil, ni le reflux de l'océan, ni le balancement du pendule, ni le souffle des poumons, ni le battement du cœur, ni le retour du sommeil et de la faim, où serait le temps? Quelles heures compterait une pensée en face d'elle-même dans la solitude absolue? Le temps n'est donc que la division de la durée qu'opère l'incessante mobilité de la matière.

De même, c'est par le temps que nous apprécions exactement l'espace que divise la matière. Nous estimons la longueur d'une route par le temps que nous aurons mis à la parcourir.

Il y a plus : dans la matière, il n'y aurait pas même d'espace, car l'espace ne peut se mesurer que d'un point à un autre; mais s'il n'y a pas de point, toute mesure s'évanouit. Si vous étiez seul dans le vide infini, il n'y aurait d'autre espace que celui qui sépare votre tête de vos pieds, et hors de vous l'indivisible immensité. Plongé dans cette sphère infinie « *dont le centre est partout et la circonférence nulle part* », quelque mouvement que fît votre corps il serait toujours au même point, à ce centre qui est partout. Et l'espace ne serait toujours mesurable que par votre corps, et n'existerait que par lui.

Mais si vous n'aviez point de corps, si vous n'étiez qu'une pensée que le lieu ne peut affecter, tout espace comme tout temps s'évanouiraient, et il ne resterait plus que l'immensité et l'éternité, indivisibles toutes les deux. Un être dont l'essence est la division exprime le néant autant qu'il est possible sans être le néant lui-même.

C'est un être aussi négatif que possible, la matière n'a de réalité que la forme, et le temps que le nombre.

Comment Dieu a-t-il pu créer cet être? le voici : Dieu ne pouvait exprimer sensiblement le néant qui n'étant pas ne peut être exprimable, mais il pouvait exprimer l'idée qu'il a du néant. Mais en lui l'idée du non-être qui est infinie est une et lumineuse par son harmonie avec les autres facultés ; afin donc de l'imiter à part, Dieu a dû l'abstraire, l'arracher pour ainsi dire de l'harmonie divine, et la copier à cet état de mort.

Le résultat de l'œuvre fut la matière et le temps premier acte de la création, premier élément du fini. Dieu plaça cet être double dans l'immensité et lui dit : « Va ! tu t'appelleras matière et temps, nuit et silence, car tu n'est que division, tu ne ferais rien si tu n'étais le reflet d'une idée ; mais parce que tu es encore reflet d'idée tu auras la forme et le nombre, et tu seras le premier degré de l'échelle qui remonte du néant jusqu'à moi l'infini ».

Toutes les fois que les penseurs ont voulu sonder cet être élémentaire qu'on appelle matière, ils ont été frappés du vide intérieur qu'ils ont trouvé en lui, et plusieurs ont douté de sa réalité. Les Hindous la regardaient comme un rêve de Brahma.

Tous ont cherché vainement à l'expliquer. Un seul mot vide de réalité la définit rigoureusement : la matière est la limite. Étant l'expression d'une idée toute négative elle ne peut qu'être elle-même toute négative, sinon en ce qu'elle exprime l'idée; la forme est sa seule réalité, parce que la forme est la limite, et la limite est la fin de la matière et le commencement de l'esprit ; elle est l'empreinte de l'idée et son point de contact avec elle. Sans doute il parraîta dur à la plupart des hommes, qui accoutumés à ne juger que par leur sens regardent la matière comme le positif, la réalité par excellence, de l'entendre appeler le moins réel de tous les êtres, un être négatif. Je ne m'adresse point à eux, nous sommes à des points de vue si différents l'un de l'autre, que je ne puis espérer de me faire entendre ; mais je prie ceux qui ont déjà réfléchi sur ce sujet et ont entrevu la difficulté, de peser attentivement la considération suivante.

La matière, si on lui accorde un être positif, un être substantiel dans le sens rigoureux que l'on donne actuellement à ce mot, est être non seulement mystérieux et incompréhensible mais absurde, contradictoire et impossible. Et contre cette impossibilité je défie la philosophie la plus subtile de ne pas échouer.

Il ne faut pas oublier deux principes incontestables et universellement admis :

1° Il n'y a point de matière sans étendue, c'est-à-dire, sans les trois dimensions, longueur, largeur et profondeur ;

2° La divisibilité de la matière est indéfinie.

Si on donne à la matière une réalité substantielle et positive, la divisibilité suppose une division interne, actuellement réalisée, et qui mène logiquement à une molécule primitive ou élémentaire; mais cette molécule est impossible, car, si elle a des dimensions, toute dimension peut se concevoir partagée, la divisibilité n'est pas épuisée, et la molécule n'est pas primitive. Si elle n'a point de dimensions elle n'est plus matérielle; en outre l'addition de molécules sans étendue, pas plus que l'addition de zéros ne peut faire un nombre.

Pressé, par les deux pointes de ce dilemme, on a cherché à expliquer la matière, par ce qu'on appelle la monade. La monade, ou molécule élémentaire, est infiniment petite, autrement sans dimension, et comme l'addition de ces monades serait incapable de réaliser l'étendue, on les suppose placées à une certaine distance les unes des autres; distance très petite, mais néanmoins infinie, relativement à l'étendue de la monade qui est nulle, car un nombre quelconque divisé par zéro donne un quotient infini, zéro est infiniment de fois dans un nombre quelconque. Ces monades ainsi placées forment selon leur nombre des corps plus ou moins étendus.

Que d'absurdités il faut dévorer pour admettre cette explication, cette monade sans étendue, n'est pas matérielle, elle est un point idéal, impalpable, invisible. Ces points n'étant pas matériels, ne peuvent occuper un lieu et sont dès lors incapables de distances. On suppose dont que des points incapables de distance sont à une certaine distance les uns des autres, qu'invisibles et impalpables, ils forment, par leur accumulation, des corps visibles, palpables, solides et résistants.

Il est impossible de sortir de là, si l'on ne suppose pas que la divisibilité de la matière, du moins dans ses éléments, est en puissance et non en acte, autrement que la matière élémentaire est à la fois divisible et indivisée. Mais pour cela il faut admettre la matière négative et non positive; la négation du tout, peut être aussi simple et incomposée que la négation d'une partie; dans un être qui n'a pas une réalité positive, la divisibilité peut rester une possibilité jamais entièrement réalisée, alors peu importe l'état actuel de la molécule. Les nombres nous offrent ici une analogie. Tout le monde convient que dans les nombres, la multiplication est indéfinie et la division aussi; tout le monde convient en même temps qu'un nombre infiniment grand ou infiniment petit, ne peut être réalisé. C'est que le nombre n'est pas une substance positive, mais une abstraction de l'intelligence, il est la forme immatérielle dont la matière n'est qu'une traduction. Le nombre peut néanmoins arriver à l'infini, en remontant dans le sein de l'unité qui est la forme de la vie; mais alors il n'est plus nombre; de même la matière qui est essentiellement division, ne peut arriver à l'unité ou à la simplicité, sans s'évanouir et cesser d'être.

Reconnaissons-le donc, la matière n'est que limite et négation. Limite et négation de quoi? de l'être positif et substantiel. La matière commence là où Dieu suspend la manifestation de ses attributs divins; alors nous voyons se manifester, l'opposé et le contraire de ces attributs; et nous reconnaitrons bientôt que toutes les propriétés de la matière ne sont que des non-propriétés. La matière bien que reconnue comme négative reste néanmoins le plus incompréhensible des mystères. Comment Dieu a-t-il pu donner une réalité extérieure et subsistante aux limites qui n'étaient qu'une abstraction de sa pensée? car la matière est un fait ou si l'on veut un phénomène, visible, palpable et subsistant. Voila ce que nous pouvons conclure logiquement, mais nullement comprendre. Mais si cette hypothèse de la matière négative présente encore des mysteres, les autres renferment non-seulement des mystères aussi impossibles à comprendre mais encore, des absurdités et des contradictions dans les termes, c'est pourquoi nous l'adoptons.

Mais il ne faut pas oublier qu'il ne s'agit pas ici de la matière organisée ou vivante, telle que nous la voyons dans toute la nature, mais de la matière élémentaire, que nous n'avons pu voir, mais que la logique nous force d'admettre à l'origine des choses, que les traditions désignent, sous le nom de chaos, et que les anciens appellent matière première.

Or, saint-Thomas, qui résume la pensée humaine et chrétienne jusqu'à lui, dit que la matière première, inintelligible en soi, n'est par elle-même qu'en puissance et ne se réalise que par la forme qui la réduit en acte, et lui donne l'être.

C'est la forme qui la réduit en acte et lui donne l'être. De quels termes mieux choisis pourrait-on se servir pour dire comme nous que la matière n'a de réalité que la forme?

Mais, dira-t-on, la matière n'est-elle rien?

Nous ne disons pas cela, mais nous disons que la matière est l'expression du néant : ici il faut rendre notre pensée aussi claire que possible.

Quand nous parlons du néant et que nous écrivons ce mot, le néant n'est toujours rien, mais la pensée que nous en avons, la parole que nous prononçons, le mot que nous écrivons, sont quelque chose.

Eh bien! la matière est le mot néant écrit de la main de Dieu, non en caractères conventionnels comme nous, mais avec le signe le plus propre à exprimer sa pensée, et si nous examinons, nous verrons combien ce signe est admirablement choisi.

Le non-être par lui-même n'offre aucune prise à l'intelligence, il ne peut être directement l'objet de l'idée, puisqu'il n'est pas, il est inintelligible en soi. S'il entre dans la pensée, ce n'est que par son contraire l'être, l'idée du non-être n'est au fond que l'idée de l'être considérée négativement.

Ainsi — 1 et + 1 sont la même idée, — 1 n'a de sens que par + 1, et il a négativement la même valeur que + 1 positivement; ceci en passant nous fait comprendre que celui-là seul qui a infiniment l'idée de l'être peut avoir infiniment aussi l'idée du non-être, et celui-là est Dieu seul.

Or l'être par lui-même ne peut se concevoir qu'infini, c'est-à-dire sans limite, et par conséquent, il est indivisible, car toute division est une limite.

Donc le contraire de l'être est le non-être, le contraire de l'infini est le fini ou la limite, le contraire de l'unité indivisible est la divisibilité, l'idée du non-être que Dieu voulait exprimer est donc avant tout, l'idée du non-être, de la limite et de la divisibilité, c'est ce qu'exprime parfaitement la matière. Par ce fond d'elle-même que saint Thomas déclare inintelligible en soi, elle exprime l'idée pure du non-être qui est aussi inintelligible en soi, par sa divisibilité elle est le contraire de l'unité et par la forme, elle réalise la limite ou le fini dans toute son inépuisable variété.

Dieu en réalisant ainsi par la matière tout ce qu'il n'était pas, ou pour parler plus exactement, l'idée qu'il en avait, a posé le fondement de l'extériorité, fondement de la matière qui n'est pas lui. C'est ainsi qu'il a pu élever tout l'édifice de la création, reproduisant sans confusion ce qu'il était lui-même, par mode de participation. Ainsi il est la vie, et il a pu faire des êtres vivants qui ne sont pas la vie, mais qui y participent; il est la vérité et il a pu faire des êtres intelligents, qui ne sont pas la vérité, mais qui y participent, la matière ou la limite reste toujours une barrière qui sépare la créature de Dieu comme le voile du Temple séparait tout le reste du Saint des Saints.

Cependant, arrivé au sommet, en Jésus-Christ et par Jésus-Christ, qui résume toute la création, Dieu rattache toute cette création à son principe et la divinise, alors l'œuvre atteint une perfection infinie et se montre pleinement digne de la sagesse toute-puissante et de l'amour infini.

Maintenant que nous avons déterminé l'essence de la matière, il faut compter ses propriétés.

Il est important de ne pas confondre les propriétés qui lui sont essentielles de celles qui lui sont communiquées. Ce qui fait la difficulté, c'est que la matière ne s'est jamais présentée à notre observation dans son état élémentaire, cet état n'est mentionné nulle part, si ce n'est peut-être dans le tohu-bohu de la Genèse; mais dès que Dieu eut prononcé le *fiat lux*, la matière élémentaire s'organisa sous l'action des trois fluides, et prit l'aspect et les propriétés que nous lui voyons maintenant.

Mais puisque la matière est l'expression de l'idée du non-être, c'est-à-dire du contraire de Dieu, le plus sûr moyen d'avoir ses vraies propriétés est de prendre le contraire de tous les attributs divins.

Mais ces propriétés négatives ne pourront être au nombre de sept comme les attributs, parce que quelques-unes de ces négations répondent à plusieurs attributs à la fois. Ainsi l'idée du non-être qui est elle-même la négation de l'idée de l'être, en s'exprimant directement par la forme et la limite, exprime en même temps cette négation.

De même la divisibilité qui est le contraire de l'unité est le contraire aussi bien de l'unité radicale qui est la vie, que de l'unité finale qui est la sainteté.

Voilà donc l'opposé de quatre attributs exprimé par deux négations; il n'en reste plus que trois, de sorte que la matière ne peut avoir que cinq propriétés au plus.

Le contraire de la liberté qui est l'activité sera évidemment l'inertie; le contraire de l'éternité qui est l'immutabilité sera l'inconsistance, c'est-à-dire la disponibilité ou la corruptibilité; l'harmonie qui résulte de la pénétration mutuelle des deux idées de l'être et du non-être qui deviennent par là une seule lumière trouvera son opposé dans l'impénétrabilité qui résulte de l'isolement moléculaire.

Aussi les cinq propriétés essentielles de la matière, seront : la forme, la divisibilité, l'impénétrabilité, la dissolubilité et l'inertie.

Mais toutes ces propriétés peuvent se résumer dans la forme, expression directe de l'idée du non-être, car au fond c'est la forme qui est divisible, impénétrable, inerte et corruptible.

Les autres propriétés que l'on attribue à la matière ne résultent pas de son essence, mais lui sont communiquées par l'influence de la vie et des fluides. L'expansion et le mouvement viennent de la vie et du calorique, l'attraction et la cohésion viennent de l'électricité, et la couleur de la lumière.

Revenons aux propriétés essentielles, la première sinon l'unique est la forme. Dans la matière, nous ne touchons, nous ne voyons, nous ne comprenons que la forme, c'est par la forme seulement que la matière nous est intelligible. C'est que la forme n'est pas seulement matière, mais matière et esprit; la forme est avant tout une idée, et quand elle se réalise dans la matière, celle-ci participe à l'idée, la forme est la limite, la frontière où la matière et l'esprit se rencontrent, se touchent et font alliance.

Entre la matière pure et l'esprit la distance est infinie et les degrés à parcourir le sont aussi.

A mesure que la matière participe à la vie et à l'intelligence, elle s'élève, se spiritualise, et acquiert de nouvelles qualités qui ne sont qu'un emprunt. Alors toutes ses propriétés purement négatives, s'effacent et semblent disparaître; son inconsistance cesse, elle devient indécomposable et incorruptible, elle est douée d'une activité puissante, elle est pénétrable, transparente, lumineuse enfin, elle devient impalpable et invisible et si semblable à l'esprit que l'homme ne la reconnaît plus et lui donne le nom d'esprit. C'est pourquoi saint Paul associe deux mots qui, pris dans leur sens rigoureux sont inconciliables, lorsque, parlant du corps ressuscité, il l'appelle corps spirituel: *corpus spiritale.*

Le plus haut degré de subtilité que nous puissions observer dans la matière c'est celui dont elle jouit dans les trois fluides impondérables qui possèdent le premier degré de la vie.

Ils sont matériels cependant, puisqu'ils sont sujets au lieu et que nous pouvons mesurer la vitesse de leurs mouvements. Mais ils sont impondérables, ils pénètrent les corps grossiers, sans changer leur poids ni leur volume; le calorique, n'est arrêté par aucun obstacle, l'électricité traverse tous les corps, la lumière nous arrive à travers le cristal, et nous constatons avec admiration la puissance du calorique, la rapidité de l'électricité et la beauté de la lumière.

Mais au-delà de la subtibilité des trois fluides, la distance reste infinie et nous ne pouvons pas soupçonner quelles surprises nous réservent la vie future et et les régions célestes.

Toutefois entre la matière la plus subtile et l'esprit pur la distance reste toujours infinie, incommensurablement au-delà de toute subtilité réside l'esprit pur qui est Dieu. Selon la parole de Jésus-Christ à la Samaritaine, Dieu est esprit: *Deus Spiritus est.*

La forme est la qualité de la matière la plus voisine de l'esprit, elle le touche partout, par tous les points, le traduit et peut répéter tout ce qu'il dit. Aussi elle se développe elle-même en trois parties qui rappellent négativement les trois premiers attributs de l'être qui caractérisent la limite.

La forme se compose d'une certaine étendue qu'elle circonscrit et qui est comme sa substance, puis une limite qui est la forme proprement dite, et qui exprime négativement l'intelligence par l'intelligibilité. Enfin, la couleur qui la rend visible et qui n'est que la réaction de la matière sur la lumière.

Mais qui juge de tout cela, sinon le sens de la vue? L'œil est le seul juge de la forme, seul il la perçoit dans son ensemble; l'œil est le roi des sens, et la forme est aussi la reine des propriétés de la matière, car elle est la seule qui ait un côté positif et qui touche l'être par sa surface. La forme renferme en elle toute l'intelligibilité, et toute la réalité de la matière; et de même quelle résume toutes les propriétés matérielles de même l'œil, qui est juge de la forme, juge par elle jusqu'à un certain point, de toutes les autres propriétés. La forme est, comme nous venons de le dire, à la fois étendue, forme et couleur. L'œil, considérant spécialement l'étendue, la voit comme composée de parties, et il en poursuit la divisibilité jusqu'à ce que la forme échappe à la vue par sa ténuité. Il juge aussi de l'impénétrabilité, par la couleur, qui au fond n'est autre chose du côté de la matière négative que l'impénétrabilité à la lumière, car si la lumière pénètre tout entière dans les corps, il n'y a plus de reflet, le corps est alors transparent, et notre œil cesse d'en juger. C'est ainsi que les enfants et bien des ignorants ne soupçonnent pas l'existence matérielle de l'air qui les environne, et que les papillons, trompés par la transparence des vitres, viennent s'y heurter en voulant se baigner dans la lumière. L'œil juge encore jusqu'à un certain point de la dissolubilité de la matière, en voyant, par exemple, s'altérer la forme du sucre qui fond dans l'eau.

Il juge de l'inertie, soit par l'immobilité relative, soit par le mouvement régulier. Mais, dans la manifestation de toutes ces propriétés, il vient un point où l'œil est obligé de s'arrêter; alors se présente un autre sens pour continuer et achever son investigation.

Lorsque l'œil est trompé par la transparence, le sens du toucher vient réparer l'erreur; il sent l'obstacle du vent, il palpe le verre, et il apprécie tous les degrés de l'impénétrabilité.

Ce qu'il y a d'intime dans la dissolution de la matière est apprécié par le sens du goût, que possède la bouche, véritable appareil chimique de décomposition.

Quel sera le sens spécial de l'inertie ou de la passivité de la matière? La passivité ne peut se mesurer que sur la facilité avec laquelle l'être passif cède à l'impulsion de l'être actif, et c'est par le mouvement même que se trahira l'inertie de la matière. Le mouvement est apprécié par l'œil jusqu'à un certain degré, mais lorsqu'il devient trop rapide il échappe à la vue et l'œil n'en peut plus juger; alors se présente l'ouïe qui apprécie la rapidité du mouvement par le son, et distingue des sons qui supposent plus de dix mille vibrations par seconde.

Nous avons vu que le mouvement était la mesure du temps et seul lui donnait un corps. L'ouïe sera donc le juge du temps comme la vue celui de l'espace, il ne nous reste plus qu'un sens dans l'homme et une propriété dans la matière. L'odorat et la divisibilité se conviendront-ils ?

Il est certain qu'on ne connaît point de division de la matière plus extrême que celle qu'on attribue aux particules odorantes, à celles par exemple d'un grain de musc, qui, pendant plusieurs années remplissent un appartement sans que ce grain perde sensiblement de son poids. L'odeur ne serait-elle que la plus haute manifestation de la divisibilité de la matière, dont le sens de l'odorat deviendrait ainsi le juge ? La science se tait, mais on peut raisonnablement le conjecturer.

Ainsi les cinq sens de l'homme correspondent aux cinq propriétés de la matière : la vue à la forme, l'ouïe à l'inertie, le toucher à l'impénétrabilité, le goût à la dissolubilité, et l'odorat à la divisibilité.

Les impressions des sens font éprouver un plaisir. D'où vient ce plaisir ? Serait-il possible qu'une matière morte, une pure négation, put être cause de jouissance ? Si nous examinons attentivement, nous verrons que lorsque la matière négative nous procure une agréable sensation elle est toujours accompagnée de la matière positive et vivante, c'est-à-dire des trois fluides impondérables. La matière blesse le tact plus souvent qu'elle ne le charme, mais lorsqu'elle fait éprouver une sensation agréable c'est presque toujours par la chaleur, surtout si elle vivante.

Lorsque la matière affecte le goût elle n'est point seule, son état de composition atteste la présence de l'électricité. Sans l'électricité il n'y aurait point de goût, puisqu'une substance indécomposable à l'appareil chimique de la bouche, le verre, par exemple, n'a point de goût.

La particule odorante ne s'échappe point sans un travail chimique de la nature dont presque toujours on peut se rendre compte, ce qui suppose l'action de l'électricité. En outre, on sait combien la chaleur favorise les émanations aromatiques.

Le mouvement même vibratoire a pour principe, selon les physiciens, l'attraction, et l'attraction est généralement attribuée à l'électricité. Mais ici il faut s'élever à un ordre de choses supérieur, car avec la matière il y a aussi le souffle de l'esprit. Le mouvement, quand il devient un son, traduit un nombre, et l'harmonie suit la loi des nombres ; ce n'est donc plus simplement une sensation que l'oreille nous transmet par le son, mais l'élément d'un art divin ; avec le nombre elle entre dans la région de l'intelligence. La matière ne parvient à l'œil que par la lumière, c'est donc par le plus beau des fluides que l'œil jouit, mais ici comme avec le sens de l'ouïe il faut s'élever au-dessus de la matière : la forme que perçoit l'œil, est l'empreinte de l'intelligence sur la matière ; aussi peut-elle s'élever jusqu'à la beauté, et faire pénétrer en nous comme un rayon du ciel ; ce n'est plus alors seulement la joie des sens, c'est l'extase de l'âme vivante et intelligente.

On voit que les sens sont plus parfaits et plus nobles à mesure que d'un côté la matière qu'ils perçoivent dépouille sa grossièreté, devient plus délicate, plus subtile, et semble vouloir se rapprocher de l'esprit et s'effacer elle-même ; à mesure d'un autre côté que l'action des fluides qui agissent sont eux-mêmes plus beaux. Enfin deux des sens sont infiniment séparés des autres parce qu'à travers la matière ils pénètrent dans les régions supérieures de l'esprit. C'est pourquoi les sens s'élèvent dans cet ordre : le toucher, le goût, l'odorat, l'ouïe et la vue. Nous savons maintenant ce qu'est le nombre cinq : c'est l'expression de l'idée que Dieu a du non-être, c'est la négation de toutes les facultés de l'être excepté l'intelligibilité, c'est le non-être excepté la non-idée, ce n'est rien sauf la forme, c'est la matière.

Tout nombre cinq dans la nature, doit trouver là sa raison, si l'homme a cinq sens c'est pour saisir la matière par toutes ses faces, s'il a cinq doigts à la main, c'est que ces cinq doigts sont les symboles de la matière qu'ils domptent et travaillent.

Ici se présente une observation curieuse : des cinq propriétés de la matière une seule est positive au moins sous un rapport et se trouve par là en opposition avec les autres ; et dans la main de l'homme un doigt, le pouce, est une opposition naturelle avec les autres doigts. Si donc les cinq doigts ont une analogie avec la matière, le pouce répondra à la forme, propriété relativement positive, et les autres doigts aux autres propriétés.

Or, comme nous l'avons déjà dit plusieurs fois, toute perfection résulte de l'union du positif et du négatif, l'homme seul, fait opposer le pouce positif aux autres doigts négatifs, de là la supériorité de la main sur celle des animaux qui en ont une.

On sait que des philosophes ont attribué à cette opposition du pouce la supériorité de l'homme sur l'animal ; ils auraient presque dit vrai, s'ils avaient dit seulement la supériorité industrielle ou plutôt mécanique ; c'est en effet cette opposition ou plutôt cette harmonie du positif et du négatif qui fait de la main de l'homme un instrument si admirable et si propre à dompter la matière. Sans cela il serait toujours bien au-dessus de la matière par l'excellence de sa nature, mais il n'en serait pas le dominateur et le roi.

La forme dans la matière est le cachet que lui imprime l'esprit. Lorsque le cachet s'imprime sur la cire, la cire finit où commence le cachet, la cire donne en creux ou négativement ce que le cachet donne en relief ou positivement ; la forme est le point de contact entre la matière et l'esprit, elle est la seule propriété qui leur soit commune, c'est par elle que l'une participe à l'autre et que se noue la chaîne de la création.

Aussi cette merveilleuse propriété peut s'élever à tout. Toute forme peut se traduire par des nombres, tout nombre peut se traduire par une pensée. La forme même conventionnelle peut exprimer la pensée pure, comme nous le voyons dans l'écriture, mais la forme naturelle qui est l'écriture de Dieu dans la création ne sépare jamais le vrai du beau, les fleurs des arbres et la lumière nous ravissent en nous parlant, et le corps humain tout dégradé qu'il est par la déchéance est un poème immense où la vérité et la beauté peuvent se dilater sans mesure. La forme de la matière n'est que l'ombre de l'esprit, c'est pourquoi elle est intelligible, quand nous croyons comprendre et admirer la matière, nous n'admirons que l'esprit qui l'a informée, et, comme dit Saint Thomas, la matière reste inintelligible en soi.

En effet les autres propriétés ne sont que de pures négations, ce sont des absences de propriétés qui ne sont intelligibles que par l'attribut réelles qu'elles nient. La divisibilité n'est intelligible que par l'unité qu'elle détruit. La divisibilité est nécessairement infinie comme son contraire l'unité, mais la réalisation de cette division nous est inconcevable.

L'inertie et la mutabilité ne sont rien que l'absence d'activité et de permanence ; ces deux absences dans la matière pure doivent être absolues, c'est-à-dire qu'elles doivent être incapables de résister au moindre effort de la moindre vie. Il n'en est cependant pas ainsi maintenant quand nous voulons mouvoir un corps nous éprouvons une grande résistance et quand nous voulons le transformer nous avons à lutter contre la cohésion. On a confondu à tort cette résistance de la matière avec l'inertie c'est pourquoi on a joint ensemble deux mots inconciliables : force d'inertie. L'inertie n'a point de force : elle appartient à la matière ; la force n'appartient qu'à la vie.

Mais l'univers qui nous résiste est déjà soumis à des lois, et ces lois qu'expriment si magnifiquement le mouvement harmonique des mondes et toutes les agitations de la matière jusqu'au balancement de l'atôme dans l'air, sont l'œuvre d'une intelligence supérieure et plus forte que nous. Lors donc que la matière résiste à nos efforts, ce n'est pas contre elle que nous luttons, mais comme Israël nous luttons contre Dieu même qui ne cède qu'autant qu'il le veut.

C'est une chose prodigieuse quand on y réfléchit, que cette influence d'une volonté humaine sur l'ordre établi et maintenu par

Dieu même. C'est un grand honneur de participer ainsi avec la Providence au gouvernement du monde, c'est une puissance admirable de pouvoir modifier en quelque chose l'œuvre de l'infini, c'est aussi une grave responsabilité, car on peut user et abuser de la matière, et il faudra rendre compte de tout.

Quant à l'impénétrabilité, elle subsiste tout entière, du moins, nous ne connaissons pas d'exception, il faut donc que cette propriété dépende d'une loi bien fondamentale pour résister ainsi à tous les efforts de la vie. Mais quelle est cette loi ?

Voici des rapprochements qui peuvent nous mettre sur la voie. Nous avons dit que la matière n'était qu'une négation. Or la grammaire dit que deux négations se détruisent et valent une affirmation ; deux matières ne pourraient donc se confondre sans se dénaturer et se détruire ; les mathématiques disent aussi — par — donne + ; + par + donne +, même conclusion. L'esprit ne change pas de nature par le retour à l'unité, mais la matière ne peut revenir à l'unité sans se détruire ; aussi, quand l'impénétrabilité semble cesser dans la matière, comme nous le voyons dans les trois fluides la plupart des hommes l'appellent esprit.

Les lois mathématiques s'accomplissent jusqu'au bout, car on dit encore + par — ou — par + donne toujours — ; ainsi l'esprit qui est exprimé par + et par l'affirmation, en s'unissant à la matière qui est exprimée par — et la négation, s'amoindrit, et le résultat est toujours —. En effet, l'esprit pur n'étant pas sujet au lieu, n'a pas de limites naturellement, mais la matière le limite et le circonscrit dans l'espace.

C'est par la même conclusion logique que les anciens panthéistes qui ne distinguaient pas assez le Créateur de son œuvre, regardaient la création comme un sacrifice que l'être faisait de lui-même.

La matière nous donne le sens du nombre cinq. Nous avons déjà vu que cinq était essentiellement le nombre de la division, c'est pourquoi il est le nombre de la matière dont l'essence est la divisibilité. Les affinités des nombres se retrouvent souvent dans la nature. Nous avons vu que deux était le premier nombre de division et cinq le second, d'autre part que trois signifiait harmonie ou retour à l'unité. Or on sait que généralement les monocotyledones se développent en trois pétales, et les dycotylédones en cinq.

Le nombre cinq nous ramène aux cinq sens que possède l'homme. Pourquoi l'homme a-t-il cinq sens ? ne serait-ce pas pour apprécier les cinq propriétés de la matière ? C'est une question qui mérite d'être examinée.

La discussion sur la matière appelle notre attention sur un sujet plus important qu'on ne le croit, c'est le point. Le point est un grand mystère. Ce protée intellectuel exprime et représente à la fois l'idée de l'unité et de l'indivisible qui n'appartiennent qu'à l'infini l'idée de l'infiniment petit qui est le néant. Le vrai point, le point géométrique n'ayant point de dimension n'est pas sujet au lieu, et c'est lui cependant qui est la première idée du lieu, dans cette sphère infinie dont parle Pascal dont le centre est partout et la circonférence nulle part.

Il choisit et détermine un de ces centres et crée l'idée du lieu, cette idée matérialisée deviendra le point matériel, commencement de la création et germe de l'espace.

Toute la géométrie est fondée sur le point, mais comme nous l'avons dit, ce point ne doit avoir aucune dimension s'il avait la moindre dimension, il n'y aurait pas dans toute la géométrie un seul théorème de vrai, mais s'il n'a point de dimension, il n'est pas matériel et n'est qu'une idée pure.

Non seulement le point, mais la ligne qu'on suppose engendrée par ce point n'est pas matérielle, car elle n'a qu'une dimension, la longueur et la matérialité exige les trois dimensions; la surface même qui n'a que deux dimensions, longueur et largeur n'est point encore matière; ce n'est qu'au cube engendré par la surface qu'apparaît la possibilité matérielle et encore le cube géométrique dont les côtés sont des lignes parfaites, et dont les angles se terminent par le point sans dimension ne peut exister matériellement. La matière ne peut reproduire exactement aucune figure géométrique, les courbes moins encore que les autres. Les géomètres ne trouvant point de termes pour définir le cercle matériel disent qu'on peut le considérer comme un polygone ayant un nombre infini de côtés, ce qui est absurde parce qu'il n'y a pas de nombre infini. C'est ainsi que la géométrie se promène d'un bout à l'autre dans un monde purement intellectuel qui exclut toute matière; et cependant ce sont ces lois éternelles de la géométrie intellectuelle qui régissent fort rigoureusement toute la géométrie matérielle qui n'est qu'une imitation approximative.

Les matérialistes qui se retranchent dans la géométrie et se croient bien barricadés contre l'esprit feront bien d'apprendre qu'ils cultivent une science toute immatérielle et qu'ils obéissent malgré eux aux lois immuables de l'esprit.

A bien considérer, le point matériel n'est que la négation de l'autre; le point en se matérialisant perd tous ses admirables privilèges, il n'est plus indivisible, par là il déchoit de l'unité et tombe dans le nombre, le fini et la limite. Il n'a de commun avec l'autre que l'idée du lieu auquel il devient sujet et il est lui-même le premier lieu auquel tous les autres peuvent se rapporter, c'est lui qui en se dilatant et se multipliant produit l'espace avec tous les lieux et toutes les formes qu'il renferme ; et là vue de toutes ces productions, occupe et récrée la pensée qui s'éblouissait dans la contemplation du point; la réalité de cette négation du vrai point qui est le point matériel nous est incompréhensible, c'est dans cette matérialisation du point, que gît le mystère de la création. Car c'est là qu'a lieu le passage de ce qui est toujours à ce qui n'est pas encore, de l'infini au fini et à la limite, de l'idée pure à son signe et à son empreinte.

Des idées semblables semblent avoir inspiré cet étrange passage du Zohar (cabale juive).

« Quand l'inconnu des inconnus voulut se manifester, il commença par produire un point. Tant que ce point lumineux n'était pas encore sorti de son sein l'infini était encore complètement ignoré et ne répandait aucune lumière...

Le point indivisible n'ayant point de limite et ne pouvant être connu à cause de sa force et de sa pureté, s'est répandu au dehors et a formé un pavillon qui sert de voile à ce point indivisible. Ce point quoique d'une lumière moins pure que le point était encore trop éclatant pour être regardé; il s'est à son tour répandu au dehors et cette extension lui a servi de vêtement. C'est ainsi que tout se fait par un mouvement qui descend toujours; c'est ainsi enfin que s'est formé l'univers.

CHAPITRE XX

DE L'AME ANIMALE

Avons-nous dit tout l'homme ? pas encore. L'homme si bien nommé par des anciens *microcosme*, c'est-à-dire, petit monde. L'homme, dernière œuvre de la création en est le résumé. Pour le connaître, il faut tout connaître ; car toutes les séries de créatures se retrouvent en lui. Ange par sa pensée, matière par son corps, il est de plus animal par sa sensibilité, il nous faut donc encore étudier l'animal si nous voulons connaître l'homme tout entier.

L'âme animale est un problème de philosophie qui provoque et désespère en même temps la curiosité. Nous sommes tout le jour en présence de ces êtres qui vivent et sentent comme nous. Ils agissent et travaillent avec nous, ils nous aiment ou nous craignent, ils nous regardent comme s'ils voulaient nous parler ; mais lorsque nous voulons interroger cette conscience animale qui pose devant nous, elle ne peut rendre témoignage d'elle-même car elle n'a pas la parole.

Le grand ressort de cette vie, le motif de cette activité, le résultat de toutes ces sensations, restent pour nous un mystère, une lettre close que nul ne peut lire, une chambre scellée où jamais personne n'a pu pénétrer.

Aussi l'animal a été l'occasion des conjectures les plus opposées, depuis celle qui lui donne la raison comme à nous, jusqu'à celle qui ne voit en lui qu'un mécanisme insensible.

Au lieu de regarder dans l'animal où nous ne pouvons pénétrer c'est en nous qu'il faut étudier la nature animale puisque nous la possédons.

Mais la difficulté est grande encore, car les deux natures raisonnable et sensible, sont tellement unies en nous qu'il est plus difficile de discerner ce qui appartient à chacune dans nos actes, que de distinguer au goût ce qui appartient à deux liqueurs parfaitement mêlées. Ayons donc comme les chimistes recours à l'analyse, et ne désespérons pas à l'aide des principes posés précédemment de construire une véritable psychologie animale.

Nous avons dit dans le chapitre IX que l'idée de l'être constituait la différence entre l'homme et l'animal; pesons attentivement toutes les conséquences de ce fait; et d'abord, l'idée de l'être étant supprimée, l'idée du non être cesse d'être une idée.

Nous l'avons dit, la pensée est comme une balance qui a toujours ses deux plateaux, dans l'un de ces plateaux sont toutes les idées positives, dans l'autre toutes les idées négatives correspondantes. Chaque idée positive engendre l'idée négative correspondante qui est son ombre et ces deux idées forment un couple inséparable dont les deux termes corrélatifs ne peuvent subsister à l'état d'idée l'un sans l'autre. Lorsque les deux idées également développées se font un contrepoids exact, l'harmonie est parfaite la pensée est claire et lumineuse. Lorsqu'elles sont inégales entre elles les bassins se séparent et la pensée devient confuse ou décousue, mais l'un des termes disparaissant l'autre s'éteint ou s'anéantit, et disparaît aussi.

Ainsi on ne peut avoir l'idée du non-être sans celle de l'être, l'idée du fini sans celle de l'infini, l'idée de la nuit et des ténèbres sans celles du jour et de la lumière, l'idée du mouvement sans celle de l'immobilité, l'idée du silence sans celle du bruit, l'idée du froid sans celle du chaud, ainsi à l'infini.

Mais pour comprendre cela il ne faut pas oublier, que nous ne parlons ici que de l'idée proprement dite qui est l'idée abstraite et non de la perception concrète ou de la sensation qui peut s'exercer sur tout le domaine du fini, mais qui n'est pas une idée. Point d'idée proprement dite sans distinction, et point de distinction sans deux termes de comparaison.

Nous pourrons percevoir la lumière du jour et sentir la chaleur sans avoir besoin de la nuit et du froid, mais si depuis que nous existons la lumière avait toujours été la même et si la chaleur ambiante n'avait jamais varié, nous n'aurions remarqué ou distingué ni l'une ni l'autre, nous ne leur aurions point donné de nom, elles seraient en nous pure sensation et non idée. Combien d'enfants, combien d'hommes peut-être ne soupçonnent même pas l'existence physique de l'air dans lequel ils vivent et qu'ils respirent à chaque seconde, parce que la privation de l'air ne leur en a jamais fait remarquer la réalité.

L'idée du non être n'est pas innée en nous, et il est curieux d'observer comment cette immense abstraction a pris naissance dans notre pensée.

Nous avons commencé par la sensation. La matière s'est présentée à nos cinq sens comme limite; limite par sa forme, par l'impénétrabilité, par l'inertie, par la division, par la désagrégation.

Lorsque l'idée de l'être éveillée par le langage a jeté au milieu de toutes ces sensations de limites, l'unité infinie de son abstraction, elles les a toutes réunies et fondues dans une abstraction opposée qui est devenue en nous comme l'ombre de l'idée de l'être.

Lorsqu'ensuite l'idée de l'être s'est transformée en idée de l'infini, elle a fait briller dans notre pensée l'idée du fini ou du moindre être, et la parenté des deux idées positives être et infini se reflétant par leurs ombres nous avons compris la parenté du fini et du néant.

L'animal commence comme nous par la sensation mais il s'arrête là. Le germe de l'idée de l'être n'étant point en lui le langage ne peut l'y développer. Faute de cette abstraction génératrice aucune autre abstraction ne peut naître. L'animal voit, entend, palpe, goûte, flaire, distingue, choisit, repousse et s'attache comme nous en apparence, autrement en réalité. De même que tous les corps plongés dans le feu deviennent incandescents, de même toutes les sensations plongées dans l'océan de l'idée de l'être deviennent idées chez l'homme, tandis que chez l'animal elles restent pures sensations. Dans la pensée humaine tout devient abstrait, dans la sensation animale tout reste concret. L'animal a la sensation d'objets blancs mais non l'idée de blancheur, il voit des hommes, mais l'humanité n'existe pas pour lui ; il touche, mange et boit la matière, mais ne soupçonne pas la matérialité ; il est en contact avec une foule d'êtres, mais n'a jamais songé à l'existence ; il ne sépare pas dans son maître, la forme, la rondeur, l'odeur, la voix, le caractère, tout cela forme en lui la sensation d'un seul objet qu'il reconnaît entre tous les autres mais dont il n'analyse point les parties, et quoiqu'il le distingue il n'a pas pour cela l'idée de différence.

L'animal a donc des apparences semblables aux nôtres mais aucune de nos réalités; il singe tous nos actes, il n'en reproduit aucun. Et l'idée de l'être met entre l'homme et l'animal un abîme infini que nul développement ne peut franchir.

Ainsi, ce qui dans l'être intelligent est distinction, que nous avons appelé en Dieu sagesse et justice, dans l'homme entendement et intelligence, n'est dans l'animal que la sensation produite par les sens. Dans Dieu et dans l'homme, nous avons dans la distinction compté deux attributs; dans l'animal, les sens, bien qu'au nombre de cinq, ne forment qu'une faculté, car les sensations ne sont que l'appréciation, par une seule âme, d'une seule chose qui est la matière, et bien que les propriétés de la matière soient au nombre de cinq, comme elles sont toutes négatives, elles n'offrent point l'antinomie du positif et du négatif comme la double idée de l'être et du non-être, qui forment deux facultés distinctes; l'appréciation de la matière par les sens n'est pas même l'idée pure du non-être puisquelle n'est pas même idée, mais elle est comme une image, un reflet, une ombre de cette idée négative.

Dans l'animal aussi, la première faculté est la vie, et la seconde est la sensation ou les sens sur lesquels nous nous sommes arrêtés longuement, parce que cette seconde faculté, qui est la forme dans l'être, est la faculté caractéristique par laquelle, en même temps, il est distinct et il se distingue lui-même.

Nous avons déjà vu que c'était cette seconde faculté qui mettait entre Dieu et l'homme une différence infinie. C'est la vie qui produit, par son union avec cette seconde faculté, toutes les autres facultés qui font la couronne de l'être. La vie de Dieu produit dans cette faculté qui est infinie en lui une couronne d'attributs infinis. La vie de l'homme produit dans cette seconde faculté qui est finie en lui une couronne de facultés finies. La vie de l'animal ayant à produire dans les sens si inférieurs à l'intelligence devra produire une série de facultés inférieures à celle de l'homme, c'est cette production qu'il faut étudier maintenant.

Le troisième terme est toujours une conscience quelconque. En Dieu, la vie produit dans la distinction infinie la lumière de l'Esprit-Saint, conscience divine et infinie, qui s'épanouit dans une triple personnalité.

Dans l'homme, la vie dans une distinction imparfaite produit un point lumineux qui est conscience et raison, et constitue sa personnalité négative et unique.

Dans l'animal, la vie se heurtant contre les sens, se sent elle-même, cette sensation par laquelle l'animal se sent vivre est sa conscience à lui. Faute de terme plus spécial, nous l'appellerons sensibilité. Cette sensibilité constitue non la personnalité qui est la conscience intelligente et raisonnable, mais ce que nous appellerons l'individualité.

Le dictionnaire ayant été fait par les hommes et pour les hommes, est pauvre pour la psychologie animale, et nous serons obligés quelquefois de nous contenter de termes approximatifs auxquels nous donnerons un sens de convention, qui exprimera notre pensée.

Nous avons donc maintenant pour l'animal le trépied des trois attributs principaux. Si entre ces trois attributs nous en trouvons trois autres intermédiaires, nous aurons l'édifice complet de la psychologie animale qui sera caractérisée par le nombre six.

La vie animale n'a point d'autre lumière pour guider son action que la sensibilité. La sensibilité n'est pas comme la balance de la raison humaine, deux plateaux qui renferment le oui ou le non, le bien et le mal, et qui font hésiter la volonté. La sensibilité ne dit qu'une chose, aussi la vie animale, qui ne voit qu'une route, ne peut hésiter, elle s'élance avec une rapidité qui exclut toute délibération.

Heureusement que les hommes ont saisi chez eux de pareils actes, et qu'ils les ont caractérisés par un mot propre en les appelant spontanés. La spontanéité tiendra donc chez l'animal la place de la liberté.

Dans l'homme, la vie donnant aux faits de conscience l'unité du moi et la permanence produit la mémoire. Dans l'animal, la vie donnant aussi l'unité et la permanence aux sensations qu'il éprouve produira une mémoire animale. Mais cette mémoire, vide d'idée, ne sera composée que d'images sensibles, c'est pourquoi nous appellerons cette collection d'images, imagination.

Il nous reste à décrire la dernière faculté toujours très importante, parcequ'elle est le couronnement de l'être et qu'elle renferme les questions de fin et de béatitude, et que par elle aussi se manifeste la différence des espèces d'être.

Dans tous les êtres grands et petits, elle est le retour à l'unité première par l'achèvement de l'harmonie qui n'est autre chose que l'amour.

Nous avons vu qu'en Dieu le positif et le négatif étant deux personnes distinctes, l'amour pouvait se réaliser sans sortir de l'unité. Mais dans toute créature finie qui ne peut avoir qu'une personne l'amour est irréalisable si la nature n'est divisée d'abord en deux personnes qui puissent s'harmoniser.

Cette division nécessaire est un cachet indélébile du fini qui met une différence infranchissable entre le créateur et la créature, et l'harmonie qui suit la division est toujours à une distance incommensurable de l'harmonie qui n'est jamais sortie de l'unité, parce que l'une est finie, et l'autre infinie.

Il a donc fallu que Dieu divisâ la créature avant de la rejoindre ; or diviser, c'est mettre une limite entre deux choses, et comme la limite réalisée n'est autre chose que la matière, principe et moyen de toute division, il suit comme nous le verrons plus amplement par la suite que Dieu seul est pur esprit, parce qu'il n'est jamais sorti de l'unité et que toute créature est matérielle à un degré quelconque.

Comment Dieu a-t-il opéré cette division ? Dans l'être la vie est indivisible, et la division ne peut atteindre que la forme. Dieu a donc dû partager la forme en positive et négative, de telle sorte que chacune ne fut que la moitié complémentaire de la forme complète qui doit manifester une vie ou un être, et ces deux moitiés de formes sont les deux sexes.

Par forme il ne faut pas entendre seulement les contours extérieurs du corps, mais l'organisation intime du cœur et du cerveau et de tout le domaine de la sensibilité.

Et comme la vie limitée par la forme ne se manifeste que par elle, il suit que la division des sexes manifeste l'âme même qui non moins que le corps a besoin de son complément.

Aussi c'est dans l'homme que la différence des sexes offre le plus vaste champ à l'observation, parce que les différences de l'âme sont plus nombreuses encore que celles du corps; celles du corps il est vrai sont frappantes, toutes les formes sont développées en sens inverse, tout dans la beauté de l'homme exprime la puissance et la force, tout dans la beauté de la femme la souplesse et la grâce, mais aussi dans le domaine de la sensibilité et de l'esprit tout est différent, les goûts, les besoins, les occcupations; ils ne sont point impressionnés de la même manière, ils n'apprécient rien au même point de vue, leurs motifs d'action sont tout autres et lorsqu'ils semblent d'accord en tout point sur le blâme ou la louange, si l'on sonde plus attentivement leur pensée, on s'apercevra que leur point de vue n'était pas le même, que leurs impressions étaient différentes, et leurs jugements appuyés sur d'autres motifs; cependant ils ont raison tous les deux, mais chacun n'embrassait que la moitié de la question, l'un voyait la droite, l'autre la gauche, la vue de l'objet n'est complète qu'en réunissant les deux points de vue, ainsi les deux appréciations doivent se combiner et n'en faire qu'une.

On comprend que le plan de Dieu a été de faire deux êtres complémentaires, ou plutôt deux moitiés d'un être complet, bien qu'il y ait un fond commun, et pour que ce plan soit parfaitement réalisé, il faut que chacun possède exactement ce qui manque à l'autre; point de rivalité, chaque faculté doit être dans l'un des deux un besoin et un aide pour la faculté correspondante dans l'autre de sorte qu'il résulte de l'union une harmonie parfaite et permanente.

Cet idéal qui est dans toutes nos aspirations ne se réalise pas sur la terre; à qui comprend cela le péché originel est démontré; nous connaissons le plan de Dieu, mais à voir comme tout se heurte, s'accroche et se déchire, on sent combien tous les rouages de cette belle œuvre de la création ont été faussés, et quel profond désordre le péché a introduit dans le monde. Une âme qui comprend et complète une autre âme c'est l'amour angélique.

L'animal est incapable de cet échange merveilleux des âmes, qui ne peut se passer du langage comme véhicule, il n'apprécie que par la sensibilité et ne peut communiquer que par les sons.

Plus l'amour est élevé, plus l'unité domine la division. En Dieu l'unité est éternelle et absolue et la division nulle, au plus bas degré dans les plantes où la conscience est insaisissable et la matière seule visible, la division inséparable de la matière domine tout.

Dans l'animal, l'unité que produit la sensibilité est très incomplète, éphémère et transitoire, séparée d'elle-même par de longs intervalles, elle n'est pas une faculté possédée par l'animal mais une exception à laquelle sa vie s'élève de temps en temps.

L'amour de l'âme au contraire est permanent et peut devenir immortel, c'est une véritable unité qui remplit l'existence de celui qui aime.

Aussi Dieu a créé les animaux séparés, mais il a fait l'homme d'abord dans l'unité, afin de lui faire voir qu'après la séparation il devait tendre malgré l'obstacle de la nature animale qu'il renferme en lui à l'unité première dont il était sorti.

Dans l'état primitif d'innocence, l'amour humain dominait et faisait dominer avec lui l'unité, dans l'état de perversion que le péché a produit l'amour animal tend à dominer et à faire dominer avec lui, la division et l'instabilité.

Nous avons vu que la révélation ouvrait à l'homme la route de l'infini, qu'elle transformait l'amour naturel qui est l'amour du fini en sainteté qui est l'amour de l'infini. Devant l'infini le fini doit se ranger et s'effacer, aussi dans l'ordre surnaturel l'amour humain cesse d'être la fin de l'homme et laisse à la sainteté le nom incomparable de fin dernière.

Toutefois la sainteté tout en les subordonnant ne détruit par les autres amours, elle sanctifie même l'amour sensible par le mariage.

Mais l'amour sensible seul reste le seul lot de l'animal et c'est par lui seul qu'il revient à l'unité de son être. Et cet amour imparfait et matériel participe à tous les défauts de la matière, il ne réalise, ni l'unité parfaite, ni la lumière, ni la permanence.

Cependant il est pour l'animal, ce que la sainteté et l'amour sont pour Dieu et pour l'homme.

La sainteté pour Dieu et l'amour pour l'homme sont le retour à l'unité, la dernière perfection, la béatitude, l'amour sensible est aussi pour l'animal, le retour à l'unité autant qu'il en est capable, et la jouissance la plus vive.

Enfin c'est par l'amour sensible que l'animal se multiplie, nous avons vu aussi que dans Dieu la sainteté était la fécondité. Mais l'être dont la forme est spirituelle se multiplie sans se diviser, par la sainteté en Dieu, tout est dans tout, mais tout reste dans l'unité, et cette multiplication qui n'est pas sortie de l'unité est éternelle et infinie.

Dans l'animal au contraire, la multiplication, à cause de la forme matérielle, ne se réalise que par la division, demeure dans la division et est sujette au temps.

La forme d'un animal n'est autre chose que la forme de celui qui a été le type de l'espèce, laquelle forme s'est multipliée en se divisant; notre forme n'est que la division de la forme d'Adam et tout ce qui était attaché à cette forme reste attaché à la nôtre.

L'animal comme nous l'avons vu, ne participe qu'à une des dimensions de l'infini ; à la vie. Il est donc la vie réalisée seule ; à cet état, elle ne peut produire plus de six facultés. Le nombre six reste donc caractéristique de la vie, premier terme de l'être, et comme la vie se manifeste seule par l'ordre sensible, ce nombre devient le symbole de la perfection naturelle c'est-à-dire de toute la beauté que peut réaliser l'être sensible et à ce titre il mérite le nom de nombre parfait que lui donnaient les pythagoriciens.

CHAPITRE XXI

DU NOMBRE 9

Le nombre neuf est regardé comme un des nombres sacrés et mystérieux il doit avoir un sens élevé et spirituel, car on ne le trouve pas dans la matière, si ce n'est peut-être dans ce qu'elle a de plus pur et de plus élevé, la lumière : car, si aux 7 couleurs de l'arc-en-ciel, on ajoute le blanc et le noir, nous aurons une échelle de neuf degrés.

Le nombre 9 a laissé des traces dans les traditions antiques, les Grecs l'avaient réservé pour ce que qu'ils estimaient le plus, les beaux-arts qui étaient présidés par les Muses.

Nous retrouvons ce nombre dans les plus pures créatures qui soient sorties de la main de Dieu, dans les anges, que la tradition chrétienne divise en neuf chœurs.

Ce nombre, comme tous les nombres sacrés, doit avoir son type en Dieu ; mais comment s'y trouve-t-il, voilà ce qu'il nous importe de connaître.

Le nombre 9 doit remonter hiérarchiquement à l'unité, en passant par le nombre 3 et il doit avoir un sens analogue.

Nous avons vu que le nombre 3 sortait de l'unité, était le retour à l'unité que le nombre 2 semblait briser, qu'il exprimait l'harmonie ou l'amour divin. Le nombre 9 se présente avant tout comme la première puissance du nombre 3 (3 fois 3 font 9) et semble devoir exprimer le dernier développement de ce qui est renfermé dans le 3, c'est-à-dire le dernier développement de l'amour et le dernier retour à l'unité. Or, nous avons vu que la Sainteté était la perfection de l'amour et de l'unité finale, c'est donc à la Sainteté que semble devoir appartenir le nombre 9.

Ce que nous avons dit en analysant la Sainteté, justifie ce point de vue. En effet, la Sainteté est l'unité finale qui ramène tout l'être à son principe ; par cette unité, selon une expression connue, tout est dans tout, chacune des trois personnes, possède tout ce que possèdent les autres, chacune semble être les trois, et cette triplicité trois fois répétée, rappelle le nombre 9

La matière était peu propre à exprimer ce dernier développement de l'être, ce sommet de la perfection, que chantent les Séraphins, en se voilant de leurs ailes. Aussi, Dieu l'a à peine indiqué dans la création matérielle, mais il l'a pleinement manifesté dans les plus pures de ses créatures, dans les anges, dont l'armée se partage en neuf chœurs.

Il serait beau de pouvoir décrire ces phalanges célestes, indiquer leurs hiérarchies d'ordres dans lequel elles s'avancent, et quelles perfections divines chacune manifeste et reproduit, dans sa beauté, et dans ses actes: Mais le séjour des anges nous est inaccessible, et nous ne pouvons que hasarder de timides conjectures sur leur admirable organisation.

Pour imiter autant que possible l'unité finale de la Sainteté, qui semble concentrer les trois personnes dans chacune des trois, il faut que les neuf chœurs des anges soit divisés en trois groupes de trois, qui, tout en représentant la Trinité tout entière se rapportent chacun spécialement à une des personnes divines.

La tradition est à peu près unanime sur l'ordre de préséance dans lequel on doit placer ces neuf chœurs, on met toujours en tête les Séraphins, les Chérubins et les Trônes, et l'on termine par les archanges et les anges. Si donc nous mettons dans le milieu les puissances, les principautés et les Dominations dont les noms ont une grande ressemblance, nous aurons le tableau suivant:

ST-ESPRIT	Séraphins.	Chérubins.	Trônes.
PÈRE	Puissances.	Principautés.	Dominations.
FILS	Vertus.	Archanges.	Anges.
	St-Esprit.	Fils.	Père.

On peut penser que la manifestation du nombre 9 par les 9 couleurs n'est pas sans analogie avec cette même manifestation par les 9 chœurs des anges.

S'il en est ainsi le sens des couleurs nous étant connu peut nous faire conjecturer les attributs spéciaux des 9 chœurs des anges.

Les 7 couleurs de l'arc-en-ciel, comme nous l'avons vu symbolisent les 7 attributs divins, le blanc mat symbolise l'innocence et le noir ou plutôt le gris ou l'ombre sont la couleur de l'humilité. L'innocence et l'humilité, l'idée de l'être et du non être telles qu'elles doivent être dans les êtres finis.

Mettons donc en tête les trois couleurs primitives sur la seconde ligne, les trois couleurs complémentaires, sur la troisième, l'indigo couleur de la distinction environnée des deux couleurs du fini le blanc et le gris, nous aurons le tableau suivant :

ST-ESPRIT	FILS	PÈRE
Jaune Lumière Séraphins	Bleu Sagesse Chérubins	Rouge Vie Trônes
Vert Sainteté Puissances	Violet Éternité Principautés	Orange Liberté Dominations
Gris Humilité Vertus	Indigo Justice Archanges	Blanc Innocence Anges

Ainsi au séraphin que la tradition nous donne comme l'ange de l'amour la couleur jaune du Saint-Esprit, au chérubin ange de l'intelligence et de l'intuition la couleur bleue de la sagesse. Le rouge appartiendra au trône l'ange de la force, de l'expansion, du génie qui se fraye la route. Nous donnerons le vert lumineux de l'arc-en-ciel à la puissance, ange de la sainteté, de l'âme vierge qui délaisse tous les amours finis pour s'attacher à l'infini.

Le violet à la principauté, l'ange de l'éternité et de la mémoire qui conserve le dogme, de Pierre qui veille au dépôt de la foi. L'orangé ardent à la domination, ange de la liberté et de l'indépendance, de l'anachorète et du martyr. Enfin nous donnerons le gris à la vertu, l'ange de l'humilité, racine de l'amour et source de toutes les vertus. L'indigo à l'archange ministre de la justice qui terrasse l'esprit rebelle et le précipite dans l'abîme, et le blanc à l'ange de l'innocence, qui veille sur le berceau du nouveau-né.

Mais laissons là ces brillantes conjectures qui ressemblent aux couleurs fugitives de l'arc-en-ciel dans la nuée, et revenons à ce qui découle clairement des données précédentes. Savoir : premièrement que le nombre neuf qui répond à la sainteté devient par là le symbole de la béatitude et de la fécondité des êtres. Secondement que les anges par leurs neuf chœurs doivent reproduire les merveilles et les secrets de la Sainteté quoique nous ignorions le mode précis de cette manifestation.

Les anges ne sont pas seulement le symbole de la sainteté, ils en sont aussi le modèle car avant toutes les autres créatures ils ont remporté la victoire et conquis la gloire éternelle par une pureté sans mélange. Ils en sont encore les ministres envers les hommes, ce sont eux qui rapides messagers emportent les grâces divines d'une extrémité à l'autre de la création, et, fidèles gardiens, veillent au côté de chacun de nous, nous tendant une main amie pour nous aider à monter l'échelle mystérieuse de la sainteté. Enfin les anges sont encore les hérauts de la sainteté car ce sont eux qui font voler d'un chœur à l'autre ce sublime cri de louange : Saint, Saint, Saint, *Sanctus, Sanctus, Sanctus.*

L'admirable société des anges ordonnée par Dieu même doit reproduire non seulement le nombre neuf mais tous les nombres sacrés. Nous voyons qu'ils vinrent au nombre de trois visiter Abraham, Raphaël était un des sept qui se tiennent devant Dieu. Nous voyons dans l'Apocalypse les sept anges des sept églises. Jésus-Christ parle des douzes légions d'anges que son père pourrait lui envoyer, et selon Saint-Jean, douze anges se tiennent au douze portes de la Jérusalem céleste.

Plus d'un lecteur pensera peut-être que les sens que nous donnons aux nombres sont une invention ingénieuse ou une découverte nouvelle, mais ils n'en est rien. Nos conclusions métaphysiques n'ont fait que nous ramener à une science aussi ancienne que le monde et qui a probablement fait partie du langage révélé au premier homme, Saint-Augustin a souvent parlé du sens des nombres, on sait que Pythagore y attachait une grande importance, mais voici la trace d'une antiquité plus haute encore.

Plusieurs hébraïsants croient que dans la langue biblique non seulement chaque mot, mais chaque lettre a un sens spécial.

Un de ces hébraïsants, M. Fabre d'Olivet, dans son ouvrage *La langue hébraïque restituée*, examine ce que signifie les noms que les hébreux donnent au nombre, et voici le résumé de ces recherches à ce sujet,

1 Signifie pointe, sommet, division empêchée, subjuguée.

Nous avons dit que l'essence de l'unité est l'indivisibilité.

2 Signifie produit d'une durée relative, ou autrement mutation, transition, diversité, variation.

Nous avons dit que le nombre deux caractérisait la distinction et la variété.

3 Signifie division ramenée à l'unité et son nom dans beaucoup de mots composés dont il fait partie a le sens de paix, de salut, de perfection, de bonheur éternel.

Nous avons assigné le nombre trois à l'harmonie, perfection, lumière et beauté de l'être.

4 Signifie multiplication, force et solidité.

Nous lui avons aussi donné le sens de solidité et d'amour regardé comme exprimant la manifestation surabondante de l'être par la création.

5 signifie saisissement contractile comme par les cinq doigts.

Ceci n'est autre chose que la matière saisie par le plus matériel des cinq sens.

Nous avions assigné ce nombre à la matière, dont l'essence est la divisibilité, c'est pourquoi nous lui avions aussi donné le sens de division.

6 signifie égalité, équilibre, convenance, proportion parfaite.

D'après nous le six exprime la perfection de la forme sensible, et la beauté naturelle. Les pythagoriciens l'appelaient le nombre parfait.

7 signifie cycle, et retour au point de départ. D'où achèvement, conclusion, consommation des choses.

Nous avons dit aussi que sept, caractérise tout ce qui est complet, tout ce qui arrive à sa conclusion.

9 signifie cimentation, union et réciprocité, c'est-à-dire union réciproque ou amour; ce nom comme celui de trois, a dans les noms composés, le sens de paix, de salut, de perfection, de béatitude.

Nous venons d'assigner ce nombre à la sainteté qui est l'unité finale, l'amour à sa plus haute puissance et la béatitude divine.

Ainsi le sens que la plus ancienne et la plus sainte des langues avait renfermé dans leur nom même confirme les conclusions auxquelles nous étions arrivés par d'autres voies.

CHAPITRE XXII

LA VIE, LES SENS ET L'INTELLIGENCE

§ I. — DE LA VIE MULTIPLE DANS L'HOMME

C'est une étrange situation que celle de la vie dans l'homme. Elle commence à prendre possession d'elle-même par la sensation et pendant un certain temps elle ne soupçonne rien au-delà. Puis le langage et la raison font naître en elle une autre conscience et lui découvrent un nouvel horizon. Elle se manifeste alors à elle-même doublement, elle vit pour ainsi dire de deux manières, d'une manière par la sensibilité, de l'autre par la pensée. La révélation enfin ôtant le dernier voile lui découvre l'immensité et l'appelle à la remplir. Cette dernière vie est moins une réalité qu'une promesse et une espérance, elle ne peut point comme les autres se palper et se circonscrire par la conscience, mais elle se pressent, s'accepte et se conquiert par la foi.

Ainsi l'action de la vie se trouve sollicitée de trois côtés à la fois, et le problème qui se présente à elle est de savoir laquelle des trois voix, elle doit écouter, c'est-à-dire de quel côté elle prendra plus réellement possession d'elle-même, ou autrement de quel côté elle trouvera le bonheur.

Mais la première difficulté est de bien distinguer ces trois voix qui se confondent facilement.

Un grand nombre de nos sensations réveillent une idée et se mêlent tellement avec elles qu'il est très difficile de les discerner. La pensée réveille aussi le sentiment et les sensations, elle s'en imprègne comme une éponge s'imprègne de l'humidité ambiante, et le poids du sentiment fait souvent fléchir la raison sans qu'on s'en aperçoive.

D'un autre côté, la raison et la révélation surnaturelle sont tellement mêlées dans le langage, dans l'opinion et dans les mœurs, qu'on attribue à l'un ce qui appartient à l'autre, de grandes intelligences peuvent encore s'y tromper et dans bien des écrits.

On voit donner comme naturels, des principes élevés de morale, inconnus de l'antiquité, et que le christianisme seul a fait pénétrer dans la conscience des peuples.

Notre vie est pleine des fautes qu'occasionnent ces confusions.

Il est donc du plus haut intérêt d'étudier attentivement en les comparant entre elles les manifestations différentes de notre vie.

Quant à la vie, elle est toujours la même, elle est le point de départ commun, de trois routes différentes.

Elle est comme un homme, qui placé devant trois miroirs, de trois formes et de trois couleurs différentes, se verrait lui-même de trois formes et de trois couleurs.

L'homme limité et enfermé par la prison à cinq portes de la matière voit en lui-même, le cercle des six facultés animales; il voit au-dessus la couronne des sept facultés de la raison, et bien au-dessus non plus avec les yeux de l'intelligence mais avec ceux de la foi, il voit ces sept facultés raisonnables s'agrandir et prendre des proportions infinies par la destinée surnaturelle.

Nous allons donc comparer ensemble, terme par terme, toutes ces séries, et cette comparaison nous fournira des observations d'un grand intérêt.

§ 2. — DES SENS ET DE L'INTELLIGENCE

La première faculté qui s'offre à notre analyse est la seconde que nous avons appelé en général *distinction*.

Cette faculté qui est la porte des nombres se présente toujours sous un aspect multiple. Dans l'animal elle se ramifie dans les cinq sens; dans l'être intelligent, elle est la double idée de l'être et du non être que nous avons appelé en Dieu, sagesse et justice, et dans l'homme, entendement et intelligence.

C'est par cette faculté qui est la forme ou la limite que l'être se heurtant contre le non moi, prend conscience en même temps du moi et du non moi. Cette conscience chez l'animal incapable d'idée reste un pur sentiment et dès que par ce sentiment l'animal a distingué et séparé le moi du non moi, il n'a plus qu'une préoccupation celle de conserver le moi, de le protéger, de le maintenir, de le perpétuer selon l'expression proverbiale, *envers et contre tous*.

Mais cette préoccupation qui implique volonté ou spontanéité appartient à d'autres facultés que la seconde et ici nous n'avons pour objet que la perception différentielle du moi et du non moi.

L'homme commence comme l'animal par la sensation, mais dès que la sensation vibre chez lui elle réveille la double et inséparable idée de l'être et du non être qui se mêlent immédiatement à la sensation et la transforment.

Et cette transformation est si subtile et si rapide que souvent l'homme ne la remarque pas et croit n'avoir affaire qu'à la sensation pure.

Cependant un peu d'attention nous ferait voir la grande part de l'esprit dans les jouissances qui viennent par les sens.

Lorsque nous admirons un paysage ou un coucher de soleil, les sens nous transmettent des formes et des couleurs, mais l'harmonie qui cause notre admiration n'est aperçue que par notre esprit. L'animal éprouve bien quelquefois à la vue de la lumière un bien-être qui le réjouit. Mais bien que certaines formes et certaines couleurs semblent l'effrayer, il ne les admire pas.

De même, plusieurs animaux se montrent sensibles à la musique, mais dans la musique ils ne perçoivent que le son et le mouvement, mais le rythme, la mélodie et l'harmonie leur sont inconnues.

Dans l'usage même des sens inférieurs, on pourrait trouver la part de l'esprit, soit dans le choix du parfum, soit dans la finesse du goût ou dans la délicatesse du tact.

Celui qui apprécie le mieux les formes, les couleurs, les sons, les parfums et les saveurs, n'est pas celui qui a la vue la plus longue, l'ouïe la plus fine, et les autres sens les plus déliés, mais celui dont l'intelligence est la plus développée et l'âme plus élevée et plus sensible.

Mais c'est surtout dans la comparaison que la différence entre l'homme et l'animal s'accentue davantage.

L'animal multiplie ses sensations, il s'en souvient, les accumule dans son imagination, mais il ne les compte pas et ne les compare pas, parce que l'idée du nombre est inséparable et corrélative de l'idée d'unité dont il n'est que la division.

L'idée du nombre n'est que l'idée du non être ou du moindre être et l'idée de l'unité n'est au fond que l'idée de l'être dont l'animal est dépourvu.

L'homme donc compte et compare. Il sépare ce qui est différent, il additionne ce qui est semblable, et l'idée de l'unité le pousse à faire la somme de cette addition, car toute somme est une unité relative, mais cette distinction et cette somme qui sont des êtres de raison ont besoin pour rester dans le souvenir de prendre un corps, et c'est le langage qui leur donne ce corps; l'esprit sépare ce qui est mort de ce qui est vivant, ce qui vit simplement de ce qui est sensible, ce qui est raisonnable de ce qui ne l'est pas. Puis il donne à chacune de ces distinctions, les noms de matière, plante, animal, homme; puis faisant les sommes de ces diverses catégories, il les nomme vie, mort, sensibilité, animalité, humanité. Toutes ces distinctions viennent de l'idée de nombre, toutes ces sommes viennent de l'idée de l'unité, car elles sont des unités relatives, elles viennent fondamentalement de l'idée de l'être, car elles ne sont que diverses manières d'être.

Mais voyons maintenant les fonctions spéciales des trois facultés que nous étudions. Les sens fournissent pour ainsi dire, la matière première, l'intelligence divise, sépare et classe, l'entendement résume et cherche l'unité qui donne la vie au travail précédent. On pourrait, dans un langage assez usité aujourd'hui, appeler ces trois opérations, thèse, analyse et synthèse.

Ces trois opérations et les facultés qui les accomplissent, doivent observer un ordre et conserver entre elles une subordination dont la rupture deviendrait une anarchie spirituelle, nous devons l'étudier avec d'autant plus d'attention, qu'on est souvent tenté de les confondre, et en effet ces trois actes se font quelquefois avec une telle rapidité qu'ils semblent un seul acte, mais ils s'expriment par le même mot qui convient à tous. Si notre vue est frappée d'un objet, nous disons je vois, lorsque notre intelligence discerne les caractères distinctifs des choses, nous disons je vois, et lorsque l'unité éclaire notre entendement. lorsque cette lumière s'élève jusqu'à la plus haute intuition, nous disons encore, je vois. On se sert quelque fois dans le même sens du mot : j'entends ou je sens et l'on dit à quelqu'un qui donne une explication claire : vous me faites toucher la chose.

La matière première que nous fournissent les sens n'est point créée par eux; ils la puisent dans la création et ne font que nous la transmettre. Or la création est le grand livre où Dieu a exprimé à sa manière la science infinie du fini, et sauf l'idée de l'infini qui est une communication immédiate de Dieu et n'a d'autre corps que le langage, la connaissance du fini nous vient d'abord de la création par l'intermédiaire des sens.

Chaque être est une lettre ou un mot de ce grand livre, et comme plusieurs de ces êtres sont en même temps une nourriture pour le corps, l'animal qui voit ce livre comme nous, le mange sans le comprendre, tandis que l'homme qui s'en nourrit, l'épelle et le lit, et nourrit ainsi son esprit, en même temps que son corps.

Le travail de l'esprit humain sur la création, se compose comme nous l'avons déjà vu des deux opérations de l'intelligence et de l'entendement qui constituent toute la science humaine; distinguer et grouper, séparer et rejoindre, compter et faire la somme, analyser et synthétiser.

Toutes ces opérations ont un ordre qu'il faut absolument observer; les sens doivent d'abord donner la matière première, c'est-à-dire des faits qui sont le point de départ de toute science, puis avant de résumer il faut nécessairement, distinguer, classer et compter, et ce n'est qu'à la dernière opération, lorsque l'unité apparaît que se fait la lumière.

La lumière est le nom que nous avons donné à la raison, troisième faculté de l'être. C'est qu'en effet, lorsque les deux facultés, intelligence et entendement, qui ne sont que les deux branches de la distinction ont réunis leurs efforts, elles produisent la troisième et se transforment en elle comme les deux électricités en se réunissant, disparaissent dans la lumière qu'elles produisent, de même encore que les diverses parties d'une fleur se transforment dans le fruit qu'elles ont pour but de produire.

Mais toute fleur ne produit pas un fruit parfait et la perfection de la lumière dépend de la manière dont ont été faites les opérations qui doivent la produire, il importe donc d'examiner dans quelles conditions elles doivent s'accomplir.

Ces opérations qui constituent la science humaine ressemblent beaucoup à ce qu'on appelle en arithmétique, une addition, elles exigent des conditions semblables et présentent les mêmes difficultés et les mêmes dangers.

Pour qu'une addition soit parfaite, il faut premièrement qu'on n'ait oublié aucun des chiffres qui doivent être comptés, il faut ensuite que toutes les quantités qu'on additionne soient de même nature et appartiennent à la même unité.

Si l'on additionnait ensemble des francs et des dollars ou des végétaux et des animaux, ou des animaux de différentes espèces, la somme n'aurait aucun sens. Il faut encore conserver la hiérarchie des nombres et ne pas confondre les unités, les dizaines et les centaines, etc. Enfin, il ne faut pas se tromper sur la valeur de chaque nombre, il faut que la somme soit parfaitement égale à tous les nombres réunis.

Cette comparaison nous fera sentir toute la pauvreté de l'intelligence humaine.

Ce sont les sens qui nous fournissent, comme nous l'avons dit, la matière première, c'est-à-dire les faits sur lesquels nous devons réfléchir, mais les sens nous donnent ces faits pêle-mêle et incomplètement. Il faut avant de pouvoir nous en servir que l'intelligence sépare les uns des autres ceux qui sont de nature différentes, qu'elle les classe et réunisse en un faisceau tous ceux qui peuvent entrer dans la même addition, puis le besoin de l'unité qui est la fin dernière de la pensée, nous pousse à nous rendre compte des différents groupes en en faisant la somme. Cette somme est ce qu'on appelle en philosophie un système ou une théorie. Mais qu'il est rare d'arriver à une théorie parfaite! La première difficulté, qui est souvent une impossibilité, c'est d'avoir tous les chiffres de l'addition, c'est-à-dire tous les faits qui doivent entrer dans la théorie et dont le système doit rendre raison.

Il est ordinairement facile de faire le compte de sa bourse, mais il ne l'est pas autant de calculer la richesse d'une nation, et les statistiques sont plus ou moins fautives.

On peut faire une grammaire passable, lorsqu'on connaît tous les mots et toutes les locutions d'une langue, toutefois, chaque langue a des ancêtres et des sœurs dont elle subit l'influence, et il paraît difficile de faire une grammaire parfaite sans la faire de beaucoup de langues à la fois. Les théories mathématiques sont certaines parce que les éléments en sont connus et nettement définis. Mais, quand on arrive aux sciences naturelles, à la physique et à la chimie, les éléments deviennent innombrables. Les faits ne sont connus qu'en partie et souvent mal observés, c'est pourquoi, à mesure que de nouveaux faits sont observés, la somme change, c'est-à-dire que les anciennes théories sont mises au rebut pour faire place à de nouvelles qui auront probablement le même sort.

Les faits historiques que nous connaissons sont peu nombreux, en comparaison de ceux qui ont fait naufrage sur le noir océan de l'oubli, et encore ces faits sont hétérogènes, les uns résultant fatalement de la force des choses, les autres étant l'œuvre de la liberté humaine, et tous subissant la direction libre de la Providence. Aussi, ceux qui ont prétendu trouver ce qu'ils appellent la loi de l'histoire n'ont fait, en général, que des romans. Cependant lorsque, sans entrer dans le détail, on compare les faits, au point de vue général, on peut tirer de justes conclusions. Ainsi, la comparaison de l'idée de l'infini et de l'idée du fini considérées dans leur généralité, produit une science régulière qui est la métaphysique, science difficile malgré la simplicité des éléments, car nous avons vu au chapitre des cinq erreurs combien de fois l'esprit humain avait échoué devant ces deux termes.

La seconde difficulté, qui n'est pas moindre, consiste à distinguer et à classer les faits connus; distinguer est l'œuvre de l'intelligence, classer demande le concours de l'entendement, car tout classement constitue une unité relative, unité inconsistante parce qu'elle est souvent arbitraire. Pour ne pas trop compliquer la science, on classe ordinairement en genre, espèce et individu; mais on introduit aussi des sous genres, des familles, etc. A vrai dire, l'observation des différences ramène à l'individu et même aux parties de l'individu. Au milieu de ce dédale de subdivisions et d'unités relatives, il est difficile de ne pas s'égarer; il est difficile d'abord de ne pas mêler des faits hétérogènes, c'est-à-dire des quantités de natures différentes et qui ne peuvent s'additionner telles que les espèces et les genres.

Il est clair encore que si, dans une psychologie, on met sur le même pied les facultés sensibles que l'homme partage avec les animaux et les sept facultés raisonnables qui lui sont communes avec les anges, la théorie sera pleine d'inexactitude, et c'est précisément ce que veut prouver ce chapitre et les suivants.

Enfin, même en supposant les classements bien faits, l'entendement, pour ramener les faits à l'unité d'une théorie ou d'une loi, doit posséder une grande puissance d'attention pour saisir l'unité de son sujet et doit être continuellement aidé par l'intelligence pour ne rien confondre, pour se tenir sans pencher ni à droite ni à gauche du point de vue où se place la théorie. Ainsi, si on veut raisonner sur l'être en général, on peut prendre les faits partout. Mais si l'on veut raisonner sur l'intelligence finie, il faut puiser ses faits dans l'ange et l'homme. Si l'on parle de l'humanité, il faut se restreindre encore. Enfin, il y a des raisonnements particuliers à faire sur les races sémitiques, japhétiques et chamites, sur chaque nation, sur chaque province, etc.

Il est très rare qu'une théorie ne pèche pas en sortant du point de vue où elle est placée par son sujet, alors elle ressemble à un compas dont la pointe, qui doit rester immobile, se déplacerait, et qui, au lieu de tracer un cercle net, tracerait des lignes confuses qui se croiseraient et s'embrouilleraient les unes dans les autres.

Ici nous voyons avec effroi la fatale faiblesse de l'intelligence humaine. Pour construire une théorie universelle parfaite, il faudrait premièrement connaître tous les faits non seulement existants mais encore possibles, ce qui supposerait une science infinie, secondement il faudrait saisir parfaitement toutes les différences qui séparent ces faits les uns des autres, ce qui supposerait une intelligence sans limite, troisièmement enfin il faudrait une force d'attention toute puissante pour saisir d'un regard l'unité de cette multitude infinie.

Tout cela n'appartient qu'à Dieu, c'est pourquoi nos théories se transforment et passent comme les nuages qu'entraîne le vent, tandis que la théorie divine qui est son Verbe éternel est immuable et contient tout comme l'immensité azurée du firmament. Mais ici se découvre un nouvel horizon, l'idée de l'unité ou de l'infini qui, comme nous l'avons vu dans le chapitre de la certitude s'affirme et se prouve elle-même, forme un point fixe et immuable au milieu du tourbillon de nos pensées, c'est sur ce point que nous jetons l'ancre et que nous posons le pied avec confiance; mais cette idée n'étant que celle de Dieu, le contact de notre âme avec la divinité, la présence de Dieu en nous, la confiance qu'elle nous inspire nous prédispose à croire à la parole de Dieu lorsqu'elle nous est manifestée. La révélation avec ses mystères est une portion de la théorie immuable de Dieu, et lorsque par la foi nous adhérons à cette révélation, il se forme dans notre âme autour de l'idée de l'infini une série de points fixes qui constituent une région sereine qui échappe à l'agitation qui règne dans le reste.

C'est comme un développement du point central, c'est une transformation, une divinisation de l'entendement que nous avons appelé la porte royale de l'âme ouverte sur l'infini, c'est par elle en effet que nous entrons en rapport avec l'infini ou Dieu, et c'est par la foi que commence la divinisation de toutes nos facultés.

Cette divinisation est encore incomplète en ce qu'elle laisse en dehors l'intelligence ou la distinction ; lorsque l'intelligence et l'entendement sont au même niveau il y a lumière parfaite ou compréhension, par la foi qui est la confiance dans l'infini, nous adhérons aux mystères qui entrent, il est vrai, dans notre connaissance mais que nous ne comprenons pas parfaitement.

Cette connaissance cependant n'est pas inutile, car nous tendons à l'unité intellectuelle ou à la théorie pour deux motifs. D'abord, pour entrer en jouissance de la vérité par la vue claire et la contemplation, ensuite pour trouver dans cette vérité la forme et la règle de notre activité, car tout être ne peut agir que selon qu'il sent ou selon qu'il sait ; agir selon que nous sentons nous est commun avec les animaux agir selon que nous savons est propre à l'être raisonnable.

La révélation ne nous donne qu'un des deux buts qui nous font tendre à l'unité, elle ne nous donne pas la jouissance intellectuelle de la contemplation, mais elle nous fournit la règle de l'activité. La foi suffit à l'action, l'enfant qui suit sa mère de confiance suit la bonne route quoiqu'il ne sache pas par lui-même discerner le vrai chemin. L'animal, agit comme il sent, l'homme raisonnable comme il sait ou croit savoir, le chrétien comme il croit, et comme ce qu'il croit est la pensée de Dieu, quoiqu'il ne soit pas Dieu, il agit comme s'il était Dieu.

Faute de discerner toutes ces choses l'esprit humain est plein de malentendus, nous pouvons en citer quelques uns.

La première tentation de la raison a été le besoin d'unité et l'impatience de jouir de la vérité qui a poussé l'homme à faire, avant que les faits fussent assez connus, des théories sans fondements et fausses par conséquent ; plus tard, lorsque les faits se sont accumulés, il a été obligé de reconnaître cette fausseté. Toutefois il lui a coûté de sacrifier ses théories premières et il a souvent cédé à la tentation criminelle de repousser les faits, plutôt que de sacrifier ses systèmes, c'est là, une des plus grandes sources d'erreur.

Les faits sont la réalité, ils sont sacrés, car on ne doit sacrifier la vérité à aucun prix. Les faits sont ce qu'ils sont et ils restent, c'est à l'intelligence à les coordonner; s'ils paraissent inconciliables, on peut suspendre son jugement et attendre que d'autres faits viennent découvrir des rapports encore inconnus. Mais nier ou supprimer un fait parce qu'il gêne, c'est toujours un crime contre la vérité.

L'observation des faits après avoir été négligée est devenue dans la science moderne une passion.

Bacon pour l'avoir remis en honneur, a acquis une réputation démesurée. La tendance actuelle de la science est de repousser toute théorie pour ne s'attacher qu'aux faits. Cette matérialisation de la science est un autre abus, car les faits ne sont pas la science complète, ils ne sont que le point de départ; il est vrai qu'on s'est souvent trompé en cherchant la théorie et qu'en restant au point de départ on est sûr de ne pas se tromper, mais on est sûr aussi de ne pas marcher et de n'arriver à rien. La recherche de l'unité par la théorie est une gymnastique utile à l'intelligence et qui la fortifie.

Les enfants tombent souvent en essayant de marcher, cependant on les laisse faire parce que cet exercice leur est indispensable. Vaudrait-il mieux les laisser au lit jusqu'à l'âge adulte?

En outre, l'arrangement en système, même provisoire, est souvent nécessaire pour apprendre. Les faits isolés sont comme la poussière, sans consistance, que le vent emporte. Les faits arrangés en système sont comme les pierres que le vent n'emporte pas, qui peuvent se superposer et former dans la mémoire un édifice intellectuel.

L'esprit humain, sous peine de cesser d'être humain, doit donc s'exercer à la théorie qui est la gymnastique de la raison. Mais elle doit dans cet exercice, être prudente, elle est mobile et ne doit jamais se heurter contre ce qui est immobile sous peine de se briser. Or, ce qui est immobile, c'est, d'un côté, les faits dont il ne faut rejeter aucun, de l'autre, la théorie divine connue par la révélation et qui est immuable comme Dieu.

Ici se découvre un nouveau malentendu.

Plusieurs, frappés de cette perpétuelle mutation des théories humaines ont cru avoir trouvé la loi de l'esprit humain, ils ont donc déclaré que la vérité n'a rien d'absolu, qu'elle n'exprime que l'état actuel de l'esprit humain, que cet esprit est destiné à se transformer indéfiniment et la vérité avec lui, que toute immobilité est un obstacle à son perfectionnement et un crime de lèse humanité et ils ont appelé cela la doctrine du progrès.

Autant d'absurdités que de mots. D'abord, il est faux que toutes les théories soient mobiles, les théories mathématiques sont les mêmes depuis le commencement, les lois générales du langage ont toujours été les mêmes et ce qui est immobile est ce que l'homme sait le mieux.

Secondement, la vérité ne peut changer, elle exprime ce qui est et ne peut exprimer autre chose. La vérité est éternelle, non seulement en son principe qui est Dieu, mais dans sa manifestation finie, c'est-à-dire que les essences et le rapport des essences sont immuables comme la pensée qui les a créés.

Troisièmement, le progrès, loin d'être la perfection absolue, est l'infirmité de l'intelligence finie, qui ne peut saisir la vérité tout entière et ne peut que la conquérir successivement, et ce mouvement de l'intelligence loin d'être le but, n'est que le moyen. La pensée aspire au repos, et le but de son travail, le fruit de sa victoire, c'est de fixer et d'immobiliser une vérité, chaque vérité acquise est une pierre avec laquelle elle construit le palais où elle doit régner. Les théories qui sont rejetées, ne sont point des vérités fanées qui meurent, mais des erreurs qu'on reconnaît et qu'on rejette. L'immobile n'est donc pas l'obstacle du progrès, puisqu'il en est le but.

Si l'intelligence humaine est éternellement progressive, ce n'est point parce qu'elle doit changer de vérité, mais parce que finie ayant à acquérir la vérité qui est infinie, elle aura toujours quelque chose à découvrir, mais une vérité découverte ne détruit jamais une vérité précédente, elle ne détruit que les erreurs, et s'ajoute aux autres vérités pour continuer l'édifice.

Il importe donc de distinguer ce qui doit être mobile de ce qui doit être immuable. Le domaine des sens n'est mobile que par la variété des faits, mais toutes les fois que les sens se retrouvent devant le même fait, ils rendent le même témoignage; le domaine de l'entendement est immobile, c'est l'idée immuable de l'être, de l'unité ou de l'infini, et la foi en Dieu, lorsque cette faculté est élevée à l'ordre surnaturel par la révélation. Le domaine mobile est celui de l'intelligence, vrai kaléidoscope, où les idées se combinent avec une variété inépuisable. Mais l'intelligence doit rester dans son domaine, elle peut constater les faits, mais une fois qu'ils sont établis, elle ne peut plus y toucher, ils doivent être sacrés pour elle: d'un autre côté elle doit respecter la religion et les mystères qui expriment la pensée immuable de Dieu qui sont dans une région au-dessus de la sienne, et qu'elle ne peut juger en eux-mêmes.

Ce serait folie que de vouloir immobiliser l'intelligence finie, elle doit éternellement monter au sommet de l'infini, mais ce serait folie égale de vouloir introduire le mouvement et le changement dans la révélation, expression de la pensée divine qui règne sur le sommet de l'infini, ce ne serait pas progresser, mais rétrograder. Tant qu'on n'est pas au sommet il faut marcher pour monter, mais arrivé au sommet on ne peut marcher sans redescendre.

Elle aurait tort, cependant, de penser qu'en agissant ainsi elle abdique, s'annule et divise l'âme.

Car la révélation tombe sous le domaine de l'intelligence en tant que fait. Dieu a-t-il parlé aux hommes, c'est un fait qui peut et doit se constater comme les autres faits historiques. Toute parole qui se prétend divine ne l'est pas, les fausses religions, les superstitions sont la croyance à une parole qui se prétend divine et qui ne l'est pas. L'intelligence a donc un grand rôle à jouer c'est de constater le fait de la révélation, c'est de s'assurer où est le vrai dépôt de la révélation, mais une fois le fait constaté, elle n'a plus qu'à s'incliner et obéir, et elle ne peut admettre ou rejeter selon qu'elle comprend ou ne comprend pas. Elle peut même tirer un grand parti de la révélation; chaque vérité révélée est comme un point de rappel immuable qui peut la guider dans ses théories. Toute théorie qui vient se heurter contre un fait ou une vérité révélée est avertie par là qu'elle s'égare et l'intelligence s'évite une peine inutile en s'arrêtant et en changeant de direction. Si, au contraire, elle s'irrite et cherche à détruire l'obstacle pour continuer sa théorie elle se confirme dans l'erreur et la rend de plus en plus irrémédiable.

Nous comprenons maintenant le rôle de chacune des facultés que nous venons d'étudier, et le danger de pervertir ces rôles.

Les sens sont là pour rendre témoignage des faits, matière première de la science; l'intelligence travaille cette matière première, la sépare, la debrouille, la façonne, la combine de mille manières et se développe dans cet exercice, l'entendement sert de pivot à toute cette activité qui a pour but de tout ramener à l'unité dont il est l'organe. Enfin la révélation vient au secours de la faiblesse humaine et lui prête une partie de la Sagesse divine.

Nous pouvons admirer combien Dieu, dans la distribution de ses dons remplit un rôle paternel. Un père de famille sait que ses enfants ont une activité inexpérimentée à dépenser; il leur laisse entre les mains des matières de peu de valeur qu'ils façonnent à leur manière, qu'ils finissent souvent par briser et détruire, il leur donne des jouets dont ils s'amusent, des poupées qu'ils habillent souvent grotesquement. Mais il se garde bien de leur confier la confection des aliments qui doivent les nourrir, des vêtements qui doivent les habiller, des remèdes qui doivent les guérir.

Dieu agit de même; les hommes sont ses enfants *Deliciæ meæ esse cum filiis hominum*; la création matérielle est pour ainsi dire le jouet de la sagesse divine dont il est dit : *cum eo eram cuncta componens ludens coram eo, ludens in orbe terrarum.*

Dieu sait que l'intelligence a besoin de s'exercer et il lui laisse le jouet de la création *et mundum tradidit disputationi eorum.* Et ce pauvre monde, les disputeurs, ne l'ont certes pas épargné, mais que l'homme se trompe sur la nature du feu ou de l'eau, sur la nature des planètes et des étoiles, cela n'empêche pas l'humanité de vivre et d'accomplir la destinée que Dieu lui a réservée.

Mais Dieu a soustrait aux disputes des hommes les vérités essentielles qui font la vie de l'âme et l'ordre social. Il lui a révélé quelle est son origine, quelle est sa fin et sa destinée éternelle et par quels moyens il peut la remplir.

Et nous devons bénir Dieu de n'avoir pas chargé les savants de nous apprendre tout cela.

CHAPITRE XXIII

DE LA MÉMOIRE ET DE L'IMAGINATION

Le moment où je parle est déjà loin de moi.

Nous avons vu que l'âme se résumait tout entière et prenait possession d'elle-même par la conscience, qui est aussi raison, lumière et amour. Mais la succession ou le temps, comme un dragon monstreux se tient là prêt à dévorer toutes ces merveilles et à les engloutir dans l'abîme sans fond du passé. L'incessante mobilité de la matière lui offre une proie assurée, en effet, tous les phénomènes sont dévorés par le temps aussitôt que produits, il n'en reste plus aucune trace, ils sont effacés pour jamais. Il en serait ainsi de la vie et de toute son activité si la mémoire ne saisissait la conscience prête à s'effacer et ne lui donnait ainsi la permanence.

Grâce à cette admirable faculté la vie au lieu de perdre sa richesse à mesure qu'elle la produit, l'accumule et la conserve. La mémoire est donc le trésor de l'âme ; car si elle prend possession d'elle-même par la conscience, c'est par la mémoire seulement qu'elle s'assure cette possession et la soustrait au pillage du temps.

Or, ce trésor qui conserve toutes nos facultés résumées dans la conscience, présente, comme toutes ces facultés, trois aspects.

Ce trésor a trois compartiments, dans le premier est l'imagination ou mémoire du fini concret, dans le second la mémoire du fini abstrait, dans le troisième la mémoire de l'infini.

Le premier est comme un magasin où sont étalées toutes les images, toutes les formes, toutes les couleurs. Le second est comme un salon où l'on renferme les métaux précieux, les monnaies d'or, d'argent et de cuivre, et cette monnaie de la pensée, c'est toutes les abstractions de l'intelligence, la série des nombres, les richesses du langage, les formules de la science et la collection des raisonnements.

Dans le troisième comme dans un sanctuaire se conserve à part, la pierre sans prix de l'idée de l'être, qui polie et taillée par le langage et la révélation est devenue l'idée de l'infini, la notion de la

Trinité et de tous les mystères de la foi, qui sont autant de facettes de ce diamant divin.

Il est très important de ne pas confondre ces trois trésors et cependant nous sommes souvent tentés de le faire, car ils se mêlent constamment dans notre pensée. Le sentiment vague de l'infini ne peut devenir une idée et entrer dans notre pensée qu'en se formulant par les abstractions du langage, d'un autre côté l'imagination ne reste pure sensation que dans la tête sans intelligence des animaux, mais dans l'homme toute image réveille une idée et se double d'elle.

L'abstraction pure et isolée ne se trouve guère que dans les mathématiques ; mais dans le langage ordinaire elle revêt ordinairement une image où reflète l'infini.

Bien que mêlés et confondus dans la pensée de l'homme ces trois éléments y sont rarement équilibrés dans de justes proportions ; souvent, au contraire, dans les œuvres humaines, la prédominance ou l'exclusion de l'un de ces éléments rend l'œuvre imparfaite, inutile, ou même nuisible.

Il ne faut ni prédominance excessive, ni exclusion, c'est la juste proportion qui fait la perfection d'une œuvre destinée aux hommes.

Chacun des trois trésors de la mémoire a un rôle différent dont l'importance n'est pas la même, bien que chacun ait son utilité.

C'est l'abstraction qui dessine la pensée, c'est l'imagination qui la colore, mais c'est l'idée de l'infini qui la vivifie.

Prenons un homme, une statue et une image peinte, l'apparence peut-être la même, mais l'image n'est qu'une illusion, la statue a la forme et la dimension, mais l'homme seul a la vie, et la vie en lui est infiniment plus précieuse que la forme qu'il a de commun avec la statue et l'apparence que l'image reproduit.

Malheureusement l'effet est souvent en raison inverse de l'importance dans l'œuvre littéraire, c'est l'image qui attire tous les regards, qui frappe et entraîne la multitude ; il faut un effort d'esprit dont tous ne sont pas capables pour l'élever à l'abstraction, et l'infini n'est accesible qu'au recueillement de l'âme et à la plus profonde attention. Cependant c'est l'infini qui doit être le but de toute œuvre bonne, l'abstraction et l'image ne sont que des moyens dont toute l'utilité est de conduire au but.

Le chef-d'œuvre en ce genre, sont les admirables instructions de Jésus-Christ dans l'Evangile. L'image les met à la portée de tous ; tout le peuple écoute avec avidité l'histoire de l'enfant prodigue, des vierges folles, de la dragme perdue, du grain de senevé, du mauvais riche, et du serviteur inutile. Mais toutes ces paraboles renferment d'admirables instructions, et au fond de toutes apparaît l'idée de l'infini sous la forme de l'un des attributs divins ; soit la toute puissance, la justice, la miséricorde, la sagesse et la bonté, et dans ces simples paraboles les vérités divines s'y trouvent avec une telle profondeur, que les plus hautes intelligences les découvrent de plus en plus à mesure qu'elles méditent plus attentivement.

Les œuvres humaines n'ont point cette perfection, les éloges qu'on peut leur donner et le blâme qu'on peut leur infliger varient beaucoup.

Le plus grand éloge qu'on puisse donner à une œuvre, c'est de l'appeler sublime, et le plus beau nom qu'on puisse donner à l'auteur, c'est le nom d'homme de génie.

Mais qu'est-ce que le sublime? C'est dira-t-on le beau au plus haut degré. Nous avons vu avec saint Augustin que le beau était l'unité, et nous savons que l'unité est un reflet de l'infini. Le sublime est donc un reflet de l'infini, mais si nous examinons attentivement, ce qu'on cite ordinairement comme sublime, nous verrons que ce qui distingue le sublime du beau ordinaire, c'est l'unité à un plus haut degré, c'est la beauté résumée et condensée en un seul point.

Le *fiat lux* cité par Longin comme sublime, qu'est-il autre chose que la puissance infinie manifestée toute entière par un seul mot? Le *qu'il mourut* de Corneille; c'est le dévouement absolu à l'honneur et à la patrie que le vieil Horace oppose en un seul mot à toutes les raisons de son adversaire.

Lorsqu'en présence du cercueil du grand roi, Massillon rompit le lugubre silence qui régnait dans l'assemblée par ces mots : « Dieu seul est grand ! » il disait et faisait comprendre par cette seule parole, ce qu'un volume sur la vanité des grandeurs humaines ne ferait qu'avec peine.

Le génie aussi est un profond sentiment de l'unité ; le plus souvent le génie résume une époque. Quelquefois les éléments de son œuvre étaient épars dans la société ; beaucoup les connaissaient, lui seul en a saisi l'unité, il s'en est emparé et en a construit le monument qu'admirent les siècles. On a dit cela d'Homère et du Dante.

Ainsi le génie est l'intelligence illuminée par un éclair de l'infini, son œil d'aigle fixe cette lumière qui lui fait voir l'unité, alors il ne doute plus, il ose parce qu'il croit, il réalise parce qu'il aime.

Ce qu'on appelle le talent est tout autre chose. Le talent s'occupe des détails, il assortit les images, il combine les abstractions, il apprend à se servir avec dextérité de l'admirable instrument du langage.

Quoiqu'inférieur au génie, le talent n'est point à mépriser, car il est indispensable à la manifestation du génie, lui seul peut monétiser le lingot précieux et le mettre en circulation. Le génie reste souvent enfoui, faute de moyens de manifestation. Peut-on croire que le génie ne se trouve que dans ces courtes périodes qu'on appelle siècle de Périclès, d'Auguste, de Léon X et de Louis XIV? Le génie manquait-il à ces hommes du moyen âge dont le sentiment s'est fait jour à travers la pierre, pour produire ces admirables cathédrales que nous admirons sans pouvoir même les imiter?

Non certes! mais ils n'avaient pas encore l'instrument nécessaire pour l'exprimer, c'est-à-dire une langue arrivée à sa maturité. Le génie est inné, le talent ne s'acquiert qu'avec un long travail auquel un petit nombre peut se livrer, c'est pourquoi le talent est toujours rare, mais le christianisme ayant vulgarisé l'idée et surtout le sentiment de l'infini, l'on voit souvent dans le peuple chrétien le sublime dans les actes, et quelquefois aussi, on entend sortir de la bouche des plus simples, des paroles sublimes; mais pour faire une œuvre, une inspiration ne suffit pas, il faut au génie ajouter la science, du talent et le courage du travail.

Si le sentiment et l'idée de l'unité ont besoin du talent pour se manifester, le talent a besoin de l'unité pour vivre. L'idée de l'unité ou de l'infini comme nous l'avons vu, est à la fois, lumière, sentiment et vie; seule elle est vivante par elle-même et donne la vie à toute idée.

Tout ce qui se fait hors d'elle est stérile et mort.

Le sentiment de l'unité qui inspire le génie, et le talent forment un couple fécond qui ne peuvent jamais se séparer sans devenir stériles. Les grands siècles sont ceux où le génie et le talent se trouvent réunis dans les mêmes sujets, les siècles de décadence sont ceux où le talent orgueilleux se sépare de l'idée de l'infini et se gaspille dans la futilité et le mensonge.

Jamais les œuvres humaines n'ont été si nombreuses que maintenant. C'est plus que jamais le temps de la manifestation. L'art est entre toutes les mains; la langue non seulement formée mais assouplie est mise par l'éducation à la portée de tous, l'impressionnabilité surexcitée fait abonder l'image; et cependant l'on s'étonne de trouver si peu de vie en tout cela.

Les écrivains fourmillent, ils sont plus nombreux que les grains de poussière soulevés par l'orage, mais comme eux, ils obscurcissent le ciel au lieu d'éclairer la terre, c'est qu'il manque aux talents en renom le souffle de l'infini et l'inspiration de l'unité. Plus de certitude dans les convictions, on ne voit partout que des doutes, des problèmes sans solution, des plaintes, des découragements, des projets insensés, des fantaisies monstrueuses, qui se combattent les unes les autres, en un mot au lieu de l'unité que donne la vérité et la certitude, on a la division que donne le mensonge et le doute. *Mentita est iniquitas sibi.*

Aussi, rien ne reste, tout passe, tout meurt, tout s'oublie.

Dans une époque pareille, le génie même complet, s'il se trouve dans une âme, se sent refoulé en lui-même par l'atmosphère glacée qui l'environne, le génie pour arriver à maturité a besoin d'être couvé par son siècle et sa voix n'a toute sa force que lorsqu'elle est répétée par les échos.

Au reste l'infini seul est immuable et la vérité seule immortelle. Tôt ou tard les flots du temps balayeront toutes ces œuvres de mensonge, vides et sans racine, comme l'inondation entraîne le sable mouvant, et le rocher de la vérité lavé par l'orage restera sans rival plus pur et plus visible que jamais.

Ne désespérons pas ; à travers l'obscurité qui nous environne, des lueurs apparaissent à l'horizon, une fois encore, il faut l'espérer, la réconciliation de la science et de la foi amèneront l'union du génie et du talent, et l'admiration des hommes pourra contempler de véritables œuvres.

Le rôle que jouent les trois mémoires dans l'individu a un caractère encore plus tranché.

L'imagination ou mémoire des images matérielles, nous est communes avec les animaux, et c'est par elle que l'homme commence, chez les animaux elle reste purement matérielle ou concrète, chez l'homme, l'idée vient toujours s'y mêler plus ou moins. Cependant, dans un certain nombre d'esprit l'idée est tellement noyée dans l'image qu'elle s'y distingue à peine. C'est à ces esprits qu'on pourrait appliquer ces dures expressions de Saint-Paul : « L'homme animal... dont Dieu est le ventre. *Animalis homo... quorum Deus venter est.*

C'est la seconde mémoire, celle des idées abstraites qui caractérise l'homme intelligent. A mesure que l'abstraction se développe, l'intelligence grandit, mais elle n'arrive à maturité que par l'idée de l'infini qui appartient à la troisième mémoire. Il est vrai que toute abstraction présuppose l'idée au moins implicite de l'infini ; mais de même que l'homme peut regarder tous les objets de la nature sans regarder le soleil qui les éclaire, l'intelligence peut combiner toutes les abstractions finies sans porter aucune attention à l'idée de l'infini, à la lumière de laquelle elle voit toutes les idées abstraites.

Dans ce cas l'âme présente un spectacle étrange et désolant.

L'homme considérant sa propre pensée la voit remplie d'images qui s'illuminent tour à tour puis pâlissent et disparaissent dévorées par l'oubli, monstre que le temps mène à la curée; il voit ses idées elles-mêmes condamnées à une mobilité irrémédiable et menacées de mort car le souffle glacial et pestiféré du doute les atteint les unes après les autres et les tue. Il sent donc la possession qu'il a de sa propre vie disputée sans relâche par l'oubli et le doute que le temps chasse devant lui. Alors une sombre appréhension le saisit. Car enfin cette construction qui se détruit d'un côté tandis qu'on l'achève de l'autre, ce supplice des Danaïdes ne durera peut-être pas toujours; n'est-il pas possible qu'il vienne une époque où le courage et les forces lui manqueront, un moment où le temps ira plus vite que lui; alors il lui semble voir l'existence échapper à ses mains et il regarde avec effroi l'insondable porte de la mort près de laquelle lui apparaît l'ombre glacée du néant.

Mais si l'attention de l'homme se fixe sur l'idée de l'infini, l'agitation cesse et la pensée s'arrête comme le vaisseau qui a jeté l'ancre. L'âme sent que le temps ne peut rien sur cette idée immuable et indestructible; et si la révélation avec tous ses mystères fait rayonner au loin cette idée première tout se trouve éclairé dans l'âme et les ombres disparaissent. Et si le cœur s'unit à la pensée, si l'homme croit et aime, si pour lui Dieu est un père, Jésus-Christ un sauveur, et l'Église un guide, une grande paix s'établit dans l'âme, ses pensées sont comme des édifices bâtis sur le roc, elle-même est comme une ville fortifiée qui ne craint aucune attaque.

Ce n'est pas que le mouvement et la vie aient cessé chez elle; si les principes sont immuables, les conséquences se développent et s'étendent comme les eaux d'un fleuve majestueux, ce même fleuve qui, dans l'âme incrédule et douteuse, ravage et renverse tout comme un torrent, ne fait que fertiliser, embellir et animer l'âme croyante qui se repose dans la certitude. Elle est comme la cité sainte dont il est dit : « L'impétuosité du fleuve réjouit la cité de Dieu... Dieu est au milieu d'elle, elle ne sera point ébranlée. *Fluminis impetus lætificat civitatem Dei... Deus in medio ejus, non commovebitur* (45).

Celui qui n'est pas sorti de l'image matérielle et n'a jamais pensé sérieusement est dans les ténèbres, mais il n'a, pour ainsi dire, pas encore vécu. Mais l'âme qui, après avoir vu briller l'idée de l'infini au lieu de s'attacher à elle, cherche à l'oublier et à l'éteindre, a vécu mais elle est morte. Chez elle, le cœur s'est séparé de l'idée et cette séparation est une mort. Elle est morte non de la mort matérielle que le cadavre ne sent pas, mais de la mort spirituelle qui est un supplice vivant; et ce supplice est celui d'un homme qui voudrait éteindre avec ses mains une flamme inextinguible; car l'idée de l'infini une fois gravée ne s'efface plus, elle reste ou comme lumière ou comme remords; c'est de ces âmes mortes qu'Isaïe a pu dire : « Leur ver rongeur ne mourra jamais... et leur feu ne s'éteindra pas. *Vermis eorum non morietur... et ignis eorum non extinguetur* ».

Oh! qu'il est bon, lorsque le tourbillon des pensées humaines donne le vertige, de sentir au milieu de son âme, l'immuable pensée de Dieu, cette pensée qui donne la certitude à la raison, l'unité à la mémoire et l'espérance au cœur.

Heureux celui qui n'attache pas son existence à des images qui fuient, à des formules finies qui chancellent et se combattent les unes les autres ; mais qui assoit solidement sa vie sur la racine de l'infini, s'abrite sous son ombre, et y repose sans crainte, il jouit déjà d'un avant-goût de l'éternité.

CHAPITRE XXIV

DE LA RAISON ET DE L'AMOUR

En Dieu, nous avons appelé le troisième terme : lumière, harmonie et amour; dans l'homme, raison; dans l'animal, sensibilité. En Dieu, on comprend parfaitement ce nom d'amour, puisque la lumière et l'harmonie correspondent à l'Esprit Saint qui est l'amour mutuel du Père et du Fils. Il est évident aussi, que c'est la sensibilité de l'animal qui produit l'amour, mais la raison loin d'être synonyme d'amour, lui est souvent opposée et c'est pourquoi la fable a mis un bandeau sur les yeux du perfide petit dieu. Cependant Pascal, dans ses Pensées, réclame en ces termes : « L'on a ôté mal à propos le nom de raison « à l'amour, et on les a opposés sans un bon fondement, car l'amour « et la raison n'est qu'une même chose. Les poètes n'ont donc pas « eu raison de nous dépeindre l'amour comme un aveugle; il faut lui « ôter son bandeau et lui rendre désormais la jouissance de ses « yeux ».

Dans cette dispute comme il arrive souvent, chacun a raison à son point de vue. C'est donc en constatant la différence simultanée des points de vue que nous découvrirons la vérité des assertions qui paraissent contradictoires au premier abord.

L'amour que la mythologie couvre d'un bandeau, n'appartient pas à la troisième faculté que nous étudions, mais à la septième, et nous verrons comment il peut s'opposer à la raison qui est lumière et mériter ainsi le titre d'aveugle.

La troisième faculté que nous examinons est, dans l'être, celle qui perçoit et établit les rapports qui font correspondre cet être avec tous les autres. Or c'est évidemment par la raison que nous avons aussi appelé comparaison que l'homme conçoit les rapports qui sont entre lui et tous les autres êtres.

Mais cette conception dans l'être vivant, ne peut rester une spéculation immobile, elle tend à se mouvoir, à se réaliser, et cette tendance qui est le désir et la volonté de l'harmonie, qui précède et appelle l'activité, n'est-elle pas l'amour dans son sens le plus étendu et le plus complet? Ainsi cette faculté se présente sous deux points de vue. Comme conception elle est lumière, comme tendance et mouvement elle est amour, c'est pourquoi nous lui avons donné à juste titre, ces deux noms.

Une autre faculté a aussi le nom d'amour, mais elle n'est qu'un amour spécial, celui d'identité, nous verrons comment il peut s'opposer, à l'autre amour plus général qui est harmonie, amour d'amitié et que nous appelons aussi raison.

Notre but en ce moment est de distinguer les caractères et les rôles du troisième terme dans les trois régions sensible, raisonnable et surnaturelle.

C'est par la sensibilité ou comparaison des sensations, que l'animal perçoit et juge les rapports qui peuvent exister entre lui et les autres êtres. Les êtres que ne peuvent atteindre ses sens, tous ceux qui ne lui procurent aucune sensation n'existent point pour lui, les autres n'existent qu'autant qu'ils lui font éprouver des sensations, et ils sont bons et mauvais pour lui, selon que ces sensations sont agréables ou désagréables.

Comme un mur qui ne renvoie que les balles qui le frappent, l'animal ne répond qu'aux sensations qu'il éprouve, il les rend de même nature, œil pour œil, dent pour dent, pour lui toute bonté et toute malice est relative, et relative à lui seul; d'où l'on voit que la sensibilité seule est fatalement renfermée dans le point de vue du moi, elle est naturellement dans l'égoïsme et n'en peut sortir par ses propres forces.

L'animal qui n'a d'autre guide que la sensibilité est donc fatalement égoïste, et l'enfant aussi, avant l'usage de la raison, montre un profond égoïsme. Il ne voit que lui, veut que tout soit pour lui, que tout le monde s'occupe de lui et exige par des cris impérieux l'exécution de tous ses caprices.

Nous sommes indulgent pour lui, parce que son innocence nous charme, ses grâces et ses caresses nous séduisent, sa faiblesse nous rassure, parce que nous savons qu'il changera et que nous escomptons sa raison future. Mais si sa puissance était égale à ses désirs, il deviendrait pour nous un tyran redoutable, avec lequel la lutte serait difficile.

La raison brise le cercle fatal et fait sortir l'homme de lui-même en lui découvrant une infinité de rapports qui dépassent ses sens, elle lui découvre tous les degrés de la parenté, et établit la famille, puis elle montre tous les embranchements de la hiérarchie et réalise la société, elle renferme dans sa lumière le passé, le présent et le futur, elle peut transformer le souvenir par l'espérance, l'animal peut oublier, l'homme peut pardonner.

L'homme, s'élevant au-dessus des sensations, trouve dans les idées abstraites qui ne sont que la monnaie de l'idée de l'être, des règles de conduite inaccessibles à la sensibilité.

L'homme n'est jamais isolé ; à divers degrés, il fait toujours partie d'un groupe, qui peut être famille, cité, patrie, humanité, univers, être, et sa raison a pour fonction de lui indiquer, avec plus ou moins d'exactitude, quels rapports existent ou doivent exister entre lui et les différentes parties de ces groupes, mais le rapport le plus fécond en conséquences est celui qui le lie non à chaque partie, mais au tout.

Ici se présente à notre attention, un axiome bien connu de la géométrie : le tout est plus grand que la partie. Tous savent cela, mais peu songent aux conséquences que la logique en peut tirer.

Si le tout est plus grand que la partie, il est plus excellent, on doit le préférer, et si l'alternative se présente, on doit sacrifier la partie plutôt que le tout, et préférer la conservation, le salut, le bonheur du tout à celui de la partie.

L'homme comprend parfaitement cela quand il s'agit de sa bourse, les marins le comprennent lorsqu'ils jettent les bagages à la mer, pour sauver le vaisseau du naufrage, les citoyens, lorsque dans un incendie, ils font la part du feu. Caïphe ne faisait qu'appliquer ce principe à la société, lorsqu'il disait : Il vaut mieux qu'un homme périsse que la nation tout entière ; et ceux-là surtout, l'ont admirablement compris que nous voyons dans l'histoire se sacrifier volontairement pour la patrie.

La raison possède donc en elle le principe du dévouement. Pourquoi donc tous les hommes ne sont-ils pas dévoués ? Pourquoi tant d'égoïsme ? C'est que la raison qui renferme plusieurs vérités, ne comprend pas toujours l'harmonie et l'unité de ces vérités. Alors ces vérités lui apparaissent comme luttant l'une contre l'autre et cherchant à se détruire mutuellement. Toute vérité a un côté absolu et par là une force infinie, cette lutte est donc épouvantable, et la raison se trouvant au milieu comme un vaisseau entre deux vents contraires qui le font tourbillonner, sacrifie, pour faire cesser la tempête, une des vérités et pour la raison, sacrifier une vérité, c'est faire naufrage.

Cette division de la pensée contre elle-même est comme toute désharmonie, l'œuvre en grande partie de Satan et surtout depuis le péché originel, elle est devenue une maladie universelle de l'âme humaine.

Cependant, il est des vérités si difficiles à concilier, qu'on peut douter qu'une intelligence finie le puisse par elle-même, en voici un exemple. Il est une vérité incontestable c'est que la fin dernière de l'être est le bonheur. Cette vérité tout le monde la comprend, tout le monde la pratique, et comme dit Pascal « nous ne faisons pas un acte qui ne tende à ce but. » Mais comment mettre cette vérité en harmonie avec la précédente ? Comment concilier que nous devons tendre au bonheur et nous sacrifier pour les autres ? Lucifer lui-même qui était la première créature de Dieu n'a pu le faire. Pouvant sacrifier une vérité à l'autre, il les a perdues toutes les deux, il a nié l'une et n'a pu réaliser l'autre, il a refusé de se soumettre et de se sacrifier, et au lieu d'atteindre le bonheur qui était sa fin, il n'a réalisé que le malheur. Il n'est donc pas étonnant que dans notre raison affaiblie par le péché, ensevelie dans la matière, entraînée par la sensibilité égoïste, ce beau principe du dévouement qui, dans son abstraction n'est saisissable que par une attention intense, reste dans notre âme une lettre morte, que nul ne songe à mettre en pratique.

Cependant, il y a en nous un fond de générosité qui se réveille lorsque nous voyons ce principe abstrait réalisé sensiblement à nos yeux par un fait.

Nous sommes émus quand nous lisons un trait de dévouement, nous sommes pleins d'admiration quand nous voyons quelqu'un qui refuse une jouissance, parce que ses frères ne peuvent la partager avec lui, nous avons tous serré la main en esprit au brave Urie lorsqu'il disait à David : « L'arche de Dieu, et Israël, et Juda, habitent sous des tentes, et mon seigneur Jacob et les serviteurs de mon-seigneur demeurent sur la terre : et moi j'entrerais dans sa maison, pour boire, manger et dormir avec ma femme, par notre salut, et par le salut de notre âme je ne ferai pas cela. »

Mais la plupart du temps ces émotions, chez nous, ne sont que passagères, et quand nous nous retrouvons en face des réalités de la vie, la tendance au bonheur et l'entraînement de la sensibilité nous ramènent dans l'égoïsme et le pauvre principe abstrait du dévouement reste solitaire et dans l'ombre au fond de l'âme.

Il est vrai, cependant, qu'il semble jouer un grand rôle dans l'histoire des guerres sous le nom de patriotisme, mais le patriotisme guerrier est un sentiment rarement pur ; retranchez-en, l'amour du pillage, l'orgueil de l'amour propre, la haine de l'ennemi et l'ardeur de la vengeance et voyez ce qu'il en restera.

Cependant le principe est connu, on l'exprime, on le chante même :

Mourir pour la patrie,
Est le sort le plus doux,

Mais la manière dont l'ont mis en pratique ceux qui le chantent semble le reléguer tout à fait dans les chansons.

Voyons maintenant le puissant secours que la révélation apporte à la raison pour la compléter et l'élever au-dessus d'elle-même; et, d'abord, examinons à la lumière de la foi notre principe : le tout est plus grand que la partie.

Pour la raison, le tout dont elle s'occupe est presque toujours relatif et fini, c'est la famille, la cité, la patrie ; sa préoccupation dépasse rarement cette limite, mais le véritable tout n'est pas là. Le tout des touts, si l'on peut parler ainsi, le tout absolu est Dieu, qui possède l'être de tout ce qui est et dans la pensée duquel les types de toute créature subsistent éternellement, c'est vers ce tout que la révélation appelle en premier notre attention et notre cœur, c'est pourquoi le premier commandement est celui-ci : Tu aimeras le Seigneur ton Dieu, par-dessus toute chose et tu n'adoreras que lui seul.

Le tout de la raison est une abstraction froide qui ne dit rien au cœur, le tout de la révélation est vivant, personnel, infiniment parfait et appelle de toute manière l'admiration et l'amour.

Lorsqu'un homme sent qu'il peut, par son dévouement, sauver toute sa patrie, il sent la générosité se réveiller dans son cœur. Mais ces occasions sont rares ; la plupart du temps c'est un individu qui sollicite notre générosité et le cœur hésite. Il est vrai qu'il y a une solidarité entre le tout et les parties qui fait que le bien qu'on fait à une partie intéresse le tout, mais qui comprend et surtout qui agit en conséquence de cette abstraite solidarité ? Mais le tout vivant de la révélation nous dit formellement : tout ce que vous ferez à l'un des plus petits, vous le faites à moi-même ; alors toute hésitation disparaît et la charité reprend son cours.

Enfin la grande difficulté était de concilier les deux grands principes : le devoir du dévouement et le désir du bonheur. La révélation qui nous apprend que la terre est le lieu de l'épreuve et le ciel celui du repos et de la récompense concilie tout, en rattachant les deux termes comme la conséquence à son principe ; le bonheur du ciel est la récompense du dévouement de la terre. Mais pour que l'intelligence de cette question soit complète, il faut voir pourquoi le dévouement doit précéder le bonheur, il faut comprendre que le dévouement seul rend capable du bonheur.

Or voici : le bonheur est la jouissance du bien, si ce bien nous est inférieur, il faut l'élever jusqu'à nous en nous l'assimilant, s'il nous est supérieur, il faut nous élever jusqu'à lui pour nous assimiler à lui. Tout le monde n'est pas capable de jouir de tout bien ; et pour le bonheur même il faut une éducation. Pour jouir d'une bibliothèque il faut apprendre à lire, il faut une éducation musicale pour apprécier les chefs-d'œuvres des grands maîtres, il faut une éducation littéraire pour savourer les grands poètes ; qui peut jouir parfaitement de Virgile sans savoir le latin et d'Homère sans savoir le grec ?

Or, le plus grand de tous les biens est Dieu qui renferme en lui tous les biens et duquel tout bien fini n'est qu'une émanation et, pour pouvoir jouir de ce bien suprême, il faut nous élever jusqu'à lui, nous assimiler à lui autant que possible. Mais qu'est-ce que Dieu? Dieu est toute vérité, toute justice, toute bonté, toute beauté, toute harmonie. Pour jouir de Dieu il faut donc aimer absolument la vérité, la justice, la bonté, la beauté et l'harmonie. Si l'on nie une seule vérité, si on retranche une seule justice, si on néglige une seule bonté, si on déprave un seul goût, on se rend incapable de Dieu. Or, le dévouement est la mise en activité de la suprême vérité qui exprime le rapport du fini à l'infini, vérité dont nous avons trouvé le squelette dans l'axiome géométrique, le tout est plus grand que la partie; pour être capable du ciel qui est la jouissance de Dieu, il faut donc être auparavant capable de dévouement.

Nous verrions cela bien plus clairement encore si nous pouvions contempler les merveilles de la pensée divine. Nous verrions avec étonnement que le dévouement, qui ne semble devoir être en justice que l'effacement du fini devant l'infini, se trouve éternellement en Dieu même.

Dieu, par sa triple personnalité, forme une société parfaite qui peut réaliser tous les rapports possibles, il est complet en lui-même et c'est pourquoi il n'a besoin personne, il n'a besoin ni de notre adoration, ni de notre amour, ni de nos louanges, ni de nos sacrifices, tout cela est un devoir pour nous, tout cela est une nécessité pour nous, une justice de notre part, mais tout cela n'est utile qu'à nous-mêmes.

Le Fils renfermant l'idée du non être dans sa personnalité, prosterne de toute éternité cette idée devant le Père avec une humilité infinie, il a de toute éternité la pensée et la volonté de s'immoler pour celui qui est et qui renferme le principe de l'être; le Père qui renferme dans sa personnalité l'idée féconde et expansive de l'être, de toute éternité se donne et veut se donner tout entier à ce fils qu'il aime d'un amour infini et le Saint-Esprit qui est la personnification de cet amour, de ce dévouement mutuel du Père pour le Fils et du Fils pour le Père, est, à la lettre, le dévouement en personne. Et c'est parce que le dévouement qu'il est, exprime le rapport qui est et qui doit être entre le positif et le négatif, rapport qui contient tous les rapports possibles, qu'il est l'harmonie, la lumière absolue, la raison infinie et l'amour dans son sens le plus étendu.

Lorsque Dieu s'est manifesté dans l'ordre sensible de la création, il s'est manifesté tel qu'il est éternellement.

Le Fils par l'incarnation s'étant solidairement uni la créature, le Père pour le Fils et dans le Fils s'est donné à la créature, et le Fils étant devenu par son humanité, frère des hommes, s'est dévoué de toute manière pour les hommes et, en tant que fils de Dieu, il a été impatient de s'immoler sur la croix pour effacer l'offense faite au Père. Nous voyons plus que jamais qu'il est impossible de devenir semblable à Dieu pour être capable de lui, sans le dévouement qui le résume tout entier car le vrai nom du dévouement, qui est l'amour universel, est la Charité et Saint-Jean l'a dit : Dieu est la charité, *Deus caritas est.*

Ainsi le dévouement est corrélatif avec la raison, il n'est que la raison mise en pratique; plus la raison est grande plus le dévouement doit l'être. Le dévouement est la seule preuve incontestable de la puissance de la raison, et comme la personnalité de l'homme gît dans sa raison, le dévouement est la vraie mesure de la grandeur de l'homme.

La vraie difficulté pour l'homme est donc de s'élever au dévouement. Se renfermer dans la jouissance, autant qu'on en est capable, est très facile, tout le monde sait le faire dès sa naissance; la jouissance matérielle est à la portée des animaux eux-mêmes et, sur ce point, le dernier des pourceaux est aussi habile que le plus riche et le plus élégant des civilisés, et si ce riche civilisé n'a d'autre souci que d'accumuler ses jouissances matérielles, sa valeur sociale et celle du pourceau sont égales.

Dieu voulant élever l'homme jusqu'à lui, le problème était de l'élever jusqu'à la hauteur du dévouement et ici nous devons admirer avec quelle sagesse Dieu a su se servir même des fautes de la créature pour arriver plus sûrement à ses fins.

L'homme n'est pas comme Dieu qui sait tout et n'oublie jamais rien, loin de là : sa pensée est faible, il se préoccupe et sa préoccupation lui fait oublier tout le reste. Si donc la terre était exempte de douleur et de privation, si tout était jouissance autour de l'homme, qui ne se laisserait absorber par la préoccupation égoïste de jouir? qui songerait au dévouement et au sacrifice?

Mais Dieu a permis à Satan qui a désorganisé le plan primitif, de mettre le riche en face du pauvre et la douleur partout. Cette situation attire l'attention du riche sur la différence qu'il y a entre la partie heureuse qui est lui et le tout malheureux qui est l'humanité.

Sa raison est mise à l'épreuve. Préférera-t-il le tout à la partie, ou la partie au tout? Il faut qu'il choisisse et qu'il manifeste par sa conduite, quel est le fond de son cœur et la force de sa raison. Le vrai riche, riche non seulement en argent mais en cœur et en âme, ne veut pas être seul; comme Moïse, il quitte le palais du roi pour partager le sort de ses frères et les sauver, il emploie tout ce qu'il a, argent, intelligence, affection, à soulager, instruire et consoler les autres, celui-là est mille fois béni. Le mauvais riche, qui n'est riche qu'en argent et qui n'a ni cœur, ni âme, garde son argent pour lui, il ne songe qu'à jouir et laisse le pauvre Lazare mourir de faim à sa porte, celui-là est mille fois maudit.

Le bon pauvre se soumet humblement à la Providence, il unit ses privations et ses souffrances à celles de Jésus-Christ, il ne voudrait pas être heureux seul, tandis que tous ses frères resteraient dans la misère; s'il a un regret, c'est de ne pouvoir venir à leur secours comme il voudrait, ne pouvant leur donner l'argent qu'il n'a pas, il les aide de ses bras et leur donne ce qu'il peut de sa sueur, de son sang même. Celui-là est grand devant Dieu et sera roi dans le ciel.

Le mauvais pauvre n'a qu'un regret, celui de ne pouvoir jouir, il s'enivre des quelques sous qu'il peut arracher à sa misère, laissant sa femme et ses enfants mourir de faim, plein de haine pour le riche, murmurant contre la Providence. Il sèche d'envie en face de la fortune qu'il ne possède pas. Celui-là ira rejoindre le mauvais riche, ils ne valent pas mieux l'un que l'autre, ils ont également éteint dans leur âme le flambeau de la raison et resteront dans les ténèbres éternelles.

C'est ainsi que l'épreuve tente les cœurs et leur fait manifester au dehors ce qu'ils sont au fond d'eux-mêmes. Sans les vicissitudes de la vie, la bonne et la mauvaise volonté seraient restées en germe au fond des cœurs, comme le grain que l'on conserve dans un grenier; mais les cœurs jetés et foulés dans la vie agitée du monde, comme le grain enfoui en terre, sur lequel passent les pluies et les vents, produisent leur fruit : les uns le bon grain, les autres l'ivraie, et l'on pourra, à la moisson, discerner le mal du bien et les séparer l'un de l'autre.

Certainement, les misères de la vie ont provoqué et fait éclore une quantité prodigieuse d'actes de charité qui, sans elles, n'auraient pas existé; la patience des saints, leur amour de la souffrance, nous semble même aller jusqu'à la folie, cette folie est celle de la croix qui, au dire de saint Paul, est plus sage que toute la sagesse humaine. Et, en effet, elle n'est que la raison élevée à son degré le plus sublime, la raison devenue charité à la ressemblance de l'Esprit-Saint, la raison divinisée par la grâce.

Mais pour bien comprendre tout ceci, il est important de ne pas confondre la science avec la raison. La science accumule les matériaux dans la pensée, la raison les met en ordre; n'est pas sage qui a beaucoup de pensées mais celui dont les pensées sont en harmonie. Le résultat vers lequel tout converge est l'activité, or ce qui règle l'activité de l'homme c'est l'arrangement de ses pensées ou la raison; la raison est le programme de la volonté, et toute la valeur morale de l'homme se trouve dans la direction de sa volonté; il se peut donc qu'un homme ait beaucoup de science et peu de raison, il peut connaître toutes les combinaisons des acides et toutes les formules du calcul différentiel et se conduire de travers avec sa famille, ses voisins et tous ceux qui l'approchent. Un simple paysan qui sait mettre de l'ordre dans sa maison, qui élève bien ses enfants, gère bien son domaine, dirige sagement tous ses domestiques et ses ouvriers a plus de raison qu'un savant ou un poète qui se conduisent comme des fous. Un roi n'a pas besoin d'être savant ni poète mais il doit posséder une haute raison.

La fonction de la raison n'est pas moins difficile qu'importante pour régler convenablement le rapport qui doit se trouver entre deux choses. Il faut connaître ces deux choses et les comparer avec attention, or, le nombre des êtres que l'homme doit dominer et avec lesquels il doit entrer en rapport est indéfini, et Dieu avec lequel il doit avoir les rapports les plus importants est infini et incompréhensible; on conçoit donc combien la pauvre raison humaine doit facilement succomber sous cet immense travail, combien elle doit faillir et combien toutes ses fautes doivent introduire de désordres dans le monde. L'animal n'a pas à s'occuper d'autre chose que de lui-même, il suit son instinct tel qu'il est, fatalement, et n'est pas responsable des désordres qui existent dans le monde. L'homme, au contraire, parce qu'il a dans la raison le sens de l'universel, est maître de la terre et responsable de ce qui s'y passe. Lorsqu'il se renferme dans le point de vue égoïste de la sensibilité, il descend au rang des animaux, lorsqu'il agit contre la lumière de sa raison, il devient pire que la bête parce qu'il répand le désordre partout où s'étend son action.

Nous voyons la faiblesse et l'impuissance de la raison et la malice de la déraison. Mais l'homme qui a la foi appuie sa raison qui pliait sous le fardeau sur la raison de Dieu dont la force est infinie; ce n'est plus par ses calculs incertains qu'il détermine les rapports qu'il doit avoir avec toutes choses, mais par la parole de Dieu, expression de la sagesse infinie qui voit tout et règle tout et nous avons vu dans l'étude d'un seul rapport, celui de la partie au tout, quelle force la pensée de Dieu ajoute à celle de l'homme. L'homme n'a donc plus sa raison seule pour programme de sa volonté, mais la loi de Dieu, expression de la raison divine; cette loi admirable qui, outre les commandements, contient les conseils évangéliques : soyez parfaits comme votre Père céleste est parfait, aimez-vous les uns les autres, donnez votre vie les uns pour les autres, pardonnez à vos ennemis et priez pour ceux qui vous persécutent. Celui qui croit et pratique tout cela pense et agit comme Dieu même, sa raison semble divinisée, il commande l'admiration et le respect, et si tous les hommes croyaient et agissaient ainsi, alors se réaliserait sur la terre cette parole du *Pater :* que votre volonté soit faite sur la terre comme au ciel ; et la terre ressemblerait au ciel.

Résumons :

La sensibilité seul guide de l'animal dans ses rapports avec les autres êtres, posant le moi comme seul centre, seul but de tous ces rapports a fatalement pour fondement l'égoïsme.

L'égoïsme qui est un mal dans l'homme ne l'est pas dans l'animal mais il était de la sagesse divine qui ne donnait à l'animal d'autre guide que sa sensibilité de combiner toutes choses de telle sorte que l'attraction de cette sensibilité fit remplir à chaque animal le rôle qui lui était destiné sans troubler l'harmonie.

Tel était le plan primitif de Dieu. Dans le paradis terrestre chaque animal guidé par son instinct remplissait un rôle utile et bienfaisant. Nul être ne nuisait à un autre.

Cet ordre inférieur produit par la pure sensation a été l'idéal que de pauvres philosophes ont rêvé pour l'humanité.

Mais le péché a tout bouleversé dans la nature, même l'instinct des animaux. Toute créature, dit Saint-Paul, a été soumise à la vanité sans le vouloir, à cause de l'homme. Les animaux sont devenus nuisibles à l'homme et à toute la création. Les insectes dévorent les récoltes et sont mangés par les oiseaux. Les animaux qui sont restés utiles à l'homme sont attaqués ainsi que lui-même par les bêtes féroces et venimeuses.

L'œuvre de la Providence dans ce désordre a été de régler le mal de manière que ne dépassant pas certaines limites et se détruisant en partie lui-même, l'homme pût encore se défendre en reconnaissant que, s'il est encore le roi de la création, il est un roi contesté et maudit de ses sujets. Mais l'instinct, même parfait, est indigne de conduire l'être qui a la lumière de la raison.

La raison qui règle les rapports de l'homme avec tout ce qui n'est pas lui, renfermant en elle l'idée de l'unité, du tout et même de l'absolu élargit indéfiniment l'horizon, elle possède des germes précieux de justice, d'ordre, d'harmonie, d'amour et même de dévouement. Mais la plupart du temps elle est impuissante à les amener à leur plein développement et surtout à faire que le développement de l'un d'eux n'étouffe pas les autres.

Par le fait toutes ces belles maximes qu'une logique abstraite peut tirer de la raison n'ont été parfaitement mises en pratique que par les saints, ce qui justifie cette parole de Saint Thomas : l'homme possède la raison mais il a besoin de la révélation pour pouvoir se servir de toute sa raison.

Enfin la révélation élève la raison au degré le plus sublime, la transformant en charité qui est une émanation de l'Esprit-Saint, de sa lumière, de sa douceur, de sa beauté; en charité qui seule est l'harmonie universelle et l'amour sans limite; en charité dont le chef-d'œuvre est de déplacer le centre égoïste qu'avait posé la sensibilité, et de réaliser le dévouement qui est l'acte suprême de la raison et la plus haute manifestation de l'amour, selon cette parole de Jésus-Christ : « Il n'y a pas de plus grand amour que de donner sa vie pour ceux qu'on aime. »

Remarquons en passant que le catholicisme qui pousse à la pénitence, à la chasteté, à la charité, au dévouement en un mot tend continuellement à relever la raison et à grandir la personnalité humaine, tandis que les systèmes matérialistes, économiques et socialistes qui poussent uniquement à la jouissance et à la consommation des richesses tendent à faire descendre l'homme au niveau de l'animal, et c'est bien d'eux qu'on peut dire qu'ils abrutissent.

Ces trois degrés de la troisième faculté, sensibilité, raison, charité, devraient toujours être dans une harmonie et un ordre parfaits, c'est-à-dire que la charité devrait toujours dominer et éclairer la raison, et la raison illuminée par la foi régler en toute chose la sensibilité.

Mais le péché originel a bouleversé en nous tout l'ordre primitif de sorte que la sensibilité tend continuellement à entraîner la raison, et que la raison, tout en se laissant dominer par la sensibilité, cherche à secouer le joug de la foi. Alors tous les rôles sont renversés et tout se pervertit. Lorsque la sensibilité domine la raison, elle infléchit et fausse ses raisonnements et rend l'amitié jalouse et fantasque. Lorsqu'elle veut conduire la charité elle la rend capricieuse et partiale. Enfin lorsque la raison se révolte contre la foi elle éteint la charité, suit la sensibilité dans la matière et il n'y a plus que ténèbres dans l'âme.

Mais quand tout est dans l'ordre, quand chacun remplit le rôle qui lui convient, chacun y gagne en perfection et en utilité. La charité illumine tout en dominant tout; la raison s'élève au-dessus d'elle-même en s'attachant à la lumière divine, et comme un prisme merveilleux en fait rejaillir les rayons autour d'elle ; la sensibilité elle-même comme une fleur et un parfum embaume tout et rend tout aimable et visible, elle donne la douceur à l'amitié, la poésie à la raison, elle rend la charité gracieuse et aimable.

Cette divine harmonie des trois termes qui forme autour de celui qui la possède comme une auréole lumineuse s'est montrée avant tout dans la personne divine de Jésus-Christ puis dans la Vierge-mère aimable entre toutes, puis dans les saints qui ont le plus approché de leur perfection, tel que le disciple bien-aimé.

CHAPITRE XXV

DE L'AMOUR ET DE LA SAINTETÉ

Avant tout il importe de bien distinguer cette faculté de la précédente avec laquelle on est souvent tenté de la confondre sous le nom général d'amour.

L'harmonie ou amour d'amitié est l'union de plusieurs personnes qui tout en restant distinctes et indépendantes établissent entre elles des rapports affectueux.

L'amour proprement dit ou l'amour d'identité est l'action des diverses parties du même être qui rentrent dans l'unité. En Dieu le troisième terme qui est lumière et harmonie est plutôt l'amitié divine ; c'est la société des trois personnes, c'est le banquet sans fin, c'est la conversation éternelle. Dans la sainteté tous les noms disparaissent, toutes les distinctions s'effacent, tous les nombres se fondent, l'unité dévore tout et apparait indivisible dans sa perfection comme elle l'était dans son principe. Ce n'est plus l'harmonie de la pensée qui conserve les traces de la distinction mais la fusion de la vie au feu de laquelle rien ne résiste.

En l'homme comme en Dieu l'amitié (et nous prenons ce mot dans le sens large et étendu qu'avait le mot raison dans le chapitre précédent), l'amitié est le sentiment de l'unité ou de l'identité.

L'amitié procède de la lumière, l'amour déborde de la vie. L'amitié contemple le beau dans un autre être, l'amour se l'identifie et le contemple comme en lui-même.

L'amitié est la lumière qui choisit, l'amour est la vie qui se retrouve ou croit se retrouver. L'amitié est une symétrie, l'amour une fusion, l'amitié une harmonie, l'amour un unisson. En un mot, tout ce qui a pour principe l'harmonie est du domaine de l'amitié, autrement de la raison, et tout ce qui a pour but l'unité même appartient à l'amour.

Ce qui augmente encore la difficulté de bien distinguer ces deux sentiments, c'est qu'ils se mêlent très souvent et se superposent jusqu'à des distances où l'observation devient difficile.

Dans le couple amoureux chacun se contemple, s'écoute et s'aime soi-même dans l'autre qui est pour lui comme un miroir et un écho. Dans cet autre soi-même où tout va retentir, on se comprend soi-même, on rêve, on dit : c'est moi. Tout ce qui est en dehors de cette unité de l'amour entre dans le domaine de la raison qui commence à la famille, mais là l'amour projette son ombre avec le sentiment du moi, le père s'aime lui-même dans sa famille, il la distingue de toutes les autres et la protège contre tous parce qu'elle est sienne : ce sentiment du moi règne dans l'esprit de parti, il se mêle au patriotisme ; l'amour de l'humanité semble exempt de toute exclusion, mais si nous pouvions avoir la guerre avec les habitants d'une autre planète, le moi reparaîtrait encore et l'humanité deviendrait un parti.

Ici il faut remarquer une différence capitale entre Dieu et l'homme relativement aux deux facultés que nous étudions.

Lorsque Dieu par la dernière évolution de l'être rentre dans l'unité et s'y confirme par la sainteté, cette unité renferme tout puisqu'il est tout l'être; ce que sa lumière harmonise n'est pas autre chose que ce que son amour unit, et comme dans la pensée du Verbe se trouvent éternellement les types de toutes les créatures, la création tout entière se trouve spirituellement englobée dans cet amour de l'infini pour lui-même.

Dieu est l'unité qui renferme tous les nombres et l'homme n'est qu'un nombre et lorsque ce nombre s'unit à lui-même par l'amour, il n'unit que lui-même et laisse en dehors de cette union tous les autres nombres.

L'amour de l'homme ainsi que de tout être fini est donc exclusif, c'est pourquoi on l'a appelé avec justesse un égoïsme à deux.

En Dieu, la raison et l'amour ont le même objet et ne diffèrent que par le mode d'action, ils ne peuvent donc se contrarier. Dans l'homme au contraire l'objet même sur lequel s'exerce la raison et celui sur lequel agit l'amour sont différents.

L'amour concentre le cœur dans le double moi, la raison invite le cœur à se dilater hors du moi, leurs tendances sont donc opposées, leur conciliation est un grand problème moral et cela justifie parfaitement ceux qui ont opposé l'amour à la raison.

Etudions maintenant l'amour proprement dit ou d'identité dans les trois degrés, sensible, humain et surnaturel.

Ici l'intérêt redouble, car il s'agit de la faculté qui doit réaliser le bonheur, les autres facultés ne sont que des moyens, celle-ci est la fin et s'il est dangereux de se tromper par les moyens, il est mortel de se tromper sur la fin.

Au bas de l'échelle, nous trouvons l'amour sensible ou animal, c'est sur ce point surtout que le péché originel a exercé ses ravages. Satan maître un moment de l'homme à cause de sa désobéissance s'est hâté de pervertir la nature humaine, mais il s'est attaqué avant tout aux sources de la vie espérant par là corrompre tout le reste.

L'humanité a un sentiment inné de cette dégradation, et la honte d'être nu que nous a léguée Adam est un témoin irrécusable et immortel de la déchéance primitive.

Cette honte qui a été mise au rang des vertus sous le nom de pudeur est un sentiment essentiellement humain, et ceux qui à force de sophismes sont parvenus à l'effacer ont perdu chez les païens même tout nom humain pour recevoir celui de cyniques.

Cet amour dont la saveur est âcre comme celle des poisons, loin de pouvoir faire le bonheur de l'homme, ne sert souvent qu'à obscurcir et à éteindre la lumière de l'amour supérieur, et lors même qu'il est élevé à la dignité de devoir et qu'il a reçu les bénédictions saintes, il reste, selon l'énergie du mot français, une passion, du mot latin *pati* qui veut dire souffrir, et il conserve malgré tout, les symptômes d'une souffrance et d'une maladie.

La plus grande utilité de cette infirmité humaine est d'humilier l'homme. Toute l'humanité se débat dans cette fange, les uns pour s'en dégager, les autres pour s'y enfoncer davantage, et si comme dit Pascal, notre orgueil fait contrepoids à toutes nos misères, que ferait-il s'il était lui-même sans ce contrepoids.

Au second degré, au-dessus des sens, nous trouvons l'amour humain, l'amour du cœur, l'inépuisable source de la poésie humaine. C'est le choc de deux âmes qui par leur rencontre produisent, comme les deux électricités, une lumière dans laquelle elles se transfigurent l'une devant l'autre, s'éblouissent comme deux soleils, se voient l'une dans l'autre comme dans un miroir, mais mille fois plus belles quelles ne se connaissaient, se sentent, sans comprendre comment, vivre de la même vie ; tant que dure le ravissement de cette vision l'homme oublie l'espace et ne compte plus les heures, il n'a qu'une pensée et qu'un désir, pouvoir jeter l'ancre et rendre éternel le moment présent. Il oublie que le reste de l'humanité est dans l'affliction, que surnager dans ce nid joyeux au-dessus d'un océan de douleur, serait un acte d'égoïsme profond et que le moment n'est pas venu pour un cœur généreux de se reposer et jouir.

Mais une voix l'appelle à un degré supérieur : Vous aimerez le Seigneur votre Dieu par-dessus toute chose et vous n'adorerez que lui; soyez saints parce que je suis saint, et je serai votre récompense grande sans mesure.

Ici la parole hésite, et la pensée se trouble, car la sainteté à laquelle Dieu nous appelle, ce n'est point l'adoration de la créature, ce n'est point la société de l'amitié, mais c'est le sanctuaire intime, c'est le Saint des Saints dont le voile s'entrouvre. C'est le bonheur divin, c'est l'amour d'identité, l'amour de l'épouse pour l'époux, offert à la créature finie par l'infini. A cette vue, l'âme voudrait comme les séraphins que vit Isaïe, se voiler toute entière de ses ailes, émue et tremblante, elle ne peut que murmurer ces mots : Saint, Saint, Saint.

C'est donc avec une grande vérité que les mystiques appellent Dieu, l'époux de nos âmes. Toutefois, cette merveilleuse union ne pourra s'accomplir qu'au ciel, lorsque la mort et la purification auront détruit jusqu'à la dernière souillure. Ici, incapables de la réalité, nous n'avons encore que la promesse. A peine les saints les plus privilégiés en ont-ils un avant-goût dans la contemplation, et l'âme la plus pure, tant qu'elle est sur la terre, n'est encore que la fiancée de Dieu.

Or, par cet appel, la fin dernière de l'homme est changée, les pôles de sa destinée renversés ; et comme le vaisseau, dont le gouvernail passe de gauche à droite, il doit complètement changer de route.

Il ne doit plus tendre maintenant à retrouver son unité dans l'autre moitié de son être, mais il faut qu'il remonte la chercher en Dieu. Il faut, pour ainsi dire, qu'il s'identifie avec le type de lui-même qui est de toute éternité dans la pensée divine et qu'entraîne éternellement dans son cercle de lumière et de feu le torrent de l'amour infini.

La fin n'est pas variée et multiple comme l'harmonie, elle est unique. L'amour d'identité n'est pas universel comme la charité, il est exclusif et ne connaît que l'unité, le même homme ne peut aller en même temps au nord et au midi, il faut qu'il choisisse.

Une fois appelé à ce degré supérieur de l'amour, il faut qu'il abandonne les autres ou, du moins, qu'il les subordonne tellement, qu'ils ne puissent faire un mouvement sans l'ordre ou le consentement de l'amour supérieur et dominant.

Telle est la grande difficulté de la vie. L'amour supérieur ne peut remporter la victoire sur les deux autres que par une lutte gigantesque, lutte qui serait bien au-dessus des forces de l'homme, sans le secours de la grâce qui ajoute la force divine à la force humaine. Car, bien que l'amour supérieur soit plus grand et plus beau, il n'agit sur le cœur de l'homme que par l'espérance, tandis que les autres l'entraînent par leur réalité et leur importunité.

La victoire la plus difficile à remporter est celle sur l'amour spirituel. Ici la tentation est d'autant plus délicate et irrésistible que cet amour est pur en lui-même, qu'il attire sympathiquement notre être tout entier, qu'il séduit et fascine par une lumière éblouissante, que sans l'appel supérieur il serait le port où le cœur peut se reposer, et que tout son crime est de n'être pas le premier.

Il paraît même que cette séduisante tentation serait au-dessus des forces humaines et que Dieu dans sa miséricorde nous l'a épargnée, car le beau rêve de l'amour dure peu et ne se se réalise jamais.

Or, ceci peut arriver de deux manières, ou celui qui aime se trompe en s'attachant à une moitié qu'il prend pour la sienne et qui ne l'est pas, ou cette moitié est tellement défigurée par la déchéance humaine qu'en la regardant de près il ne la reconnait plus, alors elle est comme un rouage tordu qui accroche et déchire au lieu d'aider le mouvement ou comme un miroir bosselé qui altère tellement les traits de celui qui s'y regarde qu'il ne peut s'y reconnaître. Dans les deux hypothèses l'amour se trompe, il est véritablement aveugle et c'est à juste titre que l'allégorie mythologique lui met un bandeau sur les yeux.

L'amour humain s'évanouit donc de lui-même et disparaît de l'arène, et la lutte reste engagée entre l'amour supérieur et l'amour inférieur, lutte immense et terrible, qui fait une grande partie de l'histoire de l'humanité.

L'homme désillusionné du reste de l'amour humain n'a plus que deux voies à suivre, il faut qu'il choisisse, entre la chair et Dieu; dévoré de la soif du bonheur il faut que semblable à l'enfant prodigue il cherche à partager la nourriture des pourceaux, ou qu'il revienne vers son père, c'est-à-dire qu'il se tourne vers Dieu, qu'il le reconnaisse comme la source de tout bien, et ne cherche plus à étancher ailleurs la soif qui le dévore.

Dans cette lutte l'amour inférieur a pour lui notre pente au mal et la puissance que les sens exercent sur le cœur de l'homme, mais il a contre lui la honte de sa bassesse qui laisse longtemps une porte ouverte vers le repentir.

L'amour supérieur a pour lui la conscience, l'instinct du beau et surtout la grâce divine.

Néanmoins la victoire est difficile, l'homme ne peut la remporter sans une humilité profonde car l'orgueil appelle fatalement cet horrible contrepoids sans lequel il serait un poison sans remède.

C'est cette lutte des deux amours ou des deux fins qui partage la terre en deux camps bien tranchés, le monde et le royaume de Dieu; les pécheurs et les saints, l'homme animal comme dit Saint-Paul et l'homme spirituel; le plus grand nombre succombe dans cette lutte et forme le monde qui est impur et se souille dans les marais de la plaine. Les hommes d'élite triomphent et forment la société des saints qui se tiennent plus près du ciel, dans les escarpements de la montagne. Cette lutte et cette division dureront sur la terre jusqu'au jugement final.

On voit maintenant combien il importe à l'homme de ne pas se tromper dans cette question de l'amour, qui est aussi celle du bonheur et du but suprême de l'existence; et l'on voit aussi combien il est criminel et funeste de l'induire en erreur à ce sujet.

C'est ici que l'on peut faire le procès aux poètes.

Que les poètes chantent l'amour, on ne peut ni l'empêcher ni le blâmer, car l'amour est toute la lumière, toute l'efflorescence de la poésie ; en dehors de l'amour il ne reste qu'une grandeur sèche qui lasse vite, ou la haine de la satire qui amuse l'esprit mais ne dit rien au cœur.

Il faut donc en revenir à l'amour. Et d'abord l'amour tel que nous l'avons entendu dans le chapitre précédent, l'amour d'amitié, l'amour de dévouement, l'amour de charité, offre à la poésie un champ vaste et sans danger, mais il est plus dificile de parler de l'amour proprement dit ou d'identité sans danger.

Je ne parle pas de la poésie obscène qui traîne ses ailes dans la fange ; elle est honteuse même pour un païen, pour un chrétien elle est diabolique.

Mais il est difficile de parler de l'amour humain, même pur, sans induire en erreur.

Il est un thème qui est souvent exploité, c'est celui de l'amour malheureux qui voit briser son rêve soit par la mort, soit par les accidents de la vie. Ce thème est acceptable car il est la réalité qui se reproduit obstinément depuis le commencement de l'histoire. Mais il est faux de faire de cet amour la fin dernière de l'homme, le seul vrai bonheur, il est faux surtout d'en faire la première des vertus et l'excuse de toutes les faiblesses et de tous les crimes.

Ce qui est intolérable c'est la prétention de certains écrivains qui, en peignant des passions furieuses jusqu'au blasphème qu'ils qualifient du nom de véritable amour, croient moraliser les hommes, mieux que les philosophes, mieux que la religion même.

Ils prétendent, en exaltant l'amour spirituel de l'âme, élever l'homme au-dessus de la corruption de la matière. Mais supposé même que leur amour soit bien spirituel, nous avons vu que la réalisation de cet amour serait une tentation si dangereuse que Dieu l'a supprimée de la terre, ils ne font donc que substituer à une tentation grossière, une tentation plus délicate et non moins dangereuse, qui éloigne également l'homme de la voie qu'il doit suivre.

D'ailleurs cet amour auquel ils veulent élever l'homme étant irréalisable n'est qu'une illusion, un mirage dans le désert qui le fait marcher inutilement et qui en s'évanouissant le rejette fatalement dans la matière, à moins que la voix de la religion seule vraiment moralisatrice ne soit assez puissante pour l'attirer à l'amour supérieur et surnaturel.

La parole n'est pas un moindre danger pour les âmes que les écrits des poètes.

Mais ce qui, dans ce moment, me préoccupe et m'intéresse au plus haut degré, ce sont les jeunes âmes qui, pures encore, sont fascinées par la lumière du premier amour.

Elles sont si belles en ce moment, si fraîches, si rayonnantes, elles semblent deux belles fleurs qui s'épanouissent au soleil et se croient immortelles, on a le cœur serré en pensant à leur fragilité, et l'on tremble que quelque accident vienne ou les briser ou les flétrir, car c'est le double danger qu'elles courent au milieu du monde.

Il est très difficile, en ce moment, de leur parler convenablement sans trahir la vérité et sans les blesser.

Les uns croient sage et prudent, de calomnier l'amour, de le traiter de folie criminelle, de proscrire son nom, et d'en inspirer l'horreur par tous les moyens. Ce langage qui tend à briser ces fleurs est le plus souvent inutile. Dire à ces jeunes âmes que le cœur n'est pas fait pour aimer c'est les révolter, l'illusion est trop forte, elles ne vous croient pas. Tout ce que vous pouvez faire c'est de troubler leur conscience en leur faisant regarder comme un crime, ce qu'elles croyaient pur et l'était encore, et de les rendre réellement criminelles lorsque, malgré vos paroles, elles cèdent à l'attraction toute puissante qui les entraîne. Puis, une fois l'illusion perdue, une fois la conscience souillée, l'on descend vite dans le mal et dans les régions inférieures. Vous avez cru faire merveille en coupant les ailes au papillon qui voltigeait sur les fleurs, il ne reste plus que la chenille qui retombe dans la fange.

Ce même danger se représente pour ces âmes par un côté tout opposé.

Un nombre d'hommes, malheureusement trop grand, est plongé tout entier dans l'animalité. Pour eux, l'amour n'a qu'un sens grossier, et lorsque ce mot sort de leur cœur et passe par leur bouche il se souille et infecte.

Et quand une âme pure et naïve se hasarde à prononcer ce nom devant eux, elle est accueillie par un sourire railleur qui la froisse, la couvre de confusion et fait pâlir son idéal. Ainsi, la pauvre âme rebutée de tous les côtés, rentre en elle-même, replie ses ailes brillantes et se sent repoussée dans le bourbier dont il fallait s'éloigner à tout prix. Celui qui parle à ces jeunes cœurs encourt donc une grande responsabilité et doit surveiller attentivement son langage. Mais dans ce cas comme toujours le devoir pour l'un et le salut pour l'autre, c'est la vérité. *Veritas liberabit vos.* Voici donc en résumé ce qui me semble devoir être dit.

O jeune âme qui vous ouvrez au soleil comme une fleur embaumée, vous avez raison, le cœur est fait pour aimer et le bonheur est dans l'amour. Mais l'amour est environné de mille dangers et de mille pièges qui, si vous ne savez les éviter, peuvent briser toutes vos espérances; défiez-vous des illusions qui amènent de cruelles déceptions, le bonheur n'est pas fait pour la terre, nul, jusqu'à présent, n'a pu l'y fixer.

Cette brillante lumière qui vous fascine et que vous croyez immortelle ne l'est pas et un rien peut l'obscurcir et l'éteindre. Mais, lors même que par exception, vous la rendriez impérissable, elle ne suffirait pas à votre bonheur.

Vous avez l'idée de l'infini, et celui qui a l'idée de l'infini ne peut être rassasié que par l'infini. Notre amour tout brillant, tout pur qu'il soit encore, est fini, c'est une coupe enivrante mais qui a une mesure; un jour ou l'autre, elle finirait par s'épuiser et il ne nous resterait plus que le vide, le vide qui est la mort de l'âme. Dieu seul est infini, l'amour divin est seul inépuisable et c'est en Dieu que vous devez placer avant tout votre bonheur et vos espérances. Ce n'est qu'appuyé sur l'amour divin et alimenté par lui que l'amour humain peut devenir durable et dans la question du bonheur il ne peut être le tout, mais seulement un accessoire et un complément.

Certainement, ce complément est un besoin inné dans notre cœur, et le désirer n'est pas un crime. Mais regardez autour de vous, tout n'est-il pas misère et douleur? N'entendez-vous pas le concert de plaintes qui s'élève de toute la terre? Vos frères et vos sœurs sont dans le travail et la souffrance, et vous choisiriez ce moment pour vous isoler et vous enivrer dans votre rêve d'amour? Et vous songeriez à vous bâtir un palais à vous seul dans le désert où tous sont sur la terre nue? Ne serait-ce point là un égoïsme condamnable? Et Dieu pourrait-il vous bénir? Croyez-moi, le temps du repos n'est pas encore venu; ajournez vos illusions. Songez d'abord à sauver vos frères, à remplir votre vie de travail et de dévouement. Si la coupe d'amour vous est présentée, soyez sobre, n'y trempez vos lèvres que ce qu'il faut pour reprendre courage et continuez votre œuvre de dévouement, la joie que vous aviez rêvée ne sera pas perdue pour vous, tout ce que vous laisserez dans la coupe vous sera compté et gardé. Le but souverain de votre vie, de votre travail, de votre ambition, doit être l'amour supérieur qui vous élève jusqu'à Dieu. Vous aurez réussi et vous aurez vraiment atteint votre fin, si vous parvenez à saisir et à posséder la coupe de sainteté qui est pleine d'amour aussi et qui, seule, est inépuisable, cette coupe merveilleuse qui abreuve Dieu lui-même, et dans laquelle vous trouverez non seulement la vie éternelle, mais multipliées au centuple toutes les joies que vous aurez ajournées et sacrifiées sur la terre pour conquérir ce joyau d'un prix infini.

CHAPITRE XXVI

DE LA LIBERTÉ

Aucune question ne passionne l'homme à un plus haut degré. Le seul mot de liberté fait tressaillir toutes les âmes et battre tous les cœurs. C'est que par la liberté on espère conquérir la fin désirée qui est le bonheur.

Mais aussi aucune question n'est hérissée de plus de difficultés, de problèmes et de mystères.

Ce qui complique cette question c'est qu'elle présente deux faces entièrement différentes. La première face qui peut être dite positive est la liberté intérieure, c'est-à-dire la liberté comme faculté de l'âme, comme élan de la volonté. La seconde face qu'on peut appeler négative est la liberté extérieure, c'est-à-dire l'absence des obstacles qui peuvent s'opposer à l'élan de la volonté.

A la première face convient spécialement le non de volonté ou libre arbitre ; c'est à la seconde que généralement on réserve le nom propre de liberté.

Les autres facultés se réalisent dans l'intérieur de l'âme ou si, comme l'intelligence, elles communiquent avec le non moi, c'est sans se faire sentir ; ainsi le fou qui est examiné par le sage ne s'en doute même pas. Mais lorsque la vie veut se manifester au dehors par l'activité, le non moi qu'elle rencontre le sent et réagit. Cette réaction peut être une harmonie, mais aussi elle peut être une lutte.

Les autres facultés sont donc comme le gouvernement intérieur d'un royaume, mais la liberté est chargée des rapports extérieurs, de la paix et de la guerre, à elle donc toutes les émotions de la lutte, l'enthousiasme de la conquête, l'héroïsme de la défense, la honte de la défaite et la joie de la victoire.

§ Ier. — DU LIBRE ARBITRE

Commençons par la question intérieure qui est la plus importante car d'elle dépend la destinée finale. Quand on étudie la liberté comme faculté de l'âme, la première difficulté est de s'en faire une idée parfaitement juste, car on est tenté de prendre pour essentiel ce qui n'est qu'accidentel.

En analysant l'âme humaine nous avons vu comment se formait la liberté. La vie dont l'essence est l'expansion réalise cette expansion guidée par la lumière. Elle voit la route indiquée, elle la suit volontairement, en un mot l'acte libre est un acte à la fois intelligent et volontaire. Voilà ce qui est essentiel, rien de plus, tout le reste est accidentel.

On donne souvent à la liberté différents caractères, ce sont l'indifférence, l'alternative, la délibération et l'hésitation. On dit encore : « La nécessité est exclusive de la liberté. » Examinons leur valeur.

Nous avons posé en principe que l'essence de l'acte libre est d'être à la fois intelligent et volontaire, par conséquent plus il sera intelligent et volontaire plus il sera libre.

Or dans l'acte indifférent, par exemple, de remuer mon bras à droite plutôt qu'à gauche, l'intelligence semble muette car elle n'a pas de raisons à donner pour faire l'un plutôt que l'autre, et l'intensité de la volonté est presque nulle, donc plus l'acte est indifférent moins la liberté se développe.

Du reste, en réalité il n'y a pas d'acte absolument indifférent, agir pour agir n'existe pas, la vie ne s'élance jamais qu'appelée par une lumière ou une illusion, elle suit toujours ou une lumière qui la guide ou un feu follet qui l'égare.

Le motif d'agir est quelquefois imperceptible ou indirect, mais il existe toujours; le fameux âne entre deux boisseaux de blé a une raison de manger le premier venu, c'est de ne pas souffrir la faim et cela suffit, et s'il hésite c'est par ignorance car il n'y a jamais eu deux boisseaux de blé égaux en tous points, une intelligence parfaite saisirait la différence et n'hésiterait pas.

La liberté résulte de deux éléments, l'intelligence et la volonté; l'hésitation et la délibération, loin d'exalter la liberté ne font que trahir la faiblesse de l'un de ces deux éléments qui est l'intelligence. Pourquoi délibère-t-on ? Pourquoi hésite-t-on ? Parce qu'on ignore quel est le parti à prendre, le plus convenable, l'intelligence absolue ni ne délibère, ni n'hésite, elle voit du premier coup ce qu'elle doit faire et le fait. Ici la faiblesse de l'intelligence entraîne celle de la volonté; après une longue hésitation, la volonté n'agit qu'à contre cœur et avec la crainte de se tromper encore. Aucun acte ne s'accomplit plus spontanément et plus énergiquement que celui sur l'opportunité duquel il n'y a jamais eu de doute ni d'hésitation.

L'alternative que plusieurs croient indispensable à la liberté ne l'est pas. L'alternative, il est vrai, met la liberté dans tout son jour et provoque son entier développement; mais avant l'alternative, et indépendamment d'elle, la liberté subsiste déjà dans ses deux éléments essentiels l'intelligence et la volonté. Si lorsque j'ai faim il ne se trouve devant moi qu'un seul morceau de pain, je le prends sans délibérer, sans hésitation et je le mange, cet acte est parfaitement libre parce je sais et je veux ce que je fais ; mais s'il y a plusieurs mets sur la table, je choisis celui qui me convient et ce choix met ma liberté dans une plus grande évidence. L'alternative ne crée pas une nouvelle faculté, elle n'ajoute rien aux deux éléments de la liberté, l'intelligence et la volonté, mais elle met en évidence les deux faces qui leur sont propres. L'intelligence voit d'abord, c'est sa première face, puis elle distingue et sépare, c'est là sa seconde face que le choix met en évidence; la volonté peut s'attacher à un objet et le saisir, c'est sa première face, elle peut écarter un objet et le repousser, c'est là sa seconde face que manifeste l'alternative; c'est donc par le moyen de l'alternative que la liberté arrive à sa plus complète manifestation, à sa dernière effloraison. L'alternative fait ouvrir la fleur de la liberté et lui fait étaler ses pétales à droite et à gauche, mais la fleur était toute entière dans le bouton avant qu'il ne fut étalé, avant l'alternative la liberté était déjà.

Comme nous l'avons vu, c'est la double idée du bien et du mal qui pose en Dieu l'alternative, et donne à la liberté son dernier développement.

Mais l'alternative ne porte la liberté à sa perfection, qu'à la condition d'exclure tout doute et toute hésitation. Dieu n'a jamais douté, ni hésité entre le bien et le mal. Au contraire, quand les lumières se multiplient et se contredisent, lorsque le feu follet de l'erreur brille en face de la lumière de la vérité, lorsque les éblouissements des sens s'interposent devant les conseils de la raison, la volonté de l'homme troublée, éperdue, ne sait à qui répondre, elle s'épuise à délibérer, à hésiter, à courir tantôt d'un côté, tantôt de l'autre, et alors l'alternative, loin de perfectionner la liberté, la brise et la débilite. La faiblesse de la liberté est du côté de l'intelligence dans l'incertitude, du côté de la volonté dans l'hésitation. Sa force est dans la certitude et l'élan spontané qui en résulte.

La vie de l'homme sur la terre n'a d'autre but que de lui donner le temps et le moyen d'élever sa liberté, faible d'abord, à la perfection qui est la certitude dans la lumière et la fermeté invariable dans l'action. L'homme commence par l'ignorance et l'incertitude d'un côté et la mobilité de l'autre; à mesure qu'il sort de l'enfance, ses idées deviennent plus arrêtées et son action moins hésitante. Les saints, dans le ciel, sont arrivés à cette perfection de la liberté, qui était le but de la Providence. Ils ont la certitude dans la lumière et la fermeté inébranlable dans la volonté. Ils ne peuvent plus cesser d'aimer Dieu, c'est là le bonheur.

Ici se présente la question de la nécessité.

Est-elle comme on le dit souvent, incompatible avec la liberté? La nécessité empêche la liberté extérieure. Si je suis lié, je ne suis pas libre de remuer mes membres; si je suis dans l'obscurité, je ne suis pas libre de lire. La nécessité, dans ce cas, est contraire à la volonté. Mais, lorsque la nécessité n'est pas contraire à la volonté, elle n'empêche nullement la liberté, il y a plus, elle en est la perfection.

On dit : je suis libre quand, faisant un acte, je sens que je pourrais ne pas le faire ; il est clair que celui qui fait un acte parce qu'il le veut a le pouvoir radical de ne pas le faire, mais il peut être impossible qu'il ne le veuille pas. L'habitude qu'on a appelée une seconde nature peut devenir une nécessité. Il est impossible qu'un homme raisonnable, saint et vertueux veuille tuer un homme par caprice. La vertu devient presque une nécessité pour les saints sur la terre, elle l'est tout à fait dans le ciel et c'est alors que leur liberté a acquis toute sa perfection. De même, il est impossible que Dieu ne s'aime pas lui-même et qu'il ne préfère pas le bien au mal, et c'est pour cela même que sa liberté est parfaite, absolue et infinie.

Ceux qui regardent la nécessité comme exclusive de la liberté sont logiquement obligés de la refuser à Dieu, dont tous les actes éternels sont infinis et nécessaires.

C'est en vain qu'ils espèrent éluder la difficulté en disant que Dieu a manifesté sa liberté dans l'œuvre de la création qui n'était pas nécessaire ; ils se trouvent placés entre deux absurdités, ne pouvant éviter l'une qu'en tombant dans l'autre, car premièrement, il est absurde de faire dépendre la réalisation d'un attribut divin, d'un acte contingent qui est la création ; d'un autre côté, si la liberté en Dieu ne pouvait se manifester que par la création, la création devient nécessaire, car il est impossible qu'un attribut de Dieu reste sans manifestation, mais alors l'acte même de la création n'est plus libre, puisque la nécessité, d'après eux, exclut la liberté.

Ecartons donc avec soin toutes les fausses idées sur ce grave sujet. La liberté résulte nécessairement de l'intelligence jointe à la volonté, elle n'est autre chose que la volonté intelligente.

L'alternative n'ajoute rien à son essence, la nécessité n'en retranche rien, tout acte qui est à la fois compris et voulu est libre par là même ; et plus il est compris, plus il est voulu, plus il est libre. C'est pourquoi les actes éternels de Dieu qui sont tous infiniment compris et infiniment voulus, parce qu'ils sont le résultat d'une puissance infinie guidée par une lumière infinie et infaillible, sont plus libres que tous les autres et jouissent seuls d'une liberté absolue et infinie.

Nous pouvons donc, avec saint Thomas, appeler Dieu un acte très pur : *actus purissimus*, et comme le mouvement de la volonté vers le but qui l'attire s'appelle amour, il faut dire aussi avec saint Jean, de Dieu tout entier : Dieu est amour, *Deus caritas est;* amour du Père au Fils, et du Fils au Père, amour mutuel des trois personnes divines, amour dans l'acte de la création, amour partout et partout aussi, avec l'amour, la liberté parfaite et absolue, car toujours l'amour sera la mesure de la vraie liberté.

Ici se présente une difficulté qu'il faut résoudre. Sur la terre dans l'état où nous sommes, la volonté a deux mouvements opposés : l'amour et la haine. L'amour, mouvement positif, qui tend à l'unité, la haine, mouvement négatif qui tend à la division. La haine aussi est un mouvement libre, puisqu'il est intelligent et volontaire, mais la lueur qui invite la volonté à la haine est fausse, c'est pourquoi la haine est la malédiction de la liberté. L'amour produit la vie, la haine produit la mort; l'amour enfante le bonheur, la haine enfante le malheur; l'amour est le bien, la haine le mal. Néanmoins ils appartiennent à la même faculté, comme le vin et le vinaigre sont la même liqueur extraite du même raisin.

Dieu est amour, mais la haine constitue la liberté maudite de Satan qui est homicide dès le commencement. *Ille homicida erat ab initio*, (Joan. 8).

Mais Dieu n'a-t-il pas aussi la haine?

Lorsque nous étudierons la question du mal, nous verrons que le nom propre du mal est division, et celui du bien harmonie. L'amour qui harmonise est donc synonyme de bien, et la haine qui divise, synonyme de mal.

Or Dieu comme nous l'avons dit, hait le mal, mais il ne hait que lui.

Dieu qui donne toujours l'exemple avant le précepte, et qui nous a commandé d'aimer nos ennemis, aime aussi même ses ennemis, il ne hait aucune de ses créatures en elle-même, il ne hait que le mal qui est en elles.

Or nous venons de voir que haine est synonyme de mal, la haine du mal n'est donc autre chose que la haine de la haine. C'est ici le lieu d'appliquer l'adage : deux négations se détruisent et valent une affirmation. La haine de la haine est donc la même chose que l'amour de l'amour; c'est l'amour multiplié par lui-même, l'amour à sa plus haute puissance, et comme nous l'avons dit, l'amour arrivé là, s'appelle sainteté.

La liberté entraîne la responsabilité.

Ce mot a besoin d'être expliqué.

Responsabilité vient du verbe répondre qui a deux sens.

On répond à une question pour éclairer; on répond d'un risque ou d'une promesse pour garantir. Dans le premier sens, répondre appartient à l'intelligence; dans le second, répondre est l'acte de la vie et de la volonté qui s'engage. Ces deux opérations sont liées et subordonnées entre elles; avant l'acte libre, c'est sur l'indication de l'intelligence que la volonté s'engage, et après l'acte, la raison qu'en donne l'intelligence (si elle est bonne) dégage la responsabilité morale qui pèse sur la volonté.

Lorsque la lumière est simple et pure, l'intelligence parfaite et la volonté droite et constante, la responsabilité se résout dans la conscience du bien; ce qui se réalise parfaitement en Dieu.

Lorsque la lumière présente la double face de l'alternative, l'intelligence a la responsabilité du discernement, et la volonté celle de la fidélité à suivre la route indiquée comme meilleure.

Ici le défaut peut venir des deux parts : si l'intelligence se trompe, il y a erreur ou illusion; si la volonté manque de courage pour suivre la bonne voie, si elle dit avec Ovide : *Video meliora proboque deteriora sequor* (Met. VII), je vois ce qui est meilleur et je l'approuve, mais je fais ce qui est plus mal, il y a culpabilité et remords ou conscience du mal. Plus la lumière est parfaite, plus la responsabilité de la volonté devient absolue; c'est pourquoi la perfection de la lumière peut devenir un grand danger et une terrible épreuve pour une volonté imparfaite.

A mesure que la lumière diminue, la responsabilité de la volonté diminue aussi, et lorsque la lumière est remplacée par l'erreur ou l'illusion, la responsabilité de la volonté peut devenir nulle. C'est alors que selon le langage usité on est excusé par la bonne foi.

L'erreur et l'illusion ont une grande part dans le mal qui se fait, mais il ne faut pas oublier que l'erreur peut être coupable et ne l'est que trop souvent.

Un enfant veut se rendre à un lieu désigné : au lieu de suivre la route que son père lui indique, il prend un sentier qui lui paraît plus agréable et qu'il présume plus court. Ce sentier l'égare dans un bois désert où des voleurs le dépouillent, il souffre du froid et de la faim mais il l'a mérité.

Cet exemple nous montre l'orgueil comme source du mal, et la souffrance comme conséquence de ce même mal.

Le but final de nos actes, comme dit Pascal, est le bonheur. Le but immédiat est une chose qui nous paraît un moyen d'arriver à ce but suprême.

Nous pouvons nous tromper sur ces moyens et l'erreur en cela vient de l'orgueil qui nous fait préférer nos propres conjectures à la parole de Dieu.

Cette présomption est le premier mal, source de tous les autres; ce mal reste derrière l'illusion et lui communique son venin, et bien souvent dans un acte crim[illegible] mal n'est pas dans l'acte lui-même, mais dans l'orgueil qui aveugle, empêche de voir la route qu'il faut suivre et le précipice où l'on tombe.

Les créatures libres sont responsables non seulement devant leur conscience, mais devant la conscience infiniment juste de Dieu. Devant la lumière de cette conscience infinie les illusions de la conscience humaine s'évanouiront et les deux consciences porteront le même jugement.

La spontanéité de l'animal privé d'intelligence ne peut répondre et donner la raison de ses actes, et par là même sa volonté reste moralement irresponsable.

La différence du rôle de la liberté humaine dans l'ordre naturel et l'ordre surnaturel est importante à noter.

La liberté, comme nous l'avons vu, est la combinaison de deux éléments, la volonté qui s'élance et la lumière qui conduit; dans l'ordre naturel, la volonté seule a, par elle-même, la puissance d'accomplir les actes. Mais un des deux éléments, la lumière, est une porte dont l'évidence a la clef, par laquelle on peut entrer dans la place.

L'évidence s'impose à la raison. Quelqu'un veut aller dans une ville, je lui montre sur une carte de géographie que cette ville est à l'Orient, il est convaincu et la conviction entraîne l'action, il marche et atteint la ville désirée.

L'illusion même qui, le plus souvent, est la vue d'une vérité incomplète suffit pour entraîner l'action. Quelqu'un désire manger des fruits je lui en montre qui sont à une certaine distance, étalés dans une corbeille, il y court, mais ces fruits sont artificiels, il est déçu. C'était des fruits, il est vrai, mais non des fruits mangeables.

Si l'évidence s'impose, la confiance ne s'impose pas. Un paralytique veut aller à une fête, je lui dis que la voiture qui passe devant sa maison le conduira à la fête, s'il veut s'y laisser installer, mais rien ne l'indique que mon affirmation. S'il me croit, il ira à la fête, s'il se défie de moi, il m'est impossible de lui imposer la croyance à ma parole, il restera chez lui. La porte de la liberté est fermée et je n'ai point de clef qui puisse l'ouvrir.

L'évidence, avec sa clef, n'a aucun accès dans l'ordre surnaturel. La vérité surnaturelle, qui est au-dessus de notre raison, ne peut être acceptée que par la confiance en Dieu révélateur, c'est-à-dire par la foi, qui, seule, par sa vivacité amène une pleine conviction. Or, la confiance ne s'impose pas, elle dépend absolument de la liberté, qui peut toujours la refuser. En outre, relativement à l'œuvre surnaturelle, notre âme est paralytique, elle ne peut marcher par elle-même, elle ne peut que se laisser porter ; mais si elle refuse le véhicule divin de la grâce, elle reste là. La liberté, dans l'ordre surnaturel, est donc inattaquable dans ces deux éléments, car, de part et d'autre, rien ne se peut sans la grâce, et rien ne se peut non plus sans le consentement, et par là sans la coopération de la liberté. Le concile de Trente exclut le doute sur ce point, car il définit que l'homme peut toujours résister à la grâce.

Dieu le dit aussi dans ses révélations à sainte Catherine de Gênes : « Je ne trouve rien qui me soit contraire que le libre arbitre que je lui ai donné (à l'homme), avec lequel je lutte sans cesse par amour... je ne peux cesser de faire mon œuvre, qui est de faire toujours du bien, sinon lorsqu'il y met obstacle... Or, cet obstacle est uniquement le péché mortel. » Le péché mortel n'appartient qu'à l'ordre surnaturel et le refus de la grâce forme son essence.

Mais, dira-t-on, la volonté de Dieu n'est donc pas toute puissante puisqu'on lui résiste ?

Puisque Dieu a donné à l'homme le libre arbitre, sa volonté est, avant tout, la possibilité de cette résistance, puisqu'elle est dans l'essence du libre arbitre et que Dieu ne peut vouloir une chose sans son essence, il ne peut vouloir l'absurde.

Remarquons bien le mot de sainte Catherine : « S'il lutte contre le libre arbitre, ce n'est point par une volonté absolue, mais par *amour*. Il a voulu la liberté de l'homme, il la respecte ; par amour, il fait tout ce qui est possible pour gagner la confiance et l'engager à accepter le bonheur, mais sa volonté absolue, que rien ne peut arrêter, c'est que, s'il refuse, il soit renvoyé au jour du jugement, où seront séparés le bien et le mal, les bons et les méchants.

Néanmoins, ces deux absolus en face l'un de l'autre, la puissance de Dieu et le refus de l'homme a paru aux théologiens philosophes le nœud le plus inextricable de la plus dificile des questions. Il faudra l'étude que nous ferons plus tard du bien et du mal, de la grâce et de la prédestination pour jeter quelque jour sur ce problème. Nous pouvons cependant, dès à présent lui appliquer notre grande distinction du positif et du négatif ; dans ce conflit, le rôle de Dieu est positif, il crée, il donne la liberté, il offre l'augmentation de l'être et le secours pour la réaliser. Le rôle de l'homme est purement négatif, il ne peut rien par lui-même, il ne peut que refuser sa coopération, il fait défaut, il ne répond pas, il reste immobile ; c'est l'absence volontaire d'intelligence, de cœur et de volonté ; c'est la puissance de l'impuissance, c'est un chef-d'œuvre de néant. Dieu ne perd rien en laissant tout cela à l'homme.

Cette entrée dans le domaine de la liberté par l'intelligence nous fait comprendre comment il est possible, sans détruire la liberté, de faire exécuter à un homme l'acte qu'on désire de lui. Il suffit de présenter à son esprit un motif déterminant, ou de profiter d'une illusion qui le séduit pour l'entraîner où l'on veut.

L'histoire nous montre des hommes qui ont une influence prodigieuse sur leurs semblables; ils entraînaient dans leur voie des peuples entiers qui les suivaient librement, et même avec enthousiasme.

Si le génie d'une créature peut obtenir un tel résultat, à plus forte raison la sagesse divine peut-elle diriger les événements de ce monde selon ses plans et ses desseins.

Le mal et le bien surnaturel peuvent rester indépendants de la marche extérieure des événements. Ce bien et ce mal sont beaucoup plus dans l'intention que dans l'acte même. Plusieurs, en croyant être utiles amènent des désastres, d'autres amènent de bons résultats avec l'intention de faire le mal.

La destinée humaine marche dans la route tracée par la Providence, que l'homme le veuille ou non; et c'est dans cet ordre de choses qu'il sera toujours vrai de dire : L'homme s'agite et Dieu le mène. Quant à la destinée surnaturelle qui s'accomplit dans le sanctuaire inviolable de la conscience elle aura aussi sa solution qui aura lieu au jugement dernier.

Il faut maintenant étudier le mouvement de la liberté intérieure dans les trois vies, la vie sensible, la vie raisonnable et la vie surnaturelle.

La vie sensible, comme nous l'avons vu, en parlant de l'animal, a un mouvement propre, une espèce de volonté qui s'élance ou même hésite, selon que la sensation qui lui sert de lumière est unique ou en se divisant, dissémine l'attraction. Mais ce mouvement de la vie sensible, parce qu'il n'est pas intelligent, ne peut s'appeler libre, c'est pourquoi nous l'avons appelé spontané.

Chez l'homme bien des mouvements de la vie sensible sont purement spontanés ou du moins commencent spontanément puis deviennent libres lorsque l'intelligence intervient.

Ainsi, si un bruit inattendu se fait entendre derrière moi, je me retourne spontanément, avant toute réflexion. Mais si je prolonge mon attention pour me rendre compte de ce que j'ai entendu, l'acte devient libre, parce qu'il tombe sous la direction de la raison.

La vie intelligente dans l'homme trouve donc à son réveil trois lumières qui s'offrent à la guider. En bas la sensibilité, au milieu la raison, en haut la charité, fille de la foi.

Elle est donc comme une source vive qui, en jaillissant, trouverait devant elle trois lits pour couler, l'un conduisant au marécage de la sensualité, l'autre au désert de l'incertitude, le troisième à l'océan de la vérité. Il en ainsi maintenant, mais ce n'est point là l'œuvre de

Dieu. Dieu a mis partout la distinction, mais la division nulle part. Dieu est essentiellement harmonie, admet la distinction qui laisse subsister l'harmonie, mais il abhorre la division qui la détruit. La division est le mal, elle vient toujours du péché qui est le premier mal.

Dans le plan de Dieu, ces trois ruisseaux devaient former une harmonie comme les trois cordes d'une lyre, ils devaient tendre au même but et arriver ensemble à l'océan de la vérité.

Ce n'est donc pas par l'ordre de Dieu que la sensibilité est marécageuse, c'est le péché qui a fait dévier son cours et l'a condamné par là à la corruption que nous avons nommée concupiscence.

La raison a été faite par Dieu pour voir la vérité, et s'en nourrir. Nous n'avons point ici à calculer sa force propre, ni à examiner ce qu'elle aurait été dans l'état de pure nature qui n'a jamais été celui de l'humanité. Mais ce qui est certain, c'est que dans l'ordre déchu qui est le nôtre, quelque soit la puissance de la raison dans le domaine des sciences naturelles, elle est incapable de résoudre les problèmes que pose, dans la pensée de l'homme, l'idée de l'infini.

Platon, ce géant de la raison, reconnaissait l'impuissance humaine et déclarait que la divinité seule pouvait nous éclairer suffisamment. Les questions les plus importantes, celles de la destinée et du bonheur de l'homme, ne peuvent être résolues par la raison qu'autant qu'elle s'appuie sur la foi et s'unit intimement à elle. Or, quand l'homme reste dans l'incertitude sur ces points là, quelque vérité qu'il possède d'ailleurs, sa pensée n'est qu'un désert aride au milieu duquel il meurt de soif et de faim.

Toute division est une souffrance, l'homme ne peut donc trouver la paix qu'en rétablissant l'harmonie primitive qui a été rompue, et en forçant les trois ruisseaux à revenir à l'unité.

Mais, auquel des trois ramènera-t-il les deux autres en s'efforçant de détourner leur cours? Telle est la question qui se présente à la volonté libre de l'homme. Le choix n'est pas indifférent, car l'harmonie ne peut être rétablie que d'une seule manière, et voici pourquoi.

La raison, comme dit Pascal, est pliable en tous sens; mais la pensée de Dieu qui nous est manifestée par la foi est immuable et éternelle. Il est donc impossible de la détourner de sa rectitude, et de la faire aboutir à la raison ou à la sensibilité. Seulement, la source vive peut refuser de couler dans ce lit divin. Mais c'est en vain qu'elle s'y résout, lorsque l'idée de l'infini est entrée dans la pensée de l'homme, il n'est plus possible de lui donner congé, elle reste là fixe, éternelle, immuable. Ce lit de la foi que la vie ne veut pas remplir reste dans l'âme comme un vide sans fond qui la tourmente. C'est donc en vain qu'ensuite elle cherche la paix, soit en détournant le cours de la raison dans le marais de la sensibilité avec les épicuriens, soit en dirigeant violemment les sens dans le désert de la raison avec les stoïciens. Le troisième lit qui reste vide la torture; ce vide va toujours grandissant avec son supplice, et c'est lui qui deviendra l'enfer.

L'homme n'a donc qu'un seul moyen de rétablir l'harmonie, d'arriver à sa fin, qui est la paix et le bonheur. C'est de ramener la raison à la foi, et la sensibilité à la raison. Alors, avec l'unité reviendront la certitude, la force et la joie. La source vive coulera à pleins bords, elle ira toujours grandissant jusqu'à devenir un beau fleuve, qui restera incorruptible en se perdant dans l'océan de la vérité qui conserve éternellement le sel de la sagesse.

Mais que l'homme réussisse à harmoniser ces trois attractions ou qu'il soit obligé d'en sacrifier, il y en a toujours une qui est sa fin principale, et qu'il suit directement. Car l'homme ne peut marcher que d'un côté à la fois et ne viser qu'un but, ou, comme dit Jésus-Christ, personne ne peut servir deux maîtres.

C'est la raison qui est la personnalité humaine et possède la liberté, c'est elle qui donne le coup décisif et fait pencher la balance. Ou elle se fait esclave de la sensibilité et abdique en sa faveur, ou, se retranchant dans l'orgueil, elle veut régner par elle-même et mettre sous son joug et la sensibilité et la foi, ou, enfin, elle appelle la grâce à son secours, s'efface elle-même en s'appuyant sur la force divine, s'identifiant avec elle.

Dans le premier cas, la liberté disparaît, tout obéit à la spontanéité animale qui tient l'âme dans un honteux esclavage. Dans le dernier cas, la volonté de l'homme s'unissant à celle de Dieu, devient d'une grandeur sans mesure, elle élève la liberté à sa plus haute puissance. Quant à la volonté qui veut triompher par l'orgueil, elle éprouve bientôt sa faiblesse, et en rejetant la foi elle éternise en elle la division et par là l'impossibilité de la liberté complète.

En résumé, il y a dans l'homme trois points d'attraction pour la liberté. La liberté n'est parfaite qu'autant que ces trois points sont ramenés à l'unité. Mais l'unité ne peut s'obtenir qu'en subordonnant les degrés inférieurs, qui sont la sensibilité et la raison, au degré supérieur qui est la charité par la foi. C'est-à-dire que pour l'homme, la plus grande liberté intérieure se trouve dans la sainteté.

Celui qui se livre à la sensibilité perd la raison et use la sensibilité elle-même. Celui qui ne s'attache qu'à la raison pure perd la sensibilité et conduit la raison jusqu'au septicisme qui est sa propre mort. Celui qui tend à la sainteté en s'attachant à la foi exalte d'abord la raison et s'environne partout de lumière, puis il épure la sensibilité, l'illumine et lui donne une délicatesse admirable, il a donc tout à la fois, c'est toujours la grande parole de Jésus-Christ qui se réalise : « Cherchez d'abord le royaume de Dieu et sa justice et le reste vous sera donné par surcroît : et encore : celui qui cherche son âme la perdra et celui qui perd son âme pour moi la retrouvera au centuple ».

Toutefois ce n'est pas sur la terre qu'on peut arriver à une parfaite réalisation. L'unité ne se maintient que par la force. *Violenti rapiunt illud.* Les attractions inférieures sont domptées et non soumises. Harcelée par ces tendances contraires la volonté ne marche qu'avec peine et lenteur comme un vaisseau que le vent pousserait d'un côté et la vapeur de l'autre. La liberté que nous avons défini, avec Saint-Thomas : le pouvoir de tendre fortement à sa fin, s'affaiblit à mesure que la division des attractions augmente, elle ne sera complète que lorsque l'une de ces attractions triomphant des autres se les sera absolument identifiées, alors l'homme marchera à sa fin à toute vitesse ce sera à la fois puissance et bonheur.

Ce résultat ne sera complet qu'au ciel ; nous pouvons en approcher plus ou moins sur la terre, mais quoique nous fassions nous serons obligés de répéter la plainte de Saint-Paul : (Rom. I. 23.)

« Je goûte la loi de Dieu selon l'homme intérieur, mais je vois une autre loi dans mes membres répugnant à la loi de l'esprit ; ô homme malheureux qui me délivrera de ce corps de mort ? La grâce de Dieu par Jésus-Christ notre Seigneur. *Gratia Dei per Jesum Christum Dominum nostrum.* »

La grâce pendant cette vie prépare la délivrance nous faisant lutter avec constance contre l'attraction inférieure, mais la mort seule la détruira entièrement et rendra l'unité parfaite.

Il faut avant de finir répondre à une objection. L'amour, avons-nous dit, est toujours la mesure de la vraie et bonne liberté, mais il y a un proverbe qui dit que l'amour rend esclave. Le proverbe peut avoir raison et nous aussi. Nous avons raison dans la question vue dans son principe et ses conséquences, nous avons raison pleinement mais il faut faire voir dans quel sens restreint le proverbe est vrai.

Les amours supérieures peuvent dominer et coordonner les amours inférieures sans les détruire, ni les diminuer. Loin de là en les observant et se les assimilant, il les élève à une nature supérieure et les exalte. L'amour inférieur au contraire ne pouvant absorber et contenir ceux qui sont plus hauts et plus grands que lui ne peut dominer le cœur sans les exclure et les éteindre.

Tout ce qui diminue et détruit l'amour diminue et détruit au même degré la liberté et y substitue l'esclavage qui est son contraire.

Lors donc que l'amour sensuel domine exclusivement une âme cette âme est donc un honteux esclave, non parce que les actes de cet amour inférieur ne sont pas libres, mais parce que les amours supérieurs sont enchaînés et captifs, malgré les réclamations de la raison et de la conscience.

Ce n'est donc point l'amour inférieur qui rend esclave, mais l'absence des autres amours. Plus il y a d'amour, plus il y a de liberté, et plus l'amour est élevé plus la liberté est grande et pleine.

Les mystiques qui ont compris l'amour dans son sens le plus élevé, n'ont pas manqué de reconnaître en lui l'effloraison de la liberté. L'amour, dit l'auteur de l'Imitation, veut être libre... Celui qui aime vole, court, se réjouit ; il est libre et rien ne l'enchaîne. *Amor vult esse liber .... amans volat, currit et lœtatur, liber est et non tenetur.*

Malheureusement, un grand nombre par la manière dont ils comprennent l'amour réalisent en eux-mêmes la malédiction du proverbe.

§ II. — LA LIBERTÉ EXTÉRIEURE

Nous venons d'étudier la liberté en tant que faculté de l'âme, elle est la volonté motivée, l'activité guidée par la pensée, tout acte volontaire est libre en lui-même mais il ne suffit pas à l'homme de vouloir, il faut pouvoir ; il faut que son activité ne rencontre pas d'obstacle qui l'arrête ou la limite, c'est la liberté extérieure que nous allons étudier.

Ici la question est tout autre. La liberté extérieure, toute négative, n'est rien en elle-même, elle n'est que l'absence d'obstacle ; mais cette absence, pour mériter le nom de liberté, suppose une activité qu'arrête l'obstacle. Elle est donc nulle et inutile si l'activité n'existe pas. A quoi sert d'ouvrir la porte devant un paralytique qui ne peut se mouvoir ?

Il y a plus, si l'intelligence est insuffisante ou viciée, la liberté extérieure au lieu d'être un bienfait peut être un danger pour celui à qui on la donne. Ainsi, un petit enfant abandonné à lui-même court le danger de se perdre, de se blesser, de s'empoisonner. Le fou abandonné peut être aussi nuisible à lui-même qu'aux autres. Dans ce cas, la liberté a besoin non d'être déliée mais protégée. Si au contraire, c'est la volonté qui est perverse, la liberté qui devient nuisible à tous doit être muselée ; telle est celle de l'assassin et du voleur.

La liberté extérieure ne devient donc un besoin que lorsque l'activité et l'intelligence ont acquis un certain développement. Elle cesse d'être un droit lorsque la volonté ou l'intelligence sont perverties à un certain point. Et le droit à cette liberté extérieure, est d'autant plus grand que la volonté est plus droite et l'intelligence plus lumineuse.

Ces considérations nous entraîneraient peu à peu à faire un traité complet de législation, ce qui n'est pas notre dessin.

Pour simplifier cette question qui restera toujours assez compliquée, nous rejeterons les deux cas précédents et nous supposerons toutes les facultés humaines sinon parfaites, du moins suffisantes.

La question reste celle-ci : « Peut-on réaliser la liberté extérieure ? A quel degré et à quelle condition ?

Afin de rendre palpable la solution de ce difficile problème, donnons-lui une formule géométrique.

Toute activité produit un mouvement, qui tend vers un but. Tout mouvement peut se représenter par une ligne. On peut donc considérer la volonté comme un point de départ, le but auquel elle tend comme un point d'arrivée et l'acte comme une ligne droite qui court d'un point à un autre.

Ceci convenu, le problème de la liberté extérieure qui est le problème social, peut se poser ainsi : un nombre de points étant donné dans l'espace, à quelles conditions ces points pourront-ils produire des lignes droites sans trouver d'obstacle, c'est-à-dire sans se couper les uns les autres ?

Il est évident que si les points auxquels tendent les lignes sont répandus confusément, comme les points de départ, les lignes se croiseront en tous sens et représenteront une lutte universelle, c'est-à-dire la guerre de tous contre tous.

Deux hypothèses seulement peuvent faire éviter toute rencontre en sens opposé : ce sont le parallélisme et la concentration.

On peut supposer d'abord, toutes les lignes parallèles se rendant toutes vers autant de points d'attraction correspondant exactement aux points de départ.

On peut supposer secondement, un centre unique auquel se rendent toutes les lignes. Il pourra bien alors se trouver des coïncidences de parcours, mais jamais de mouvements contraires ni par conséquent de résistance ou d'obstacle et toutes ces lignes représenteront un centre, rayonnant en tous sens, comme la lumière du soleil.

La première hypothèse représente chaque individu ayant un but d'existence séparé, une destinée isolée, un monde à part où il ne puisse rencontrer personne sur sa route.

La seconde hypothèse représente l'unité par la société, c'est-à-dire tous les individus tendant à un but commun, unissant leurs efforts pour le réaliser et se reposant ensemble dans le résultat obtenu.

La paix ne peut donc se réaliser que par le parallélisme dans l'isolement ou par l'unité dans la société. Hors de ces deux hypothèses la rencontre des lignes est inévitable, c'est-à-dire l'obstacle à l'activité de chacune.

Mais l'hypothèse du parallélisme qui exige une série invraisemblable de buts alignés, qui suppose autant de mondes que d'individus, qui exclut non seulement toute société, mais même la division des sexes et par conséquent la fécondité des êtres est complètement inadmissible et doit être entièrement mise de côté.

Il faut cependant remarquer que la liberté qui paraît si complète dans l'isolement est illusoire, la liberté n'a de prix que par la puissance, l'impuissance l'annule aussi bien que la gêne extérieure, pratiquement il revient au même d'être immobilisé par la paralysie ou la captivité. Or la puissance vient surtout à l'homme par la société car seul il ne peut presque rien et le plus beau résultat qu'il puisse atteindre est le malheureux sort de Robinson dans son île.

Il ne reste donc à étudier que la division et l'unité ; la division si les lignes se croisent, l'unité si elles convergent vers un centre commun.

Mais la convergence ou l'unité présente plusieurs cas. 1° Les lignes peuvent se rendre au centre par l'attraction ; c'est l'unité par l'amour. 2° L'attraction étant nulle, les lignes peuvent être maintenues dans leur ordre par la compression de la circonférence ; c'est l'unité par la force. 3° Enfin, l'attraction du centre étant insuffisante, peut être suppléée par la compression de la circonférence ; alors l'unité est dûe en partie à l'amour, en partie à la force.

Il y a donc en tout quatre cas et si nous les appliquons à la société humaine nous verrons que notre comparaison résume toute la question sociale.

Le premier cas, celui de la division, pose la liberté absolue en principe. Point de centre ni de circonférence ; aucune autorité, aucune force organisée. Chaque individu a le droit de faire ce qu'il veut ; mais comme la plupart des volontés sont non seulement différentes mais contraires et exclusives les unes des autres, chaque liberté rencontre pour obstacle toutes les autres et se trouve arrêtée dès le premier pas. C'est l'anarchie, c'est la guerre de tous contre tous. Il n'y a point de loi, chacun a le droit de faire ce qu'il veut ; mais, chacun ayant à lutter contre tous, aucun ne peut faire ce qu'il veut. La liberté de tous empêchant et emprisonnant inexorablement la liberté de chacun, il suit que la liberté se détruit complètement elle-même. Elle est absolue en principe : elle est nulle en fait.

Ce régime est celui de l'enfer.

Ici se dévoile le piège perfide qui est au fond de cette question. C'est que, dans certains cas, la liberté se détruit elle-même et cela d'autant plus, qu'elle est plus absolue. Alors, elle est impossible, l est aussi inutile de la donner que de la réclamer ; tous les efforts qu'on fait pour la conquérir sont vains ; tout l'argent qu'on dépense, tout le sang qu'on verse sont prodigués en pure perte.

S'il ne s'agissait que de donner la liberté pour la réaliser, la question serait bien simple, car rien n'est plus facile que de tout lâcher. Mais à quoi bon, si à mesure qu'on donne la liberté elle se dévore elle-même ?

On voit par là l'absurdité de certaines solutions qui ont eu cours. On a dit : la liberté est un droit et doit être absolue, c'est-à-dire, qu'elle ne doit avoir d'autre limite que la liberté d'autrui.

C'est comme si l'on disait à un homme écrasé au milieu d'une foule : « Vous êtes libre d'aller partout où vous voudrez, seulement vous êtes limité par vos voisins ».

On a dit que la liberté était le meilleur remède aux excès de la liberté. Cela est vrai comme il est vrai que le suicide guérit de toutes les maladies.

L'orgueil humain est flatté de voir la liberté posée en principe ; mais la joie qu'il éprouve tiendrait-elle s'il n'avait l'illusion de la réaliser par ses propres forces ?

Dans les questions d'argent, l'homme voit plus juste, il tient peu à posséder l'argent en principe, il veut jouir de la réalité.

C'est donc mal poser la question que de mettre en avant le droit à la liberté. La première difficulté à résoudre est celle de la possibilité.

Comment la liberté peut-elle devenir possible ?

L'examen du second cas va nous l'apprendre, ce cas nous présente l'image de la société parfaite : l'unité par l'attraction qui, dans la matière, est le symbole de l'amour.

Nous voyons un centre unique, assez puissant pour attirer tout à lui, sans qu'aucun rayon n'échappe à son influence.

Il n'est pas nécessaire pour la perfection, que chacun des rayons se rende au centre isolément ; ils peuvent s'y rendre par faisceaux plus ou moins nombreux ou par hiérarchie.

C'est par l'attraction du centre de la terre que toutes les eaux viennent se réunir à l'océan ; mais les sources se joignent d'abord aux ruisseaux, les ruisseaux aux rivières, les rivières aux fleuves et c'est par cette voie hiérarchique qu'ils arrivent à l'unité.

Cette voie hiérarchique laisse subsister tous les amours particuliers, mais tous ces amours dominés et coordonnés par l'amour central ne se détournent pas de leur voie, tous tendent à la même fin, au même centre qui est leur unité et par conséquent ces élections partielles ne troublent en rien l'ordre et la paix.

Dans cette société parfaite qui est l'image du ciel, l'autorité est aussi entière que possible, puisque le centre est unique et tout puissant ; mais en même temps, la liberté est entière aussi, car les rayons ne se rendent au centre que par l'attraction qui symbolise l'amour, et comme nous l'avons vu tout ce qui se fait par l'amour est libre de la liberté la plus parfaite.

Ce n'est pas la liberté qui est posée en principe dans cette société parfaite, mais l'unité par l'amour, et l'amour loin d'exclure la liberté la réalise au plus haut degré, mais il exclut la haine qui peut être liberté aussi mais fausse liberté, puisqu'elle est divergente. Car comme nous l'avons vu précédemment, il y a deux libertés intérieures. Une vraie supérieure et positive, qui est celle de l'amour, l'autre fausse, inférieure et négative qui est celle de la haine.

La première a la vie en elle ; en se manifestant au dehors elle crée la vie sociale, elle demeure éternellement ; la seconde est principe de la division, par conséquent de la mort. En se manifestant au dehors, elle brise la société et se détruit elle-même, elle est la mort éternelle.

Ainsi nous avons vu dans le premier cas, qui est la division, l'anarchie et la haine, la liberté posée seule en principe, mais nulle en fait.

Dans le second cas qui est la société par l'amour, c'est l'unité qui est posée en principe ; la liberté semble au premier abord sacrifiée, mais l'unité par l'amour la réalise au plus haut degré ; et par le fait elle est absolue. Mais voici un nouveau piège et une nouvelle complication. De même qu'il y a une fausse liberté, il y a une fausse unité, c'est elle qui nous présente le troisième cas.

Nous voyons ici un centre unique et un ordre dans les rayons qui semble parfait. Mais les rayons loin d'être attirés par le centre n'éprouvent pour lui qu'une violente répulsion ; ils se disperseraient donc tous si la circonférence comme un cercle de fer, ne les retenait immobiles à leur place. Ceci est l'unité sans l'amour, c'est l'ordre maintenu par la force seule, c'est le despotisme absolu.

Jamais le despotisme babylonien, romain ou turc, n'a réalisé ce type complètement. Dans toute société l'attraction a son rôle plus ou moins grand. La réalisation la plus complète de la fausse unité, de l'unité par la force pure, pourrait se trouver dans l'ordre qui règne au bagne, ou dans le sort d'un peuple nouvellement conquis, et même en captivité comme les Juifs à Babylone.

Ainsi tout se réduit à deux termes, unité et liberté. Mais chaque terme se dédouble car il y a une fausse unité et une fausse liberté.

La vraie unité et la vraie liberté sont inséparables, elles se réalisent toutes les deux à la fois par l'amour dans la société parfaite. Là l'unité est réelle, intérieure et vivante, et la liberté vivante aussi et immortelle.

La fausse unité se maintient par la violence et exclut la liberté.

Mais elle n'est qu'extérieure et matérielle, l'ordre qu'elle étale n'est qu'une apparence qui recouvre et cache l'anarchie spirituelle.

La fausse liberté qui exclut l'unité par l'anarchie arrive fatalement à se suicider par la haine, malgré la vie surabondante qu'elle semble avoir au premier moment elle ne naît que pour mourir.

Ainsi l'unité absolue, selon qu'elle est vraie ou fausse, rend la liberté entière ou nulle.

La liberté absolue, selon qu'elle est vraie ou fausse, laisse l'autorité entière, ou la détruit complètement en se détruisant elle-même.

Cette complication est pleine de pièges.

Tous les hommes aiment l'unité et la liberté qui, dans l'idéal, doivent coexister et se réaliser l'une par l'autre. Mais en poursuivant l'unité ils risquent de tomber dans le despotisme qui détruit la liberté ; et en poursuivant la liberté ils risquent de tomber dans l'anarchie qui détruit non seulement l'unité mais la liberté elle-même.

Et, lorsque rendus défiants par l'expérience, ils cherchent des garanties soit contre l'autorité soit contre la liberté, ils désespèrent de la perfection et renoncent à l'idéal.

C'est ce qui fait que les trois types absolus que nous venons de décrire, n'ont jamais été une réalité dans les sociétés humaines, qui jusqu'ici se sont toujours maintenues dans le type mixte, notre quatrième cas qui doit être étudié plus en détail.

Ce quatrième cas a la même apparence que les deux précédents. Il y a un centre et tout est en ordre, chaque rayon est à sa place. Mais une partie seulement de ces rayons se rendent au centre par attraction, les autres ne restent à leur place que par la compression de la circonférence.

L'unité n'est pas parfaite, elle n'est vraie que pour ceux qui sont attirés, elle est fausse pour ceux qui sont contenus. Et de même la liberté n'est pas pour tous.

Le premier plan de Dieu a toujours été la société parfaite c'est-à-dire l'unité et la liberté par l'amour. Mais la réalisation de la société exigeant la coopération de la créature libre, la perfection peut être empêchée et troublée par la mauvaise volonté d'un certain nombre.

Cependant ce trouble n'est que transitoire. A la fin Dieu séparera et exclura les perturbateurs et la société des bons ramenée à la perfection idéale demeurera éternellement.

Cette société parfaite a été troublée dès le commencement parmi les anges par la révolte de Lucifer, mais après une lutte dont nous ignorons la durée. Le bien s'est séparé complètement du mal. Depuis lors la société parfaite existe parmi les anges, et les démons en sont réduits à l'anarchie ou au despotisme.

La société parfaite devait aussi habiter le paradis terrestre où

Dieu avait mis l'homme; mais la malice humaine a brisé l'unité première, et la séparation du bien et du mal n'ayant pas encore été faite parmi les hommes comme parmi les anges, l'histoire nous montre, depuis le commencement, une société mêlée où les quatre éléments dont nous avons parlé, la vraie et la fausse unité, la vraie et la fausse liberté se disputent continuellement la place.

Le premier type et le germe de la société a été d'abord la famille. Dans ce petit groupe, toutes les fonctions sont indiquées par la nature même, le centre d'autorité qui est le père est incontestable; les liens qui unissent toutes les parties sont formées par l'amour. C'est l'amour qui unit le père à la mère, la mère aux enfants, et les frères entre eux. Néanmoins la division, dès le premier jour, a jeté son venin dans ce sanctuaire de l'amour, et la mort d'Abel a été le premier écroulement social.

Même dans les familles les plus unies la division abonde; les enfants ont des caprices, les frères se disputent, mais le père a la force par lui-même, et la verge devient le sceptre obligé de ce roi que Dieu n'avait primitivement créé que pour l'amour.

Déjà nous voyons apparaître ici la loi la plus importante de l'histoire, la loi qui est la clef de toutes les autres lois sociales. C'est que l'amour et la force sont complémentaires l'un de l'autre, et que la force doit suppléer tout ce qui manque à l'amour.

La société ne peut se passer d'unité, elle ne vit que par elle, elle n'est que l'unité appliquée au groupe humain; il faut donc, sous peine de mort, qu'elle la conserve à tout prix. C'est pourquoi, quand l'amour ne suffit plus, elle est obligée d'appeler la force à son secours. Mais à mesure que la force agit, la liberté s'efface et leurs proportions sont toujours inverses.

La liberté pour tous est donc une chimère, ceux qui la promettent mentent ou ne savent ce qu'ils disent. Dans l'état où est le monde depuis le commencement, il y a des libertés contradictoires qui ne peuvent subsister ensemble. Il est impossible, par exemple, de vouloir en même temps la liberté de celui qui veut vivre et celle de l'assassin qui veut le tuer. Entre ces deux libertés, pas de compromis ni de concession possible, il faut que l'une ou l'autre soit supprimée. Il en est de même entre deux hommes qui aiment et convoitent un objet indivisible.

La société ne peut donc subsister qu'à la condition de supprimer par la force la liberté de ceux que l'amour ne suffit pas à contenir. Cette loi reste fatale tant que l'amour ou l'attraction du centre n'est pas universel.

Or pour que l'amour soit en tous le même il n'y a que deux moyens. Ou il faut que l'un des partis anéantisse tous les autres c'est ce que réclamait l'infernale logique de Marat) (1). Ou il faut que par la persuasion il change la volonté de tous les autres, et nous verrons plus loin toutes les difficultés de cette entreprise.

Cette loi bien établie, continuons le développement historique.

Lorsque la famille, qui est le premier germe de la société et qui en reste la molécule organisée, arrive à un certain développement, elle se brise, selon la parole d'Adam : L'homme quittera son père et sa mère et s'attachera à sa femme. Chaque mariage forme le noyau d'une nouvelle famille ou molécule sociale; et ce qu'on appelle une nation n'est qu'un nombre plus ou moins grand de familles réunies autour d'un centre commun, ou autrement, ramenées à l'unité d'un même gouvernement.

Lorsqu'on examine en quoi consiste cette unité gouvernementale, on est étonné de voir combien elle est superficielle, et par conséquent, combien la société, telle qu'elle est, est imparfaite.

La division que le péché a introduite dans le monde est comme une lèpre qui s'étend partout et dévore tout.

Les conditions d'existence sont telles, qu'il est difficile de vivre si ce n'est au dépens d'autrui et d'occuper une place qui ne soit convoitée et enviée par d'autres.

De là, tous les intérêts et par conséquent toutes les volontés sont naturellement divergentes. L'anarchie ou la guerre de tous contre tous semble donc imminente. Cependant, au-dessus de toutes ces divergences, il se forme un courant général d'idées, de sentiments et de volontés qui aboutissent à un centre. Ce centre c'est tantôt un chef de combat qui mène au butin, ou un juge qui apaise les différends et empêche la destruction mutuelle, ou encore un sanctuaire qui conserve une doctrine.

L'unité dont ce centre est le principe est bien superficielle; elle est comme la pellicule qui se forme autour de l'œuf et qui, en se durcissant, suffit pour le contenir au dedans et le protéger au dehors. Protection cependant qu'un choc peut briser, enveloppe qui se dissout d'elle-même lorsque l'œuf se décompose par la putréfaction.

En toutes choses, dans les grandes comme dans les petites, dans l'ensemble comme dans le détail, l'unité est la vie et rien ne peut se mouvoir que par la force de l'unité. Dans l'anarchie ou la guerre de tous contre tous, il n'y a point de société, les individus seuls vivent

(1) Marat se trompait en demandant 400,000 têtes, 4,000,000 n'auraient pas suffi pour réaliser la liberté et la fraternité comme il l'entendait. Un homme comme Marat, voulant supprimer tous ceux qui ne pensait pas comme lui, risquait fort de demeurer seul en France... Beaucoup plus qu'on ne pense, dans le même cas, couraient le même risque que Marat.

et agissent en tous sens, les uns contre les autres. Dès qu'ils se forme un groupe, il ne peut agir comme groupe qu'en se donnant un chef, c'est-à-dire un centre qui le ramène à l'unité.

Un atelier d'ouvriers, une troupe de constructeurs, une maison de commerce, une armée de combat, une bande même de voleurs ne peuvent rien réaliser si ce n'est sous la conduite d'un chef; avant d'agir, il faut prendre vie par l'unité.

La grande société se trouve donc nécessairement peuplée d'une foule de petites sociétés, qui ont chacune leur but, leur tendance, et qui luttent souvent les unes contre les autres par leur diversité. L'utilité du gouvernement central consiste à rattacher à une unité plus haute tous ces centres épars. Alors, la nation peut agir comme nation, sa force devient immense car, par la merveille de l'unité, elle peut peser de tout son poids sur un seul point (1).

La vie est d'autant plus puissante que l'attraction du point central est plus grande. Cela arrive surtout lorsqu'une nation se forme, ou lorsqu'un grand danger réveille le patriotisme. En ces temps là tous voulant la même chose, l'élan est irrésistible. Alors aussi on peut laisser une grande liberté.

Cependant l'unité n'est jamais complète, il y a toujours un certain nombre d'individus qui, dans leur isolement, sont froissés et mécontents. Mais à mesure qu'ils échappent aux lois de l'amour, ils sont maintenus par la force dans le cercle social.

Tant que les individus sont seuls récalcitrants, peu de force suffit pour les maintenir. Mais quand les centres partiels se détachent du centre principal le danger s'accroit; alors l'amour faisant défaut, il faut que la force augmente pour y suppléer et le gouvernement doit redoubler de rigueur.

A ce point commence un cercle vicieux dont il est difficile de sortir. La force en se développant détruit peu à peu la liberté et augmente la désaffection; la désaffection en s'étendant exige de nouvelles rigueurs; de puissants partis se forment, à un moment donné la coquille sociale éclate en morceaux. La guerre civile partage la grande nation, puis, le fractionnement arrivant à un certain point, la société se sent mourir, et l'instinct de la conservation fait qu'elle appelle l'unité à grands cris et qu'elle se jette dans les bras du despotisme plutôt que de mourir par l'anarchie. L'histoire n'est en grande partie que le tableau de cette double évolution.

(1) Et c'est bien une merveille que l'unité. Car l'unité est l'essence même de Dieu. Dieu seul est parfaitement un, et par là parfaitement vivant et puissant. Aussi, il a seul le secret de la véritable unité. Tout ce qui arrive à l'unité entre en participation ou en imitation de Dieu, et c'est par cette participation réelle ou imitative qu'il réalise ou imite la vie. Tout pouvoir ou centre attractif d'unité est donc une image de Dieu et ne peut venir que de lui.

Ainsi dans l'état actuel de la société, l'unité n'est jamais purement attractive c'est-à-dire vraie unité, la force joue toujours un rôle plus ou moins grand. Et tout ce que l'attraction et la force réunies peuvent réaliser n'est encore qu'une unité bien superficielle, qui laisse subsister une foule de divergences et de froissements mutuels.

Et cependant l'unité est un si grand bien, que cette ombre d'unité procure aux hommes des avantages inestimables.

Grâce à la société telle qu'elle est, j'ai la sécurité de ma vie et de mes biens. Je puis seul et sans armes parcourir de vastes régions et à mon retour retrouver ma demeure intacte. Je jouis des routes, des monuments et des jardins publics. Tous les trésors de la science et des arts sont sous ma main dans les bibliothèques et les musées.

Je n'aurais aucun de ces biens dans l'état sauvage; sont-ils payés trop cher par le respect des lois ? Il se peut que quelques unes de ces lois n'aient pas mon approbation, en m'y soumettant je sacrifie quelques unes de mes libertés, mais c'est pour en avoir un grand nombres d'autres que je n'aurais pas sans cela.

Les libertés dont on peut jouir sont de trois sortes : personnelles, civiles et politiques. Ces libertés sont nécessairement plus ou moins limitées par l'organisation sociale, mais nous devrions nous souvenir que sans cette organisation nous n'en aurions aucune.

Cette organisation qui enveloppe la masse sociale comme un filet, est formée pour ainsi dire de trois réseaux qui circonscrivent ces trois libertés.

La police limite il est vrai ma liberté personnelle, mais d'un autre côté, en limitant celle des autres qui tend à l'étouffer, elle la délivre d'une infinité d'obstacles, de sorte que la police, qui a pour but surtout d'arrêter les volontés malfaisantes, protège la liberté personnelle bien plus qu'elle ne la gêne.

Les libertés civiles concernent les rapports d'individu à individu, de groupe à groupe, en un mot tous les détails d'administration intérieure.

Ces libertés sont emprisonnées par la multitude des lois, par le développement de la centralisation et de la bureaucratie. S'il y avait chez tous bonne foi, loyauté, justice et bienveillance, ces libertés seraient restées très grandes et le code des lois très petit; mais la mauvaise foi, l'esprit de chicane, d'intrigue auprès du pouvoir, ont peu à peu fait multiplier les ordonnances, les règlements, centraliser les pouvoirs, et cette centralisation est devenue un filet qui nous enlace de toute part et ne laisse plus aucune liberté ; cette tyrannie est la plus importune et la plus dure, car elle atteint tous les sujets et tous leurs actes civils.

En un certain sens le despotisme arbitraire est moins gênant.

Quand le despotisme est tout à fait en haut dans un seul homme, presque tout le petit peuple passe par dessous. Un homme seul ne peut pas s'occuper de tout le monde lui-même pour les tyranniser, il choisit la meilleure proie, s'acharne sur les grands et les riches, et il arrive quelquefois qu'un grand tyran délivre le peuple de bien des petits tyranneaux. Aussi la plèbe aimait Néron et a souvent été sympathique aux grands despotes. La tyrannie de l'oligarchie est la plus savante, la plus universelle et la plus dure.

Les libertés politiques concernent les rapports directs des individus ou des groupes avec le gouvernement central. L'immense multitude ne songe qu'à vivre en repos et s'en préoccupe peu. Il est désirable néanmoins que nul n'ait à se plaindre de la manière dont le pays est gouverné, mais si ce n'était l'excitation continuelle du journalisme, le nombre de ceux qui s'en préoccupent et croient pouvoir en juger serait relativement très petit.

Si tous aimaient le gouvernement tel qu'il est, la liberté politique existerait naturellement et entière. Le gouvernement n'aurait pas à réprimer des oppositions qui n'existeraient pas. Les pensées de chacun s'épanouiraient et se dissémineraient sans obstacles comme une armée sans ennemis; on ne songerait seulement pas qu'il existe une liberté politique et qu'on peut la contester.

Mais lorsque le gouvernement commence à déplaire on veut exprimer son mécontentement et on en réclame le droit. Au fond ce droit qu'on réclame est celui de renverser le gouvernement et de se mettre à sa place. Cette liberté n'est qu'à l'usage d'un petit nombre d'ambitieux qui veulent arriver au pouvoir et de journalistes payés ou convaincus.

Cette liberté est censée un frein au despotisme ; mais le gouvernement qui sent qu'on en veut à sa vie se défend et diminue la liberté d'autant plus qu'on la demande davantage.

Alors l'opposition se pose en victime et acquiert de nouveaux partisans, et si elle devient assez puissante, il y a révolution, c'est-à-dire que la société se dissout et meurt si elle ne se hâte de se rattacher à un nouveau centre qui soit assez fort pour la sauver, ce qui veut dire le plus souvent un centre dictatorial.

Ainsi la liberté politique existe quand personne n'y pense et n'en parle. Quand on commence à la réclamer c'est qu'il se forme des partis et que la société commence à se dissoudre. Plus on la réclame plus elle devient dangereuse et impossible, plus l'autorité sous peine de mort est obligée de resserrer ses liens, et en se débattant pour les briser, elle finit par entraîner la société avec elle dans le piège de la dictature où disparaissent toutes les libertés.

De tout ce que nous venons de dire sur notre quatrième cas, le cas mixte qui est celui de toutes les sociétés humaines, il suit ces deux grandes vérités : 1° Que dans l'état actuel de la société la liberté absolue est impossible ; 2° Que la quantité de liberté possible est toujours égale à la quantité d'amour qui existe dans une société.

Ici, il faut faire une remarque : en règle, la liberté qu'on accorde devrait se mesurer sur la grandeur de l'amour. Mais l'organisation sociale qui doit s'appliquer à tous ne peut tenir compte des nuances qui séparent chaque individualité et doit prendre pour règle non l'amour de chacun, mais la moyenne de l'amour social, il se trouvera donc forcément que sous cette règle générale les unes auront plus de liberté qu'ils n'en méritent et les autres moins, et il en sera fatalement ainsi tant que la société sera mêlée. Il faut donc accepter cette injustice involontaire et inévitable, qui ne détruit pas l'équation que nous avons reconnue vraie entre la liberté et l'amour.

Ce n'est pas à dire qu'une législation ne puisse être meilleure qu'une autre et qu'une bonne organisation sociale soit inutile. Mais la plus savante législation ne peut faire autre chose que de réaliser en liberté la quantité d'amour qui est dans la société. L'amour est à la législation ce que les matériaux sont au plan d'un architecte. Malgré le plus beau plan si les matériaux manquent l'édifice reste inachevé. Il est vrai qu'un mauvais plan ne sait pas tirer parti des matériaux, mais le plan le plus parfait ne peut que les employer sans y rien ajouter.

Toute législation suppose donc dans la société une quantité dominante de bonne volonté, et le talent du législateur consiste à organiser cette masse de bonne volonté de manière à ce qu'elle puisse sinon faire disparaître, du moins dominer et contenir la portion de mauvaise volonté qui reste dans la masse sociale. Mais si la mauvaise volonté est partout, si seulement elle domine, rien n'est possible et les plus belles théories deviennent inutiles.

Avec la bonne volonté, tout réussit plus ou moins. La république fonctionne, l'oligarchie fait de grandes choses, la royauté donne paix et repos. Avec la bonne volonté, l'assemblée éclaire, le guerrier protège, le juge est le refuge du faible, l'éducateur la lumière et le guide de l'élève.

Mais avec la mauvaise volonté, la république est anarchie ou dictature, la royauté despotisme, l'oligarchie exploitation des petits par les grands. Avec la mauvaise volonté, l'assemblée est une Babel, le guerrier l'instrument de l'oppression, le juge un manteau hypocrite de l'injustice, et l'éducateur pervertit la jeunesse. En un mot avec la mauvaise volonté tout se change en abus.

Si toutes les volontés étaient bonnes une page suffirait à toute la législation. Cette effroyable multitude de lois, ne sont que des garanties qu'on a cherchées contre les mauvaises volontés ; mais à mesure que les mauvaises volontés se multiplient, toutes ces garanties deviennent insuffisantes et s'écroulent les unes après les autres, comme les murs d'une ville assiégée ; et si toutes les volontés devenaient mauvaises il ne resterait plus rien de tout cet échafaudage législatif et au lieu de société, il n'y aurait plus que pillage universel, et dévastation en tout sens, c'est-à-dire la guerre de tous contre tous.

Nous n'en sommes pas encore là heureusement, seulement l'état actuel de la société où la force et la liberté sont toujours en présence comme des ennemis irréconciliables, a partagé les hommes en deux grands partis, les partisans de l'ordre et ceux de la liberté.

Tous les hommes aiment plus ou moins l'ordre et la liberté ; la raison a la conception de l'ordre et le cœur l'instinct de la liberté.

Certainement les partisans de l'ordre ne demanderaient pas mieux que de laisser l'espace à la liberté si la liberté ne troublait pas l'ordre ; et les partisans de la liberté ne demanderaient pas mieux que de voir l'ordre se consolider, si l'ordre ne gênait pas la liberté.

Mais comme jusqu'ici on n'a pu concilier parfaitement ces deux termes, l'impatience s'est emparée de tous. Les uns ont dit : « Périsse la liberté plutôt que l'ordre » ; et les autres : « Périsse l'ordre plutôt que la liberté. »

Si l'un des deux partis avait complétement raison et l'autre tort, on pourrait espérer de faire prévaloir la raison et de terminer la lutte. Mais il n'en est pas ainsi.

Et d'abord les deux partis ont raison en un sens.

Nous avons vu que dans la société parfaite l'ordre ou l'unité par l'amour était parfait, mais qu'en même temps se trouvait réalisée la liberté absolue.

L'ordre parfait est donc l'idéal de la société et ceux qui le veulent à tout prix ont raison. Mais la liberté absolue est aussi l'idéal de cette même société et ceux qui veulent cette liberté n'ont pas moins raison.

Chacun des deux partis défend donc une vérité et il en a conscience, de là leur obstination et leur acharnement et, comme la vérité est immortelle, la lutte est interminable.

D'un autre côté, les deux partis ont également tort, parce qu'il y a une fausse unité et une fausse liberté.

Or, comme nous l'avons vu, l'unité et la liberté ne sont vraies que par leur union, lorsqu'elles se réalisent simultanément par l'amour ; dès qu'elles sont séparées, elles deviennent deux fléaux redoutables tous les deux, sinon que l'un est un mal un peu moindre que l'autre.

L'unité et la liberté ne doivent donc pas être séparées et vouloir l'une à l'exclusion de l'autre est un tort, quelle que soit celle qu'on exclut.

L'unité, disent les uns, n'est-elle pas le principe d'où tout sort et où tout doit revenir, restons-y donc attachés à tout prix.

Oui l'unité est le secret en toute chose et la solution de tous les problèmes, mais seulement l'unité vraie, c'est-à-dire l'unité libre par l'amour. Sans l'amour l'unité est fausse, elle n'est qu'une solution apparente, elle est l'ordre infernal et la paix qu'elle donne n'est que la paix de la mort.

Nous préférons, disent les autres, la liberté à tous les biens et nous sommes prêts à lui sacrifier tout le reste. Ceci est très bien si le sacrifice de tout le reste vous donnait cette liberté que vous cherchez. Mais si, comme nous l'avons vu, la liberté séparée de l'unité ou de l'ordre se détruit elle-même, à quoi sert votre sacrifice, puisqu'en sacrifiant le reste vous sacrifiez en même temps votre idéal?

Il est donc aussi faux de poser exclusivement en principe l'autorité que la liberté. Les deux partis ont donc à la fois tort et raison (1) et puisqu'ils ont le même intérêt, au lieu de se traiter en ennemis, ils devraient se tendre la main et prendre patience, en travaillant amicalement ensemble à chercher la vraie solution.

La vraie solution, c'est la coexistence et l'harmonie des deux termes. Ces deux termes ne peuvent ni s'engendrer l'un l'autre, ni se poser en principe sans s'exclure. Ils ne peuvent se trouver en harmonie que lorsqu'ils sont engendrés simultanément par un troisième qui est l'amour ou la fraternité. Comment peut-on inspirer l'amour et la fraternité aux hommes, voilà le problème dans toute sa simplicité et dans toute sa profondeur.

C'est parce que l'amour a toujours fait défaut que la liberté n'a jamais existé sur la terre. Les sociétés antiques n'avaient que le nom de la liberté, car leur liberté n'a jamais été que le partage d'une minorité oppressive.

(1) Je me suis renfermé dans la question de principe, j'ai parlé de deux torts fondamentaux qui font admettre soit que toute unité est bonne, soit que toute liberté est bonne. Si on descendait dans le détail de l'application, les torts apparaîtraient innombrables de part et d'autre, parce que l'homme ignorant, faible, négligent, égoïste fait tout de travers.

En droit, les gouvernements doivent donner toutes les libertés qui sont possibles et utiles et les sujets ne doivent rien demander d'injuste, mais en fait, les premiers refusent beaucoup de libertés légitimes, tandis qu'ils négligent d'en réprimer de nuisibles. Et les seconds, au lieu de poursuivre les libertés vraies, pratiques et utiles, demandent l'impossible et recherchent une licence malsaine. Injustice des deux parts.

Tant que le différend n'est que dans le détail, il y a possibilité de s'entendre et d'arriver à la paix, mais quand la contradiction est dans le principe, nul accord n'est possible et la lutte est éternelle. C'est pour cela qu'il importe surtout de bien poser les principes.

Dans les plus beaux temps de la Grèce et de Rome, la liberté de ceux qu'on appelait *citoyens* et qui formaient une véritable aristocratie, était achetée par l'oppression des esclaves qu'on ne comptait pas comme des hommes et sur qui retombait toute la peine.

L'esclavage a disparu, il est vrai, mais la liberté n'est pas venue. Pourquoi ? Parce que la multitude est toujours restée divisée. On n'a jamais su la réunir par l'amour; on est parvenu quelquefois à l'ameuter par la haine contre une tyrannie vraie ou supposée, mais cette unité factice de la haine n'était bonne qu'à détruire et ne pouvait rien fonder. Une fois celui contre lequel on s'était réuni renversé, la division reparaissait et le peuple n'avait pas achevé son chant de liberté que les ongles d'un despotisme plus dur que le premier entraient déjà dans ses chairs.

La haine est stérile, l'amour seul est fécond.

Pour fonder quelque chose de solide, il faut avant tout que l'amour soit dans la multitude, et que cet amour trouve un centre qui puisse le résumer.

C'est là la vraie difficulté.

Cette difficulté est déjà grande pour le plus petit groupe, elle s'accroît avec le groupe social, elle est immense s'il s'agit d'une nation, elle devient incommensurable si on entreprend d'élargir la question jusqu'à lui faire embrasser l'humanité tout entière.

Jusqu'ici, en effet, nous nous sommes occupés de la constitution intérieure d'une société, mais nous n'avons pas encore parlé des rapports des sociétés entre elles, c'est-à-dire de la paix et de la guerre.

La paix n'est pas encore l'unité, elle tient encore de l'isolement. La guerre non plus n'est pas l'anarchie, l'anarchie est la convulsion d'une société qui se dissout et perd la vie avec l'unité. La guerre est la lutte entre deux sociétés vivantes, entre deux unités constituées dont l'une veut absorber l'autre.

Il est clair qu'ici encore c'est l'amour qui fait défaut. Si les peuples s'aimaient entre eux comme le doivent les frères d'une même famille, la guerre n'aurait jamais lieu.

Mais pour que cet amour existât, il faudrait que les peuples fussent en société, c'est-à-dire, qu'au-dessus du centre qui forme chaque peuple, il se trouvât un autre centre plus haut et plus puissant auquel tous les peuples pussent se rattacher fortement et former ainsi un faisceau vivant d'une vie une.

Ici se pose la plus haute des questions humanitaires, celle de la paix universelle et de l'unité sociale.

Et on peut se demander trois choses.

1° La société parfaite de l'humanité entière, cette société qui, comme nous l'avons vu, réalise à la fois l'autorité entière et la liberté entière est-elle possible ?

2° Peut-on du moins en approcher ?

3° Par quel moyen ?

L'unité sociale a été depuis le commencement le rêve de l'humanité. Les traditions de tous les peuples montraient cette unité existante à l'origine des choses et racontaient par quelle faute elle avait été brisée, mais l'espérance de la recouvrer un jour n'a jamais pu s'effacer du cœur de l'homme. Les payens l'espéraient comme le retour de l'âge d'or, les juifs comme l'œuvre du Messie, et les chrétiens l'attendent encore sous le nom de règne de Dieu. *Adveniat regnum tuum.* Enfin les utopistes s'imaginent aussi l'atteindre au moyen de leurs systèmes socialistes.

Toute l'antiquité ne sachant pas discerner la fausse unité de la véritable, a voulu réaliser le rêve social par la force, c'est à quoi ont travaillé l'un après l'autre les quatre empires annoncés par le prophète Daniel.

Nabuchodonosor dit à son conseil que son dessein était de subjuguer à son empire toute la terre, et cette parole plut à tous. (Judith. 2, 3.)

Les Romains pensèrent avoir atteint le but lorsqu'ils fermèrent pour la troisième fois le temple de Janus, et Virgile chanta dans sa quatrième églogue le retour de l'âge d'or.

Mais dans la vision expliquée par le prophète Daniel, c'est à la pierre blanche qui descend de la montagne qu'est promis le royaume final et indestructible.

L'objet d'une si longue attente et d'une si puissante aspiration, peut-il n'être qu'une chimère à jamais irréalisable ?

Cependant, si nous pesons les éléments humains de la société, il faudrait désespérer car l'impossibilité est évidente.

Pour réaliser l'unité sociale autrement que par la force, il faudrait un centre assez puissant pour attirer à lui tous les centres partiels qui font les peuples de la terre, et les peuples avec eux.

Il faudrait donc que ce centre fut plus fort que tous les autres, il faudrait qu'il fut incontestable comme lumière pour dominer toutes les intelligences et parfait comme bien pour attirer tous les cœurs.

Où trouverons-nous sur la terre ce pivot merveilleux, et d'abord, où trouverons-nous ce centre lumineux, ce principe d'unité pour toutes les intelligences ? Est-ce dans la science ? Il est évident que non.

D'abord la science à l'état fini où nous la possédons est plutôt un principe de distinction que d'unité.

Le nom de science n'est donné qu'à ce qui entre complètement dans le domaine de la compréhension. Dès qu'une idée dépasse la puissance compréhensive, elle sort du domaine de la science et entre dans celui du sentiment ou de la foi. Or, le degré de compréhension étant différent dans chaque intelligence, la science sert plutôt à distinguer les êtres pensant qu'à les réunir, elle est un des fondements de la personnalité par laquelle un être est différent de tous les autres.

Aussi les savants ne cessent de se disputer.

Il est vrai qu'il y a des points qui sont, comme l'on dit, acquis au domaine de la science; mais ces points ne sont pas nombreux et la plupart sont inconnus ou incompris de la multitude. De plus, ces points ont pour cette multitude peu d'intérêt et sont incapables d'exercer une influence sociale.

Ce qu'il y a de certain dans la science se trouve presque tout renfermé dans les mathématiques dont le peuple ne s'occupe pas. Les vérités qui intéressent tous les hommes et qui peuvent servir de lien à la société sont toutes religieuses et morales. Quelle est l'origine de l'homme? Quelle est sa destinée? Quelle est sa fin dernière? Par quel moyen peut-il l'atteindre? Toute la direction de l'activité humaine dépend de la réponse à ces questions. Et que dit la science? Rien! Elle doute et avance des hypothèses contradictoires. Ce n'est donc pas d'elle que peut venir l'unité spirituelle de la société.

Certains esprits frappés de l'impuissance où l'on est d'accorder les pensées des hommes ont cru éluder la difficulté en proclamant l'indifférence religieuse qu'ils ont déguisée sous le nom de tolérance. Sacrifice inutile! Ce qui divise directement les hommes, ce sont leurs intérêts, ce qu'ils se disputent avec acharnement, c'est ce qu'ils croient être le bonheur. Sur ce point, nul n'est indifférent et nul ne le peut être.

Est-il donc une manière d'envisager la question du bonheur qui maintient la paix parmi les hommes, et une autre manière qui les divise? Oui. Voilà pourquoi tout dépend de ce que les hommes croient être le bonheur. Et sur cette question ce n'est jamais la science qui mettra les hommes d'accord.

Où trouverons-nous maintenant sur la terre ce bien parfait et incontestable, offrant à tous les cœurs un intérêt unique et assez puissant pour les élever au-dessus de tout intérêt particulier?

Aucun gouvernement ne répond à ce but. Les gouvernements sont en général médiocrement aimés. La plupart des hommes préféreraient s'en passer et ne les acceptent que comme un moindre mal. On a besoin d'être protégé au dedans contre les malfaiteurs, au dehors contre les ennemis, c'est ce que fait le gouvernement, à ce prix on accepte sa domination toujours plus ou moins entachée de tyrannie et d'injustice même involontaire.

Il est clair que pour réaliser cette grande unité il faudrait au centre de la société une lumière infinie et un bien infini. Par conséquent, Dieu seul pourrait être le centre de la société parfaite, c'est pourquoi les chrétiens l'appellent : le règne de Dieu.

Faut-il donc absolument attendre le ciel pour avoir la paix? Faut-il renoncer tout à fait à cet idéal tant caressé par l'humanité? Et si nous ne pouvons le réaliser complètement, trouverons-nous sur la terre un moyen d'en approcher jusqu'à un certain point?

Ce qu'il faut, comme nous l'avons vu, c'est un bien infini à conquérir et un guide infaillible pour mener à cette conquête.

Nulle part sur la terre nous ne trouvons ces deux choses, si ce n'est dans le programme de l'Église. Promettre cela c'est déjà montrer une profonde connaissance de l'humanité et de ses besoins.

Examinons donc plus attentivement.

L'Église est une société, mais le plan de cette société ne ressemble en rien à celui des autres.

Fondée tout entière sur l'attraction ou l'amour, elle a un centre mais point de circonférence. Nul n'y entre par force, nul n'y reste par force, et son essence, qui est l'amour, est par là même la liberté.

Société spirituelle et par là indépendante des conditions matérielles qui localisent les autres sociétés, elle peut admettre ou rejeter à volonté ceux qui font partie des autres sociétés, sans qu'ils cessent d'en faire partie. Elle peut donc s'étendre indéfiniment sans troubler l'ordre matériel et ses conquêtes pacifiques n'ont point de limites assignables ; du reste, toutes les nations lui ont été promises par son fondateur.

La merveille et le secret de cette société, c'est que son centre n'est ni un homme, ni une assemblée, mais Dieu même.

Dieu d'abord comme lumière.

La loi de cette société est l'Évangile, parole de Dieu qui, par son autorité infinie, fixe la vérité, prévient toute discussion, soumet toute intelligence et réalise l'unité de la pensée humaine sur toutes les vérités sociales, celles qui font connaître à l'homme son principe, sa fin dernière et le moyen d'y parvenir.

Mais comme l'interprétation de cette parole divine plus ou moins bien comprise pourrait ramener la division dans les pensées et briser l'unité qui est la vie, aux pieds de l'Évangile est posé le dogme de l'infaillibilité de l'Église tiré de la promesse divine. Dogme qui, en assurant l'unité d'interprétation, prévient toute rupture et maintient à travers tous les siècles la communauté intellectuelle.

Pour qui a sondé le problème social, le dogme de l'infaillibilité est digne de toute admiration (1).

(1) Voyez le *Livre de l'Infaillibilité*, de M. Blanc Saint-Bonnet, où quelques-unes des considérations suivantes sont amplement discutées.

Elle est évidemment un besoin de la société, et tout ce qu'on a voulu mettre à la place est insuffisant.

Ce qu'on a imaginé de mieux jusqu'ici est la loi de la majorité. Mais de quel droit la majorité peut-elle imposer sa manière de voir à la minorité? Pourquoi cent hommes auraient-ils plutôt raison que soixante? N'arrive-t-il pas quelquefois qu'un homme voit plus juste que mille?

La raison de la majorité n'est autre chose que la raison du plus fort, qui est la meilleure comme celle du loup. Aussi l'agneau de la minorité cède à la force sans être convaincu et il n'a qu'une idée fixe, c'est de devenir loup afin d'avoir raison à son tour.

Seule l'infaillibilité peut trancher le débat et rendre l'unité possible.

Dieu est encore le centre de la société de l'Église comme bien suprême, point d'attraction et but de l'activité.

L'Évangile en effet montre à l'homme le bonheur qui est sa fin dernière, non sur la terre et dans le temps, mais au ciel, dans l'éternité. Ce bonheur qui est Dieu et par conséquent infini, est seul assez puissant pour élever le cœur au-dessus de la scène changeante de ce monde et l'arracher à tous les biens disputables, par conséquent aux disputes.

Ce second enseignement de l'Église n'est pas moins admirable au point de vue social que l'infaillibilité.

La terre n'est point en proportion avec le cœur de l'homme qui, semblable à un feu dévorant, la consumerait tout entière sans être rassasié.

Le feu comme le désir est utile et agréable, mais à certaines conditions.

Allumez un grand feu dans une chambre sans cheminée, bientôt la fumée vous aveuglera et vous asphyxiera, les meubles s'enflammeront à leur tour et tout finira par un incendie.

Mais qu'une cheminée offre au feu une issue dans l'immensité de l'espace, il cesse d'être nuisible; il ne reste plus dans la chambre qu'une agréable chaleur et un jeu de lumière, qui font le bien-être et la gaîté de la famille.

Toute loi purement humaine renferme le cœur de l'homme sur la terre, et toutes les fois que le cœur de l'homme sera sur la terre renfermé et sans issue, il produira des incendies sociaux, c'est-à-dire des guerres et des révolutions.

La société de l'Église est donc formée sur le plan de la société parfaite et elle la réaliserait partout si tous les hommes, sans exception, y adhéraient sincèrement.

Je sais qu'on peut dire de tout contrat social qu'il réaliserait la paix si tous s'y attachaient.

Mais ici la différence est totale. L'Église seule offre des motifs raisonnables d'adhésion pour tous. Aucune autre société n'offre à son centre un bien infini et une lumière indiscutable. Si on s'attache à ces centres partiels, c'est pour éviter un plus grand mal qui est l'anarchie, mais la société chrétienne est la seule à laquelle on s'attache pour atteindre le vrai bien.

D'ailleurs, aucune des grandes sociétés matérielles ne pourrait être acceptée comme centre, car les autres étant de même nature y ont le même droit et ne voudraient pas céder ce droit. Mais l'Église étant société spirituelle se trouve unique dans son genre et sans concurrence, elle peut par conséquent jouer le rôle de centre universel sans exciter la jalousie des autres.

De plus, ce centre spirituel peut tout réunir en laissant à chaque groupe ses coutumes et sa manière de vivre tant qu'elles ne sont pas en contradiction avec la loi de Dieu, tandis qu'un centre matériel voudrait nécessairement tout réduire sous le niveau de la législation, ce qui froisserait une foule de petites libertés, auxquelles les hommes tiennent d'autant plus qu'elles les touchent de plus près.

En un mot le centre spirituel en maintenant l'unité du but peut admettre dans tout ce qui n'éloigne pas de ce but une grande variété ; et nous avons vu que la variété dans l'unité produisait l'harmonie ou le beau.

Le centre matériel ne pouvant dominer l'esprit et n'agissant sur lui qu'indirectement, s'acharne sur la forme extérieure et souvent au lieu de produire l'unité ne réalise que l'uniformité, singerie de l'unité, qui exclut le beau et entrave la liberté (1).

Il est vrai que l'Église a un petit royaume matériel, mais ce petit royaume n'a que juste ce qu'il faut pour qu'elle ne soit pas chez les autres. Loin de dominer comme royaume matériel, elle est au dernier rang et ne peut subsister que respectée et protégée par ses puissants voisins.

C'est uniquement comme société spirituelle qu'elle peut dominer et centraliser toutes les autres sociétés et, par l'unité, amener la paix universelle et la réalisation la plus complète possible de la liberté.

L'histoire nous montre le rôle de l'Église. Lorsque Jésus-Christ jeta sur la terre ce grain de senevé qui devait surpasser les plus grands arbres, l'Église trouva la société dans la plus complète des

(1) Relativement à l'unité et à la variété la règle philosophique est celle-ci : l'unité ressort de l'infini ou de l'absolu et la variété du fini.

Le principe est immuable, les conséquences se développent légitimement tant qu'elles ne sont pas fausses, c'est-à-dire tant qu'elles ne détruisent pas le principe. L'essence est une et la forme peut varier beaucoup sans détruire l'essence, alors loin de lui nuire elle la manifeste et la glorifie.

C'est pourquoi dans l'Église le dogme est immuable tandis que la discipline peut varier.

servitudes. La terre adorait César, non par amour, mais par peur.

Ce n'est point par les armes ni par aucun moyen matériel qu'elle a entrepris la délivrance universelle.

Sachant au contraire que tant que les esprits étaient divisés, tout effort pour secouer les chaînes ne ferait que les resserrer, elle a dit : « Obéissez à vos maîtres même méchants, *etiam discolis* ». Mais en même temps elle préparait la seule condition qui rende la liberté possible, l'unité spirituelle par la foi et l'amour et elle disait : « Voici la parole de Dieu, que tous y croient. Voici le grand commandement : Aimez-vous les uns les autres, que tous le mettent en pratique ».

L'Eglise répandait donc l'amour par toute la terre et par l'amour elle ramenait l'unité vraie. Bientôt un lien intime unit des multitudes d'âmes qui étaient disséminées dans toutes les parties du monde. A mesure que l'amour inondait la terre, les chaînes se dissolvaient d'elles-mêmes ; et quand cette inondation eut atteint les plus hautes montagnes, c'est-à-dire le trône de César, le césarisme s'évanouit et l'empereur se trouva chrétien.

Malheureusement le triomphe de l'Eglise quoique général, ne fut pas complet. La division est toujours restée plus ou moins dans le monde, jamais l'amour n'a été universel ni l'unité absolue. Néanmoins tout ce qui reste d'unité, d'amour et de liberté est l'œuvre de l'Eglise, et seule elle est la cause de toute la différence qui se trouve entre la société moderne et la société antique. C'est elle qui a détruit l'omnipotence du césarisme et qui, depuis, l'a toujours empêché de ressaisir cette omnipotence qu'il convoite toujours et qu'il reprendrait bien vite s'il pouvait voir la mort du dernier Pape.

Sans l'Eglise le despotisme est sans contrepoids. Il peut être brisé momentanément par une révolte ou une guerre, mais pour renaître aussitôt sous une autre forme. l'Eglise seule a pu jusque-là modérer l'autorité sans la détruire. L'humanité blessée et affaiblie par le péché originel, s'est montrée jusqu'ici incapable d'arriver par ses propres forces à l'unité et à la liberté ; et si l'Eglise n'a pu encore arriver à la réalisation complète, elle seule cependant a travaillé dans le sens de cette réalisation et en elle seule se trouve la possibilité d'atteindre le but, c'est pourquoi tous les despotismes se sont défiés d'elle ou l'ont combattue ouvertement.

Mais alors dira-t-on pourquoi tous les hommes et tous les peuples ne se sont-ils pas empressés de s'attacher à l'Eglise ?

Il est clair qu'il y a eu malendu, et que si les hommes avaient bien compris leur intérêt ils l'auraient tous fait. Mais comme Jésus-Christ l'avait prédit, l'Eglise a eu à lutter contre les portes de l'enfer, qui cependant ne doivent point prévaloir contre elle, et la réalisation n'aura lieu qu'à la fin de la lutte et sera le prix de la victoire.

Il est curieux de voir avec quelle ruse Satan, que Jésus-Christ appelle le prince de ce monde, a profité des complications de la question de la liberté pour tourner la tête aux hommes et leur faire prendre la mauvaise route.

Il y a comme nous l'avons vu une vraie unité et une vraie liberté inséparables l'une de l'autre, ce sont elles que l'Eglise cherche à établir sur la terre.

Il y a la fausse unité et la fausse liberté qui non seulement détruisent celles qui sont vraies, mais encore sont exclusives l'une de l'autre, ce sont elles que Satan cherche à faire prévaloir tour à tour.

Quand l'Eglise parut sur la terre, Satan devenu maître du monde avait réalisé la fausse unité par le despotisme des empereurs romains. Alors, il se fit conservateur et prit le masque de l'ordre. Il accusa les chrétiens de désobéissance à l'autorité et les fit massacrer par millions pendant trois siècles.

Mais quand il vit la fausse unité vaincue, quand l'empire devenu chrétien marcha dans le sens de l'Eglise, il changea de tactique et songea à préparer le triomphe de la fausse liberté.

Il attendit que le premier enthousiasme fut passé, que la faiblesse humaine eut introduit des abus qui pussent servir de prétexte, alors il leva l'étendard de la fausse liberté. Sa première bataille a été le protestantisme, sa dernière la révolution qui dure encore.

Ainsi trompant les hommes par les noms, il a d'abord fait persécuter l'Eglise au nom de l'unité et de l'autorité par les empereurs. Puis, plus tard, il a fait révolter les peuples contre l'Eglise au nom de la liberté, mais c'était de sa part un double mensonge, car c'est lui qui est le grand ennemi de la liberté aussi bien que de l'unité, c'est lui qui au moyen de la division qu'il sème partout empêche de les réaliser sur la terre; il ne les soutient que lorsqu'elles sont fausses et cherche à les détruire dès qu'elles sont vraies; l'Eglise au contraire soutient la vraie liberté et la vraie unité et ne leur résiste que lorsqu'elles sont fausses.

Une autre cause encore retarde le triomphe de l'Eglise c'est qu'elle est obligée d'accomplir son œuvre par le ministère des hommes, et que la faiblesse humaine gâte tout ce qu'elle touche.

Dans l'Eglise donc, comme partout où il y a des hommes, malgré la perfection du principe il y a des imperfections dans les détails de l'application. Les abus renaissent sans cesse, il faut sans cesse les retrancher, c'est à quoi ont travaillé de tout temps les papes et les conciles.

Les ennemis de l'Eglise ont beaucoup exagéré ces abus; ce n'est pas ici le lieu de faire la part exacte de la vérité, mais quel que fut le résultat de ce travail la conclusion ne changerait pas.

Existe-t-il hors de l'Eglise une institution qui offre au monde une vérité infaillible et un souverain bien? non! Or, ces deux choses comme nous l'avons vu sont les conditions indispensables d'un centre universel. Donc l'Eglise est le seul principe possible d'unité. Il y a eu des fautes dans l'application, qu'en conclure? Le plus grand logicien de la théologie, saint Thomas, dit ceci : (Quest. 87). « L'erreur dans « les conclusions se redresse par la vérité des principes... L'erreur « qui tombe sur les principes ne peut être rectifiée... de même le « mal qui laisse subsister le principe du bien trouve un remède dans « la vertu du principe mais le mal qui détruit le principe est irrépa- « rable ».

Donc, lorsqu'un principe social est bon, si dans les conséquences pratiques il se glisse des abus, ils viennent soit d'un manque de logique, soit de l'introduction de faussetés étrangères. Alors c'est en remontant au principe, en le dégageant d'influences étrangères qu'on peut trouver le remède, et la plus funeste des folies est de condamner et de détruire le bon principe à cause des fausses conséquences qu'on en a tirées, car alors au lieu de guérir le mal on le rend irrémédiable (1).

Or nous avons un principe social reconnu bon c'est l'Eglise. Admettons tous les abus qu'on voudra supposer, faut-il la proscrire? non! mais il faut purifier les conséquences à la lumière et au feu du principe.

Cela est d'autant plus nécessaire que non seulement le principe est bon, mais unique. S'il en existait d'autre on pourrait choisir et chercher à se passer de celui-là. Mais il est seul. La société humaine comme nous l'avons déjà constaté, est incapable par elle-même d'arriver à l'unité libre. La divergence des opinions est irrémédiable et ne peut en aucune manière servir de fondement à l'unité. L'unité ne peut s'établir que par la croyance, or la croyance n'est raisonnable et ne peut devenir universelle qu'autant qu'elle s'attache à la vérité infailliblement connue comme telle.

(1) Cette folie a été celle de la Révolution. La religion dont l'Eglise a le dépôt est le vrai principe de l'unité. Qu'il y eut des abus nul ne le conteste, mais au lieu de chercher le remède dans le principe même, elle a cru remédier aux abus en proscrivant le principe dont on avait abusé. Elle a proscrit le principe de l'unité spirituelle en proscrivant l'Eglise, et le principe de l'unité matérielle en proscrivant la royauté qui le représentait alors. Puis elle a posé en principe le droit de l'homme ou la liberté absolue qui est comme nous l'avons vu le principe de la division par laquelle la liberté se suicide et ramène fatalement le despotisme qui est son tombeau.

Aussi, malgré la devise : *Liberté, égalité, fraternité*, dont elle n'a jamais eu que les mots, la Révolution a réalisé l'anarchie, la terreur, le césarisme et jamais la liberté. Et jamais elle ne la réalisera parce que malgré la justice apparente de ses réclamations, malgré son programme séduisant, son principe est faux, il est le principe de la division et ne produira jamais autre chose.

Mais Dieu seul est infaillible par lui-même et peut par sa parole fonder l'unité. Si donc il ne faisait pas connaître d'une manière certaine sa parole, la société serait condamnée à une division sans remède et à une guerre éternelle, et la Providence serait en défaut.

Il faut donc qu'il y ait un moyen de connaître certainement la parole de Dieu et que l'infaillibilité soit quelque part. Evidemment elle n'est nulle part si elle n'est pas dans l'Eglise qui seule revendique ce privilège. Le possède-t-elle réellement ? Sur cette question repose tout le problème social. Tant qu'on ne sera pas d'accord sur ce point on ne s'accordera sur rien autre.

Mais ce point une fois admis, la croyance deviendrait une; sur toutes les vérités morales et religieuses, l'unité volontaire s'établirait partout et par conséquent la liberté.

Mais, de plus, l'humanité tout entière s'élèverait à une grande hauteur.

En effet, les fondateurs qui se posent centre d'un nouveau groupe sont ordinairement des hommes supérieurs soit par l'intelligence, soit par la volonté. Or, la multitude bénéficie de la supériorité du centre, car un peuple qui marche sous la conduite d'un chef intelligent et sage, agit comme s'il était tout entier intelligent et sage.

Alors l'unité est forte, l'autorité est grande, l'élan universel et le peuple puissant.

Mais, si comme il arrive souvent par la suite, celui qui par succession occupe le centre est un être inférieur, sans sagesse, sans énergie ou sans bonté, alors toute la société est en souffrance, l'unité se relâche, la multitude est abandonnée à sa propre faiblesse, et sa marche devient incertaine comme celle d'un troupeau sans pasteur.

Il semble donc qu'on devrait toujours mettre à la tête le plus excellent et que le meilleur système de succession serait l'élection. Mais l'expérience a démontré que l'élection était souvent inintelligente, plus souvent faussée par l'intrigue, et toujours privée de ses avantages par la division que jetait dans la Société l'ambition réveillée et la jalousie déçue

De sorte que les hommes trouvent avantage à supporter la médiocrité héréditaire du centre. Mais alors loin de chercher à fortifier l'unité dont ils craignent les abus, ils accumulent contre elle les précautions et les garanties, ce qui laisse l'autorité sans force et la société impuissante.

C'est toujours le menaçant dilemme du despotisme et de l'anarchie.

C'est en face de ce dilemne qu'il faut considérer le dogme de l'infaillibilité pour en comprendre la valeur, car elle seule donne à la société le moyen d'y échapper.

En effet, cette infaillibilité n'ayant rien d'humain est exempte de toutes les vicissitudes humaines. Elle n'est au fond que celle même de Dieu dont la parole éclaire notre intelligence et guide notre activité, par là, elle donne au centre de l'Eglise qui pourrait être celui du monde une supériorité incontestable, qui exclut toute crainte et appelle une confiance illimitée. L'infaillibilité propre de l'Eglise n'est qu'interprétative de la parole de Dieu, et encore elle n'est fondée ni sur la science, ni sur le génie humain qui peuvent défaillir, ni sur le nombre, qui n'a, par lui même, qu'une valeur relative, mais sur l'assistance surnaturelle de l'Esprit-Saint et la promesse de Jésus-Christ. Ainsi, d'un côté ne mettant en jeu aucune personnalité humaine, elle ne peut provoquer l'ambition, froisser la vanité, ou exciter la jalousie, de l'autre l'immuable promesse de Jésus-Christ la rend indéfectible et la garantit jusqu'à la fin des siecles. Mais surtout comme elle n'est que la manifestation de la sagesse divine, les peuples, en suivant cette lumière, sont assurés d'agir avec une sagesse plus qu'humaine et tout être raisonnable avec ce guide peut espérer d'atteindre la fin pour laquelle il est créé, ce qui est le seul but digne de l'activité humaine.

Ainsi les résultats de l'adhésion universelle et volontaire à l'Eglise seraient: Certitude, suivre la vraie voie, unité parfaite, marche unanime dans le même sens, paix perpétuelle, et liberté de tous. Hors de cette adhésion nous l'avons démontré, ces résultats sont impossibles (1).

Qu'on me permette encore une comparaison qui résume beaucoup des considérations précédentes.

La société peut se regarder comme le concert de l'humanité et elle ne peut se faire qu'aux mêmes conditions qu'un concert. Or, un concert doit être la manifestation d'une belle pensée musicale et du talent des artistes qui exécutent, par le moyen de l'harmonie fondée sur l'unité. Sans ce dernier point l'unité rien n'est possible, il faut

(1) Je sais ce que vont me dire, s'ils me le disent, les libres-penseurs de notre siècle : Le point sur lequel repose votre théorie est inadmissible, par conséquent tout votre échafaudage s'écoule. Jamais nous n'admetrons l'infaillibilité de l'Eglise, notre seule lumière est la raison et c'est par elle seule que nous voulons régir le monde.

Bien que ce soit la raison qui vous démontre la nécessité de l'infaillibilité pour réaliser l'unité et la liberté, vous n'en voulez point ?

Soit ; mais alors convenez franchement que l'unité et la liberté sont impossibles, que la guerre est inévitable et éternelle, et que la marche de l'humanité au lieu d'être le mouvement universel vers un but certain n'est qu'un sauve-qui-peut en tous sens.

Alors, laissez la Société tranquille, ne la troublez pas continuellement en promettant la liberté que vous savez ne pouvoir donner, en proclamant la paix que vous savez impossible, ne vous targuez pas d'une science sociale dont vous ne possédez pas les premiers éléments.

Renoncez si vous voulez au seul moyen d'arriver au but, mais au moins taisez-vous et ne remplissez pas le monde de vos mensonges, qui ne font qu'augmenter le trouble et le désordre, sans réaliser aucun bien.

Taisez-vous et tout n'en ira que mieux.

un chef d'orchestre habile et que l'on puisse suivre en toute confiance. L'acceptation du chef ne nuit en rien à la liberté de l'exécutant. N'est-ce pas librement que les artistes du Conservatoire qui sont des maitres, se soumettent à un chef d'orchestre, acceptent l'œuvre qu'on doit exécuter, la partie qui leur est assignée, et suivent fidèlement le mouvement qu'indique la baguette du chef? Qu'en résulte-t-il? Une harmonie ravissante, qui semble quelque fois un avant-goût du ciel. Mais si tous les artistes avec tout leur talent s'assemblaient sans entente préalable, et jouaient chacun selon son inspiration et son caprice un chef d'œuvre du répertoire, qu'en résulterait-il? Une cacophonie épouvantable, capable de déchirer les oreilles les plus dures.

Or, dans lequel des deux cas la liberté a-t-elle son plus bel et son plus heureux épanouissement?

Pour le premier cas, elle semble, au premier abord, avoir renoncé à elle-même, elle se soumet et se discipline; toutefois, c'est volontairement et par conséquent librement qu'elle le fait. En récompense, elle jouit amplement d'elle-même, la beauté de l'œuvre qu'elle exécute l'enthousiasme, l'harmonie à laquelle elle contribue la charme, elle se sent exaltée et redouble avec joie ses efforts pour arriver à la dernière perfection.

Dans le second cas la liberté semble n'avoir ni frein, ni limite, mais loin de pouvoir jouir d'elle-même, elle est torturée par les sons discordants que font entendre les autres libertés, et à son tour elle torture tous les autres en se torturant elle-même; le supplice qu'elle éprouve est d'autant plus grand que le musicien a le goût plus développé et l'oreille plus délicate, c'est avec rage qu'il fait d'inutiles efforts pour dominer et étouffer les autres bruits, il ne peut empêcher une cacophonie qui fait grincer des dents comme en enfer, *ubi erit stridor dentium* (1).

Il me reste maintenant la dernière difficulté à résoudre.

Quelqu'un me dira peut-être: Loin de répondre à la question, vous n'avez fait que la déplacer, il s'agissait de liberté et votre dernière conclusion est qu'il faut s'attacher à l'Eglise et suivre la loi de Dieu, c'est-à-dire qu'il faut prendre un joug; ce n'est point encore la liberté, et joug pour joug, pourquoi celui-là plutôt qu'un autre?

C'est ici que nous touchons le nœud et le point le plus délicat de la question.

(1) C'est en partie ce qu'a réalisé jusqu'à présent la République Française si dérisoirement appelée une et indivisible, précisément parce qu'elle a toujours voulu se passer de Dieu qui a seul le secret de l'unité. Aussi, notre siècle sera célèbre dans l'histoire, surtout par ce qu'on peut appeler la cacophonie libérale, c'est-à-dire la fausse liberté.

Voici donc. L'indépendance absolue suppose deux conditions, ne pouvoir être ni trompé ni arrêté, c'est-à-dire, lumière infinie et puissance infinie.

Dieu seul peut prétendre à l'indépendance absolue, il ne peut se tromper et ne peut trouver d'obstacle à sa volonté.

Mais tout être fini ne peut se mouvoir qu'environné d'êtres plus puissants que lui; il faut donc ou qu'il marche d'accord avec eux ou qu'il se heurte et se brise contre eux, et bien qu'il puisse éviter telle ou telle créature il rencontrera toujours Dieu qui est partout.

Nul être fini ne peut se faire le centre universel, nul ne peut faire de son caprice l'unique règle de toute chose, celui qui veut que sa volonté ne soit pas contrariée doit s'efforcer, non de plier tout à sa volonté, mais de diriger sa volonté dans le sens du possible et du vrai.

La suprême liberté pour l'être fini ne consiste donc pas à n'avoir point de joug mais à choisir le bon. De même qu'un homme peut choisir pour se reposer sur la terre une place plus ou moins bonne, mais il faut qu'il pèse de tout son poids quelque part et ne peut rester en l'air.

Les dix commandements de Dieu sont la vraie route, celle qui conduit au vrai centre. Dans cette route divine toutes les volontés peuvent marcher sans se faire obstacle les unes aux autres.

Ce qui fait la difficulté, c'est que le péché originel nous a laissé une tendance à l'erreur et au mal qui nous éloigne de cette route de la perfection; et par le fait, pour un très grand nombre, l'idéal de la liberté c'est de se débarrasser de ces dix commandements.

Soit! que tout le monde s'en débarrasse, qu'arrivera-t-il?

Tout le monde, mentant, volant, violant, tuant, nous tombons immédiatement dans la guerre de tous contre tous dans l'anarchie ou chaque liberté est détruite par toutes les autres.

Ainsi lorsque l'homme veut briser le vrai joug, il en trouve immédiatement mille autres plus durs que le premier. Comme l'enfant irrité du miroir qui lui montre sa laideur, qui le brise et voit immédiatement cette laideur cent fois reproduite par les débris de la glace.

Je sais qu'il faut de la peine pour plier la nature viciée au bien, aussi est-il dit que le bonheur n'est pas sur la terre, cette vie n'est qu'une préparation au bonheur; celui qui a tourné son âme au bien, débarrassé par la mort de l'inclination au mal volera éternellement avec délice et sans obstacle dans la ligne du bien, et par son union avec Dieu, il deviendra participant de sa souveraine indépendance. Toutefois la vertu qui se prive, même sur la terre est mille fois plus heureuse que le vice qui veut se rassasier.

Dieu n'a pas fait la terre à la mesure de l'homme parce qu'il n'a pas fait l'homme pour la terre. La terre ne suffisait pas aux convoitises de deux hommes, témoins Caïn et Abel. Elle est pour les vicieux qui la convoitent une proie insuffisante qu'ils s'arrachent à belles dents, sans pouvoir se rassasier; et cependant le vice, après avoir mené l'homme de déception en déception, le jette plein de rage dans l'anarchie éternelle où la liberté est éternellement écrasée.

Il ne s'agit donc pas d'éviter le joug mais de choisir le seul bon. C'est pourquoi Jésus-Christ qui est venu délivrer les hommes leur dit : « Choisissez mon joug parce qu'il est doux et léger ». La vraie liberté est là tout entière.

Les autres fardeaux, dit admirablement Saint Augustin « (En. in Ps. LIX 8), n'ont que de la pesanteur, celui de Jésus-Christ donne des ailes. Si vous ôtiez les ailes à un oiseau, on pourrait croire que vous lui oteriez un fardeau, mais plus vous lui otez ce fardeau plus l'oiseau s'abat en terre. Vous l'avez cru décharger et au contraire, il ne peut plus se relever parce que vous lui avez oté ce que vous pensiez être un poids. Rendez-lui ce fardeau et il volera. Il en est ainsi du joug de Jésus-Christ, prenez-le et vous verrez combien il est doux, combien il est léger, combien il est agréable, combien il détache de la terre, combien il élève au ciel. »

Cette doctrine est admirablement résumée dans ces deux beaux vers de Santeuil.

Quin regina sui, mens quoque subditur
Capto liberior jugo. (Hymn. monach.)

Bien plus l'âme reine d'elle-même se soumet aussi, plus libre par le joug qu'elle a pris.

Ici l'âme est reine et en pleine possession d'elle-même, elle n'est point forcée, ni violentée, mais c'est elle qui se soumet. Elle se soumet parce qu'elle voit la vérité, et, parce qu'elle aime, elle devient plus libre par le joug parce que ce joug ne lui est point imposé, mais qu'elle l'a choisi :

Capto liberior jugo.

Mais ce joug ne la rend libre que parce qu'il est le véritable et la vérité même. Si elle s'était trompée dans son choix au lieu de trouver la liberté elle n'aurait trouvé que l'esclavage. La vérité essentiellement une unit, le mensonge essentiellement double divise.

Ici se représente, comme dominant toutes les autres, la grande question que l'indifférentisme a voulu vainement écarter. *Quid est veritas?* Où est la vérité? Se soumettre à la vérité qui est Dieu même, à la vérité non seulement mathématique et physique mais surtout morale et religieuse, c'est toute la liberté. C'est non seulement la liberté mais la participation à la royauté divine comme on l'a dit : *servire Deo regnare est.* Ce n'est donc que par la vérité qu'on peut arriver à la liberté, et cette vérité, c'est avant tout la parole de Dieu, et cette parole n'a qu'un témoignage certain l'Eglise infaillible.

Ainsi cette parole de Jésus-Christ :

Veritas liberabit vos
La vérité vous délivrera

restera le dernier mot de cette grande et difficile question qui peut se résumer en ce peu de mots.

L'anarchie est l'absence de société et le suicide de la liberté. La société n'est autre chose que l'unité même, vraie ou fausse. Il lui faut l'unité à tout prix, les deux unités doivent se compléter si l'une fait défaut.

La liberté ne peut subsister que par la vraie unité et ne la dépasse jamais en proportion.

L'identité d'intérêts peut former des unités partielles et réaliser des libertés circonscrites mais la liberté ne pourrait être entière et universelle que si la vraie unité par l'amour était entière et universelle.

Aucun élément humain ne contient la possibilité de cette unité universelle qui est l'idéal de l'humanité.

L'Eglise seule renferme la possibilité de cet idéal si tous les hommes se rattachaient à elle, et les chrétiens espèrent cette réalisation à la fin des temps sous le nom de règne de Dieu.

Les hommes sont libres intérieurement d'accepter ou de refuser la loi de Dieu dont l'Eglise a le dépôt fidèle ; mais s'ils refusent, ils sont obligés de renoncer à leur idéal, l'unité sociale, à et leur plus puissante aspiration, la liberté universelle et parfaite.

Le premier pas pour résoudre le problème de la liberté est donc de connaître la vérité qui est surtout la parole de Dieu, c'est la foi ; le second de la mettre en pratique, c'est la charité ou la sainteté.

Et pour amener le règne de la vraie liberté dans le monde, il faut premièrement répandre partout la vérité qui est la parole de Dieu, secondement engager toutes les âmes à prendre le vrai joug qui est la loi de Dieu.

En deux mots éclairer les âmes et les sanctifier.

Tous ne peuvent pas contribuer à cette œuvre au même degré ; il en est qui, par leur position, peuvent avoir une grande influence, et d'autres qui en ont peu.

Mais cependant il est une chose que tous peuvent faire. Tous ont sous la main une portion de la société et cette portion c'est eux-mêmes. Que chacun donc commence par là, même ceux dont l'influence est étendue. Il y a plus si chacun se sanctifiait lui-même l'œuvre se trouverait achevée partout en même temps et le règne de Dieu commencerait sur la terre.

Il n'y a pas à attendre, tous peuvent commencer à l'instant, et c'est à l'accomplissement de cette œuvre que l'on reconnaîtra toujours ceux qui aiment la vraie liberté en réalité et non en parole.

§ III. — LIBERTÉ DU MAL.

Faut-il laisser la liberté au mal?

Le mal est l'ennemi de Dieu et de tous les êtres, il est le contraire du bonheur qui, comme le dit Pascal, est le but de tous les actes et de la volonté. Donc tous doivent le haïr, et les efforts de tous doivent tendre à le faire disparaître.

Voilà la réponse spontanée du bon sens.

Mais tant de sophismes ont été accumulés autour de cette question, qu'il est nécessaire d'en faire une étude spéciale.

Il faut noter avant tout qu'il ne s'agit point ici de la liberté intérieure qu'on appelle le libre arbitre. La liberté intérieure est l'essence de l'âme raisonnable. Elle est absolue en fait et nulle en droit, c'est-à-dire que nulle puissance extérieure, pas même celle de Dieu, ne peut forcer la volonté libre de choisir le bien ou le mal, mais elle a le devoir de choisir le bien, elle a le pouvoir et non le droit de choisir le mal, et si elle le fait, elle est coupable.

Il ne s'agit pas non plus du mal intérieur ou péché de l'âme qui se détourne du bien, péché qui reste hors de la vue et de la portée du pouvoir humain; mais il s'agit des actes extérieurs qui réalisent le mal au dehors, et par là deviennent nuisibles au prochain. De sorte qu'il faut changer la formule de la question posée : Faut-il laisser la liberté au mal, et dire : Faut-il laisser la liberté aux malfaiteurs?

Le bon sens dit : non.

Cependant ils la réclament audacieusement au nom de la justice et de la liberté. La liberté, disent-ils est le bien le plus précieux, elle est le droit de l'homme, il est injuste de la laisser aux uns, de l'ôter aux autres, nous demandons et nous voulons la liberté pour tous.

Ce sont là de grands mots vides de raison qui séduisent l'aveugle multitude.

La liberté pour tous ne serait possible que si toutes les volontés étaient en parfaite harmonie sur tous les points, ce qui n'aura lieu qu'au ciel. Mais s'il y a des volontés contradictoires, il est impossible que la liberté soit pour tous. Je ne suis pas libre de garder mon bien si le voleur est libre de me le prendre, je ne suis pas libre de vivre si le meurtrier est libre de me tuer.

Il faut donc choisir, et le choix n'est pas douteux, car la société qui forme un peuple n'est autre chose qu'une association de secours mutuels contre les malfaiteurs soit du dedans, soit du dehors, c'est-à-dire la réunion des efforts pour leur ôter la liberté autant que possible.

Si l'on ne peut donner la liberté en même temps au bien et au mal, il est clair qu'il vaut mieux la laisser au bien et l'ôter au mal.

Il y a plus, au nom et dans l'intérêt de la liberté qu'invoquent les malfaiteurs, on doit la leur refuser parce qu'elle leur serait inutile, car le mal non seulement empêche la liberté du bien, mais détruit la sienne propre.

Le bien est un. Tous ceux qui disent la vérité disent la même chose sans se contredire, mais les menteurs se contredisent toujours plus ou moins, et c'est par là que Daniel a confondu les deux vieillards imposteurs et démontré l'innocence de Suzanne. L'iniquité se ment à elle-même. *Mentita est iniquitas sibi* (Psalm.).

Ceux qui pratiquent la vertu peuvent tous le faire sans se faire obstacle l'un à l'autre; ceux qui font le mal après avoir empêché la liberté du bien se combattent les uns les autres et détruisent mutuellement leur propre liberté. Nous avons vu précédemment que tel était le résultat de l'anarchie.

Quelqu'un objectera peut-être que le mal est quelquefois capable d'ordre et d'unité, comme on le voit dans une bande de voleurs? Il ne faut pas se laisser tromper par les apparences. Le mal par lui-même est incapable de tout ordre et de toute organisation libre. Lorsqu'il paraît vivre et se mouvoir régulièrement, c'est grâce à un emprunt qu'il a fait au bien qui seul a la vertu de l'unité. Dans une bande de voleurs, l'union des membres et l'obéissance au chef ne sont pas le mal, ce qui est le mal qui empoisonne tout le reste c'est le but de cette association. Une bande de voleurs peut s'appeler le mal organisé qui est pire que le mal pur. En empruntant au bien il le profane et commet un sacrilège, il force l'unité à combattre contre elle-même et à mettre la division dans le reste du corps social. Aussi, s'il est bien d'ôter la liberté à un voleur, il est mieux de l'ôter à une bande de brigands.

Ainsi donc le bien seul est capable de produire la liberté, de la conserver et d'en jouir. Le mal, au contraire, est incapable de conserver la liberté qu'on lui laisse et n'a d'autre action que de la détruire de plus en plus.

Donc non seulement au nom de la vérité, de la justice et de la morale, mais au nom même de la liberté que les malfaiteurs réclament on ne doit pas laisser la liberté au mal.

La théorie est simple, claire et incontestable, mais quand on arrive à la pratique, les difficultés surgissent de toute part.

D'abord, où est le bien? où est le mal? où est leur limite

Grandes questions, pour nous bien difficiles, car nous ne sommes pas encore *comme des dieux sachant parfaitement le bien et le mal.* Mais sans entrer dans une discussion approfondie, nous pouvons constater, que l'opinion publique et l'histoire des peuples civilisés regardent comme mal social surtout cinq choses : la révolte contre l'autorité, le meurtre, le vol, l'adultère et le mensonge.

On remarquera de suite que ces cinq choses sont prohibées par cinq commandements de Dieu. Le mépris de l'autorité par le quatrième, le meurtre par le cinquième, l'adultère par le sixième, le vol par le septième et le mensonge par le huitième, et il est facile de voir que ces cinq commandements ont formé eux-mêmes l'opinion publique, surtout dans les peuples chrétiens.

Il suit de là que le mal social est la désobéissance à la loi de Dieu, et le bien social, l'obéissance à cette même loi.

La loi humaine ne s'occupe que de ces cinq commandements et n'a d'autre sanction pour les faire observer que la crainte du gendarme et du bourreau.

La loi de Dieu est plus complète, plus logique et plus efficace. Elle proscrit non seulement les actes mais les mauvais désirs, sachant combien il est difficile que les mauvais désirs non comprimés ne mènent pas aux actes.

Ensuite elle donne dans le premier commandement la raison de tous les autres et le motif de les observer.

En effet pourquoi mentir? Sinon comme Satan par hai[illegible], et pour perdre quelqu'un, où comme Caïn pour cacher le mal qu'on a fait au prochain. Or le mal qu'on a fait au prochain est ou un mauvais traitement, ou un vol, ou un adultère ou une désobéissance. Mais pourquoi tuer, voler, désobéir? Sinon pour se procurer au dépens d'autrui des biens dont on veut absolument jouir; et pourquoi cette convoitise égoïste et effrenée, sinon parce qu'au lieu de mettre sa fin dernière en Dieu comme l'ordonne le premier commandement, on la place dans les biens térrestres.

Tout remonte donc à ce premier commandement dont l'observance appelle l'observance de tous les autres, ce qui est le bien ; et dont l'oubli fait inobserver tous les autres, ce qui est le mal.

Il y a bien des degrés dans le mensonge, au plus bas de ces degrés il falsifie un petit fait matériel, mais au plus haut il attaque les vérités éternelles, et alors il s'appelle l'Erreur.

La loi de Dieu combat par dessus tout l'erreur ou le mensonge suprême qu'elle regarde avec raison comme la source de tous les autres maux.

En effet la vérité est une, simple et pure de tout mal, c'est pourquoi Dieu qui est la vérité même n'a point de mal en lui. Quiconque fait le mal le fait ou parce qu'il ignore la vérité, ou parce qu'il agit volontairement contre elle. L'ignorance de la vérité qu'on appelle bonne foi peut excuser l'homme devant Dieu, mais elle n'empêche pas l'acte commis par ignorance d'être nuisible à la société, de sorte que l'erreur est le mal social plus encore que le mal individuel.

La société n'est autre chose que l'unité d'un certain nombre d'hommes, l'unité est sa vie. Or la vérité seule est une, les erreurs et les mensonges contredisent la vérité et se contredisent entre eux.

La vérité unit les esprits et fonde les sociétés, l'erreur les divise, en divisant les esprits, elle divise les volontés, amène l'anarchie qui étouffe toute liberté et détruit la société même.

Ainsi l'erreur est le grand mal social, le mal source de tous les autres; c'est donc de l'erreur qu'une société qui veut vivre doit chercher avant tout à se garantir.

Or c'est précisément en face de l'erreur que l'impuissance humaine montre toute sa faiblesse

Les pouvoirs humains combattent à outrance la révolte, ils punissent plus ou moins sévèrement le meurtre et le vol, c'est à peu près tout. L'adultère presque toujours échappe à leur regard et à leur action et devant l'erreur, ils sont par eux-mêmes sans force et sans droit.

L'esprit humain travaille en tout sens comme une fourmilière, les penseurs prétendent chercher la vérité et croient la trouver, mais ils se contredisent.

Qui jugera ce grand procès? Qui dira où est le vrai dans ce fouillis d'assertions contradictoires. Un ministre, un roi eut-il un sceptre d'or prétendrait-il m'imposer comme vraie l'opinion qu'il a adoptée? Cela révolterait toutes les consciences; les Césars ont eu cette prétention, ils ont échoué contre les martyrs.

Le pouvoir humain est donc désarmé et impuissant contre l'erreur, qui cependant est la source de tous les maux qu'il doit combattre, il est comme un capitaine de vaisseau qui fait pomper sans relâche l'eau qui envahit le navire, mais ne peut boucher la voie d'eau qui est un danger permanent de naufrage.

Ici revient dans toute sa force, la question de l'infaillibilité; il est clair qu'elle seule a le droit et le pouvoir de juger le grand procès de la vérité. Elle seule peut s'imposer à tous, réunir les esprits et les volontés, conduire honorablement et pacifiquement la société dans la même voie et la faire arriver au même but.

Il est vrai que l'infaillibilité ne peut être imposée par la force et doit être acceptée par la libre volonté, néanmoins une société dont le pouvoir et le très grand nombre des membres admettent la même autorité infaillible, possède elle-même bien qu'imparfaite encore, une vitalité puissante qui peut la faire résister à bien des causes de division.

L'infaillibilité se présente donc comme pouvant seule sauver la société du naufrage.

Je ne comprends pas pourquoi la fierté humaine s'insurge contre l'idée de l'infaillibilité, il me semble au contraire qu'elle devrait l'accueillir avec enthousiasme.

Qu'on réfléchisse bien à ceci :

Toute société ne peut subsister sans un centre et une organisation, c'est-à-dire, sans un pouvoir et des lois auxquels il faut obéir. Or il n'y a pas de milieu, c'est à l'infaillibilité ou à l'arbitraire qu'il faut se soumettre, mais quelle différence!

Celui qui obéit à l'arbitraire avilit la dignité humaine, abdique les droits de la raison et prostitue la liberté, au contraire soumettre sa pensée et sa volonté à la vérité certaine est un acte éminemment raisonnable.

Céder à la peur ou à l'intérêt est un acte d'esclave, mais la liberté qui prend pour règle l'infaillibilité se conserve intacte, car elle le fait par amour de la vérité et de la justice, et tout ce qui se fait par amour est essentiellement libre.

Il est vrai que la liberté de celui qui s'attache à l'illusion semble aussi vivre par l'amour, mais cette liberté renferme en son sein le germe d'une mort certaine, car l'illusion amène inévitablement la déception, la mort de l'amour, et la mort de l'amour, celle de la liberté.

Au contraire, la liberté qui s'attache à l'infaillibilité n'a pas à craindre de déception, parce que la vérité est immortelle, et en s'attachant à elle, elle participe à son immortalité.

L'infaillibilité est donc le seul refuge de la dignité humaine et de la vraie liberté.

Mais où est l'infaillibilité?

Il est clair qu'il ne s'agit pas ici de l'infaillibilité négative des mathématiques qui n'apprennent rien à l'homme que des rapports abstraits entre des quantités, mais de l'infaillibilité positive qui éclaire les essences et peut faire connaître à l'homme son origine, sa fin et le moyen d'y parvenir.

Toutefois l'infaillibilité négative s'impose aussi à la raison et celui qui nierait que deux et deux font quatre se ferait mettre dans une maison de fous.

Mais il s'agit ici de l'infaillibilité positive.

Or Dieu seul possède par lui-même cette infaillibilité, et avant tout, nous lui devons une reconnaissance sans bornes de ce qu'il a bien voulu nous faire connaître sa parole qui contient la vérité pure, et nous donner une loi qui est la justice parfaite.

Par là, nous pouvons échapper au joug honteux de l'arbitraire, en nous soumettant à cette parole infaillible la dignité humaine reste intacte, en suivant la route que trace la loi divine la liberté peut traverser le désert de la vie sans dévier. Aussi l'enthousiasme du roi David ne tarit pas lorsqu'il parle de la parole et de la loi de Dieu, elle est la lumière qui guide ses pas, elle est pour lui plus douce que le miel, plus précieuse que l'or et l'argent, il la chérit plus que l'or et les pierres précieuses. *Lucerna pedibus meis... Super mel ori meo... Super millia auri et argenti... Ideo dilexi mandata tua super aurum et topazium* (118).

Mais la parole de Dieu renferme des mystères qui dépassent la raison, et les intelligences humaines laissées à elles-mêmes hésitent et se divisent sur le sens et la portée de cette parole divine, l'expérience en fait foi.

Le bien suprême de l'unité était donc en péril; c'est pourquoi Dieu qui autrefois avait guidé son peuple par des prophètes, a établi pour les chrétiens le tribunal infaillible de l'Eglise avec mission de déterminer le vrai sens de la parole de Dieu; et ce second bienfait qui nous assure la jouissance du premier mérite aussi toute notre reconnaissance.

Mais pour recueillir tous les fruits de ce bienfait, il est important de distinguer exactement ce qui appartient à l'infaillibilité et ce qui ne lui appartient pas.

L'infaillibilité de l'Eglise n'est pas comme celle de Dieu naturelle et universelle, elle n'est qu'une participation et un don spécial. Elle n'est pas le grand jour qui éclaire toutes choses, mais un flambeau inextinguible placé dans la nuit du temps et près duquel il faut approcher les objets dont on veut juger sainement.

L'Eglise est infaillible lorsqu'elle déclare solennellement par la bouche du concile ou du pape qu'une vérité est de foi, c'est-à-dire qu'elle est contenue explicitement ou implicitement dans la parole de Dieu.

Ici point d'arbitraire. L'Eglise ne crée point les dogmes, mais éclairée par la lumière que Dieu lui a promise, elle les constate. Tout vient de Dieu, et le dogme lui-même et l'infaillibilité qui le discerne.

Mais l'infaillibilité de l'Eglise ne s'étend point aux opinions personnelles de ses membres, ni aux conséquences éloignées que les casuistes tirent des principes certains et qui se contredisent souvent les unes les autres. Elle ne s'étend pas non plus aux appréciations politiques de l'Eglise, ni à sa conduite dans les affaires purement temporelles, bien qu'elle y apporte une sagesse généralement plus grande que celle des autres gouvernants.

Cette sagesse cependant est encore humaine et comme dit Bossuet, toujours courte par quelqu'endroit.

Ceux qui veulent étendre l'infaillibilité à toutes ces choses imposent aux hommes comme Jésus-Christ le reprochait aux pharisiens, un joug intolérable, ce qui amène souvent de déplorables résultats, car lorsque la patience humaine est à bout, les hommes la plupart du temps rejettent tout à la fois, et ce qui était surajouté mal à propos et ce qui était fondamental et devait rester inviolable.

Les conflits d'intérêts matériels ont été plus d'une fois l'occasion de scissions déplorables; au nom de la liberté des novateurs et des rois ont arraché des peuples entiers du sein de l'Eglise, et sous prétexte de les délivrer d'un joug injuste, ils les ont mis sous le joug plus injuste encore et plus dur de leur arbitraire.

Laissons donc à chacun sa responsabilité et nous verrons que l'infaillibilité est pure et sans reproche.

L'Eglise peut dire comme Jésus-Christ : Bienheureux celui qui ne se scandalisera pas à mon sujet.

Ceux qui ne se scandalisent pas sont les esprits grands et larges; ceux qui se scandalisent sont les esprits petits et étroits et voici leur différence.

L'esprit large, libre et vraiment indépendant ne résiste pas à l'infaillibilité, ce serait folie, cette soumission est précisément le point d'appui de sa liberté, elle est le pivot qui lui permet de se mouvoir facilement et librement en tout sens sans divaguer. En dehors de l'infaillibilité, il maintient son droit, il ne cède qu'à la raison mais il y cède toujours.

Il a quelquefois de sublimes hardiesses, jamais d'illégitimes témérités. Quant à ses actes s'il les soumet à des lois arbitraires, injustes même, ce n'est point par pusillanimité, mais par amour de la paix, et ses convictions restent intactes; il sait qu'il fait un sacrifice, mais il le fait à Dieu seul; c'est pourquoi il ne perd rien de sa grandeur et de sa dignité.

L'esprit étroit et servile ne discerne pas l'infaillibilité de l'arbitraire. Il s'attache à un guide subalterne, à un parti, à une coterie, à un homme et il les suit aveuglément ; selon que sa coterie le mène, il se soumet ou ne se soumet pas à l'infaillibilité et peut se trouver à la fois scrupuleux et révolté, mais en tout cela, même lorsqu'il se révolte contre l'autorité, il est toujours servile, toujours esclave d'un mot d'ordre.

Il n'a point de pivot immobile ; point de rocher où il puisse jeter l'ancre ; toujours cramponné à une épave, il flotte avec elle au gré de l'arbitraire toujours entraîné, jamais libre.

C'est l'arbitraire qui rend esclave et non l'infaillibilité, partout au contraire où elle projette sa lumière elle fait reculer l'arbitraire et étend le domaine de la vraie liberté, et nous ne devons avoir qu'un regret c'est qu'elle ne s'étende pas à tout comme au ciel, dissipant tous les doutes et écartant jusqu'à l'ombre de la servitude.

Mais malheureusement sur la terre son domaine est limité. Elle veille à l'intégrité des principes mais elle laisse aux législateurs le soin de régler tous les détails, champ immense pour l'arbitraire. Aussi, bien que chez les nations chrétiennes le point de départ de la législation soit la loi de Dieu, les lois humaines sont en résumé de l'arbitraire et quelquefois de l'injustice, cependant aucune société ne serait possible si on n'obéissait pas à ces lois ; il faut absolument se soumettre à tout cet arbitraire, et c'est là la misère humaine et l'humiliation de la liberté.

Mais la religion sait tout embellir. L'Evangile recommande aux chrétiens (1ª *Petri*, 2, 13) d'être soumis à toute autorité non seulement juste mais injuste. *Non tantum bonis sed etiam dyscolis*, et cela non à cause de leur plus ou moins grande bonté mais pour le bien de la paix et de l'unité, pour l'amour de Dieu *subjecti estote... propter Deum.*

Le chrétien qui obéit ainsi n'obéit ni à un homme ni à une loi humaine, ni à aucun arbitraire, il n'obéit qu'à Dieu. Or celui qui n'obéit qu'à Dieu n'est point esclave, il est libre, il est roi, selon cette belle sentence : « Servir Dieu c'est régner, *servire Deo regnare est* ». C'est pourquoi Saint Pierre qui recommande cette obéissance aux chrétiens leur dit aussi : « Vous êtes une race d'élite, un sacerdoce royal ; *vos genus electum, regale sacerdotium* » et c'est parce qu'il obéit à Dieu que le chrétien obéit si consciencieusement. Les révoltés ont donc tort de mépriser les chrétiens comme pusillanimes, ils ne voient pas la grandeur cachée ; rien en effet, ne paraît plus faible, plus humble, plus petit qu'un chrétien tant qu'on ne lui commande rien de contraire à la loi de Dieu, mais si vous voulez le forcer à désobéir à Dieu, sa grandeur reparaît tout entière, et sous le chrétien soumis vous retrouvez l'indomptable martyr.

Résumons en peu de mots cette discussion.

Le mal demande à la société l'hospitalité et il la demande au nom de la liberté qu'il appelle un droit. Or c'est au nom de la liberté que nous le repoussons. Nous lui avons prouvé que son action propre tendait toute entière à la destruction de la liberté, non seulement de celle du bien mais de la sienne propre, c'est donc pour la liberté une question de vie ou de mort et son intérêt demande impérieusement l'exclusion du mal.

Mais le mal se redresse impudemment : « Pourquoi m'appeler

ainsi? Etes-vous des dieux sachant le bien et le mal? De quel droit hommes faillibles, vous appelez-vous le bien et moi le mal?»

Nous lui répondons: « Ce n'est pas nous qui t'avons donné ton nom, c'est la parole infaillible de Dieu qui t'a nommé et qui t'a marqué au front comme Caïn d'un signe indélébile, et maudit à la lumière de cette parole divine nous te reconnaîtrons toujours malgré tes déguisements, tu es la division et tu ne sais faire autre chose que détruire.

Or nous voulons vivre et être libres, fuis donc loin de nous.

Ainsi le mal n'a aucun droit et ne mérite aucun égard, il est l'ennemi de tout être et de lui-même ou plutôt de l'être qui le porte en lui, et le droit et le devoir de tout être est de le combattre et de le détruire partout. Mais voici:

Le libre arbitre a non pas le droit mais le pouvoir absolu de vouloir le mal et de le faire, tant qu'il ne le fait qu'intérieurement il est inattaquable retranché dans sa liberté, mais lorsqu'il veut produire ses actes au dehors, il peut être nuisible et même dangereux pour la société, alors la société a le droit et le devoir de se défendre en le réprimant.

Mais les malfaiteurs réclament et vont invoquer la justice et la liberté. La liberté, disent-ils, est le bien le plus précieux de tous, il est juste de la laisser à tous.

On leur répond que la liberté à tous n'est possible que lorsque toutes les volontés sont à l'unisson, et que dans l'état actuel des choses les volontés étant divergentes, on ne peut laisser la liberté à tous et qu'il faut choisir.

Or, on leur prouve que tous ceux qui aiment et font le bien peuvent le faire librement sans se contrarier les uns les autres, tandis que ceux qui font le mal, après avoir empêché l'action des bons, se combattent les uns les autres et détruisent naturellement leur propre liberté, qu'ainsi dans une société la somme de liberté est d'autant plus grande, que le bien est plus libre et le mal plus comprimé. Il suit de là que c'est au nom non seulement de la justice, mais encore de la liberté même qu'ils invoquent que la société doit la refuser aux malfaiteurs.

Le devoir de tous dans la société, des membres aussi bien que du pouvoir est de combattre le mal; c'est ce combat même qui est la vertu, il manifeste l'amour du bien, il le développe et l'exalte, de sorte que si le mal a une utilité, c'est de donner l'occasion de le combattre.

Mais ici, il faut avertir que ce combat a ses dangers et ne doit pas être effréné et sans règle, et l'Evangile lui-même nous donne à ce sujet une importante leçon dans la parabole du bon grain et de l'ivraie.

Les serviteurs apercevant l'ivraie qui croissait au milieu du froment, voulaient de suite aller l'arracher. Non, dit le père de famille de peur, qu'en arrachant l'ivraie vous n'arrachiez aussi le bon grain.

Le premier danger est de confondre l'ivraie et le froment, le mal et le bien.

L'homme naît, naturellement ignorant, et plein d'illusions, il est aveuglé par les préjugés, entraîné par l'esprit de parti, et toujours porté à la présomption. Il doit donc se défier de ses lumières et n'entreprendre le combat que lorsqu'il est bien sûr que c'est le mal qu'il attaque.

Beaucoup, dans leur zèle aveugle ou présomptueux persécutent comme mal ce qui ne l'est pas, quelquefois en eux-mêmes comme les scrupuleux, le plus souvent dans les autres comme les pharisiens qui blâmaient Jésus-Christ et ses disciples.

Il faut donc conserver l'humilité et agir avec la plus grande prudence et s'abstenir dans le doute, car il vaut mieux laisser échapper dix coupables que de condamner un juste. S'il y a dix justes dans Sodome, disait Dieu à Abraham, à cause de ces dix justes, je ne détruirai pas la ville.

Un autre danger est de ne pas se servir d'armes convenables. Au mal spirituel il faut opposer des armes spirituelles.

La force matérielle peut attaquer le mal matériel, mais elle ne doit jamais entreprendre de forcer l'asile inviolable de la conscience, où la vérité seule a le droit de pénétrer et le pouvoir de vaincre.

Tout ce qu'elle peut faire, c'est de fermer les issues par lesquelles l'erreur peut se répandre.

Aussi ne doit-elle pas le faire de son propre mouvement mais éclairée par l'infaillibilité divine.

Au reste, quoiqu'on fasse on ne peut espérer supprimer entière ment le mal sur la terre ; il faut, dit la parabole, que l'ivraie et le froment croissent jusqu'à la moisson, alors le bon grain sera recueilli dans les greniers et l'ivraie jeté au feu. Jusqu'à la fin de la société humaine le combat contre le mal sera le devoir et l'œuvre des bons et ce n'est qu'au jugement dernier que l'on pourra entonner l'hymne de la victoire.

Un seul mot résume ce chapitre.

Le mal n'a aucun droit. La tolérance que l'état actuel des choses nous force d'avoir pour lui, n'a d'autre raison et d'autre règle que l'utilité pour le bien qui résulte de cette tolérance du mal.

§ IV. — LIBERTÉ INDIVIDUELLE

Il nous reste à examiner maintenant, la part plus ou moins grande de liberté extérieure que peut posséder l'individu au milieu de la société.

Cette part n'est pas la même pour tous. La liberté sociale est comme un trésor commun qui appartient à tous et dont tous profitent; mais chacun a devers soi sa fortune particulière. Le bien commun établit entre tous une certaine égalité, le bien particulier constitue une variété incalculable et des différences énormes.

La liberté comme nous l'avons déjà dit plusieurs fois, est la puissance de tendre fortement à sa fin. Il est vrai qu'il s'agit ici de la liberté extérieure qui consiste surtout dans l'absence d'obstacles, mais devant la puissance les obstacles se brisent et disparaissent; la puissance infinie n'en connaît pas, c'est pourquoi sa liberté est absolue.

L'obstacle qui diminue la liberté extérieure, qui la détruit même lorsqu'il est invincible, laisse subsister la liberté intérieure et peut même l'exalter jusqu'à l'héroïsme.

L'idéal de l'orgueil stoïcien était le sage, protestant contre l'inflexible destin. *Impavidum ferient ruinæ.*

Nous avons trois fins : le bonheur matériel, le bonheur humain naturel et le bonheur surnaturel, et nous avons trois instruments pour atteindre ces trois fins : la force, l'intelligence et la foi, d'où trois libertés : la liberté du fort, la liberté du sage et la liberté du saint.

Nul doute, toutes choses égales d'ailleurs, que le fort ne jouisse d'une liberté extérieure, matérielle, bien plus grande que le faible. Le travail pour gagner sa vie n'est qu'un jeu pour lui, il mange de meilleur appétit, ne craint ni le froid, ni le chaud, ni l'exercice; il peut sortir en tout temps, aller loin et partout, les montagnes ne l'arrêtent pas, la mer ne lui est pas un obstacle, il peut vivre dans les régions brûlées et braver les frimas du pôle. Toute la nature lui est ouverte, elle est toute fermée au faible. Celui-ci ne peut suffire à sa propre vie, il ne peut sortir seul, ni aller loin; il est esclave de la température, du climat, du régime, et ne trouve partout que des limites infranchissables.

Il en est de même dans le degré supérieur. Celui qui a courage, intelligence et prudence fait sa place au soleil, non seulement il domine le monde matériel par son intelligence, mais le monde moral est sans barrière pour lui. Il n'est déplacé nulle part, partout il sait forcer l'estime. Recherché de tous, il aborde sans bassesse les grands et les puissants, qu'il domine quelquefois par sa supériorité.

Salomon a longuement décrit dans les Proverbes, la liberté du sage : « Celui qui est insensé sera le serviteur du sage (11-29), les sages auront leurs richesses pour couronne (14-24), les sages posséderont la gloire (3-35), le sage montera dans la citadelle des forts et ses combinaisons briseront leur force (21-22), le serviteur sage dominera les fils insensés, et il partagera l'héritage avec les frères (14-2) ».

Mais voici que s'ouvre devant nous un abîme où peuvent s'engloutir toutes les libertés que nous venons d'admirer.

La liberté intérieure est simple, elle n'est que le vouloir, mais la liberté extérieure se complique de deux éléments, elle résulte d une équation, entre le désir et le résultat obtenu. Celui qui veut peu de chose est libre s'il obtient ce peu, celui qui veut beaucoup est esclave de tout ce qu'il n'obtient pas; si donc le désir devient sans proportion avec la réalité, toute liberté extérieure disparaît.

Or la révélation ayant développé en nous l'idée de l'infini, notre désir devient illimité, et si nous l'appliquons aux biens naturels qui restent finis, le quotient sera zéro : liberté nulle.

L'idée de l'infini jetée dans les passions humaines les rend insatiables, alors le supplice de la convoitise ne connaît plus de repos. La possession de la terre entière ne pourrait rassasier la cupidité d'un seul homme; toute la force humaine réunie dans un seul corps ne pourrait suffire au désir de la jouissance matérielle; l'obéissance de tous les hommes leurs flatteries, leur adoration, ne comblerait pas l'ambition d'un seul cœur; quand tout serait dévoré, il pleurerait comme Alexandre devant l'océan.

Mais loin d'avoir tout à souhait, la passion insatiable se voit presque tout refusé, et chaque chose refusée est une chaîne qui lie sa liberté.

L'avare est donc esclave de tout l'or qui est dans d'autres trésors que le sien, le gourmand de tout ce qui ne peut entrer dans son estomac, le voluptueux de toute son impuissance, l'envieux de toute la gloire d'autrui, l'ambitieux de toute la puissance qui n'est pas entre ses mains,

Le problème n'a qu'une solution, le seul moyen d'éviter la torture des désirs irréalisables est d'éteindre ces désirs. A chaque désir éteint tombe une des chaînes qui liait l'indépendance. L'homme qui ne tiendrait à rien hors de lui n'offrirait aucune prise à l'obstacle et sa liberté serait absolue.

Mais cette liberté absolue n'est qu'un rêve de l'orgueil stoïcien. Dieu seul qui trouve en lui-même son centre et sa fin peut se suffire et jouir de l'indépendance absolue.

Le désir du bonheur qui est la fin de l'être est inextinguible et tout être créé a son centre et sa fin hors de lui.

L'activité finie, à quelque degré qu'on la prenne, n'atteint son but que dans un autre être, la sensibilité est attirée par la matière, le but de l'amour se trouve pour chaque personnalité dans une personnalité étrangère, et la sainteté tend à l'infini.

Il faut donc dépendre de quelque chose, le désir ou l'amour est à l'âme ce que la pesanteur est au corps. Le corps ne peut se tenir en l'air il faut qu'il pèse de tout son poids sur un point ou sur un autre ; il peut choisir son point d'appui mais non l'éviter.

L'indépendance pour l'homme ne peut donc qu'être relative, elle ne consiste pas à n'avoir point de point d'appui mais à l'avoir bon et solide, et s'il s'en présente de bons et de mauvais à choisir le meilleur.

Or, il faut choisir, car nous avons vu que les différents points d'attractions qui appellent la sensibilité, l'amour humain et la sainteté, ont été divisés par la déchéance et ne peuvent être poursuivis à la fois.

Il est évident que plus le point d'appui sera élevé plus l'indépendance sera réelle ; celui qui méprise une attraction inférieure pour s'attacher à une attraction supérieure domine la première comme le pied qui quitte un échelon pour monter plus haut domine tout ce qui au-dessous de lui.

D'ailleurs celui qui a l'idée de l'infini ne peut trouver de point d'appui solide que dans l'infini lui-même, tout le reste s'effondre sous ses pas à mesure qu'il avance et le laisse dans le vide. En poursuivant les autres buts il n'atteint rien et perd tout ; en s'attachant de l'infini il ne dépend que de lui, il domine et retrouve tout le reste, et demeure inébranlable dans l'indépendance qui seule lui est possible, c'est pourquoi il a été dit : *Servire Deo regnare est*, servir Dieu c'est régner.

Nous voici devant la liberté du saint, la seule vraie. Arrêtons-nous pour la contempler comme elle le mérite.

Elle est grande, bien grande cette liberté car elle peut devenir infinie et absolue, et voici comment.

Dieu a une liberté absolue, c'est-à-dire que sa volonté ne peut trouver d'obstacle; le péché, il est vrai, se commet en un sens contre la volonté de Dieu, mais c'est contre une volonté conditionnelle. Dieu en donnant la liberté à l'homme en avait prévu toutes les conséquences ; en créant malgré cette prévision, tout en le réprouvant, il admettait l'existence du péché à cause de l'immense bien qu'il devait retirer de la création, et en ce sens le péché lui-même n'est pas un obstacle à la volonté de Dieu.

C'est ainsi que nous prenons librement un remède amer, parce que l'amour de la guérison l'emporte en nous sur l'antipathie pour l'amertume.

Le saint récite tous les jours du fond du cœur la divine prière : « Que votre volonté soit faite sur la terre comme au ciel ». Comprenons toute la portée de cette parole. En la proférant le saint s'élevant au-dessus de toute considération humaine, s'unit à la pensée de Dieu, lorsque tout considéré il approuva le plan de la création qui était depuis l'éternité dans son Verbe : Et Dieu vit toutes les choses qu'il avait faites et elles étaient très bonnes, *et erant valde bona*. Alors il identifie sa volonté avec celle de Dieu, soit lorsqu'il produit les êtres, soit lorsqu'il les conserve, soit lorsqu'il les gouverne par sa Providence, respectant la liberté et tirant le bien du mal. Il comprend que la volonté de l'infinie sagesse est la plus sage, que la volonté de l'amour infini est la plus aimable, que la volonté de la toute puissance doit irrésistiblement s'accomplir. Il dit : « Mon Dieu, je veux tout ce que vous voulez, rien que ce que vous voulez, et je le veux comme vous le voulez. »

Or comme rien ne peut faire obstacle à la volonté de Dieu, rien aussi ne peut faire obstacle à la volonté de celui qui identifie sa volonté avec celle de Dieu. Ce saint jouit donc d'une liberté absolue, il verra toujours la chose s'accomplir comme il le veut, et ne trouvera jamais d'obstacle à son désir. Telle est la doctrine fondamentale du mysticisme.

Rien ne peut résister à la volonté du saint tant qu'elle reste unie à celle de Dieu. Frappe le rocher, dit Dieu à Moïse, et l'eau en sortira ; Moïse frappe et les éléments obéissent. Voici quelque chose de plus grand, la mort entend la voix du saint et s'enfuit, et la vie accourt à ses ordres. Tabithe, lève-toi, dit Saint-Pierre, et la morte rouvre ses yeux qui s'étaient fermés pour toujours.

Lorsque la liberté court aux fins secondaires, la force et l'injustice peuvent se mettre sur sa route et lui empêcher d'atteindre son but. La force et l'injustice peuvent tout empêcher excepté le saint d'arriver à son but infini. Entassez des montagnes sur sa route, soulevez des tempêtes, conjurez tous les éléments, appelez l'enfer à votre secours vous ne retarderez pas d'une heure l'arrivée de la sainte liberté.

Cette force irrésistible du saint paraît plus merveilleuse encore lorsqu'elle se manifeste dans ce que la nature nous présente de plus frêle, de plus tendre, de plus doux.

Considérez ce spectacle, qui tant de fois a fait tressaillir de joie tous les anges, et que les hommes n'admireront jamais assez.

C'est une jeune fille qui a résolu d'arriver à Dieu par le plus droit chemin. Toutes les forces créées, vont entreprendre de l'arrêter sur sa route. En ce moment, l'Enfer se trouve maître du monde ; la société tout entière réunie sous un seul maître, lui obéit et l'adore.

La jeune fille est mandée devant l'empereur. Les bourreaux sont là, les éléments sont prêts et armés, le feu brille, le fer étincelle, l'eau bout, la terre ouvre une tombe, l'enfer souffle sa rage aux bourreaux et son orgueil à l'empereur.

Jeune fille, dit l'empereur, je ne veux pas que tu adores Jésus-Christ — Prince, je veux l'adorer et je l'adore — Si tu m'obéis je te comblerai de richesses — Je suis indépendante de l'or — Je te donnerai tous les plaisirs — Je suis indépendante de la volupté — Je te rendrai puissante — Je méprise la puissance que tu m'offres — Si tu me résistes, je te livrerai à la torture — J'ai vaincu la douleur — Eh! bien tu mourras — Non je ne mourrai pas, mais je commencerai la vraie vie, ce que je veux je l'aurai, ce que tu veux, tu ne l'auras pas. Désormais mon nom sera béni et honoré partout, et le tien sera en éternelle malédiction. Ainsi la volonté de la jeune fille renverse tout et arrive à son but à travers tout. Elle renverse tout, non dans l'ivresse du combat, non dans l'exaltation de la vengeance, non dans le désespoir de la défense, mais dans la paix de la pensée, dans l'innocence passive, dans la douce extase de l'amour, en un mot avec le calme de la force infinie, qui brise tout sans effort et sans trouble. Les luttes qui se passent tous les jours dans le cœur des saints sont aussi gigantesques et aussi admirables que celles du martyr.

Comprenons donc où est la grande indépendance et la plus haute liberté.

FIN DU TOME PREMIER.

TABLE DES MATIÈRES

CONTENUES

DANS LE PREMIER VOLUME

PAGES

Beauvais. — Imprimerie Professionnelle, 4, rue Nicolas-Godin.

Beauvais. — Imprimerie Professionnelle, 4, rue Nicolas-Godin.

www.ingramcontent.com/pod-product-compliance
Lightning Source LLC
LaVergne TN
LVHW010536100826
845148LV00001B/204